# Türkiye 土耳其

no.68

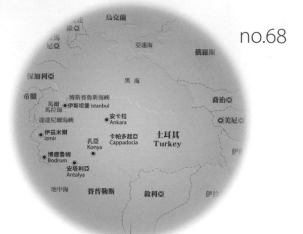

**MOOK NEWAction**

# 土耳其 Türkiye

本書所提供的各項可能變動性資訊,如交通、時間、價格(含票價)、地址、電話、網址,係以2023年2月前所收集的為準;特別提醒的是,COVID-19疫情期間這類資訊的變動幅度較大,正確內容請以當地即時標示的資訊為主。
如果你在旅行中發現資訊已更動,或是有任何內文或地圖需要修正的地方,歡迎隨時指正和批評。你可以透過下列方式告訴我們:
寫信:台北市104中山區民生東路二段141號9樓MOOK編輯部收
傳真:02-25007796
E-mail:mook_service@hmg.com.tw
FB粉絲團:「MOOK墨刻出版」www.facebook.com/travelmook

## 符號說明

| | | | |
|---|---|---|---|
| 📞 | 電話 | ❗ | 注意事項 |
| 📠 | 傳真 | 😃 | 營業項目 |
| 🏠 | 地址 | 🎯 | 特色 |
| 🕐 | 時間 | ⏱ | 所需時間 |
| 🈺 | 休日 | 🚌 | 距離 |
| 💲 | 價格 | 🚗 | 如何前往 |
| 🌐 | 網址 | 🚈 | 市區交通 |
| @ | 電子信箱 | ℹ | 旅遊諮詢 |
| 💳 | 信用卡 | 🅷 | 住宿 |

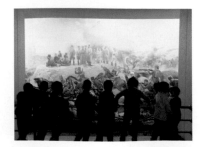

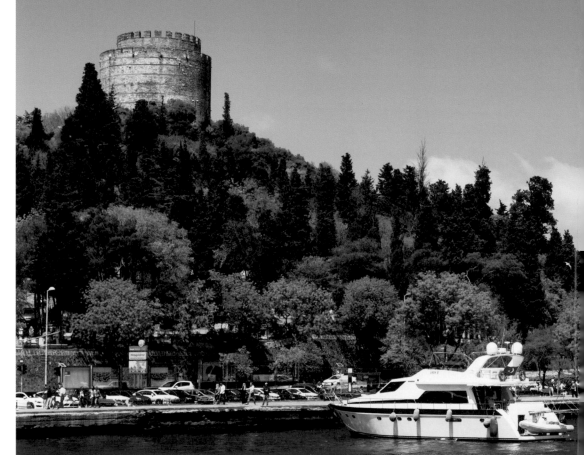

# Welcome to Türkiye
# 歡迎來到土耳其

土耳其被稱為文明的十字路口，五千年來經歷過西台、波斯、馬其頓、羅馬、拜占庭、塞爾柱、鄂圖曼，還有無數小王國，在這廣袤大地留下數量驚人的精彩文明；宗教文化上，基督教與伊斯蘭兩大宗教交替出現，清真寺和東正教教堂並立。東方與西方混血，令土耳其神秘又迷人，在土耳其旅行，是空間的移動，也是時間的穿梭。

從歷史上的君士坦丁堡到現在的「歐亞之都」，伊斯坦堡濃縮土耳其精華於一身，博斯普魯斯海峽展示鄂圖曼帝國的雍容華貴，也揭開土耳其的新世代篇章。伊斯坦堡之外，土耳其的自然地貌多變而迷人，有卡帕多起亞、棉堡的世界級地景，有地中海、愛琴海的陽光與蔚藍海岸，還有東部四、五千公尺挺立拔高的白色雪山。

神秘的異國情調隱藏於土式生活中，學土耳其人用鬱金香杯喝紅茶、等待一杯炭火慢

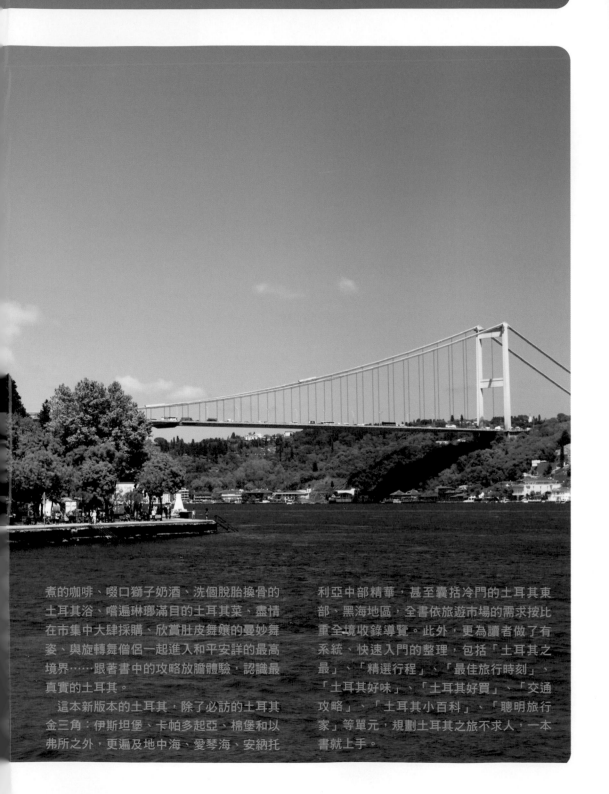

煮的咖啡、啜口獅子奶酒、洗個脫胎換骨的土耳其浴、嚐遍琳瑯滿目的土耳其菜、盡情在市集中大肆採購、欣賞肚皮舞孃的曼妙舞姿、與旋轉舞僧侶一起進入和平安詳的最高境界……跟著書中的攻略放膽體驗，認識最真實的土耳其。

這本新版本的土耳其，除了必訪的土耳其金三角：伊斯坦堡、卡帕多起亞、棉堡和以弗所之外，更遍及地中海、愛琴海、安納托利亞中部精華，甚至囊括冷門的土耳其東部、黑海地區，全書依旅遊市場的需求按比重全境收錄導覽。此外，更為讀者做了有系統、快速入門的整理：包括「土耳其之最」、「精選行程」、「最佳旅行時刻」、「土耳其好味」、「土耳其好買」、「交通攻略」、「土耳其小百科」、「聰明旅行家」等單元，規劃土耳其之旅不求人，一本書就上手。

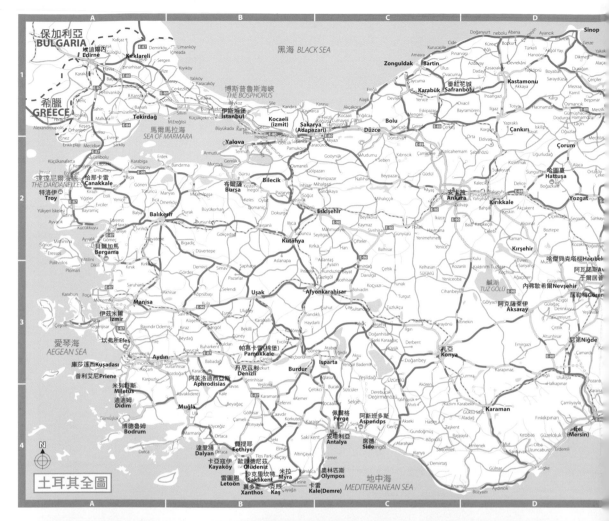

土耳其全圖

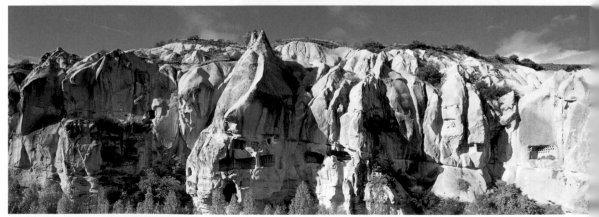

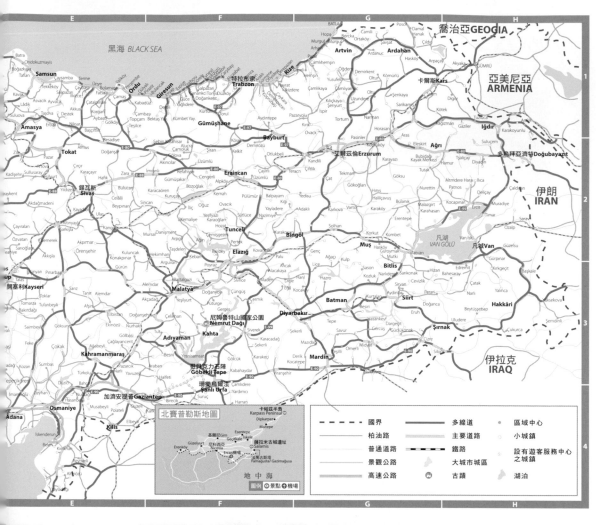

黑海 *BLACK SEA*

特拉布宗 Trabzon

喬治亞 GEOGIA

亞美尼亞 ARMENIA

卡爾斯Kars

伊朗 IRAN

多烏拜亞濟特Doğubayazıt

艾爾茲倫Erzurum

Iğdır

Ağrı

凡湖 *VAN GÖLÜ*

凡城Van

錫瓦斯 Sivas

Samsun

Ordu

Giresun

Gümüşhane

Bayburt

Erzincan

Tunceli

Bingöl

Muş

Bitlis

Amasya

Tokat

開賽利Kayseri

Malatya

Elazığ

Batman

Diyarbakır

Siirt

Hakkâri

Şırnak

伊拉克 IRAQ

尼姆魯特山國家公園 Nemrut Dağı

Kahta

Adıyaman

Kahramanmaraş

群貝克力古陣 Göbekli Tepe

珊樂烏爾法 Şanlı Urfa

Mardin

Osmaniye

加濟安提普Gaziantep

Kilis

Adana

北賽普勒斯地圖

卡帕茲半島 Karpass Peninsula

Dipkarpaz

Maletpe

基麗尼亞 Girn

Esentepe

Güzelyurt

尼科西亞 Nicosia

Geçitkale

Ercan機場

薩拉米斯古城遺址 Salamis

法馬古斯塔 Famagusta/Gazimağusa

地中海

圖例 ◎景點 ✈機場

| 國界 | | 多線道 | | 區域中心 |
|---|---|---|---|---|
| 柏油路 | | 主要道路 | | 小城鎮 |
| 普通道路 | | 鐵路 | | 設有遊客服務中心之城鎮 |
| 景觀公路 | | 大城市城區 | | |
| 高速公路 | | 古蹟 | | 湖泊 |

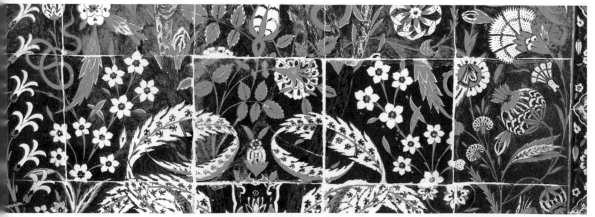

# 必去土耳其理由

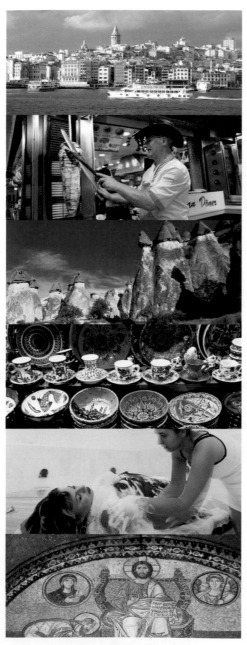

### 東西交界伊斯坦堡

基督和伊斯蘭文明交會在聖索菲亞清真寺，蘇雷曼尼亞清真寺蘊藏伊斯蘭藝術的奧義，此外，還有托普卡匹皇宮、朵瑪巴切皇宮的鄂圖曼帝國遺產，獨立大道和尼尚塔什的光鮮時尚；搭船悠遊博斯普魯斯海峽，不斷穿梭歐亞兩座大陸之間，伊斯坦堡這座千年古都，永遠探索不盡。

### 味蕾迴旋曲

千變萬化的各類麵食、同中求異的香料烤肉、琳瑯滿目的甜點、鄉土風味的街頭小吃，還有杯不離手的紅茶、獅子奶酒、炭火咖啡，吃遍名列世界第三大菜系的土耳其料理，來一場舌尖上的華麗冒險。

### 百變奇幻大地

八十一萬平方公里的大地，自然地景豐富多變，卡帕多起亞的奇岩怪石、棉堡石灰棚如白色瀑布層層疊疊、蔚藍波光閃耀愛琴海與地中海岸、安納托利亞高原遼闊曠野、以及黑海岸蒼翠蓊鬱的森林，土耳其給予造訪者無限驚奇。

### 市集百寶箱

各種造型的藍眼睛、五顏六色香料山、試吃不完的土耳其軟糖、奇幻瑰麗的玻璃燈罩、皮件、地毯、綠松石、絲巾、橄欖油香皂、紅茶和花果……在古老的傳統市集裡盡情滿足尋寶樂趣！

### 在地必體驗

搭乘熱氣球緩緩升空俯瞰奇幻大地、欣賞肚皮舞孃的曼妙婀娜、與旋轉舞僧侶一起進入和平安詳的最高境界、痛快洗個專人伺候的土耳其浴、在鄂圖曼老宅邸中吃傳統早餐、入住洞窟旅館當奢華山頂洞人，別錯過獨一無二的土耳其式體驗。

### 千年古文明

西台帝國的獅身人面像、希臘羅馬時代的神殿劇場、科馬吉尼王國的人頭山、呂西亞人的崖窟石棺、拜占庭帝國的黃金鑲嵌畫、塞爾柱帝國的清真寺、鄂圖曼帝國的皇宮，走進4D版歷史課本，穿越上下五千年的古代文明。

# 旅行計畫
# Plan Your Trip

# Top Highlights of Türkiye
# 土耳其之最

文●墨刻編輯部　攝影●墨刻攝影組

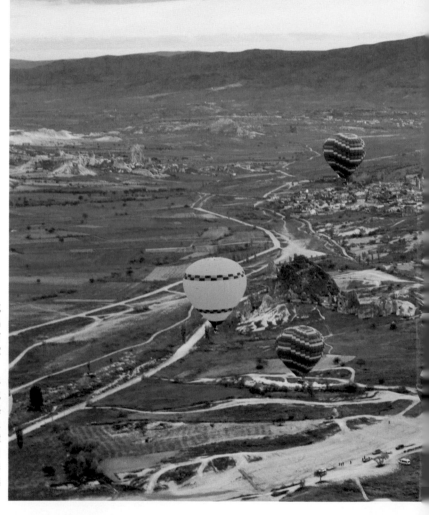

## 卡帕多起亞熱氣球飛行
## Hot Air Ballooning in Cappadocia

卡帕多起亞熱氣球與非洲搭熱氣球看動物大遷徙並列為世界上排名第一的熱氣球行程，不管你有沒有搭過熱氣球，來到卡帕多起亞一定不能錯過這個終生難忘的體驗。

由於卡帕多起亞熱氣球業者多半有多年的豐富經驗，駕駛員能將氣球操控得平穩且精準無比，坐在熱氣球籃子裡，往往覺得就快要撞上山壁了，卻都能以分毫之差閃過障礙，以最貼近地表的方式飛越雪白的石頭波浪山谷，近距離欣賞奇形怪狀的精靈煙囪，日出之際更是無與倫比的感動。(P.247)

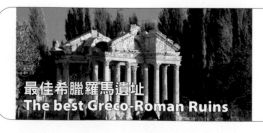

## 最佳希臘羅馬遺址
## The best Greco-Roman Ruins

以弗所遺址，
塞爾丘克
Efes,
Selçuk
(P.178)

阿芙洛迪西亞斯遺址，
棉堡周邊
Afrodisias,
Pamukkale
(P.196)

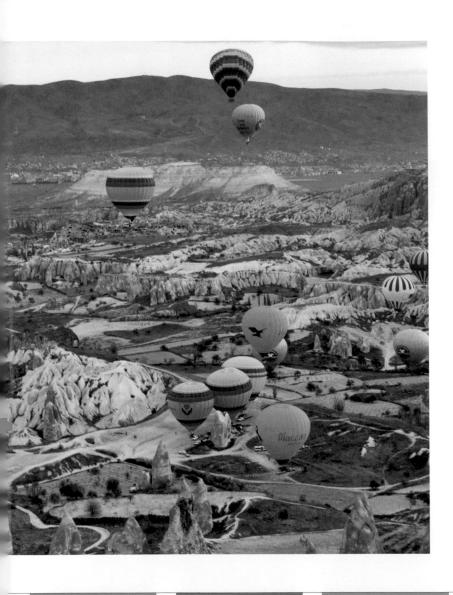

## 肚皮舞Belly Dance

早在埃及壁畫中就可看到肚皮舞孃的舞姿，中東地區、伊斯蘭世界則更有各自肚皮舞的特色，其中伊斯蘭戒律較不嚴格的土耳其，肚皮舞不但是年輕人在迪斯可舞廳的標準舞步，結婚儀式上也是男女大舞特舞。

國民舞步一變成土耳其頭號吸引觀光客的娛樂後，肚皮舞舞孃穿著更露骨、舞姿更誇張了，舞孃穿著大膽、舞姿妖嬈，而且肌膚雪白，舞起來像是沒了骨頭一樣，又軟又能抖，分外誘人。

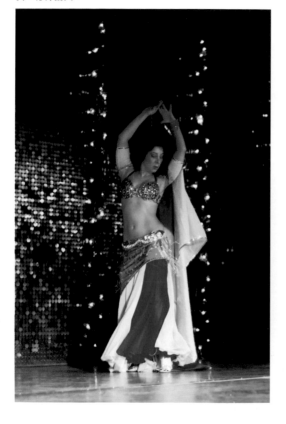

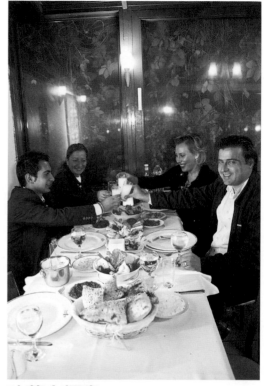

## 味蕾大探索

土耳其料理被稱為世界三大菜系之一，前菜（Meze）已令人眼花撩亂，走進自助餐店，一字排開的菜色種類更是驚人。

麵包、烤肉、鹹優格(Ayran)是餐桌上最常見的食物，不同口感的佐餐麵包，搭配各式各樣的烤肉，組合出餐餐不重複的烤肉萬花筒。此外，愛情海、地中海沿岸受希臘影響，喜愛簡單烹調的海鮮，安納托利亞地區的醃肉香腸，卡帕多奇亞打破陶罐才吃得到的燉肉……恨不得自己多幾個胃，什麼都嚐嚐看。(P.25)

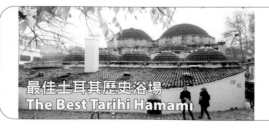

**最佳土耳其歷史浴場**
**The Best Tarihi Hamamı**

千貝利塔栩浴場，
伊斯坦堡
Çemberlitaş Hamamı,
İstanbul
(P.116)

加拉達薩雷浴場，
伊斯坦堡
Galatasaray Hamamı,
İstanbul
(P.120)

## 尼姆魯特山國家公園 Nemrut Dağı Milli Parkı

尼姆魯特是西元前1世紀科馬吉尼王國(Commagene Kingdom)國王安條克一世(Antiochus I)所建的陵寢及神殿。中間以碎石堆建高50公尺的錐形小山，就是安條克一世的墳丘，東、西、北三側闢出平台，各有一座神殿，三神殿型制一模一樣，自左至右的巨石像分別是獅子、老鷹、安條克一世、命運女神提基(Tyche)、眾神之王宙斯(Zeus)、太陽神阿波羅(Apollo)、大力神海克力士(Hercules)，然後再各一座老鷹、獅子，每一座頭像都高兩公尺，頭像下的台階則是一整排的浮雕，上面刻著希臘和波斯的神祇。(P.294)

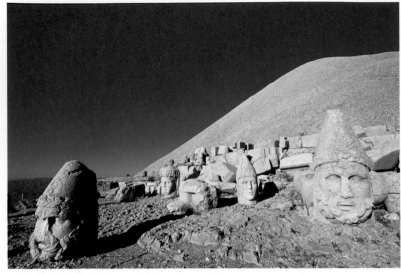

## 土耳其浴 Hamams

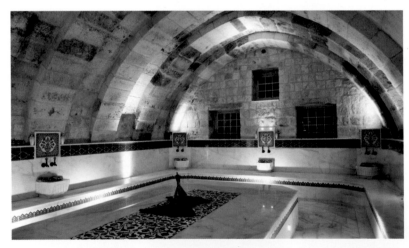

洗土耳其浴對土耳其人來說可是大事一件，星期五上清真寺祈禱前、男人入伍前、結婚前，都得將身體清洗乾淨一番，而利用大理石傳熱的浴場空間更是交誼、消除疲勞的好地方。

土耳其浴場有個特點，就是中央有大理石的大平台，同時是個圓頂建築，圓頂上通常都鑿著許多孔，讓光線自然地透進來，在霧氣中增加氣氛，也讓被奇高的濕氣和熱氣包圍的身體得到一絲絲的清涼。(P.285)

蘇雷曼尼亞浴場，伊斯坦堡
Süleymaniye Hamamı, İstanbul
(P.106)

俊吉土耳其浴場，番紅花城
Cinci Hamanı, Safranbolu
(P.285)

于爾居普浴場，于爾居普，卡帕多起亞
Ürgüp Şehir Hamamı, Ürgüp, Cappadocia
(P.261)

# 棉堡Pamukkale

　　粉藍色梯池層層下向延伸，連接遼闊無邊的Cürüksu平原，色彩繽紛的熱氣球緩緩升空，赤足漫步水光雲影中，浪漫無限。土耳其境內，除了卡帕多起亞之外，知名度最高的自然奇景就是棉堡，每年有上百萬遊客前來爭睹這個狀似棉花城堡的白色岩石瀑布。

　　自古以來，棉堡除了自然景觀，也以溫泉聞名，前來沐浴療養的遊客始終絡繹不絕，自然而然形成龐大聚落及城市。希艾拉波利斯遺址(Hierapolis)與棉堡的石灰棚緊緊相連，神殿、劇場、大道、城門、市場、浴場及墓地遺跡佔地廣闊，而原本的阿波羅神殿因下陷形成溫泉池，坍塌的柱子基座散落於溫泉泳池中，與千年古蹟一起游泳，也是相當難得的體驗。(P.190)

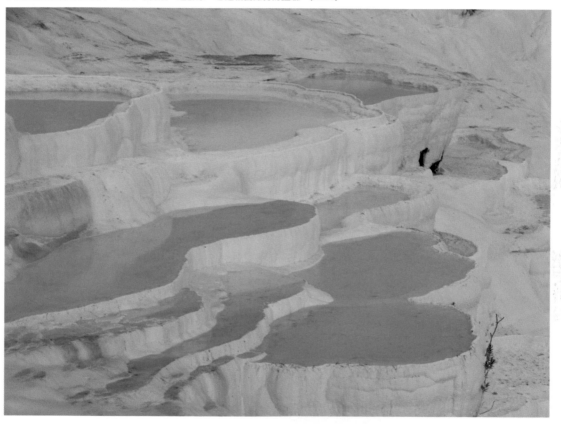

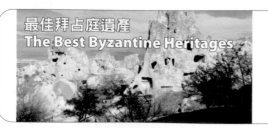

最佳拜占庭遺產
The Best Byzantine Heritages

聖索菲亞清真寺，
伊斯坦堡
Ayasofya Camii,
İstanbul
(P.84)

地下宮殿水池，
伊斯坦堡
Yerebatan Sarnıçı,
İstanbul
(P.93)

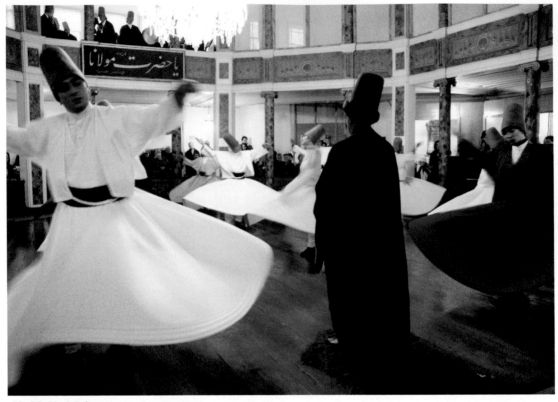

# 蘇菲旋轉舞Whirling Dervishes

　　旋轉舞發明自梅芙雷維的宗師梅拉納(Mevlâna)，舞者著白袍、戴駝色高帽，隨宗教音樂不斷地旋轉來與上帝阿拉溝通。

　　旋轉僧侶所戴的帽子代表墓石，身上所罩的外袍代表墓穴，裙子則代表喪禮上覆蓋的布。進行旋轉舞時，每個步驟也都有不同象徵意義，脫去外袍，象徵解開束縛，脫離墓穴；右手掌朝上、左手掌朝下，象徵阿拉把愛傳給每個人。

　　經過幾個世紀的演變，這種宗教儀式(Sema)除了延續它的神秘性，也開放給一般遊客觀賞，不只是看到僧侶圓袍裙張開旋轉的美麗畫面，也感受僧侶們傳達平和和安詳的最高境界。(加拉達梅芙拉納博物館P.122)

| 薛列菲耶地下水池，<br>伊斯坦堡<br>Şerefiye Sarnıcı,<br>İstanbul<br>(P.108) | 居勒梅戶外博物館，<br>居勒梅，卡帕多起亞<br>Göreme Açık Hava<br>Müzesi,<br>Göreme, Cappadocia<br>(P.252) | 蘇美萊修道院，<br>特拉布宗<br>Sümela Monastery,<br>Trabzon<br>(P.293) |

## 洞穴旅館與餐廳
## Cave Hotel & Restaurant

1980年代之後，旅遊業竄起，卡帕多起亞進入新紀元，自然奇景、人文地貌、工藝特產都轉化成觀光資源，滿山壁的千年洞穴紛紛改建成旅館、民宿、餐廳和茶館，成為卡帕多起亞的招牌「名產」。

洞穴旅館很難找到長得一模一樣的房間，這些空間過去可能是貯藏葡萄、水果，也可能是製酒、養羊，經過改裝，再搭配火爐、老式土耳其家具、擺個水煙、鋪上土耳其地毯、裝上古董吊燈，甚至改裝成土耳其浴室，非常具有土耳其風格。(P.271)

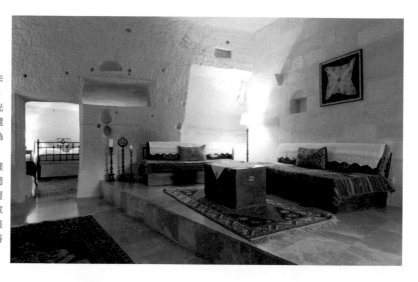

## 市集百寶箱

號稱中東最大的伊斯坦堡有頂大市集，密布大大小小六十多條街道，除了四千多間商店，還有餐廳、茶室、清真寺、兌幣所、郵局、警察局、醫療所及澡堂，宛如一座小城，皮件、地毯、綠松石、絲巾、橄欖油香皂、紅茶、果乾和紀念品琳瑯滿目，迷路也變成一種挖寶的樂趣。

百年歷史的有頂市集不只這一座，同樣位於伊斯坦堡的還有香料市集，屬於在地人生活的布爾薩市集和開塞利市集也值得逛逛。(P.31)

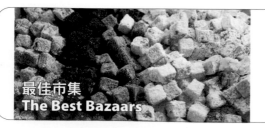

最佳市集
**The Best Bazaars**

伊斯坦堡有頂大市集，
伊斯坦堡
İstanbul Kapalı Çarşı,
İstanbul
(P.104)

香料市集(埃及市集)，
伊斯坦堡
Mısır Çarşısı,
İstanbul
(P.102)

## 呂西亞之路Lycian Way

　　土耳其這片廣袤的土地上，出現的古文明除了西台帝國、希臘文化、波斯帝國、羅馬帝國之外，還有一支古代民族稱為「呂西亞」(Lycia)，為安納托利亞民族的一支，在土耳其的地中海岸西部地區留下不少遺址，文化深受希臘、波斯及羅馬影響。

　　今天呂西亞人遺留給後代的，大多數是雕刻在岩壁上的墳墓和石棺。聯合國教科文組織於1988年，把襄多斯至雷圖恩(Letoön)一路延伸下來的呂西亞人遺址列為世界遺產保護範圍。(費提耶P.208、襄多斯P.211)

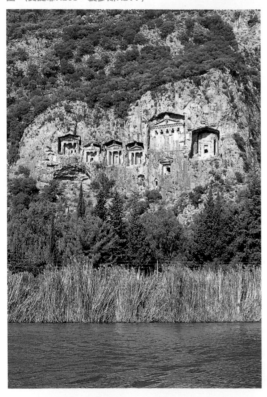

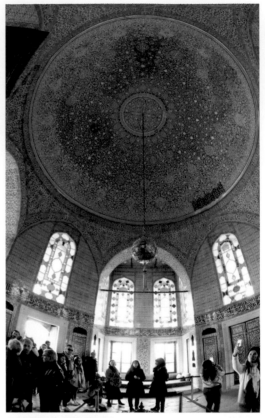

## 托普卡匹皇宮Topkapı Sarayı

　　鄂圖曼帝國最強盛時疆土橫跨歐亞非三洲，從維也納到黑海、阿拉伯半島、北非全在它的掌握之下，蘇丹們如何統管這占了世界六分之一的領土，要解開這個祕密，唯有前往托普卡匹皇宮。在鄂圖曼帝國約莫450年的強盛時期，為數36位蘇丹有半數以托普卡匹為家，在總面積廣達七平方公里的皇宮中，最多住了六千多人，簡直是君士坦丁堡的城中之城。(P.94)

| | | |
|---|---|---|
| 布爾薩有頂大市集，<br>布爾薩<br>Bursa Kapalı Çarşı,<br>Bursa<br>(P.154) | 開塞利有頂市集，<br>開塞利<br>Kayseri Kapalı Çarşı,<br>Kayseri<br>(P.277) | 阿拉斯塔市集，<br>番紅花城<br>Arasta Pazarı,<br>Safranbolu<br>(P.287) |

## 番紅花城
## Safranbolu

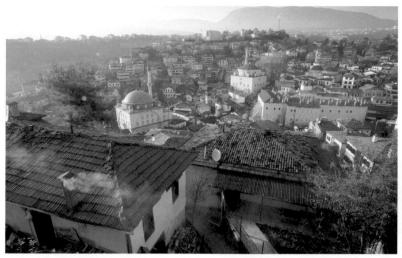

錯落山丘的白牆紅瓦，層層疊疊顯現鄂圖曼時期的風華，鵝卵石小巷弄間，鐵匠敲敲打打，鞋匠專注地手縫皮鞋，葡萄藤蔓下炭火燒香了咖啡，而百年驛站依然續寫商旅往來的故事。

早自13世紀開始，番紅花城就是東、西方貿易商旅必經的驛站，當時是以製作馬鞍和皮鞋為主的商城，到了17世紀時，黑海地區繁盛的商賈貿易使番紅花城邁入顛峰期，富豪廣建華宅，這些運用磚、木打造的鄂圖曼宅邸，通過歲月、天候的考驗留存至今，成為番紅花城最搶眼的特色，並於1994年躋身世界遺產之林。(P.280)

## 聖索菲亞清真寺
## Ayasofya Camii

君士坦丁大帝不但訂定基督教為國教，他的兒子查士丁尼大帝更下令興建聖索菲亞教堂，之後雖屢遭地震、火災的破壞，但依然扮演著東羅馬帝國總主教堂的角色，可以說是拜占庭建築的最高傑作。蘇丹麥何密特二世打下伊斯坦堡後，宣示國威改建為清真寺，成為鄂圖曼帝國最重要的圖騰建築。如今的聖索菲亞清真寺內，千年世仇基督教和伊斯蘭教在此和平共處，《聖母子》黃金鑲嵌畫的下方是雕刻精緻的麥加朝拜聖龕，拜占庭圓柱上掛著阿拉伯字的鄂圖曼圓盤，聖索菲亞的傳奇，獨一無二。(P.84)

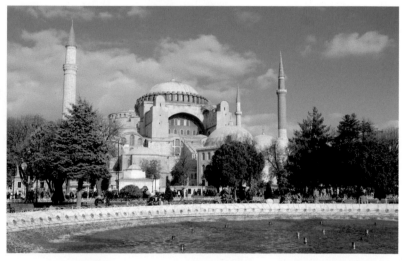

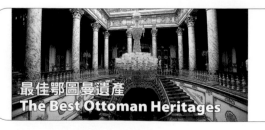

### 最佳鄂圖曼遺產
### The Best Ottoman Heritages

托普卡匹皇宮，
伊斯坦堡
Topkapı Sarayı,
İstanbul
(P.94)

朵瑪巴切皇宮，
伊斯坦堡
Dolmabahçe Sarayı,
İstanbul
(P.128)

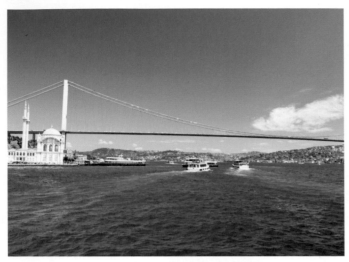

## 穿越歐亞大陸之間
## Crossing between Continents

博斯普魯斯這條長32公里、連接東方與西方的深水海峽，自古以來就是全世界最重要的戰略性水域，它隔開了亞洲與歐洲，也連接了黑海和地中海。

搭乘遊船巡航博斯普魯斯海峽一圈，是來到伊斯坦堡最大的樂趣之一，從艾米諾努沿著海峽上行，最遠到海峽與黑海交界處的安納多魯 (Anadolu Kavağı) 小鎮，一路來回穿梭歐亞大陸之間。海水湯湯，群鷗飛舞，兩岸盡是華美的宮殿、清真寺、別墅、豪宅和頂級飯店，醒目的朵瑪巴切皇宮 (Dolmabahçe Sarayı) 緊依水岸、615公尺長的白色大理石立面倒影在海面上，巴洛克式的繁複加上鄂圖曼的東方線條，兀自訴說著鄂圖曼土耳其帝國勢力的消長。(P.126)

## 以弗所遺址
## Ephesus

愛琴海畔的以弗所，一直是遊客造訪土耳其最熱門的地點之一，至今已有兩千餘年的歷史，是愛琴海東部保存最完整的古代城市。

西元前9世紀，就已有以弗所存在的記載，憑藉著海上貿易，逐漸發展為繁榮的大城市。經過希臘文明洗禮後，羅馬帝國幾位帝王對以城喜愛有加，紛紛為城市建設加料，西元2世紀達到以弗所的黃金巔峰，面積約義大利龐貝古城的8倍大，僅次於羅馬和亞歷山大，為當時西方世界第三大城市，儘管現在處處斷垣殘壁，城市的規模依然清楚可辨，仰望塞爾瑟斯圖書館的恢宏氣度，依然能想像千年前的繁華。(P.178)

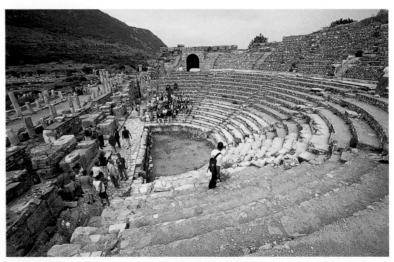

| 蘇雷曼尼亞清真寺，<br>伊斯坦堡<br>Süleymaniye Camii,<br>İstanbul<br>(P.106) | 綠色清真寺與綠色陵墓，<br>布爾薩<br>Yeşil Camii & Yeşil Türbe,<br>Bursa<br>(P.150,P.151) | 鄂圖曼宅邸，<br>番紅花城<br>Ottoman Houses,<br>Safranbolu<br>(P.282) |

# Top Itineraries of Türkiye
# 土耳其精選行程

文●墨刻編輯部

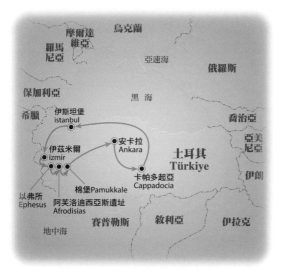

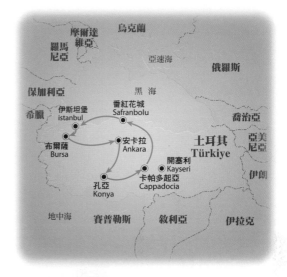

## 土耳其金三角10天

●行程特色

這是玩土耳其最經典的走法,把歐亞交界的伊斯坦堡、愛琴海畔的以弗所和棉堡,以及安納托利亞中部的卡帕多起亞這個黃金三角都涵蓋進來,既有充裕的時間探索伊斯坦堡這座千年古都,也能欣賞到愛琴海風光、希臘羅馬古蹟及棉堡奇景,而卡帕多起亞的洞穴奇岩更不能錯過。為了節省時間,此行程必須至少搭乘兩趟國內段飛機。

●行程內容

**Day 1-3**:伊斯坦堡(İstanbul)

**Day 4**:搭機飛往伊茲米爾(İzmir)

**Day 5**:以弗所(Ephesus)

**Day 6**:棉堡(Pamukkale)、阿芙洛迪西亞斯遺址(Afrodisias)

**Day 7**:安卡拉(Ankara)

**Day 8-9**:卡帕多起亞(Cappadocia)

**Day 10**:搭機返回伊斯坦堡

## 文化土耳其10天

●行程特色

此行程捨棄了愛琴海風光和希臘羅馬古蹟,並花較多的時間探索更具土耳其本土風情的安納托利亞高原。花3天時間盡情感受伊斯坦堡的古與今,之後搭快速渡輪穿越馬爾馬拉海來到布爾薩,看看這個鄂圖曼崛起之前的古都。在安納托利亞高原方面,除了卡帕多起亞是精華重點之外,首都安卡拉、迴旋舞發源地孔亞和番紅花城的鄂圖曼老宅,都值得花一天時間造訪。

●行程內容

**Day 1-3**:伊斯坦堡(İstanbul)

**Day 4**:布爾薩(Bursa)

**Day 5**:安卡拉(Ankara)

**Day 6**:孔亞(Konya)

**Day 7-8**:卡帕多起亞(Cappadocia)

**Day 9**:番紅花城(Safranbolu)

**Day 10**:返回伊斯坦堡

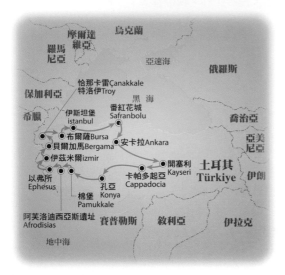

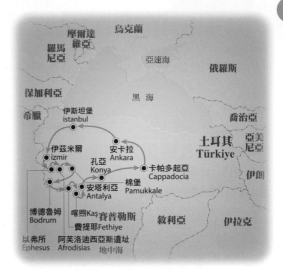

# 土耳其精華全覽14天

●行程特色

此行程適合初訪土耳其且時間充裕的人。大致以金三角為雛形，但是範圍大得多，以伊斯坦堡為核心，順時鐘開始向外拉，一開始便抵達靠近黑海的番紅花城，接著整個安納托利亞中部的主要城鎮都沒錯過，包括安卡拉、開塞利、孔亞和卡帕多起亞。離開安納托利亞之後，一路向西，來到愛琴海，棉堡、阿芙洛迪西亞斯遺址、以弗所、伊茲米爾、貝爾加馬都是這區的精華。最後，回到馬爾馬拉海的恰那卡雷、特洛伊、布爾薩、伊斯坦堡，順時針走完大半個土耳其，全程不需搭國內段飛機。

●行程內容

**Day 1-2**：伊斯坦堡(İstanbul)

**Day 3**：番紅花城(Safranbolu)

**Day 4**：安卡拉(Ankara)

**Day 5**：開塞利(Kayseri)

**Day 6-7**：卡帕多起亞(Cappadocia)

**Day 8**：孔亞(Konya)

**Day 9**：棉堡(Pamukkale)、阿芙洛迪西亞斯遺址(Afrodisias)

**Day 10**：以弗所(Ephesus)

**Day 11**：伊茲米爾(İzmir)、貝爾加馬(Bergama)

**Day 12**：恰那卡雷(Çanakkale)、特洛伊(Troy)

**Day 13**：布爾薩(Bursa)

**Day 14**：返回伊斯坦堡

# 蔚藍土耳其14天

●行程特色

推薦給特別喜愛地中海和希臘、羅馬文化的旅人。除了伊斯坦堡、棉堡與以弗所、卡帕多起亞這黃金三角之外，行程重點放在地中海沿岸度假城市，包含博德魯姆和安塔利亞，沿途並經過費提耶、喀煦這條「呂西之路」，見識高懸在崖壁上的墳墓石棺。特別注意的是，秋冬的地中海沿岸多雨，許多旅館、餐廳不營業，此行程較適合5~9月。

●行程內容

**Day 1-2**：伊斯坦堡(İstanbul)

**Day 3**：搭機飛往伊茲米爾(İzmir)

**Day 4**：以弗所(Ephesus)

**Day 5**：棉堡(Pamukkale)、阿芙洛迪西亞斯遺址(Afrodisias)

**Day 6**：博德魯姆(Bodrum)

**Day 7**：費提耶(Fethiye)

**Day 8**：喀煦(Kaş)

**Day 9**：安塔利亞(Antalya)

**Day 10**：孔亞(Konya)

**Day 11-12**：卡帕多起亞(Cappadocia)

**Day 13**：安卡拉(Ankara)

**Day 14**：搭機或高速火車返回伊斯坦堡

# When to go
# 最佳旅行時刻

文●墨刻編輯部　攝影●墨刻攝影組

土耳其幅員遼闊，東西狹長，愈向東走，海拔愈高。西部的愛琴海、地中海沿岸屬於地中海型氣候，夏乾冬雨；安納托利亞高原中央區夏天乾熱，冬天溼冷，春、秋最宜人；安納托利亞高原東部多高山峻嶺，冬季長而冷；黑海區多雨、潮濕。

大致而言，6月至8月是旅行旺季，氣候炎熱，遊客多，凡事得先預定；10月至翌年4月是淡季，氣候嚴寒，旅客較少；5月和9月則是介於淡旺季之間，氣候溫和。

伊斯坦堡和其他地方又有些不同，旺季是4月、5月、9月和10月。

## 五大區氣候和旅行季節

### 伊斯坦堡&馬爾馬拉海
### İstanbul & The Sea of Marmara

12月至3月是一年中最寒冷的時候，天空陰霾多雨，1月、2月有時會下雪，布爾薩近郊的烏魯山(Uludağı)是滑雪勝地。4月、5月為春天，氣候溫和舒適，到處開滿鬱金香，4月底進入夏令時間。

6月至9月為夏季，大多數地區氣溫都會超過30℃，沿海地區潮濕炎熱。10月、11月進入秋天，天空開始轉陰雨，氣溫下降。

### 黑海
### Black Sea

12月至3月的冬季氣溫尚稱溫和，但多雨。4月、5月雨量漸少，也是一年中最舒適的時候。

6月至9月溫度逐漸上升，沿海稍微悶熱，有時會下雨。10月、11月是一年中雨量最多的時候，部分山區看得到楓紅。

### 愛琴海&地中海
### The Aegean Sea & Mediterranean Region

以度假海灘為號召的愛琴海和地中海，在12月至3月的冬季，氣溫雖較馬爾馬拉海溫和，但雨量更多，一半以上的旅館和餐廳不營業。4月、5月開始溫暖，但仍不適合水上活動。

6月至9月雖然炎熱，但是一年中最佳的旅行季節，尤其是海邊，各種出海行程、觀光渡輪十分暢旺。10月、11月開始下雨，觀光活動歸於平淡。

### 安納托利亞中部
### Central Anatolia

中部高原地區在12月至3月的冬天氣候非常嚴寒，下雪是家常便飯，平均溫度都在零度上下。4月、5月白天溫和，晚上氣溫驟降。6月至10月天氣乾燥，白天炎熱，晚上涼爽。10月、11月天氣轉涼，樹葉變黃。

### 安納托利亞東部
### Eastern Anatolia

12月至3月的冬季溫度都在零度以下，高山冰封，東南部比東北部稍微溫和。4月、5月開始融雪，東南部氣溫上升明顯。

6月至9月的東南部非常炎熱，是全土耳其氣溫最高的地方，經常超過40℃，高原地區則舒適涼爽。10月、11月東南部轉為舒適，東部高原開始下雪。

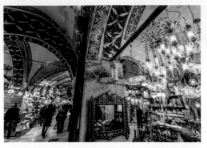

## 土耳其主要地區氣溫表

| 地區 | 年平均氣溫（℃） | 年平均降雨量（毫米） |
|---|---|---|
| 地中海沿岸 | 17.1 | 776.8 |
| 東部安納托利亞 | 9.3 | 559.9 |
| 愛琴海沿岸 | 15.2 | 646.8 |
| 東南部安納托利亞 | 16.3 | 575.7 |
| 中部安納托利亞 | 10.9 | 381.7 |
| 黑海沿岸 | 12.6 | 781.0 |
| 馬爾馬拉海沿岸 | 13.8 | 668.2 |

# 土耳其旅行日曆

| 1月1日 | **新年Yılbaşı** | 基督教國家的耶誕節到新年期間的過年氛圍，也感染這個伊斯蘭教國家，雖然這個季節是旅遊淡季，耶誕氣氛也不像歐洲熱鬧，但耶誕到新年期間的旅館和物價都會變貴。 |
|---|---|---|
| 3月21日 | **諾魯齊節Nevruz** | 盛行於安納托利亞東南部，尤其是迪亞巴克(Diyarbakır)，過去庫德族會以跳篝火活動迎接春天到來，如今則多半徹夜狂歡。 |
| 4月 | **伊斯坦堡電影節 İstanbul Film Festival** | 在新城貝歐魯區(Beyoğlu)的電影院舉辦，包括土耳其和國際的電影。 |
| 4月 | **伊斯坦堡鬱金香節 İstanbul Tulip Festival** | 大部份人都不知道，鬱金香其實是土耳其的國花。從鄂圖曼時代開始，每年3月、4月就是把土耳其鬱金香外銷到荷蘭的季節，此時伊斯坦堡大大小小的公園到處植滿鬱金香，有的還刻意排成惡魔眼的形狀。 |
| 4月23日 | **\*國家主權及兒童日 Ulusal Egemenlik ve Çocuk Bayramı** | 1920年4月23日獨立戰爭期間，在安卡拉召開第一次國民大會會議，1927年在凱末爾的推動下，訂此日為兒童節。這一天各城市都會舉辦兒童相關的慶祝活動。 |
| 5月19日 | **\*凱末爾紀念日（青年體育節） Atatürk'u Anma Gençlik ve Spor Bayramı** | 這是凱末爾乘船抵達黑海城市Samsun，開啟獨立戰爭的日子。他認為青年代表國家的未來，所以獨立後訂定這天為青年節。 |
| 6月 | **櫻桃節Cherry Festival** | 6月是土耳其的櫻桃季節，馬爾馬拉海北岸植滿的櫻桃樹，此時結果成熟。 |
| 6-7月 | **塗油摔跤節Oil Wrestling Festival** | 每年6月底7月初，艾迪爾內(Edirne)地區會舉辦這種摔跤節，已有600多年歷史。 |
| 8月 | **卡帕多起亞節Cappadician Festivals** | 夏天是卡帕多起亞的旅遊旺季，在這裡會不定期舉辦音樂會。 |

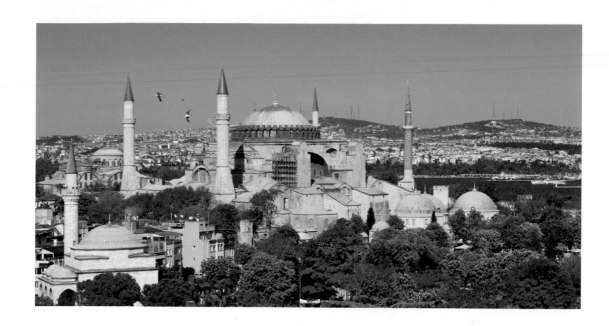

| 8月30日 | *勝利日Zafer Bayramı | 紀念1922年8月30日凱莫爾領導的軍隊擊垮希臘的關鍵勝利。又稱為軍人節。 |
|---|---|---|
| 9月 | 伊斯坦堡雙年展 stanbul Biennial | 每逢奇數年的9月到11月初，是伊斯坦堡雙年展舉辦的時間，此展在國際享有極高聲譽，來自世界各國不同的藝術家在此發表百餘項的視覺藝術成果展。 |
| 10月29日 | *土耳其共和國紀念日Cumhuriyet Bayramı | |
| 11月 | 布爾薩卡拉哥茲皮影戲節 Karagöz Festival, Bursa | 每年此時，來自本土和世界各地的偶戲表演者齊聚布爾薩，展開為期5天的皮影戲節。 |
| 12月 | 雪季 | 每年12月到翌年4月，包括布爾薩近郊的烏魯山(Uluda ı)、開塞利的埃爾吉耶斯山(Erciyes Da ı)都是土耳其境內最知名的滑雪勝地。 |
| 每年時間不一定 | 齋戒月Ramazan/開齋節Ramazan Bayramı | 齋戒月是伊斯蘭曆的第九個月，因為伊斯蘭曆根據月亮週期制定，所以每年的時間不一定。<br>穆斯林進行為期30天的齋戒，晨禮(Fajr)至日落後的昏禮(Maghrib)期間，都不得飲食、性交、吸菸、口出穢言等，日落後和家人共享一天的第一餐iftar。目的是要透過自律與忍耐飢餓學習珍惜食物、自己所有以及感謝真主。齋戒月對遊客的影響不大，餐廳和超市依然會營業，夜晚在大型公園還會有夜市活動。 |

*表示國定假日，各景點放時間可能調整。

# Best Taste in Türkiye
# 土耳其好味

位於歐亞非交界的土耳其，料理融合了中亞、中東與地中海特色，和中華料理、法國料理並稱世界三大菜系。

土耳其的祖先突厥人是游牧民族，因此烤肉、烤餅、酸奶(即優格)構成其料理的基礎，又因境內物產豐富，高山植物提供香料來源，變化出各種豐富菜餚。

最後把土耳其菜推向精緻化，要歸功於鄂圖曼帝國，長達8個世紀的統治，宮廷美食影響民間甚鉅，使土耳其菜在世界美食占有一席之地。

文●墨刻編輯部　攝影●墨刻攝影組

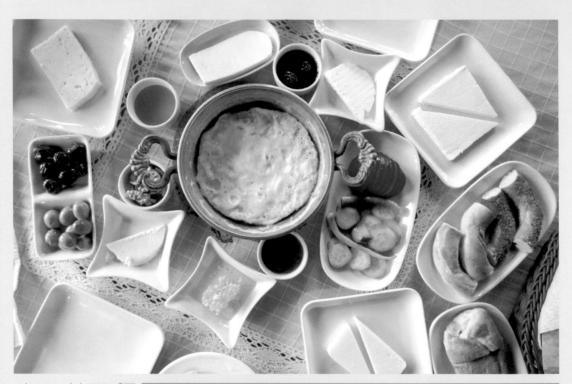

## 土耳其早餐

**你以為英式早餐已經夠浮誇了嗎？土耳其早餐完全是另一個層次的世界。**

早餐基本盤是銅盤番茄蛋(Menemen)、橄欖、生菜、蜂蜜、果醬、起司、水果、酥餅、麵包，大大小小的碗盤碟子擺滿整個大桌子，講究一點的，果醬、起司和麵包各呈上3~5種任君挑選，當然，一定要搭配鬱金香杯紅茶。

除了銅盤番茄蛋和烤過的溫熱麵包以外，早餐大多是冷食。銅盤番茄蛋以橄欖油炒香番茄丁，加入番茄糊、青椒或碎肉拌炒，最後打入蛋液，吃起來像比較乾的番茄炒蛋。

抹醬中少不了讓人又愛又罪惡的濃厚奶油(Kaymak)，這是一種中亞、小亞細亞和巴爾幹地區常見的高度濃縮奶油。做法是將牛奶或羊奶煮沸後，持續長時間慢火煨煮，靜置放涼後形成塊狀奶油，乳脂肪含量極高，但濃郁的乳香保證讓你忘記熱量。

土耳其人相當重視早餐時間，用豐盛的早餐開啟一天，同時也和家人、朋友聚會聊天，代表把人際交流放在第一優先，也反映出土耳其人享受生活的態度。入住各地的民宿都有機會感受到土耳其人的早餐慢生活，伊斯坦堡的獨立大道上也有許多咖啡館供應。

## 前菜與沙拉 Meze & Salatası

也許很多人不解土耳其菜何以能號稱第三大菜系，但一看到Meze就可以明白了。Meze是「前菜」的意思，到底有多少種？就連土耳其人也會被問倒，因為數也數不清，聲勢浩大遠遠超過主菜，可以是肉類、魚類，也可以是蔬菜，冷的、溫熱的，再淋上香濃的橄欖油，一般人較習慣的沙拉也可以算成Meze的眾多道菜之一。

### Kırmızı Biber

醃漬紅椒，有強烈的大蒜味。

### Pilaki / Fasulye Pilaki

白扁豆與洋蔥、大蒜、番茄、糖和橄欖油一起燉煮，放涼後當作前菜，有時也會在烹調時加入紅蘿蔔和馬鈴薯丁，要吃的時候拌入香菜，擠幾滴檸檬，相當開胃。

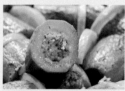

### Domates Dolması

在番茄內填入餡料的Dolma。

### Biber Dolması

最著名、也最常見的Meze是Dolma，Dolma意思是「填滿」，把乾番茄、茄子或青椒挖空，填入米飯、肉或起司，都會用上這個字。Biber Dolması就是青椒塞肉或米飯。

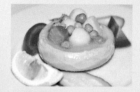

### Enginar

市場上到處都看得到朝鮮薊，但不知怎麼吃，這道橄欖油漬朝鮮薊非常清爽可口。

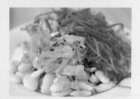

### Humus

鷹嘴豆泥，中東地區常見的菜色，味道濃郁，蘸著麵包吃。

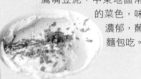

### Yaprak Sarması / Yaprak Dolması

Yaprak Sarması是用鹽醃過的小葡萄葉捲飯，米飯以橄欖油拌炒洋蔥和香料，有時候也會加入松子增加口感和氣味，烹煮時在鍋內放入檸檬切片，所以味道微酸，和粽子不一樣，葉子也可以吃下肚，味道有點苦澀。雖然小小一捲，也是挺有飽足感。

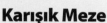

### Yoğurtlu Semizotu

新鮮蔬菜拌上大量的Tzatziki優格醬。Tzatziki醬是土耳其和希臘飲食常見的醬料，白色醬汁以優格、黃瓜、大蒜、薄荷、鹽與橄欖油調製，微酸清爽，除了拌蔬菜也適合搭配烤肉。

### Karışık Meze

想要一次品嘗多種味道就點綜合Meze，視覺上就是一大享受。

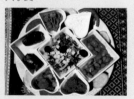

### Çoban Salatası

標準的沙拉，番茄、洋蔥、小黃瓜、青椒等蔬菜再淋上橄欖油。

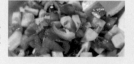

## 海鮮 Deniz Ürünleri

土耳其北、西、南三面分別被黑海、地中海、愛琴海和馬爾馬拉海包圍，沿海城鎮的海鮮種類多元，調理方式主要受到希臘飲食的影響，訴求食材原味，大多以橄欖油簡單煎烤，加上檸檬、羅勒、茴香等天然香料調味，內陸則是以鱒魚為主。

### Alabalık Tava

煎烤鱒魚，在有河流的內陸地區都吃得到。

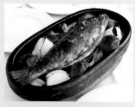

### Hamsi Tava

鯷魚是伊斯坦堡魚市的餐廳最常見魚種，也最便宜，通常起大鍋油炸，街頭小吃店也常見到。

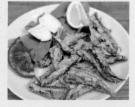

# 烤肉 Kebabı/ Kebap

「Kababı」源於波斯文，意為煎烤的肉類料理，據説源於波斯的士兵在曠野中用劍烤肉，而波斯人以香料醃製肉類再火烤的方式，透過塞爾柱民族傳到整個中亞地區，就是現在土耳其烤肉的前身。各種烤肉料理都稱為Kababı，烤魚和蔬菜也可以稱為Kababı，依據調味和呈現方式又發展出多種變化，各地略有不同。

## Şiş Kebabı

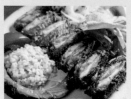

Şiş Kebabı就是經典烤羊肉串，幾乎所有上烤肉餐館的人都會點這道菜。Şiş是「烤肉叉」的意思，塊狀的羊肉醃製後直接串烤，烤牛肉或雞肉串也用這個名字。

## Cağ Kebap

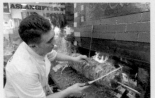

Cağ Kebap是直立旋轉烤肉Döner Kebab的祖師爺，只不過是水平旋轉。把大塊肉排一層層串在大鐵叉上，整個大肉串不斷旋轉，讓外層均勻受熱烤成金黃色，用刀削下外層香酥的部分，串在小鐵叉上，放在盤中上桌，搭配一種和類似春捲皮的薄餅食用。

## Tavuk Kanat

不得不佩服土人烤雞翅的技術，不管哪家餐廳幾乎踩不到雷。雞翅上段用牛奶或原味優格、橄欖油、香料醃過，表皮金黃香脆，肉質細嫩入味。吃完依然回味無窮。

## Adana Kebabı

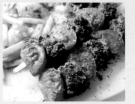

阿達納烤肉起源於土耳其南部的Adana省，特色是又香又辣。把羊肉與牛肉磨碎攪拌，加上洋蔥、蒜頭、紅辣椒、胡椒和香料均勻混合，以特製的扁平形長烤肉叉串起，在炭火上燒烤。肉條直接上桌，通常搭配洋蔥、青椒、番茄等蔬菜，附上土耳其米飯，有些店家會分成小塊再上桌。

## Dürüm Kebabı

把烤肉片下來之後，與蔬菜等食材包在捲餅裡，這似乎是受到速食風潮影響的吃法。

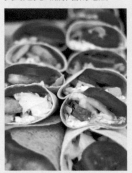

## İçli Köfte

用米和絞肉混合一起炸，形狀呈中間胖、兩頭尖的棗核狀，是辣味的肉餅。

## İskender Kebabı

在布爾薩可以吃到一種İskender Kebabı (或稱Bursa Kebabı)，這是Döner Kebab的一種，切下來的羊肉片鋪在剛烤好的Pide麵包上，再淋上熱番茄醬汁和滾燙羊奶油，然後配著優格一道吃。

## Döner Kebabı

Döner Kebab是直立旋轉烤肉，台灣路邊常見到的沙威瑪就是它的變化。風靡世界的旋轉烤肉發源於19世紀布爾薩一間賣Cağ Kebap的烤肉餐廳，有一天老闆İskender為了吸引顧客突發奇想，把肉串立著烤增加視覺效果，這種新奇有趣的烤肉方式流傳到伊斯坦堡，吸引更多人仿效。

土耳其的Döner Kebab和台灣沙威瑪味道差很多，醃料包含茴香、肉桂、薄荷、紅椒粉、辣椒粉和胡椒，醬料使用加了優格的Tzatziki醬而不是美乃滋，層次豐富的香料氣味搭配清爽醬料，份量大約是台灣的一倍，飽食又滿足。

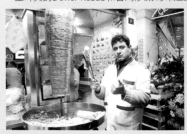

## Köfte

肉丸或肉餅做成的烤肉稱為Köfte，大多以牛絞肉混和碎洋蔥、百里香、黑胡椒或其他香料，上桌時搭配不辣的綠辣椒。咬下時肉汁噴流，口感有彈性才是好吃的肉丸。

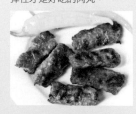

## Karışık Kebabı

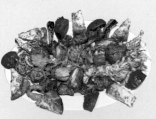

各種烤肉都有的烤肉拼盤，面對選擇困難時，點這道就對了。

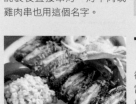
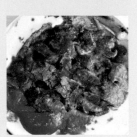
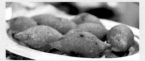

# 麵食 Hamur İşleri

土耳其的麵食五花八門，不同形狀、不同包裹方式，或是不同吃法，就有不同名稱，如果不是土耳其當地人，很難分辨其中的異同，有人以Pide來總稱所有的相關餅類，但其實不然。

## Gözleme

Gözleme是來自安納托利亞高原的傳統小吃，一種包餡的煎餅，餡料內容大概是起司、波菜或肉末，路邊常可見到包著頭巾、正在煎餅的婦人。

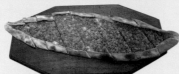

## Pide

Pide可以說是土耳其的厚Pizza，厚厚的，咬勁十足，越嚼越香，沒加內餡時常搭配燉菜或烤肉。做成一艘船的形狀，上頭放了碎肉和碎蛋稱為Kıymalı Pide，也可加入馬鈴薯或乳酪。。

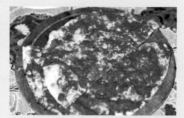

## Lahmacun

Lahmacun像是薄皮Pizza，傳自阿拉伯，上面通常會有肉末和洋蔥，也會加上番茄或芝麻葉一起吃。

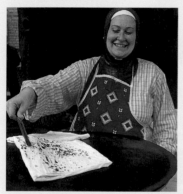

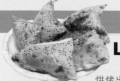

## Lavaş

Lavaş是一種烘烤出爐膨脹得像一座小山，一撕開就會扁平下來的麵包，塗奶油、起司，熱時吃滋味佳。

## Mantı

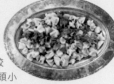

麵皮包肉餡，稱為「Mantı」，就像義大利餃(Ravioli)，但個頭小很多，大約只有大拇指的指甲大小，麵皮特別有嚼勁，內餡使用牛絞肉混合香料。可以清炒或是和義大利餃一樣搭配醬汁，常見以奶油番茄糊為底，再淋上大蒜混合原味優格的白醬。

## Sigara Böreği

麵皮包白乳酪再炸，形狀像香菸，也像中國菜的小春捲，是土耳其常見的家常點心。

# 飲料 Meşrubat

## Ayran

是一種鹹的優格，土耳其人幾乎每餐必備。

## Türk Kahvesi

土耳其式咖啡，不濾渣，咖啡渣還可以算命。

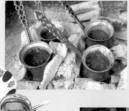

## Rakı

號稱紅茶之外的土耳其國飲，其實是酒精濃度高達45%的茴香酒，喝起來味道類似中藥的八角，大部份台灣人不太能接受。鄂圖曼帝國後期，從土耳其歐洲領土的非穆斯林開始釀造，之後廣為流行，連凱末爾也愛喝。飲用時先倒酒、再加適量的水，酒體從透明轉為乳白色，又名「獅子奶」，也有與獅子力量連結的意思。

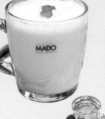

## Çay

紅茶，土耳其人幾乎人手一杯，到處都看得到。

## Elma Çayı

蘋果茶，酸酸甜甜散發著蘋果香，觀光客很愛點，其實土耳其人比較喜歡紅茶。

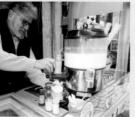

## Salep

這是冬季最受歡迎的街頭飲料，用蘭莖粉和牛奶沖泡，口感綿密黏稠，熱呼呼的奶香，撒上一點肉桂粉，簡直是寒風中的救世主。若喜歡這個味道，可以在超市中購買Salep粉帶回家。

28

# 街頭小吃 Seyyar Tezgahlar

### Midye Dolması

淡菜裡面塞著香料飯的路邊小吃，也是Dolma的一種。依據淡菜的大小有不同價錢，小販會一顆一顆幫你撥開，拿著下半部的殼就口吃，記得擠一點檸檬汁去腥味。

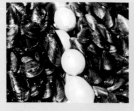

### Kumpır

個頭約兩個巴掌大的烤馬鈴薯，上頭加滿了香腸、乳酪、蔬菜等各式各樣的配料，據說很適合情侶約會時一塊享用，以伊斯坦堡歐塔寇伊區最有名。

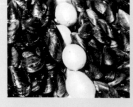

### Kestane Kebabı

雖有Kebabı這個字，其實是烤栗子，冬天常看得到，手上握著一包鬆軟甜香，幸福感十足，有時會和烤玉米一起賣。

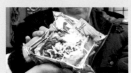

### kızartma Midye

炸淡菜，賣淡菜塞米飯的小販通常也有另一種作法，就是把淡菜裹粉去炸，香香酥酥，是街頭十分可口的零嘴。

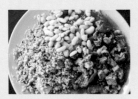

## Balıklı Sandviç/ Balık Ekmek

鯖魚三明治是伊斯坦堡加拉達橋附近最受歡迎的路邊小吃，其他城市的魚市場附近也吃得到。鯖魚排現點現煎，夾入烤過的對切麵包，加上生菜、洋蔥、碎番茄和幾滴檸檬汁，份量上誠意十足，魚肉噴香軟嫩又清爽。

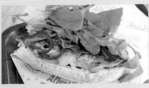

### Kokoreç

將羊內臟塞入羊腸後捲在鐵棍上碳烤，點餐後老闆會切下一塊羊腸，剁碎並加入番茄、香料和胡椒粉，夾在三明治裡吃，伊斯坦堡獨立大道的魚市非常普遍。

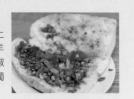

### Şimit

土耳其人最愛拿著這種大大的芝麻圈邊走邊吃，口感稍硬的花圈形麵包撲滿白芝麻，越嚼越香，但吃多了有點乾，建議加上起司抹醬。

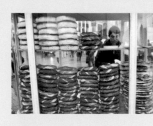

# 燉菜 Sulu Yemekler

在大眾食堂裡最常看到各式各樣的燉菜，比烤肉便宜，上菜又迅速。餐館中的燉菜較講究，以豐富的蔬菜和肉塊塞滿個人陶盅，滋味濃郁、香氣十足，最適合搭配香料飯，是安納托利亞地區常見的料理。

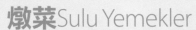

### Orman Kebabı

按照字面的意思稱為「森林烤肉」，但其實是燉菜的一種，將羊肉、馬鈴薯、豌豆一起燉煮。

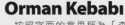

### Kuru Fasulye

這是道非常家常的土耳其菜，用番茄糊和紅甜椒粉燉煮白扁豆，常用來淋在米飯上，營養價值高。

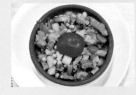

### Güveç

Güveç意思就是「燉」，這是一道接受度相當高的料理。個人版小陶盅或大陶鍋內塞滿洋蔥、大蒜、迷迭香、紅酒、小茴香，以及茄子、番茄、節瓜、胡蘿蔔等蔬菜，長時間燉煮羊肉(Kuzu)或雞肉(Tavuk)，蔬菜的甜味在陶盅裡融合，肉塊軟爛入味，不管搭配土耳其奶油飯或蘸麵包吃都很適合。

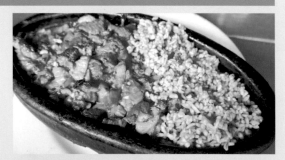

# 湯 Çorba

土耳其菜的湯品也不簡單，一餐之中，湯是不可或缺的。乍看平淡無奇，其實湯的內容物五花八門，比較特別的是優格也常常被加入湯中。

### Mercimek Çorbası

扁豆湯，可以說是土耳其的國民湯，每本菜單上都會出現。將蔬菜和扁豆打碎成泥，加入高湯一起熬煮的濃湯，與其他湯品比較相對清淡，通常會附上一小塊檸檬，幾滴檸檬汁加入湯中，清爽開胃。

### Domates Çorbası

從發音就可以約略猜出，這是番茄湯，色澤如番茄一樣的紅，酸濃夠味。

### Kelle Paça Çorbası

是用羊腿燉的湯，味道濃郁，害怕羊騷味的人可能不適合，是土耳其東部的特色菜。

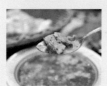

### Ezo Gelin Çorbası

土耳其所謂的新娘湯，用洋蔥、小麥、番茄、紅扁豆熬煮的濃湯，上面再灑上薄荷等香料，土式早餐也能喝到。新娘湯的起源有許多版本，其中一版來自一位美麗的女孩Ezo，她結婚後為了取悅苛刻的婆婆，費盡心思研發這個食譜。

### Işkembe Çorbası

羊肚湯，以羊肚煮成的濃湯，味道很重，但土耳其人非常喜愛，是宵夜界的第一把交椅，可以加點蒜汁或蒜泥。

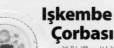

### Düğün Çorbası

Düğün Çorbası是米、優格、奶油、薄荷混合的湯，酸酸鹹鹹的，通常在婚禮時喝。

### Bulğur Çorbası

加小麥一起煮的湯。

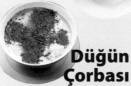

### Dil Paça Çorbası

牛腿燉湯，味道香醇，具有濃濃的鄉土味道。

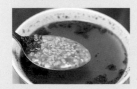

# 地區特色美食

### Gömlekte Kuru Fasulye

卡帕多起亞地區特色菜，白扁豆加羊肉放在陶鍋裡燉煮。

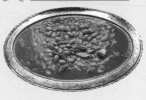

### Testi Kebabı

陶罐燜肉應該是沙威瑪以外，最具辨識度的土耳其菜，而且表演性質十足，因為要敲或切開陶罐才吃得到。卡帕多起亞地區的Avanos小鎮因生產陶器聞名，發展出這道獨一無二之料理，將牛肉或雞肉連同番茄、洋蔥、鷹嘴豆、馬鈴薯等一起封進陶罐燜燒，鎖住原汁原味的鮮美，肉質軟嫩、香氣濃郁，配飯或蘸麵包都適合。除了卡帕多起亞地區，伊斯坦堡的觀光客餐廳也能吃到。

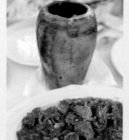

### Saçtava

熱騰騰的鐵板上，盛放著炒羊肉和各式蔬菜，是安納托利亞地區的菜餚。

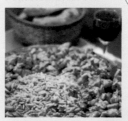

### Pekmez Aside

葡萄汁熬煮8小時以上的糖漿，蘸麵包吃，土耳其很多地方都有，但以卡帕多起亞最有名。

### Pastırma

醃肉香腸是整個安納托利亞的特產，以開塞利最有名，用鹽醃製風乾的牛肉，加了蒜頭、紅辣椒粉、葫蘆巴、香芹等香料，再曬乾做成香腸模樣，吃的時候再切成薄片。

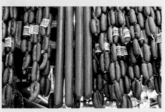

### Ballı Yogurt

優格加蜂蜜不停攪拌，黏稠度直到盤子倒轉都不會掉下來，再灑上罌粟子，是Dinar地區的名產。

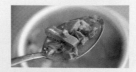

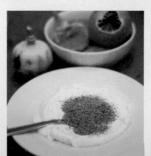

# Best Buy in Türkiye
# 土耳其好買

對喜歡買民俗特產、又懂得殺價的人來說，土耳其是個購物天堂，特別是伊斯坦堡的有頂大市集及埃及市集，就是充滿趣味的買逛據點，而離開伊斯坦堡，每個城市也都有不同的特色紀念品可購買，絕對讓買家滿載而歸。

文●墨刻編輯部　攝影●墨刻攝影組

## 土耳其傳統手工藝

### 金飾品

土耳其人愛買金飾的程度不輸給華人，市集裡金光閃閃的櫥窗閃爍耀眼，是土耳其人最常駐足的地方，土耳其金飾作工精細，多是18k金以上，可細細挑選。

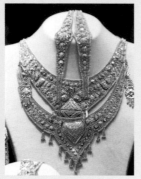

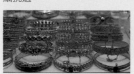

### 銀銅製品

土耳其的銀製品世界知名，而且價格相對便宜，除了銀製首飾，還有珠寶盒、器皿等，多是稱重計價。精細銅雕和銅盤也是手藝不凡，還有當街製做的銅雕掛飾。

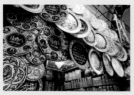

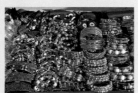

### 陶瓷藝品

土耳其最主要產製陶瓷藝品的地方有兩處，一是離伊斯坦堡較近的庫塔亞(Kütahya)所生產的伊茲尼磁磚，另一個就是卡帕多起亞的阿凡諾斯(Avanos)。由於伊斯蘭不崇拜偶像，所以衍生擅於處理花鳥圖案，土耳其也不例外，最普遍常見的花草圖案就是產於土耳其的國花鬱金香和康乃馨花草，相當漂亮。

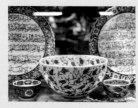

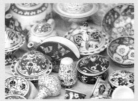

### 綠松石首飾

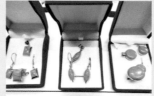

市集常可以看到一種不透明的藍色岩石首飾品，很多人不明白這是什麼寶石，它正確的名稱是「綠松石」(Turquoise)，又名「土耳其石」。綠松石顏色從綠到藍，上好的是藍色上頭還有金色礦脈。

### 蘇丹石

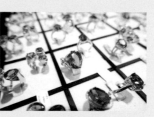

近年來，土耳其珠寶市場出現一種會隨光線折射變換色彩的寶石，被稱為「蘇丹石」，正式名稱是「水鋁石」(Diaspore)，產量稀少，僅在安納托利亞山脈開採。因為獨特的變色效果而廣受歡迎，市面上以合成變色玻璃冒充的假貨不少，建議在有信譽的商店購買有ZULTANITE®保證卡的商品。

### 地毯

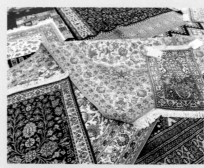

地毯和土耳其的歷史有很深遠的關係，是藝術品也是最大的外匯收入之一。另一種為平織毯(Kilim)，不像地毯那麼厚，也便宜許多。

地毯的價差很大，便宜的幾千美元，貴則數萬至數十萬美元，若非有一大筆預算，一般人很少消費得起，因屬奢侈品，要了解採購地毯是一門大學問，用料是羊毛、棉、絲，或混紡價格差別很大，此外，每一平方公分有多少「結」(Knot)、織得平不平整、染料是不是天然、花紋圖案的典故……售價都有差別，要花不少時間研究。

## 紅茶托盤杯組及咖啡壺

紅茶店送茶的托盤也是受歡迎的紀念品，一整套的杯、盤、湯匙搭配齊備，土耳其味十足。最經典的當然非鬱金香杯莫屬，各種花色齊全，講究的連玻璃杯、托盤、杯匙都鍍金刻花，價格也因此落差很大。

紅茶托盤及杯組是土耳其家庭的民生用品，所以，建議到伊斯坦堡埃及市集旁的市場或是番紅花城的打鐵街購買，價格比較實惠，這些專賣店還可買到煮土耳其咖啡的銅壺、兩段式的煮咖啡壺等物。若想找到兼具質感與設計感的杯組，推薦「Paşabahçe」這個玻璃品牌。

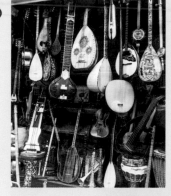

## 樂器

土耳其傳統樂器不但樂音美，而且造型特殊，即使不會撥弄，買個簡單的樂器當掛飾也很有意思。

## 海泡石煙斗

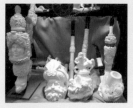

上好的海泡石(Sepiolite)產於土耳其地中海沿岸地區，因為質地輕、軟，加工容易，常拿來雕刻成各種裝飾品，最常見的就是海泡石煙斗(Meerschaum)，未使用過的海泡石是白色的，因為可以吸附尼古丁，用久了就會轉變成琥珀色。

## 皮件

土耳其的皮革工業相當有名，各地市集、購物大街都看得到。跟當地旅行團的還會帶去皮衣工廠，欣賞俊男美女的服裝走秀後，就自行參觀選購，特色是質地柔軟而輕薄，隨便塞也不會皺。

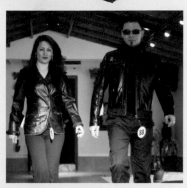

## 民俗服飾

色彩強烈、裝飾濃厚的民族服裝最吸引觀光客目光，若嫌穿一身太招搖，可選購帽子、鞋子等配件。此外，跳肚皮舞穿的各式舞衣，市集裡也應有盡有，就看敢不敢穿。

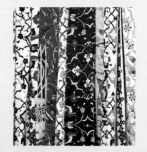

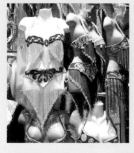

## 絲巾

伊斯蘭國家的女性都得包頭巾，所以，絲巾也成為她們最重要的裝飾品，土耳其特有的圖案紋路和豔麗的色彩非常吸引目光，其中又以布爾薩的絲巾最為有名。

## 水煙壺

土耳其街上常常見到水煙茶館，對土耳其人來說，抽水煙其實是種社交娛樂。遊客購買水煙壺(Nargile)通常是因為外型美麗又有異國情調，除了回家當裝飾，也可選購蘋果、水蜜桃等口味的菸草試試。

## 手工皮鞋

在番紅花城，還留存著老師傅手工打造皮鞋的工藝，雖然款式簡單，但都是傳統經典款，鞋輕皮軟，堅固耐穿，一雙僅百來里拉土幣，可以依腳形量身訂做。若沒到番紅花城旅遊，在伊斯坦堡的市集也有許多花俏的彩色手工鞋可選購。

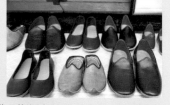

## 燈籠

大市集骨董市的骨董商各有自豪的獨賣商品，尤其是獨銷的名家手製銀底燈籠，而五顏六色、各種形狀的馬賽克玻璃燈也非常搶眼，要注意的是，土耳其使用220V電壓的圓插頭，回台灣使用前要轉換插頭。

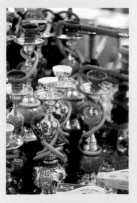

# 食材及日用品

## 香料

市集裡到處可以看到一桶桶堆積如山的香料，懂門道的還可以跟老闆討價還價，否則就購買香料組合包，方便攜帶，包裝完整，有細分裝，也有顆粒式，附送磨香料的小設備。

香料之王番紅花也是土耳其著名的特產，源自小亞細亞的山區，因為生產條件嚴苛，全賴人工採收，且需耗費約150朵花才能採集1克的花蕊，所以名列為世界上最貴的香料，雖然番紅花在土耳其依然屬於高價款，但遠比台灣便宜得多，不過選購時要小心假貨。

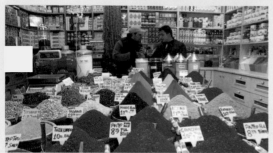

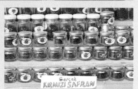

## 橄欖油和橄欖

在土耳其的愛琴海、地中海地區，到處種植著橄欖樹，所產的橄欖油擁有世界知名度。土耳其的蔬菜沙拉可口，除了蔬果新鮮外，橄欖油的品質也是美味的秘密，市場上可見販售各種口味的醃橄欖，別忘了現場品嚐。

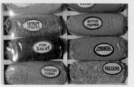

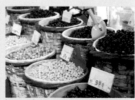

## 蜂蜜

土耳其的黑海地區盛產蜂蜜，而土耳其甜點更是離不開蜂蜜，市面上有賣純蜜汁的，也有台灣較少見的蜂巢蜜（petek balı），在超市或市集都找的到。

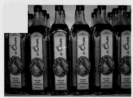

## 橄欖油保養品

橄欖油除了食用，也作成各式各樣的清潔保養品。外型質樸的橄欖香皂，古法製造，聞起來沒什麼誘人香味，但保證絕對純天然、不賣噱頭，搓揉起來的泡沫極為細緻，其中Dalan d'Olive的護手霜和乳液則是價格親民又滋潤，好推好吸收。

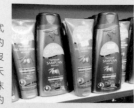

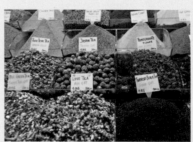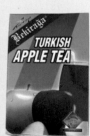

## 土耳其甜點及軟糖

土耳其甜點花樣百出，最適合攜帶送禮的首推土耳其軟糖（Lokum）。嫌太甜嗎？但是不嘗一口就不算遍嘗土耳其美食！建議到老字號的甜點店購買，軟硬適中又不死甜，可以試吃後再選擇，搭配組合自己喜歡的口味，特別推薦石榴、開心果、榛果或核桃。

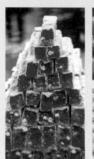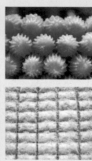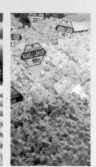

## 蘋果茶及各式花果茶

雖然土耳其人喝的是正統不加味的紅茶，但觀光客就只認得蘋果茶，基於商業利基在那裡，生意就做到那裡，因而在市集或觀光區，商家擺出一盒盒包裝好的蘋果茶任君選擇，連各種加味茶也跟著風行起來，檸檬茶、石榴茶，不一而足，在這個茶的國度，什麼都能入茶的。

粉末或顆粒狀的蘋果茶是專賣給觀光客的，即溶沖泡方便。也可以選擇那些一桶桶、帶著乾燥果粒的各種口味花果茶，現買現秤，商家會立刻為顧客真空包裝，回家用煮的，再視個人口味加糖或蜂蜜。

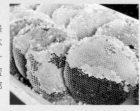

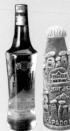

## 葡萄酒、水果酒與茴香酒

雖然土耳其的葡萄酒不如歐洲有名，但也是一個重要的葡萄產區，卡帕多起亞地區已有數千年釀酒歷史，Turasan酒莊的葡萄酒又是得獎常勝軍，以仙人煙囪為造型的葡萄酒則受到觀光客青睞。在以弗所近郊的徐林傑山城(Şirince)，則以一種水果酒出名。至於茴香酒(Rakı)號稱土耳其國飲，每間超市到處都看得到。

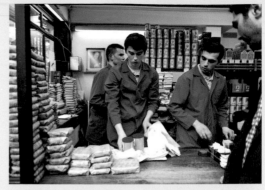

## 果乾及堅果

土耳其堅果和果乾外銷全世界，以高品質著稱。堅果類推薦開心果、榛果和核桃，新鮮水果曬成果乾後風味更濃郁，不能錯過無花果和杏桃。超市和紀念品店都有一盒盒密封包裝好的產品，但建議在市集中購買，可秤斤論兩，價格實惠，還能先試吃。

## 咖啡

全世界喝咖啡的風氣起源於土耳其，不妨帶些這裡烘焙的咖啡豆(粉)。其中一家位於伊斯坦堡香料市集外的專賣店 Kurukahveci Mehmet Efendi，是大排長龍的人氣名店。

# 紀念品

## 惡魔眼(藍眼睛)

可以去凶避邪的各式大小惡魔眼，造型多變，可以製成項鍊，也可以製成別針、鑰匙圈、耳環，是土耳其最普遍的紀念品，送人自用兩相宜。

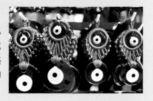

## 鄂圖曼宅邸模型

番紅花城以傳統鄂圖曼宅邸吸引遊客，街上到處有販售造型可愛的鄂圖曼宅邸模型，也有做成冰箱磁鐵、面紙盒或筆筒等。

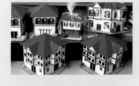

## 精靈煙囪模型

在卡帕多起亞地區有各式各樣模仿洞穴屋和仙人煙囪的陶製品，不過要注意，大多數便宜貨只是脆弱的石膏充填。居勒梅全景觀景台的紀念品店可以找到用當地岩石雕刻的洞穴屋，擬真又可愛。

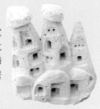

## 旋轉舞者人偶

旋轉舞最能代表土耳其印象，因而舞者造型的人偶，自然成為遊客喜愛收藏的紀念品，陶瓷製的、銅製的、海泡石雕的，各種材質、各種造型都有。也有利用空氣熱對流原理，點個小蠟燭，就能自動旋轉。

## 傳統服飾布娃娃

卡帕多起亞地區的觀光景點，常可以看到這種民族風格強烈的布娃娃，小販就經常一邊販售，一邊在旁編織縫製。

## 聖誕老人玩偶

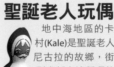

地中海地區的卡雷村(Kale)是聖誕老人聖尼古拉的故鄉，街上到處都有這種曬乾葫蘆做成的彩繪玩偶。

## 鄂圖曼服飾公仔

扮演各種不同宮廷角色、著各種不同服裝的鄂圖曼公仔也非常吸睛。

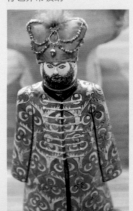

## 土耳其傳統圖案石磚/磁磚

這些石材切割的磚，上面的圖案多半拓印自鄂圖曼時代老房子的磁磚圖案，鬱金香、旋轉舞、鄂圖曼細緻畫等，可說個個經典。更常見的是印在磁磚上，變成色彩鮮豔的杯墊或裝飾。

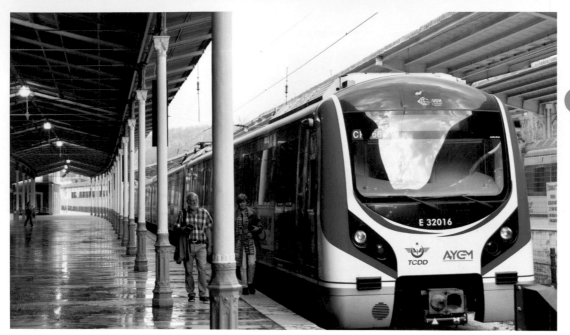

# Transportation in Türkiye
# 土耳其交通攻略

文●墨刻編輯部　　攝影●墨刻攝影組

## 國內航空Domestic Flight

土耳其國土面積約為台灣的22.5倍，東西寬1,550公里，南北長670公里，城市與城市之間的交通，飛行無疑是最節省時間的選擇，尤其是如果要從最西邊的伊斯坦堡前往土耳其東部，飛機才是最方便的交通工具。只是，大多航線都是往來伊斯坦堡和安卡拉，許多中型城市之間無航班直接往來，有時候還要經伊斯坦堡或安卡拉轉機。

土耳其國內的航空公司當然以土耳其航空為首選，不但航點多，班次也頻繁。此外，還有許多廉價航空，價格甚至和長途巴士差不多，不同的航空公司有專營航線。

從伊斯坦堡出發的話，有可能使用歐洲區新的伊斯坦堡機場，或是亞洲區的Sabiha Gökçen機場，搭機前要注意起飛地點。此外，雖然是國內線，但不管哪個機場的安檢都相當嚴格，若遇上熱門時段，作業速度很慢，建議至少提前兩小時抵達機場。另因疫情期間，各家航空公司班次和班表變動幅度較大，相關資訊請洽各大航空公司或上網查詢。

### ◎土耳其航空Turkish Airlines
土耳其航空是土耳其的國籍航空，其國內航點遍及48處城市。
🌐www.turkishairlines.com

### ◎Anadolu Jet
土耳其航空的副品牌，航線大約串連40座機場，又以安卡拉出發的航線為多。
☎0850 333 2538
🌐www.anadolujet.com

### ◎SunExpress
也是土耳其航空的副品牌，大約串連20座機場，主要為土耳其東部和南部海岸，又以安塔利亞和伊茲米爾之間最頻繁，沒有連接伊斯坦堡機場。
☎444 0797
🌐www.sunexpress.com.tr

### ◎Onur Air
航點包括伊斯坦堡、特拉布宗、Adana等地。
🌐www.onurair.com.tr

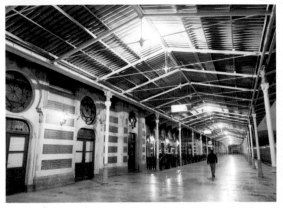

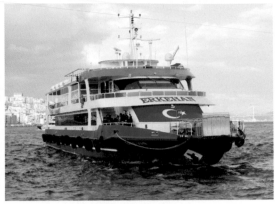

◎Pegasus Airlines
航點及班次僅次於土耳其航空，串連30多座機場，包括東部的Kars、Batman和Erzurum等地。
⊕www.flypgs.com

# 長途巴士

在土耳其國內移動，除了航空公司之外，長途巴士比你想像中發達得多，現代、舒適，路路多且班次密集，車型新穎，有冷氣且禁煙，提供相當好的服務，而且票價相對便宜許多。最大的缺點是土耳其國土太大，城市與城市之間車程動輒七、八個小時，甚至十小時以上，做旅行計畫時，得把車程估算進來。

若車程超過七、八小時，搭乘夜車最為節省時間，同時可以省去一晚的住宿費，不過路途並非全程平整，是否搭乘夜車、能否睡得安穩？仍得視個人狀況考量。

### 長途巴士站Otogar

長途巴士站多在城郊，稱為Otogar或Garaj或Terminal，從市中心至車站多半有迷你巴士(dolmuşes)或市區巴士接駁，可以向旅館詢問，若向設在市中心的巴士公司辦公室購票，可直接詢問是否有Servis(就是指市中心到長途巴士站的免費接駁)，只是接駁車較費時，若已經快趕不上巴士了，還是叫計程車比較有效率。

同樣地，幾乎每個目的地也都有從車站到市中心的巴士，巴士公車大多也會提供免費接駁。不過幾個有地鐵、電車等大眾運輸工具的城市並不提供接駁服務(Servis)，例如伊斯坦堡、安卡拉、孔亞等。

Otogar的搭乘場所、號碼、前往地點都標示得很清楚，而且其內還有電信郵政局(PTT)、租車櫃台、旅行社、商店、餐廳、行李寄放處(Emanetçi)、咖啡館及服務中心、計程車招呼站，宛若一座大型商城。

### 票價與購票

購票(Bileti)可在市區內的巴士公司櫃台或直接到長途巴士站購買，除了旺季外，應該當天購買都有空位。為了確保行程順暢，通常在學校假期期間(6月中到9月中)、國定假日、週末，最好事先上網訂位購買。

土耳其巴士規定未婚男女的座位需要分開，若上網訂票就有明顯的男性區與女性區，現場買票的話，對外國旅客規定不嚴，一般不會多加詢問。

如果不知你要前往的目的地該搭哪家公司的巴士，到了長途巴士站後可以先到服務櫃台詢問，櫃台人員會建議你該前往哪些巴士公司櫃台。或是車站大廳的大型電子時刻表也會顯示城市、時間、公司、月台號碼等資訊。

出發前也可在巴士公司的官網上訂票，但通常只有土文的網頁。或是利用平台網站Obilet.com查詢時刻、票價和刷卡購票，但這個平台不一定會列出所有巴士公司和時刻，可作為參考，非旺季的話還是現場購票最好。

**Obilet.com**
⊕www.obilet.com

### 車上設備

口碑不錯的巴士公司（例如：Metro Turizm、Pamukkale Turizm、Kamil Koç）的車況都不錯，夜車則一定會搭到新車，雖然座位可傾斜的角度不算

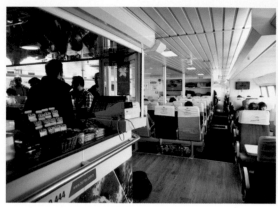

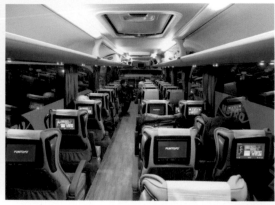

大,但座椅大多符合人體工學,還算舒適,分為一排4個位子或2+1的不同車款。座位前方有個人隨選視訊螢幕,只是頻道不多或根本沒得選,有訊號不太好的wifi,但至少可接上USB充電。冷氣大多很給力,搭夜車一定要多帶件外套或薄毯。

車上沒有廁所,長途巴士大約每2~3小時會停靠休息站,讓乘客上廁所或覓食,停留時間約20~30分鐘,在休息站上廁所請自備零錢。

## 車上服務

車上有隨車服務人員,長途車還會配備兩名。一上車就會細心招呼,一一確認每位乘客的下車地點,若搭乘夜車也會提前叫醒你,不用擔心睡過頭、坐過站。中途停站休息時,服務人員會以土耳其語說明稍後發車時間,下車前務必再次確認。

巴士上路一段時間後,服務人員會推著小車提供免費的茶、咖啡、果汁、礦泉水和小餅乾等,夜間巴士還會多附簡單的早餐。

## 主要巴士公司

◎**Metro Turizm**

路線遍及全土耳其主要城市和城鎮。

📞0850 222 3455

🌐www.metroturizm.com.tr

◎**Ulusoy**

路線以土耳其西部、中部和黑海等區的主要城市為主。

📞(212)685 0278,手機:(545)150 4141

🌐www.ulusoy.com.tr

◎**Pamukkale Turizm**

以土耳其西部城市、愛琴海和地中海沿岸城市為主,班次頻繁且服務好。

📞0850 333 3535

🌐www.pamukkale.com.tr

◎**Kamil Koç**

路線遍及全土耳其主要城市和城鎮,包含東部和黑海都有服務,網路口碑不錯。

📞444 0562

🌐www.kamilkoc.com.tr

# 火車

土耳其國鐵(TCDD)以東方快車而聞名,但實在是不方便,除了線路不夠周延外,車次少、速度慢也是問題,不如搭乘長程巴士。不過土耳其國鐵價錢便宜,特別是臥鋪設備一點都不輸給歐洲火車,所以如果時間不趕可以來嘗試一下土耳其火車的旅遊樂趣。

近年土耳其國鐵設備大幅改善後,已有愈來愈多人以火車作為旅行的交通工具,尤其是伊斯坦堡、安卡拉和孔亞之間的高速鐵路開通之後,大幅縮短旅行時間,進入月台都需經過安檢,建議搭車時提早到車站。

## 車站Garı

伊斯坦堡和安卡拉是兩個最大的火車起迄站,由安卡拉出發的火車網絡最密集。

伊斯坦堡有四座火車站,郊區火車馬爾馬拉線(Marmaray)可串連四座車站。

◎**錫爾克吉車站(İstanbul Sirkeci Garı)**

位於歐洲區博斯普魯斯海峽旁,從前東方快車的終點站,現在以搭乘地區火車、以及跨越海峽的馬爾馬

拉(Marmaray)通勤火車居多。

◎**海德爾帕夏(Haydarpaşa)**
位於博斯普魯斯海峽的亞洲岸，是前往中部安納托利亞各城市的發車站。

◎**Halkalı Garı**
位於伊斯坦堡西邊郊區，前往歐洲的國際列車 stanbul-Sofia Expressi每天晚上由此站發車，前往保加利亞首都索菲亞。搭乘郊區火車至錫爾克吉車站，約每15分鐘1班次，車程約50分鐘。

◎**İstanbul Pendik**
伊斯坦堡亞洲區通達安卡拉的高速鐵路，車站位於亞洲區的Pendik。

## 艙等

長距離火車分快車及特快車，還分一等及二等座位。臥鋪(Yataklı)分兩種，第一種有1~3人大小，有洗臉台、床位也寬敞，第二種為4人一間的普通臥鋪。一等車及臥鋪都要預約。

## 路線

目前已經通車的高速鐵路( Yüksek Hızlı Treni ，YHT)路線包括：
İstanbul(Pandik)-Eskişehir-Ankara
İstanbul(Pandik)-Eskişehir-Konya
Ankara-Konya
İstanbul-Karaman
Ankara- Karaman
其他較常被遊客利用到的路線包括：
İstanbul-İzmir(其中包含一段渡輪到Bandırma)
İzmir-Selçuk-Denizli

## 費用及訂位

一般火車票價通常是巴士的一半，來回票又可省約20%。
訂票可到車站或旅行社預訂及查班次，也可上土耳其國鐵網站查詢班次並購票。
🔟www.tcdd.gov.tr

# 租車Rent Car

開車自駕的便利性人人皆知，而且還可以深入大眾運輸到不了的地方。然而土耳其國土大，城與城之間路途遙遠，會耗去你不少的時間、金錢、精神和體力，加上路況不明，土耳其的油價在全世界可說數一

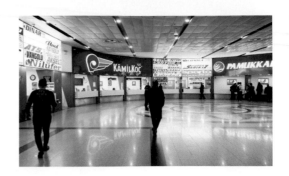

數二貴，並不鼓勵自駕走遍土耳其，建議以飛機、火車、巴士作長程移動，再租車作為小區域和近郊的交通工具，尤其又以卡帕多起亞地區，租車自駕所能發揮的功效最大。
如果出國前已經確定要租車，一定要準備好效期之內的國際駕照，同時國內的駕駛執照最好也帶上。

## 先行預約

在國外租車旅遊，最重要的不外乎能挑到車輛種類齊全、有完善事故處理機制、值得信賴的租車公司。
建議可以先在台灣預約好租車，比較能挑到心目中理想的車種。目前只要是擁有網站的租車公司，基本上都可以透過網路預約，一些國際連鎖品牌如果在台灣設立有分公司，更能溝通無礙處理好預約作業，只待到當地辦理手續、取車即可。
**Hertz** 🔟www.hertz.com
**AVIS** 🔟www.avis.com
**Budget** 🔟www.budget.com
**Europcar** 🔟www.europcar.com

# 渡輪Ferry

從伊斯坦堡要跨越馬爾馬拉海到對岸的布爾薩或其他城市，搭乘渡輪會是比較快速又方便的選擇，有的僅供人搭乘，有的則是人車通行，主要的碼頭和航線包括：
İstanbul (Kabataş) - Bursa
İstanbul (Kadıköy) - Bursa
İstanbul (Yenikapı) - Bursa、Bandırma、Yalova
**BUDO** 🔟budo.burulas.com.tr
**İDO( stanbul Deniz Otobüsleri)** 🔟www.ido.com.tr

# 土耳其百科
## Encyclopedia of Türkiye

# History of Türkiye
# 土耳其歷史

文●墨刻編輯部　攝影●墨刻攝影組

## 史前時期

**3,000,000BC～8,000BC**：舊石器時代，當時的人們過著狩獵生活，留下許多石器、骨器，以及洞穴壁畫，安塔利亞(Antalya)西北27公里的卡拉恩洞穴(Karain Cave)為考古證據。

**8,000BC～5,000BC**：新石器時代，人們開始在村落定居，種植作物、畜養牲畜，並製作貯藏和炊煮器皿。考古遺址為位於孔亞(Konya)東南方50公里的恰塔霍育克(Çatal Höyük)。

**5,000BC～4,000BC**：石器銅器並用時代，人們的房舍已經蓋在石頭基坐上，並以太陽曬乾的泥磚為建材，主要工藝品包括了精緻的陶器、繪有圖案的雕像，多數都是從棉堡附近的哈吉拉(Hacılar)出土，也可以說是彩陶時期。

**4,000BC～3,000BC**：銅器時代，多數工藝品發現於阿拉加霍育克(Alacahöyük)的墓穴裡，其工藝技術已臻完美，此外也有金、銀、合金、琥珀、瑪瑙、水晶等飾品。

**3,000BC～1,200BC**：青銅時代，安納托利亞的工匠開始嘗試不同的工藝技術。特洛伊(Troy)、以弗所(Ephesus)成為重要的城市，1,200BC，特洛伊戰爭發生，也就是一般人熟知的木馬屠城記。

## 西台帝國

**2,000BC～1,900BC**：印歐民族西台人從高加索地區移民過來，建立西台王國。

**1,750BC～1,300BC**：西台帝國統治中部安納托利亞大部分地區。1550BC，哈圖西里一世(HattusiliⅠ)建都哈圖夏(Hattuşa)。1,300BC左右，西台帝國王哈圖西里三世(HattusiliⅢ)和埃及國王拉姆西斯二世(RamsesⅡ)簽訂喀迪煦(Kadesh)和平條約，國力達到最高峰。

## 弗里吉亞王國

**1,200BC~600BC**：西台帝國與埃及、敘利亞之間戰事再起，西台帝國日漸式微，800BC左右，弗里吉亞人(Phrygian)取而代之，統治安納托利亞中部和東南部地區，首都為戈第昂(Gordion)。

## 里底亞王國

**600BC～334BC**：560BC，里底亞人(Lydian)崛起，建都薩爾迪斯(Sardis)。隨後又於546BC被波斯的居流士大帝(Cyrus)推翻，成為波斯帝國的一部分。

## 希臘羅馬時期

**334BC**：馬其頓王國的亞歷山大大帝趕走波斯人，接續統治整個安納托利亞。

**323BC～129BC**：亞歷山大大帝去世後，他的帝國分裂成好幾個國家，這塊地方也四分五裂，不過也開啟了影響深遠的希臘化年代。

**129BC**：羅馬帝國在這裡建立一個省，成為羅馬帝國的一部分，首都為以弗所。絲路以這裡為連接歐洲的橋樑。

## 拜占庭帝國

**330年～359年**：東、西羅馬帝國開始分裂，君士坦丁大帝遷都從羅馬遷至君士坦丁堡。395年，東羅馬帝國被稱為拜占庭帝國，東西羅馬帝國徹底分裂。

**527年～565年**：查世丁尼一世，拜占庭帝國文治武功達最盛時期，建聖索菲亞大教堂。

## 塞爾柱帝國

**1071年～1243年**：突厥塞爾柱(Selçuk)人在孔亞(Konya)建魯姆蘇丹國(Rum Sultanate)，版圖包括土

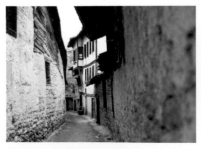
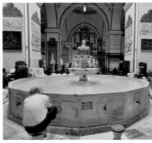
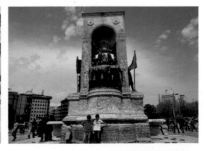

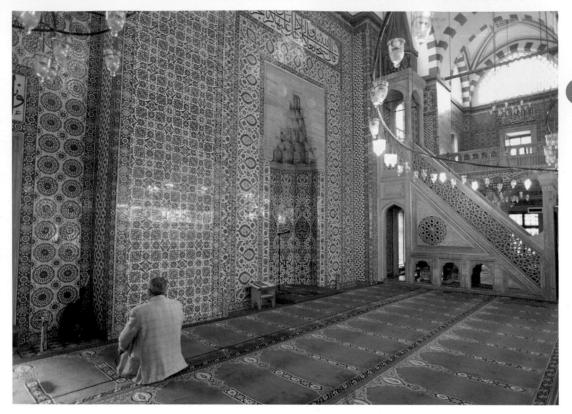

耳其、伊朗、伊拉克。塞爾柱人以建築及工藝聞名，並有著名的思想家梅芙拉納(旋轉舞的創始者)。此帝國被蒙古人打敗。

## 鄂圖曼帝國

**1288年**：另一支突厥集團在首領奧斯曼(Osman)的領導下，於布爾薩附近建立鄂圖曼帝國，勢力日益強大。

**1453年**：麥何密特二世(Mehmet II)率軍占領君士坦丁堡並改名為伊斯坦堡，逐漸發展成當時歐洲的最大城市。

**1520年～1566年**：鄂圖曼帝國在在蘇雷曼大帝(Sultan Süleyman the Magnificent)的領導下，文治武功達最盛期，地跨歐、亞、非、地中海、紅海、印度洋皆在其管轄區。1529年土耳其人曾經打到維也納城門下，但攻城不克而返。

**1914年～1918年**：第一次世界大戰爆發，鄂圖曼帝國加入同盟國，對英、法宣戰。後來同盟國戰敗，戰勝國欲瓜分土耳其。

## 土耳其共和國

**1923年**：凱末爾率領土耳其人抵抗外侮，打敗希臘軍隊，廢除不平等條約，宣布土耳其共和國正式成立。凱末爾創立共和國時一心西化，決心與輝煌腐敗的過去一刀兩斷。他廢奧斯曼文改拉丁字母，廢傳統服裝改西服，廢伊斯蘭法改憲法，保障男女平等，廣建學校、醫院，行政教分離、廢一夫多妻制等。土耳其人民尊稱他為「阿塔土耳克」(Atatürk)，意思為土耳其人之父，伊斯蘭不崇拜偶像，但土耳其人崇拜凱末爾，沒有他就沒有今天的土耳其共和國。

**1990年代至今**：土耳其始終面臨東部庫德族(Kurds)分離主義的威脅。在加入歐盟方面，土耳其始終列為觀察名單，比它晚申請的國家都已成為歐盟的一員，原因很複雜，包括土耳其與最大的天敵希臘的海上領土爭議，加上宗教的歧異，所以，土耳其曾說歐盟是基督徒俱樂部，此外，還有土耳其與庫德族的民族問題，以及2016年軍事叛變未遂，埃爾多安政府展開大規模肅清運動，更引來不重視人權的批判，看起來土耳其加入歐盟之路依然坎坷。

# World Heritages in Türkiye
# 土耳其世界遺產

文●墨刻編輯部　攝影●墨刻攝影組

土耳其的世界遺產多半和它數千年累積的文明有關，不論是伊斯蘭、基督教，還是西台帝國、呂西亞人遺址、愛琴海文明、希臘化遺跡，都榜上有名。而最著名的卡帕多起亞、棉堡兩大自然奇景，也都因為自然景觀上保有豐富的人類文明而列為綜合遺產。

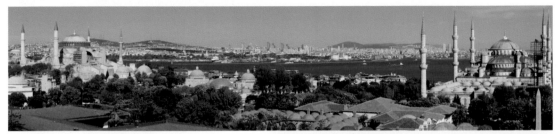

## ①伊斯坦堡歷史區
Historic Areas of Istanbul

登錄時間：1985年　遺產類型：**文化遺產**

被馬爾馬拉海、黃金角及博斯普魯斯海峽三面水域包圍的伊斯坦堡，不但是世界上唯一一座跨於歐亞大陸上的城市，更是拜占庭、鄂圖曼兩大帝國的首都，它曾是全世界政治、宗教及藝術中心長達兩千年之久，在這座千年古都中，小亞細亞文明、拜占庭遺跡、鄂圖曼文化並存，基督與阿拉和平相處的清真寺更是奇觀中的奇觀。

伊斯坦堡歷史城區位於歐洲區，最教人驚豔的文化資產包括：拜占庭帝國的賽馬場、西元6世紀的建築巨作聖索菲亞及鄂圖曼建築完美之作的蘇雷曼尼亞清真寺，它們分別見證了伊斯坦堡重要的歷史和文化傳承。

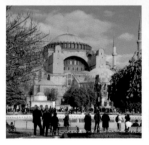
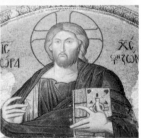

## ②狄弗利伊大清真寺和醫院
Great Mosque and Hospital of Divriği

登錄時間：1985年　遺產類型：**文化遺產**

安納托利亞高原的中部地區於西元11世紀初被塞爾柱征服，1228年至1229年期間，土蘇丹Emir Ahmet Shah在狄弗利伊這個地方蓋了一座大清真寺，與它相連的則是一座醫院。清真寺有一間祈禱室、兩個穹頂，其穹頂建築的高超技法及出入口繁複的雕刻，相較於內部牆壁的素雅，恰成對比。

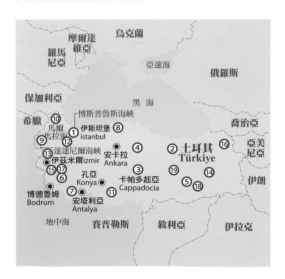

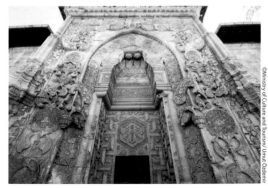

## ③居勒梅國家公園 及卡帕多起亞岩石區

Göreme National Park and the Rock Sites of Cappadocia

登錄時間：1985年　遺產類型：**綜合遺產**

　　六千萬年前，位於卡帕多起亞東西方兩座逾三千公尺的埃爾吉耶斯(Erciyes)及哈山(Hasan)火山大爆發，火山灰泥涵蓋了整片卡帕多起亞地區，岩漿冷卻後，經過風化及雨水的侵蝕，形成波浪型山谷、錐形石筍和各種奇形怪狀的岩石。

　　居勒梅國家公園內有許多早期基督徒避難的洞穴社區，提供拜占庭藝術在反偶像崇拜末期存在的證據。這些可追溯至4世紀的穴居傳統和地下城依然保留至今。

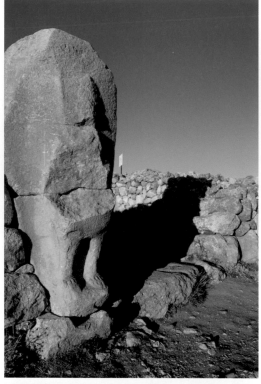

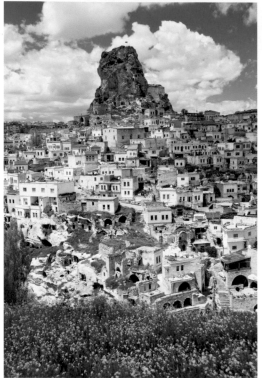

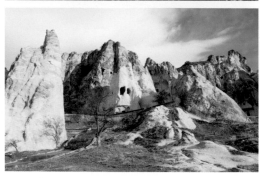

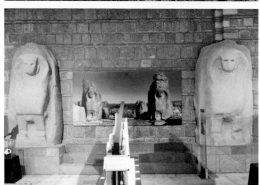

## ④哈圖夏：西台帝國首都

Hattusha: the Hittite Capital

登錄時間：1986年　遺產類型：**文化遺產**

　　西台在早期的安納托利亞歷史裡，扮演著極重要的角色，是古代世界裡，足堪與古埃及匹敵的王朝帝國，雙方曾兵戎多年，並簽訂和平條約，其相對應的埃及國王，正是史上鼎鼎有名的拉姆西斯二世。

　　哈圖夏正是西台帝國的首都，如今被列為世界遺產的，除了哈圖夏城牆遺址之外，還包括附近亞茲里卡亞(Yazilikaya)這個宗教聖地的岩石雕刻。

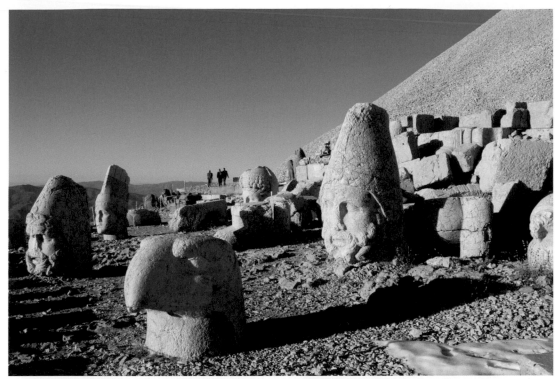

## ⑤尼姆魯特山

Nemrut Dağ

登錄時間：1987年

遺產類型：**文化遺產**

尼姆魯特是西元前1世紀科馬吉尼王國(Commagene Kingdom)國王安提奧克斯一世(Antiochus I)所建的陵寢以及神殿。

當初安提奧克斯一世所下令建造的，是一處結合了陵墓和神殿的聖地，中間以碎石堆建高50公尺的錐形小山，就是安提奧克斯一世的墳丘，東、西、北三側闢出平台，各有一座神殿，三神殿型制一模一樣，自左至右的巨石像分別是獅子、老鷹、安提奧克斯一世、命運女神提基、眾神之王宙斯、太陽神阿波羅、大力神赫克力士，然後再各一座老鷹、獅子，每一座頭像都高2公尺，頭像下的台階則是一整排的浮雕，上面刻著希臘和波斯的神祇。

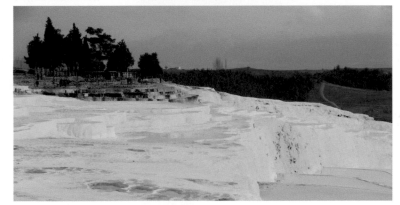

## ⑥希艾拉波利斯－棉堡

Hierapolis-Pamukkale

登錄時間：**1988年**　遺產類型：**綜合遺產**

土耳其語的「Pamuk」意指「棉花」，「kale」是「城堡」的意思。這也是土耳其境內，除了卡帕多起亞之外，知名度最高的自然奇景。

自古以來，棉堡除了自然景觀，也以溫泉聞名，前來沐浴療養的遊客始終絡繹不絕，自然而然形成龐大聚落及城市。希艾拉波利斯(Hierapolis)與棉堡的石灰棚緊緊相連，占地廣闊的神殿、劇場、大道、城門、市場、浴場及墓地遺跡，雖然曾兩度經歷地震毀滅，但無減損其結合大自然與古文明所展現的偉大風華。

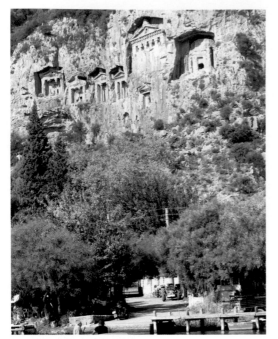

## ⑧番紅花城

City of Safranbolu

登錄時間：1994年　遺產類型：**文化遺產**

　　早自13世紀開始，番紅花城就是東、西方貿易商旅必經的驛站，到了17世紀時，黑海地區繁盛的商貿使番紅花城邁入名利雙收的顛峰期，富豪廣建華宅凸顯身分，這些運用磚、木打造的鄂圖曼宅邸，通過歲月、天候的考驗留存至今，成為番紅花城最搶眼的特色，並使番紅花城於1994年躋身世界遺產之林。

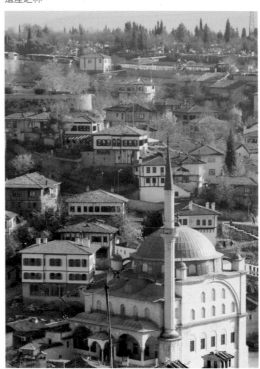

## ⑦襄多斯與雷圖恩

Xanthos-Letoon

登錄時間：1988年　遺產類型：**文化遺產**

　　除了西台帝國、希臘文化、波斯帝國、羅馬帝國之外，還有一支古代民族稱為呂西亞(Lycia)，為安納托利亞民族的一支，在土耳其的地中海岸西部地區留下不少遺址，文化深受希臘、羅馬影響，其中襄多斯是當時的首都之一以及最宏偉的城市。

　　今天呂西亞人遺留給後代的，大多數都是那些雕刻在岩壁上的墳墓和石棺，其碑文也成為研究印歐語言和呂西亞歷史的重要資料。

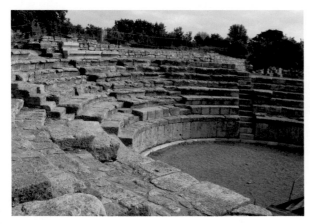

## ⑨特洛伊遺址

Archaeological Site of Troy

登錄時間：1998年　遺產類型：**文化遺產**

　　世人所熟知的特洛伊是因木馬屠城計的希臘神話而來，但對考古學家來說，目前是一片荒蕪之地的特洛伊，對了解歐洲文明的源起，以及荷馬長篇史詩伊里亞德對西洋文明兩千多年的深遠影響，有著極大的貢獻。

　　出土的特洛伊遺址深達9層，各個文化層清楚顯示每個時代不同的發展。最底層的年代可溯及3000BC，第1到第5層相當於銅器時代晚期文化較類似；第6層或第7層的年代接近特洛伊戰爭時期，因為此時開始呈現印歐民族的文化表徵及與邁錫尼(Mycenae)相關的文物；第8層為希臘時期的建築，最上層則是羅馬帝國時期的遺跡，現在還保留明顯建築樣貌的，就屬這個時期。

## ⑩塞里米耶清真寺及其社會性建築群

Selimiye Mosque and its Social Complex

登錄時間：**2011年**　遺產類型：**文化遺產**

塞里米耶清真寺建築群坐落於土耳其西北部的埃迪爾內(Edirne)，1569年到1575年間，塞里姆二世(Selim II)委託當時最知名的建築師錫南(Sinan)建造這個清真寺建築群。

錫南運用一系列的建築手法，為這座清真寺塑造出樸實莊嚴的外觀，這些建築手法包括使用單柱廊與雙柱廊、以8根大柱支撐一個直徑31.5公尺的中央穹頂及周圍4個半圓穹頂，並且豎立4座細直高聳呈鉛筆狀的宣禮塔。

此外，清真寺的內牆也以出產自巔峰時期的伊茲尼(Iznik)磁磚作為裝飾，呈現出無可超越的藝術形式。清真寺的周邊建築群還包括一所伊斯蘭學校、一座有頂市場、鐘樓、外庭院以及圖書館。

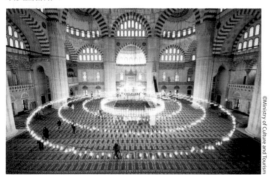
©Ministry of Culture and Tourism

## ⑪恰泰土丘的新石器時代遺址

Neolithic Site of Çatalhöyük

登錄時間：**2012年**　遺產類型：**文化遺產**

恰泰土丘是目前全世界最大、保存最完整的新石器時代遺址，年代可回溯到7400BC到5200BC左右。位於東邊地勢較高的土丘，時間可回溯到7400BC到6200BC間，這裡不僅保存了豐富的原始文物如壁畫、牛頭浮雕和陶土雕像，還能看到戶戶相連的泥磚屋。位於西邊的土丘則呈現了6200BC到5200BC間青銅時代早期的文化演進史。

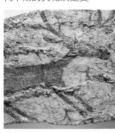

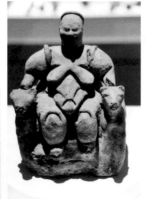

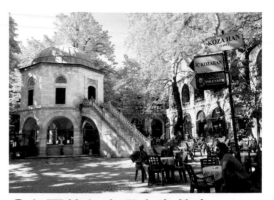

## ⑫布爾薩和庫瑪立克茲克：鄂圖曼帝國的誕生

Bursa and Cumalıkızık: the Birth of the Ottoman Empire

登錄時間：**2014年**　遺產類型：**文化遺產**

布爾薩是鄂圖曼文化的發源地，在麥何密特二世還沒拿下伊斯坦堡之前，於西元1326年從塞爾柱帝國奪下布爾薩，並成為鄂圖曼帝國的第一個首都。納入世界遺產範圍的點包括迴廊式建築的「罕」(Han，也是商旅客棧的意思)、伊斯蘭宗教建築群、蘇丹歐罕加濟(Orhan Ghazi)的陵墓等。另外，鄰近村落庫瑪立克茲克(Cumalıkızık)也被納入保護範圍。

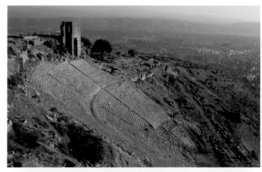

## ⑬佩加蒙及其多層次文化景觀

Pergamon and its Multi-Layered Cultural Landscape

登錄時間：**2014年**　遺產類型：**文化遺產**

小亞細亞最重要的一次大規模文化運動是由馬其頓的亞歷山大大帝帶來的希臘化運動，亞歷山大大帝死後，帝國分裂，他的幾名將領瓜分天下，但希臘化運動並沒有停止，反而更融合在地文化特質，而帶來了希臘化時代最具代表性的佩加蒙風格，主要指各種年齡階層職業的人物都可成為雕塑的主題。

而曾經顯赫一時的佩加蒙王朝，是愛琴海北邊的文化、商業和醫藥中心，其遺址就位於今天的貝爾加馬(Bergama)小鎮，主要遺址分成南邊的醫神神殿(Asclepion)和北邊的衛城(Acropolis)兩大部分。

## ⑭迪亞巴克堡壘
## 和赫弗塞爾花園文化景觀

Diyarbakır Fortress and Hevsel Gardens Cultural Landscape

登錄時間：**2015年**　遺產類型：**文化遺產**

　　迪亞巴克位於兩河流域之一、底格里斯河(Tigres River)上游的斷崖上，其固若金湯的堡壘，從希臘化時期、羅馬、薩珊王朝(Sassanid)、拜占庭、鄂圖曼到現在，一直是這個地區最重要的文化景觀。堡壘環繞整個阿米達(Amida)山丘，城牆長達5.8公里，無數的城塔、城門、橋墩、63塊不同時期的銘文，以及引底格里斯河河水灌溉的赫弗塞爾花園(Hevsel Gardens)，都被納入世界遺產範圍。

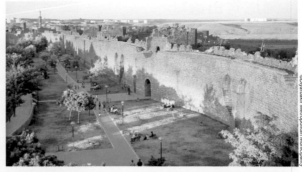

©Diyarbakır Metropolitan Municipality

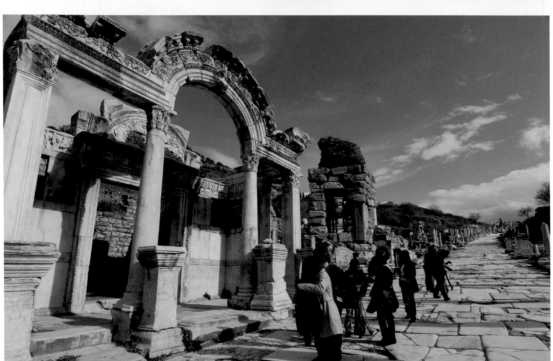

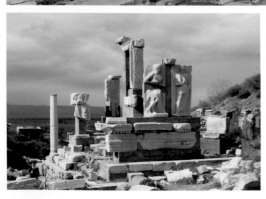

## ⑮以弗所

Ephesus

登錄時間：**2015年**　遺產類型：**文化遺產**

　　在歷經西元前6世紀波斯人的入侵後，希臘亞歷山大大帝將其收復，開始這座城市的基礎建設。亞歷山大大帝去世後，後繼者將城市移往波波(Bülbül)山與帕拿爾(Panayır)山的山谷間，這也是今日以城所在地。經過希臘文明洗禮後，羅馬帝國幾位帝王對以城喜愛有加，紛紛為城市建設加料，以城的繁華興盛到達顛峰。

　　以弗所古城遺址於20世紀初陸續挖掘出土，斷垣殘壁隨處可見，只有少數定點保留原貌。此外，附近的聖母瑪利亞之家(Meryemana Evi)、名列古代七大奇蹟之一的阿特米斯神殿遺址(Artemis Tapinağı)也都被納入範圍。

47

## ⑯阿尼考古遺址
Archaeological Site of Ani

登錄時間：2016年　遺產類型：文化遺產

　　阿尼考古遺址位於土耳其東北邊的高原，俯瞰與亞美尼亞間的天然峽谷邊界，古城先後融合了基督教和穆斯林王朝的色彩，結合居住、宗教和軍事建築。城市在10世紀和11世紀達到鼎盛，當時為中世紀亞美尼亞巴格拉提德王朝（Bagratides）的首都，且因其控制了絲綢之路的一條支線而獲益。之後，在拜占庭、塞爾柱和喬治亞的管轄下，依然維持其貿易樞紐的重要性。蒙古人入侵和1319年的毀滅性大地震使城市開始走向下坡。

　　此遺址完整呈現了7世紀至11世紀間該地區各種不同建築的創新，為中世紀建築演變的過程的範例。

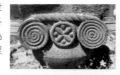

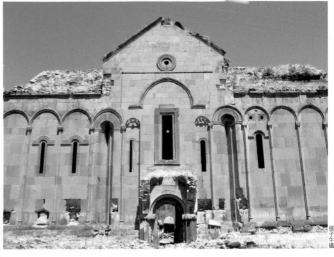

## ⑰阿芙洛迪西亞斯
Aphrodisias

登錄時間：2017年　遺產類型：文化遺產

　　這個羅馬城市遺址位於土耳其西南方，摩爾新努斯河（Morsynus River）的上游河谷，包含阿芙洛迪西亞斯古城遺址及其東北方的大理石礦場。

　　古城以希臘神話中專司愛與美的女神阿芙洛迪特為名，阿芙洛迪特神殿可追溯至西元前3世紀，古城規模則奠定於之後一個世紀，大理石礦場和雕刻藝品是城市財富的來源。城市街道圍繞著大型公共建設，包含神殿、劇場、市集和浴場。

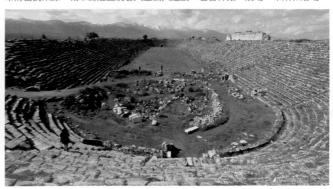

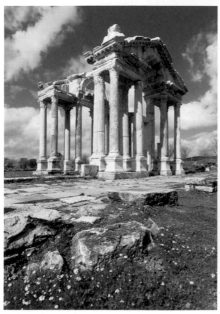

## ⑱哥貝克力石陣
Göbekli Tepe

登錄時間：2018年　遺產類型：文化遺產

　　該遺產地位於安納托利亞東南部的Germuş山脈，特徵為巨大的圓形和矩形巨石結構，據信為狩獵採集者在9,600BC~8,200BC之前的陶器新石器時代豎立，被稱為城邑。這些古蹟很可能與喪葬儀式有關，獨特的T形柱子上刻有野生動物的圖像，從中可以窺見約1.15萬年前生活在上美索不達米亞的人類的生活方式和信仰。

## ⑲阿斯蘭特佩土丘
Arslantepe Mound

登錄時間：2021年　遺產類型：文化遺產

　　此處遺產是一座30公尺高的考古遺跡，位在幼發拉底河西南方12公里處的馬拉提亞平原，顯示早自6,000BC就有人類遺跡，延續到後羅馬時期。最早期的考古層為烏魯克時代早期建造的土坯房，紅銅時代興建了宮殿建築群，青銅時代出現皇家陵墓群。此處遺跡揭示近東地區國家社會形成的過程，並出土金屬武器，包括目前已知全球最古老的劍。

# Architecture & Arts of Asia Minor
# 文明古國的建築藝術

土耳其歷史悠久、幅員廣闊、人文豐富，在這塊人稱「小亞細亞」(Asia Minor)的安納托利亞(Anatolia)高原上，自古即是亞、歐、非洲的交通要衝，各方文化匯集此地，締造出融合東西特色的文明古國。在隨便拾起一塊石頭便是千年古蹟的土耳其，所遺留下來的建築正是偉大文明的見證，本單元依照歷史脈絡，一一剖析每個時代的建築特徵，讓遊客在追逐複雜古蹟的同時，可以清楚明瞭歷史脈絡和必看重點。

文●墨刻編輯部　攝影●墨刻攝影組

## 西台帝國

### 獅身人面像
不只是非洲的埃及，在亞洲的西台帝國也有獅身人面像，其人頭形象取材自埃及的哈特女神(Hathor)。

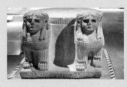

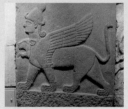

### 神獸浮雕
半獅半鷲獸、雷神等浮雕最能代表西台帝國的形象。

### 獅子門或獅身人面像門
對西台人來說，獅子可以把惡靈擋在城外，整座哈圖夏城共有6座城門，獅子門是其中之一。其他的城門還包括獅身人面像門、王者之門等，都有守護城池的意象。

©Turkey Ministry of Culture and Tourism

### ◎相關遺址與博物館
哈圖夏城遺址Hattuşaş
安納托利亞文明博物館Anadolu Medeniyetleri Müzesi
伊斯坦堡考古博物館İstanbul Arkeoloji Müzesi

## 希臘與希臘化時期

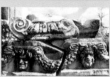

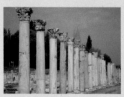

### 四大柱式
多立克柱式(Doric)：柱頭沒有什麼裝飾，質樸、單純有力，體現希臘文化早期和諧一致、質樸端莊的精神。

愛奧尼克式(Ionic)：樑柱頂端兩側的兩個大型渦卷形裝飾(有人稱為山羊角)，柱身則呈現輕巧優美。

科林斯式(Corinthian)：樑柱頂端猶如百花爭放的花束，其柱身亦遠較愛奧尼克式柱更苗條與華麗，體現出希臘建築晚期追求華美之特性

複合式(Composite)：愛奧尼克式的山羊角和科林斯式的美麗花穗被混在一起，呈現一種更複雜的風格。

### 柱廊
柱廊是希臘人一項簡單卻影響深遠的發明，它簡單利用圓柱和楣的原理，串連成多用途的長廊柱，提供一個可坐下、遮蔭、交易的空間。

### 圖書館
圖書館是希臘化時期發展出來的建築，主要是埃及托勒密王朝時代的發明，後來這個功能性建築也傳到小亞細亞和近東，成為博物館的前身，在佩加蒙和以弗所都各有一座。

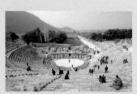

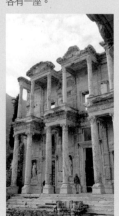

### 劇場
劇場是希臘人祭祀酒神的慶典場地，建有一座圓形或半圓形的舞台供慶典中合唱和舞蹈表演使用，並搭配大量座位的觀眾席，觀眾台多半依著山勢而建。通常劇院旁會有一座酒神的神殿。

### ◎相關遺址與博物館
佩加蒙遺址Pergamum
特洛伊遺址Troy
以弗所遺址Efes / Ephesus
希艾拉波利斯遺址Hierapolis
阿芙洛迪西亞斯遺址Afrodisias
伊斯坦堡考古博物館İstanbul Arkeoloji Müzesi

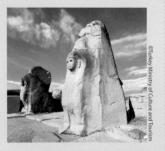

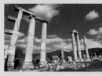

# 希臘羅馬神話人物雕像

## 宙斯Zeus

　　眾神之王宙斯被整個希臘世界尊崇為最高神祇，荷馬時代的遊唱詩人用文字描述祂的形象，雕刻家、畫家也開始塑造出宙斯的形象。在希臘神殿之中，宙斯是唯一無所不能，各種神的威力與功能都集於祂一身。宙斯掌管天空，手中的雷電杖能摧毀一切敵人；祂也常拿著權杖，象徵統治權。

## 赫拉Hera

　　赫拉是諸神的皇后，宙斯的合法妻子，掌管婦女的生活，尤其是婚姻和生育，希臘人尊奉祂為婚姻生活的庇護神。不過，赫拉在自己的婚姻生活中也有陰暗的一面，相較於宙斯的風流情史，荷馬則把赫拉刻畫成一個善妒、愛報復的女神，祂絕不放過任何被宙斯征服的女神和凡間女子，甚至她們的後代。

## 波賽頓Poseidon

　　海神波賽頓是宙斯的哥哥，對四面環海的希臘而言，海神無疑享有崇高的地位，當宙斯成為希臘諸神之王時，波賽頓是唯一能與之抗衡的神祇，祂的形象、威力都與宙斯有許多相似之處。祂憑著一柄三叉戟，就能神通廣大地捲起大浪或平息風浪，像大海一樣脾氣難以捉摸，漁民或水手在行海前都要先向波賽頓禱告，祈求平安。

## 阿波羅Apollo

　　太陽神阿波羅該是希臘神祇中最為為知名的明星，舉凡整術、音樂、詩歌，還是智慧、年輕、貌美，各種美好的事物全都聚在阿波羅身上。在希臘人的心目中，阿波羅占有極重要的地位，祂具有多重神格，包括門神、牧神、醫神、農神，直到荷馬時代，才正式成為太陽神，代表光明。

## 雅典娜Athena

　　雅典娜也是宙斯之女，據說是從父親頭上長出來的，被封為智慧女神。在古希臘的藝術形象中，永遠是莊嚴、聖潔、高貴的。雅典娜一出生就頭戴戰盔，身披戰袍，是一位少女形象的女戰神，但總能不靠武力而以其智慧取勝，祂的發明包括了笛子、鼓、陶器、犁、馬車、船，是古希臘文明進步的象徵。

## 阿特米斯Artemis

　　豐饒女神阿特米斯被塑造成一位貞潔的處女，是原野女神，主宰狩獵事宜。祂是阿波羅的孿生兄妹，和阿波羅一樣，手持弓箭，隨時能致人於死，也能保護人們。祂後來和月亮女神合而為一，額頭總是頂著一弧彎月，身著短衣，佩帶弓箭。

## 艾芙洛迪特Aphrodite

愛情女神艾芙洛迪特具有絕對的權力來左右神和人類的感情，而愛情力量的產生都是透過祂兒子厄洛斯(Eros)手上弓箭射向人或神的心臟來決定。艾芙洛迪特與阿特米斯為同父異母姊妹，被視為肉慾、美貌和愛情的化身，是主宰性慾和生育的女神，所以新娘都要向祂奉獻祭品。希臘時代的艾芙洛迪特到了羅馬世界就變成眾所周知的維納斯，祂的兒子厄洛斯就是著名的愛神丘比特。

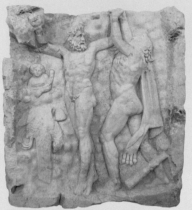

## 海克力士Hercules

在神話故事裡，海克力士為半人半神，由風流的宙斯和民間女子所生，從小力氣奇大無比，出生沒多久，就捏死了赫拉派到搖籃裡的兩條毒蛇；後來在名師的傳授下，學會各種武藝；19歲時制伏了山裡的猛獸，剝了獅皮、披在身上，然後用那張開口的獅子頭做為頭盔。在神的指示下，他必須完成國王交付的12個任務才能升格為神，最後他果然成為奧林匹亞山上的神祇，並取青春女神為妻。在古希臘，他是最受崇拜的英雄，成為古代人類征服自然力量的象徵，通常他的造型是披著獅子皮，手執弓箭棍棒，人稱大力神。

## 阿斯克列皮亞斯 Asclepius

在神話中，阿斯克列皮亞斯是太陽神阿波羅與克隆妮絲(Coronis)的兒子，當克隆妮絲即將生產的時候，竟然被閃電擊中死亡，阿波羅用盡方法才將兒子阿斯克列皮亞斯的小命救回，長大之後成了著名的醫神。醫神阿斯克列皮亞斯的形象多半手持木杖、上面纏繞著巨蟒，據說這巨蟒是醫神的使者，因此在古代治療疾病的方法中，有一項就是讓蛇的舌頭舔一下傷處。

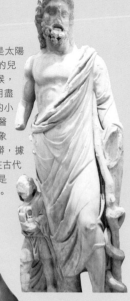

## 荷米斯 Hermes

眾神信使荷米斯屬於小一輩的神祇，雖不偉大，卻很能幹。祂為眾神傳達訊息，替宙斯下達指令，是最具平民性的神。荷米斯是宙斯和邁亞的愛情結晶，與阿波羅同父異母。祂的重要職責之一就是把亡者的靈魂送到地府，也許因為年輕，常被塑造成一個反傳統、喜好惡作劇的神祇。

## 梅杜莎Medusa

神話中這是個被詛咒的女妖，一頭蛇髮、齒如豬牙，所有人只要看她一眼就會嚇成石頭。普修斯是宙斯眾多兒子之一，受到雅典娜命令，取下梅杜莎的首級，將她的頭安置在腰間。許多神廟將瑪杜莎的頭放在內牆上，也有保護避邪的意味。

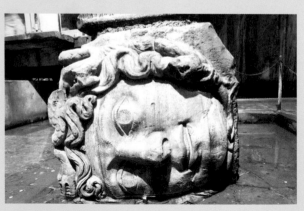

### ◎相關遺址與博物館
安塔利亞考古博物館Antalya Arkeoloju Müzesi
伊斯坦堡考古博物館İstanbul Arkeoloji Müzesi
以弗所考古博物館Efes Arkeoloji Müzesi

# 羅馬帝國

## 羅馬風格大劇場

羅馬劇場在舞台和觀眾席之間，會建一處半圓形場地供樂團演出，而舞台的設計也相當複雜，例如阿斯班多斯的劇場牆面，兩層樓原有40根石柱，柱與柱之間均有神龕與神像裝飾。

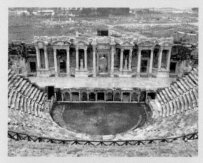

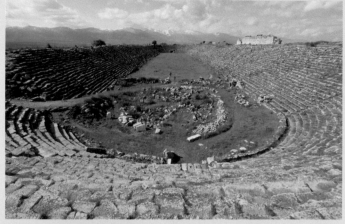

## 競技場(運動場)

以阿芙洛迪西亞斯遺址為例，建於西元2世紀，讓人讚嘆古羅馬人的建築功力。當時羅馬人主要作為賽跑、格鬥、拳擊等競賽，也兼作為競技場和賽馬場，可以容納三萬人。

## 浴場

古羅馬浴場已有完備的洗浴設備，進入大廳的兩側分別為不同的功能廳，如：更衣室、熱水池、冷水池、蒸氣浴等，地底下更隱藏著燒水火爐室、下水道、引水設施等精良的硬體配備。

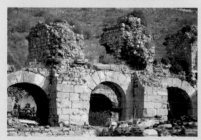

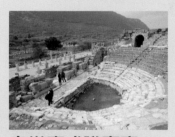

## 水道橋

在羅馬時代，通常由埋在地下的水管輸送用水，如果須露天穿越山谷，就要架設水道橋，這是既具有功能性又相當美觀的建築設計，目前在伊斯坦堡市區可以看到。

## 音樂廳或議事廳

古羅馬時為市府高級官員開會的議場，也兼作音樂廳的用途。看台後方有高牆、兩側有入口，看台與舞台間有供樂團演奏的半圓形空間，其設計仿照劇場，但多了屋頂，只是現在的遺址已不見屋頂，明顯特徵是面積比劇場小的多。

## 馬賽克鑲嵌畫

羅馬時代的人們擅長用大理石、石塊、彩色玻璃、碎磁磚當作繪畫的材料，這就是一般人熟知的馬賽克，因為不變色也不容易毀壞，而有「永恆之畫」之稱。

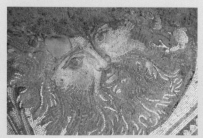

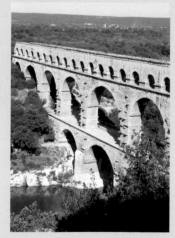

## ◎相關遺址與博物館

希艾拉波利斯遺址Hierapolis
阿芙洛迪西亞斯遺址Afrodisias
以弗所遺址Efes / Ephesus
佩爾格Perge
阿斯班多斯Aspendos
安塔利亞考古博物館Antalya Arkeoloju Müzesi
伊斯坦堡考古博物館Istanbul Arkeoloji Müzesi
大皇宮鑲嵌畫博物館Büyük Saray Mozaik Müzesi

# 拜占庭帝國

## 黃金鑲嵌畫

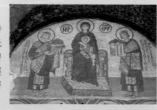

拜占庭帝國把羅馬時代的馬賽克技術發揚光大，貼上金箔成為金碧輝煌的黃金鑲嵌畫，經常使用在教堂頌揚基督及描繪聖經故事。

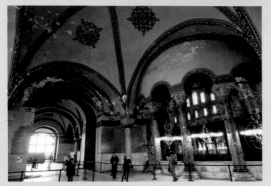

## 拜占庭式柱頭

有別於希臘羅馬時代粗大的柱子以及四種主要柱頭樣式，拜占庭時代建築的柱子普遍來說都比較細，柱頭的雕花也極為細緻。

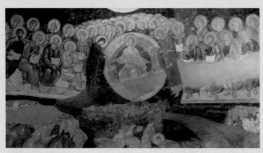

## 濕壁畫

鑲嵌畫的製作成本昂貴，到了10世紀漸漸以濕壁畫取代，其畫法是先在牆壁上抹幾層灰泥，在倒數第二層上勾出藝術家要畫的圖形，然後刷最後一層石灰漿，趁石灰漿未乾之前，用一種水性塗料在上面繪畫。

## ◎相關遺址與博物館

聖索菲亞清真寺Ayasofya Camii
地下宮殿水池Yerebatan Sarnıçı
卡里耶博物館Kariye Müzesi
居勒梅戶外博物館Göreme Açık Hava Müzesi

# 塞爾柱帝國

## 塞爾柱式浮雕花紋大門

這是塞爾柱建築的最大特色，不論是清真寺還是商旅驛站，來到這些厚重的巨大建築之前，第一眼一定會被大門拱頂上的繁複雕刻花紋所吸引。

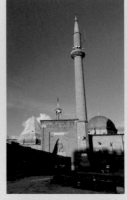

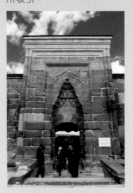

## 塞爾柱宣禮塔

不像後來鄂圖曼清真寺的宣禮塔都細細長長，而且從1根到6根不等，塞爾柱的宣禮塔通常只有一根，而且形狀怪異，有的像笛子、有的像煙囪。

## 商旅驛站

安納托利亞高原過去一直是絲路上重要的貿易衝道，商旅暫宿的驛站目前在土耳其境內還保留四十多座。驛站主要分成兩大部分，開放式的庭院主要用於夏天，有頂的室內則是冬天防寒的庇護所，驛站四周由迴廊所環繞，主要大門面對東方，上頭雕刻得十分華麗，非常典型的塞爾柱樣式，此外還建有清真寺、餐廳、澡堂、房間，以及繫牲口的地方。

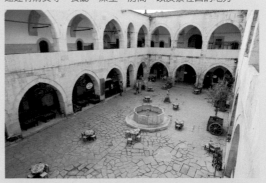

## ◎相關遺址與博物館

梅芙拉納博物館Mevlâna Müzesi
意弗利叫拜塔Yivli Minare
呼納特哈同清真寺建築群Hunat Hatun Külliyesi
沙赫比耶伊斯蘭宗教學院Sahabiye Medresesi

### 伊茲尼磁磚

離伊斯坦堡不遠的伊茲尼因為產高品質的白陶土，所燒製的磁磚專供皇家御用，後來鄂圖曼天才建築師錫南大量將伊茲尼磁磚用在建築的裝飾，除了伊茲尼藍，還有亞美尼亞紅，並畫上鬱金香、玫瑰、嬰粟等花紋，把伊茲尼磁磚帶向藝術的境界。

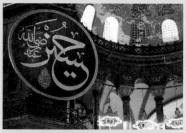

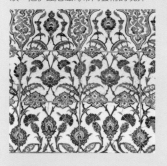

### 鄂圖曼巴洛克式水池

水池通常坐落在街角，在18世紀，鄂圖曼因受到西方建築影響，充滿歐洲巴洛克風格，圓的、波浪狀及彎曲的線條主宰了建築的樣貌。

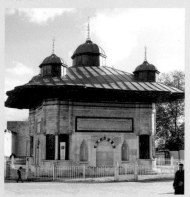

### 鄂圖曼蘇丹印璽與阿拉伯字書法

伊斯蘭教禁止偶像崇拜，因此以文字代替，成為伊斯蘭教世界最偉大的藝術之一。在清真寺、皇宮等地，很容易找到既是教義，也是裝飾的阿拉伯文可蘭經文字，或蘇丹印璽的鄂圖曼文字，美麗而典雅；裝飾文字發展到頂點後，成了押花圖型，成了裝飾性最高的表現手法。

### 圓頂

典型的鄂圖曼圓頂，是由建築師錫南創作出來的，由一個大圓頂與數個小圓頂以金字塔的形狀組合起來，讓小圓頂的圓拱分散大圓頂的壓力，不僅有力學上的科學根據，更創造出視覺上的美感。

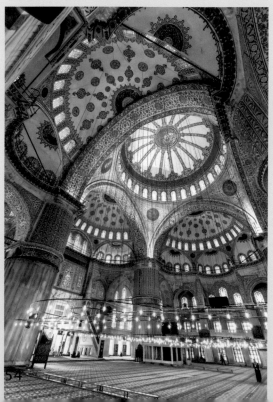

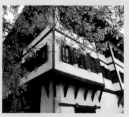

### 鄂圖曼宅邸

鄂圖曼建築不只是清真寺、皇宮，在民宅方面，典型的鄂圖曼房子的結構是木造的，一般有兩層或三層樓，樓層之間以樑托結合。木結構架好之後再填塞泥磚，最後再塗上乾草、泥巴混合的灰泥。一棟房子裡約有10到12間房間，並劃分成男區和女區，房間裡通常嵌有壁龕、櫥櫃及壁爐。

### 土耳其浴場

土耳其浴場有個特點，就是中央有大理石的大平台，同時是個圓頂建築，圓頂上通常都鑿著許多孔，讓光線自然地透過來，在霧氣中更增加氣氛。

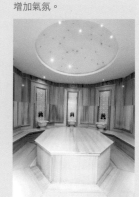

### ◎相關遺址與博物館

藍色清真寺Sultan Ahmet Camii
托普卡匹皇宮Topkapı Sarayı
蘇雷曼尼亞清真寺Süleymaniye Camii
屢斯坦帕夏清真寺Rüstem Paşa Camii
千貝利塔栩土耳其浴場Çemberlitaş Hamamı
番紅花城Safranbolu

# Daily Life in Türkiye
# 土耳其日常

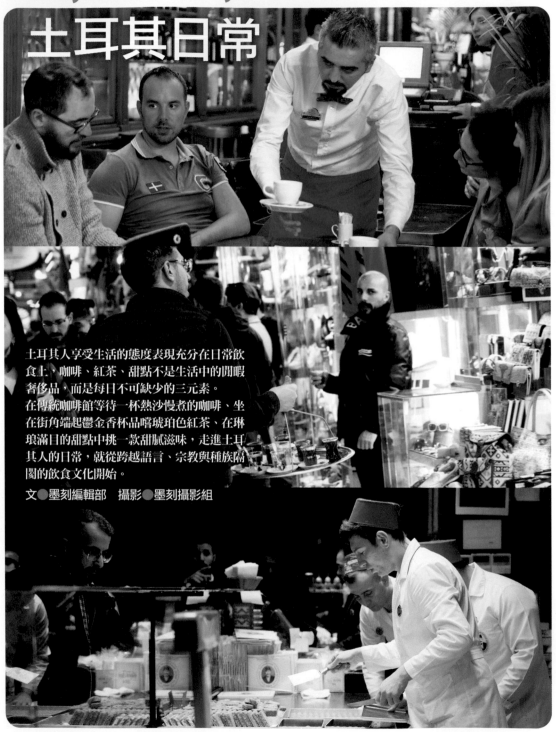

土耳其人享受生活的態度表現充分在日常飲食上，咖啡、紅茶、甜點不是生活中的閒暇奢侈品，而是每日不可缺少的三元素。
在傳統咖啡館等待一杯熱沙慢煮的咖啡、坐在街角端起鬱金香杯品嚐琥珀色紅茶、在琳琅滿目的甜點中挑一款甜膩滋味，走進土耳其人的日常，就從跨越語言、宗教與種族隔閡的飲食文化開始。

文●墨刻編輯部　攝影●墨刻攝影組

## 品味老派的焦香
# 土耳其咖啡 Türk Kahvesi

土耳其咖啡在世界咖啡版圖的知名度似乎不高，但它可是歐洲咖啡的祖師爺。

最早食用咖啡的民族是衣索比亞，直到13世紀阿拉伯人烘培及研磨咖啡豆，才開始飲用咖啡的文化，廣泛流行於伊斯蘭地區。16世紀鄂圖曼帝國版圖擴大至葉門，咖啡正式進入土耳其人的生活，他們還改良了阿拉伯人煮咖啡的大壺，發展出現在稱為Cevze的長柄小壺。

如果不是因為土耳其在16世紀時圍攻維也納，留下那袋開啟歐洲人全新口感的豆子，這種「伊斯蘭酒」或許將繼續成為中東世界最馥郁的秘密！

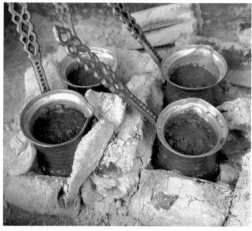

## 慢咖啡情懷

土耳其有句諺語：「喝一杯土耳其咖啡，記住你四十年的友誼。」濃烈、焦苦、混合避不掉的咖啡渣，土耳其咖啡的滋味像高速直球，衝撞你對咖啡的認知，第一次品嚐，的確會印象深刻。

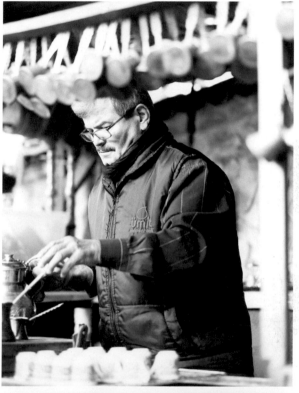

土耳其咖啡是時間的藝術，將咖啡豆研磨成綿密細粉，放進長柄咖啡小壺中，直接倒入冷水或溫水小火加熱，傳統上使用炭火或是埋進加熱的細沙中，達到均勻受熱的效果。煮好後不過濾，連同咖啡渣和金黃色細緻泡沫一起倒入杯中，咖啡的甜度在製作過程中調整，而泡沫的多寡則是決定一杯好咖啡的要素之一。整個過程大約要5分鐘，煮咖啡和等待喝咖啡都需要耐心，很符合土耳其人的生活步調。

如果你只打算嘗試一次土耳其咖啡，建議找間傳統咖啡館坐下來好好感受，土耳其咖啡不只煮法細膩，杯盤也相當講究。咖啡端上桌時，必定是一整組錫或銅質杯盤，雕飾華麗典雅的鄂圖曼風格紋飾，長托盤上有Cevze小壺、咖啡杯、方糖盅、甜點小盤（通常是一塊土耳其軟糖）和一杯水，侍者為你斟滿咖啡才離去，微小細節堆砌出帝國式的優雅。那杯水能在喝咖啡前清除口腔異味，軟糖則是焦苦後的甜味。

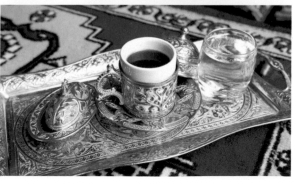

咖啡喝完後別急著離席，把咖啡渣倒扣在盤子上，透過杯子裡殘存咖啡渣的形狀占卜可預測未來，例如：滿月代表幸運、半月型代表與他人合作會順利、新月代表凡事要小心、心型代表愛情、蛇代周圍有不好的事或小人。

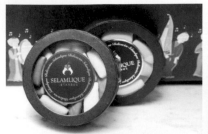

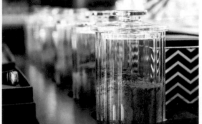

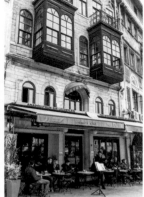

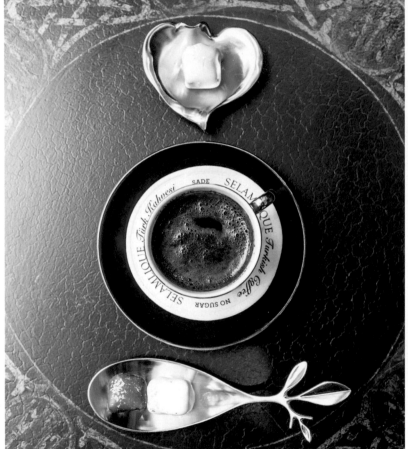

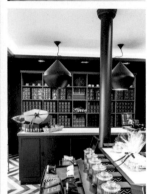

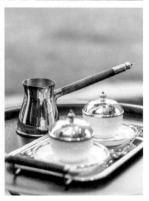

## 新世代咖啡潮

隨著即溶咖啡、義式濃縮、濾壓、虹吸等多種咖啡萃取方式在世界上輪番流行，連鎖咖啡館一間又一間吸引年輕世代，早已對土耳其傳統咖啡產生些許影響。近幾年，來勢洶洶的第三波咖啡席捲伊斯坦堡，帶動一股手沖精品咖啡風潮，風格獨具的獨立咖啡小店如雨後春筍，在各街區出現，尤其集中在新城區的加拉達塔周圍、接近博斯普魯斯海峽的卡拉寇伊區(Karaköy)、與獨立大道平行發展的藝術家聚集地吉漢吉爾(Cihangir)，以及被網美IG照炒紅的彩色房子巴辣特區(Balat)。

當然，仍然有人熱愛土耳其傳統咖啡文化，位於伊斯坦堡新城區的Selamlique就是為了喚起土耳其年輕世代對美好記憶的傳承而生，Selamlique的字根即源自鄂圖曼帝國時期，指的是房子裡用來接帶客人飲用咖啡或茶的地方。走進Selamlique，從室內空間到杯盤設計，皆以當代簡練優雅的線條表現鄂圖曼式的花紋，黑底勾勒金邊，點綴明亮淡雅的色彩，Selamlique以時尚精緻感重新詮釋傳統。

## 日常必需品
# 紅茶 Çay

談到「飲茶」，中國、英國和印度一定榜上有名，但摘下全球每人每年平均茶葉消耗量冠軍寶座，卻是土耳其人。

不管男人、女人、城市、鄉村，土耳其人都把紅茶當水來喝，一天6~10杯也不稀奇，家裡、辦公室、等人、搭船、搭車、三餐飯後加下午茶，只要稍稍得空，都可以來一杯茶，大概和沒事低頭滑手機的頻率差不多，在土耳其旅行，很難不被傳染喝茶的習慣。

## 飲茶文化的起源

16世紀時，茶葉隨著絲路傳到歐洲，掀起歐洲飲茶風潮，當時土耳其沒跟上這股潮流，直到鄂圖曼帝國瓦解後，阿拉伯半島的咖啡產區脫離土耳其獨立，咖啡從此變成需要進口的昂貴農產品。凱末爾為了鼓勵國人改變飲用咖啡的習慣，自喬治亞引進茶樹，種植於黑海東南沿岸潮濕多雨的丘陵地，積極推廣國內自產的紅茶，不到半個世紀，紅茶就成為土耳其最重要的經濟作物之一。

當土耳其人說喝茶，意思是一種深度發酵的紅茶（只有觀光客比較喜歡喝蘋果茶），販售時已剁碎成像茶包中的茶屑狀，增加水與茶接觸的面積，煮茶時須使用大量的茶葉。70%茶葉產自黑海東部的Rize，知名紅茶品牌Caykur即源自此地。

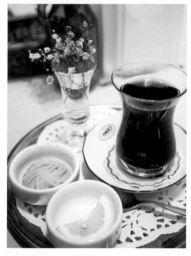

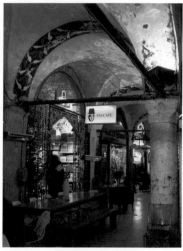

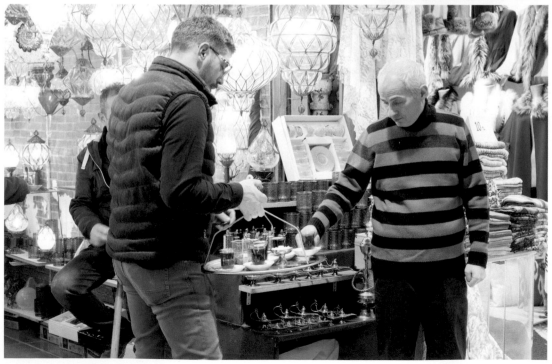

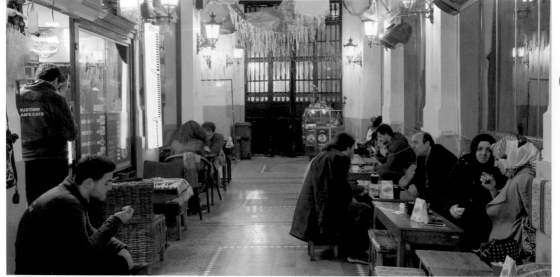

## 紅茶生活

不管天氣多熱，土耳其紅茶一定是熱熱的喝，透明鬱金香杯注入琥珀色澤，土耳其人稱為「Tavşan Kanı」(兔血紅)，香氣濃郁略帶澀味，適合加入一、兩顆附在茶碟上的方糖，讓茶體更溫順，入喉後尾韻香醇，與各種土耳其甜點都是絕配，大多數餐廳也會在餐後免費提供一杯土耳其紅茶，作為味蕾的美好收尾。

由於土耳其人無時不刻都要來杯紅茶，但不是每個地方都方便煮開水，所以發展出送茶小販的生意。大市集中常常看見送茶小弟提著銀色茶盤，上面放數杯紅茶和方糖盅，熟門熟路地穿梭人群，送茶給打電話叫茶的店家，那一手快速奔走而不溢出的絕活，每次看了都想尾隨鼓掌。過一段時間，再一家家沿路回收茶杯，對做生意的商家來說非常方便。

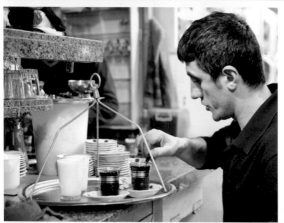

## 啜一口講究

土耳其紅茶的烹煮和茶具都是學問，煮紅茶需使用特製的金屬材質雙層茶壺，上層放茶葉，下層煮熱水，水蒸氣先讓茶葉濕潤，水燒開了以後，將熱水徐徐注入上層茶壺，下層茶壺灌滿水再一起放回瓦斯爐上煮至水滾，紅茶在熱水中至少浸泡10分鐘以上，最多不能超過1小時，茶葉不可回沖。煮出來的紅茶相當濃郁，所以斟茶時會同時拿上下壺，先倒六分滿的濃茶，再加入適量熱水稀釋。

可愛的鬱金香杯搭配小茶碟也是土耳其紅茶的魅力之一，這種小杯子有曼妙腰身，狀似土耳其國花鬱金香，所以被暱稱為鬱金香杯。鬱金香杯的誕生據說是19世紀末鄂圖曼國力衰退時，引進了歐洲的玻璃工藝，一家玻璃杯廠商為了節省成本，去除杯子的手把和底座，又為了方便飲用，把口徑加大、腰身縮小，手指輕輕扣住杯緣就可拿起，意外造就下半部能蓄熱保溫，上半部寬口能散熱的效果，其他人起而仿效，成為每個土耳其家庭必備的杯子。

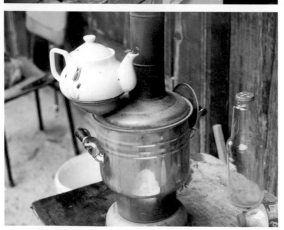

# 誤入螞蟻人世界
## 甜點Tatlılar

土耳其人嗜甜如命，對土耳其人來說，甜點可不是正餐後可有可無的番外篇，很多時候是餐桌上的主角，洋洋灑灑能寫上一個章節，咖啡或茶才是幫襯的配角。

只是那種既甜又膩的程度，不津讓人懷疑每個土耳其人都是螞蟻轉世，對大部份台灣人也許不易接受，不過，不嘗一點甜頭，似乎就不算來過土耳其。

冰淇淋、軟糖、果仁蜜餅並列甜點界三巨頭，可說是土耳其甜點的最佳代言人，但土耳其的甜點世界沒這麼簡單，以糖、牛奶和麵粉為基底，搭配各式堅果和糖漿做變化，發展出眼花撩亂的甜點迷宮。

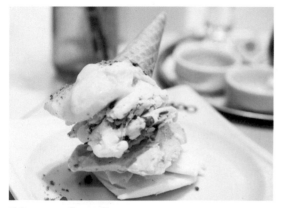

## Maraş dondurması

Maraş dondurması的字面意思是「Maraş的冰淇淋」，Maraş是土耳其南部卡赫拉曼馬拉什省（Kahramanmaraş）的省會，也是土耳其冰淇淋的發源地。

傳統的土耳其冰淇淋成分包含山羊奶、鮮奶油、糖、蘭莖粉和乳香脂，混合以上原料煮成濃稠的奶糊，倒入銅製冰桶中快速攪拌，讓奶糊結凍成麵糰形狀，再取出放進木製冰桶，以金屬長柄勺使勁地捶打，越打越Q彈，而蘭莖粉是天然的穩定劑和乳化劑，造就土耳其冰淇淋延展性佳、又不易融化的特性。所以，賣土耳其冰淇淋的小販總能練就一身要人攻夫，任憑你動作再快，也拿不到黏住長棍的冰淇淋。

街頭小販雖饒富趣味，但推薦有機會一定要坐在甜點店中品嚐，口味多元、質地細緻綿密，更特別的是品嚐方式，湯匙對付不了紮實黏稠的土耳其冰淇淋，得使用刀叉一口一口切著吃，建議試試開心果、無花果和蜂蜜口味。

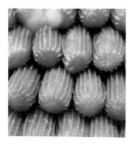

## Tulumba

淋上糖漿的小油炸餅，光黃可愛，吃起來像浸了糖水的麻花。另一種很類似的是土耳其甜甜圈Lokma，將酵母麵糰低溫油炸後，整個浸泡在糖漿中，兩種都是街角攤販常見的點心，光是看到那糖漬後的漂亮光澤，就能想像有多甜！

## Lokum

知名度能與土耳其冰淇淋相提並論的，就屬土耳其軟糖，繽紛小巧的可愛方塊，整齊排列於盒內，像珠寶盒一般精緻，怪不得蟬聯伴手禮第一名的寶座。

「Lokum」源於鄂圖曼文，意思是「喉嚨的療癒」，1777年，糖果師傅Hacı Bekir到伊斯坦堡發展，開了一間小店販售研發出的軟糖，當時的蘇丹吃膩了硬糖，一試之下龍心大悅，軟糖瞬間爆紅，在貴族圈掀起一股潮流，後來上行下效，流行於鄂圖曼帝國境內，成為拜訪親朋好友必備的禮物。

19世紀時，土耳其軟糖以「Turkish Delight」（土耳其的喜悅）之名在歐洲走紅，滋味甜膩、口感軟Q，與濃苦的土耳其咖啡是超級好搭檔，不只療癒了土耳其人，也讓全世界嗜甜如命的人感覺喜悅。

土耳其軟糖的基本原料是糖漿、玉米澱粉和檸檬汁，添加不同的香料、果膠和堅果，最後撒上糖粉、玉米粉、椰子絲或包裹巧克力，可衍生出原味、榛果、核桃、開心果、杏仁、薄荷、玫瑰、石榴、草莓、肉桂等超過三十種以上的口味。平常較少吃甜食的人，推薦石榴開心果口味，堅果的香氣和石榴的微酸降低甜度，調和成剛剛好的甜蜜。

土耳其的紀念品店都有販售包裝好的軟糖組合，其中又以番紅花城最有名，然而真正好吃的土耳其軟糖還是要在傳統糕餅糖果店中購買。專賣店選擇性多，以重量計價，可任意搭配組合，重點是各種口味都能試吃，吃到滿意再下手。

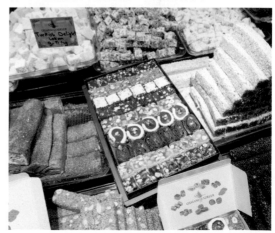

## Baklava

「Baklava」的中文名稱為「果仁蜜餅」，這種酥皮點心也是土耳其甜點代表之一。果仁蜜餅的歷史悠久，雖然正確來源已不可考，但曾在鄂圖曼宮廷料理中被記載。

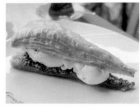

果仁蜜餅的做法類似千層酥，一層又一層薄麵皮刷上牛油，鋪滿剁碎的開心果、榛果或核桃內餡，烤的表層金黃酥脆，最後淋上蜂蜜或以糖、水和檸檬汁調和的糖漿。好吃的果仁蜜餅在叉子落下的瞬間，能聽到酥皮脆裂的聲音，咬下時牛油的香濃竄上鼻腔，開心果碎屑散發堅果的味道，當然還有招架不住的甜，所以，別忘了為自己點上一杯紅茶或咖啡。

土耳其東部的加濟安提普（Gaziantep）被公認為果仁蜜餅之都，以層層疊疊多達四十層起跳的酥皮，搭配品質最好的開心果，作為土耳其第一個加入歐盟POD和PGI認證的產品，當仁不讓。若沒有機會親自到加濟安提普試吃傳說中的美味，伊斯坦堡的甜點專賣店也都能找到它。

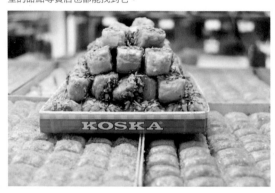

## Kazandibi

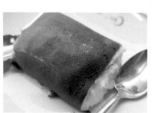

這道甜點大有來頭，據說是奧圖曼帝國時期宮廷中的御用甜點。

「Kazandibi」在土耳其文中的意思是「平底鍋的鍋底」，代表經平底鍋小火慢煎的牛奶布丁。Kazandibi表面因焦糖化而呈現誘人的棕色光澤，微微的焦香包裹濃郁奶香內餡，口感似綿軟細密又不失彈性的麻糬，恰到好處的甜度，接受度相當高。

仔細品嚐Kazandibi，會發現奇妙的口感來自於些許絲狀纖維，這是製作Kazandibi最令人難以置信的食材「雞胸肉」。煮過的雞胸肉撕成細絲，與糖、玉米澱粉、香草精、牛奶和米粉混勻加熱成甜奶糊，冷藏冰涼後就是牛奶布丁tavuk göğüsü，最正統的做法甚至以野牛的奶汁為原料。在甜點店中享用，廚師會從冰櫃中拿出事先準備好的牛奶布丁，現點現煎，再撒上肉桂粉或開心果粉提升味道的層次，或是搭配土耳其冰淇淋，感受冰涼與微溫在舌尖上的交會。

## Künefe/ Künafa

這是土耳其少數的熱甜點，幾乎所有餐廳和甜點店都吃得到，只要看到它迷人的金黃色外表、聞到濃濃的起司香味，即使不是甜食控也很難把持得住。

做法是把切成小段細絲狀的Kadayıfı鋪在特殊的圓盤中當作餅皮，第二層排列延展性高的新鮮無鹽起司Hatay，再鋪上一層Kadayıfı，有些地方會選用中東地區特有的Akkawi或Nabulsi乳酪。傳統做法使用炭火煎烤，烤至餅皮酥脆誘人，熱騰騰地出爐後毫不手軟地淋上糖漿，最後撒上開心果細粉增添風味。

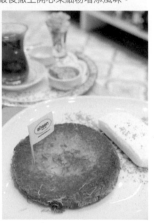

Künefe上桌是一場華麗美食秀，糖漿在熱燙燙的盤上噗滋噗滋跳動，刀叉起落間，柔軟白色乳酪牽出纏綿不斷的細絲，雪白的Kaymak奶油受熱半融，空氣中滿溢濃郁乳香，光是視覺和嗅覺就足以征服所有人，熱量這檔事，就暫時丟進博斯普魯斯海峽中吧！

比較正統高檔的甜點店中，Künefe會附上一小塊原味的土耳其冰淇淋，冰火交融的滋味更誘人。

## Pişmaniye

Pişmaniye仙氣十足，像輕飄飄的棉絮，放入嘴裡迅速融化消失，只留舌尖上一抹甜香，簡單來說，就是土耳其的棉花糖。

這道傳統點心的起源可追溯自15世紀，發源自伊斯坦堡東方Kocaeli的城市Kandira，以細絲狀的外型和製作過程來看，比較像沒有內餡的龍鬚糖。做法是將大量的糖融化並冷卻，混入以奶油烤過的麵粉，利用其延展性拉出一個大糖圈，對折成小圈後再拉大，反覆這個過程直到拉出糖絲，抓出一球球糖絲稍微加壓塑形成蛹狀，包裝成一盒販售，講究的餐廳中，有時是也會成為主廚揮灑創意的主角。

Pişmaniye有各種不同口味，原味、開心果、香草、巧克力，現在還有許多變化版，例如裹上巧克力外衣、撒上碎開心果或堅果。因為不需要冷藏就可長時間保存，所以也是伴手禮的熱銷款，只是和龍鬚糖一樣，接觸熱或水氣就會沾黏變硬，所以一旦拆封最好盡快吃完。

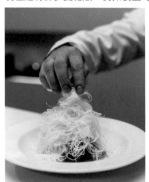

土耳其人對這道甜點的喜愛，也許從名字就透露線索，「Pişman」在土耳其文有「遺憾」的意思，土耳其人說：「不嘗試看看，你會有千次的遺憾。」

## Safranlı Zerde

別誤會這道甜點的美麗色澤來自人工色素，相反的，番紅花入味的不凡身價說明它出身高貴。Safranlı Zerde源自於賽爾柱帝國時期的首都孔亞(Konya)，鄂圖曼時期是托普卡匹皇宮御膳廚房中常常準備的甜點之一，直到今日，依然是土耳其開齋節受歡迎的飯後甜點，婚禮或慶祝新生兒的場合也常常食用。

Safranlı Zerde就是番紅花米布丁，口感和米布丁類似，只是奶香被番紅花似花香又似蜂蜜味的微妙香氣取代，主要成分是糖、米和玉米粉，以番紅花和薑黃染色、食用玫瑰水添加風味，最後點綴松子、葡萄乾、椰絲或開心果碎等。在一片甜死人不償命的甜點名單中，Safranlı Zerde的甜度平易近人許多。

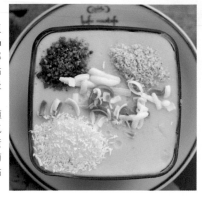

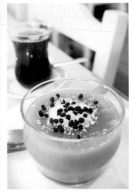

## Helva/Halva

哈爾瓦酥糖是蛀牙系列難得有中文名稱的甜點，以粗麵粉加上奶油和糖作酥糖，再加入各種堅果，還有一種做法是用芝麻糊或其他堅果醬加上奶油和糖成型。看起來像還沒切成小塊分裝的牛嘎糖，口感類似金門貢糖，相較於其他，哈爾瓦酥糖的甜度比較平易近人。

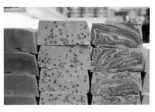

哈爾瓦酥糖的滲透力比鄂圖曼帝國最強盛時期還厲害，整個中東、南亞、西亞、北非、巴爾幹和東歐地區都有它的蹤影。

## Kadayıfı

Kadayıfı的外型令人摸不著頭緒，像乾米粉、放大版龍鬚糖、小巧的鳥巢或是做成壽司捲一般的變化型。細絲纏繞的外層以Kadayıfı (或稱Shredded phyllo dough)這種特殊麵粉製作，內餡可以包裹各種堅果類，最值得嘗試的當然是開心果。因為整顆浸泡過糖漿，口感濕潤而略微黏牙，甜膩的程度大概是吃完就想向牙醫報到的等級。除了流行於土耳其以外，中東地區和地中海沿岸也常出現。

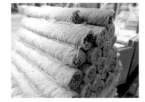

## Aşure

這是一道傳統的宗教性點心，在伊斯蘭曆元月(Muharram)的第十天享用，「Aşure」字源即為阿拉伯語「第十」的意思。在土耳其的傳說中，當淹沒世界的大洪水退去，諾亞方舟最後停靠亞拉拉山，走出方舟的諾亞用僅剩食材煮出這道甜點，所以有人說Aşure是世界上最古老的甜點。

Aşure裡面放了小麥、豆子、水果乾、堅果等，加入糖和果汁一起煮，簡單來說就是土耳其的八寶粥，營養豐富又有飽足感，適合冬天補充熱量，不過現在甜點店中一年到頭都有供應。完全不含動物性成分和脂肪，素食者也可以享用。

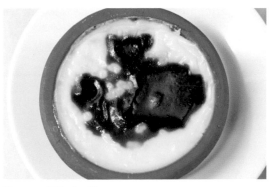

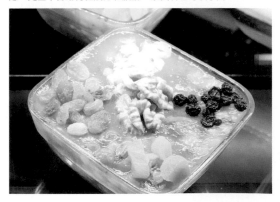

## Fırın Sütlaüç

米布丁是相當普遍的甜點，以全脂牛奶、糖和米為基底，世界各國變化出地區特色。在發源地土耳其境內，米布丁在飲食文化中佔據不容忽視的地位，它的做法不難，接受度高，大人小孩無一不愛，代表庶民、體現日常，每個土耳其家庭、每間餐廳都有自己的米布丁訣竅。

米布丁美味的關鍵在新鮮牛奶、慢火煨煮、不停地攪拌、加上無比的耐心，最後刷上蛋黃液，進烤箱烘烤至迷人的金黃色，冷卻後再冰上幾個小時，是土耳其人心目中最美味的時機。入口冰涼滑嫩，參雜咀嚼軟米粒的口感，濃郁奶香混合米香，滿足感大大飆升。

# 分區導覽
## Area Guide

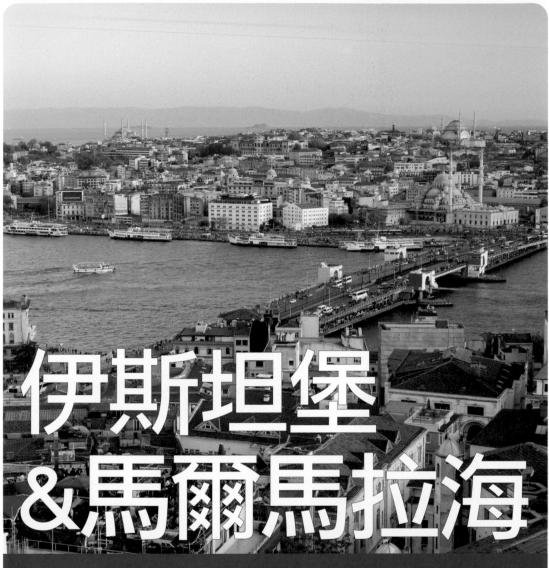

# 伊斯坦堡
# &馬爾馬拉海

伊斯坦堡&
馬爾馬拉海

# İstanbul &
# The Sea of Marmara

文●墨刻編輯部　攝影●墨刻攝影組

千餘年來，博斯普魯斯海峽、黑海、馬爾馬拉海三面環繞，帶給伊斯坦堡特殊的地理位置和歷史定位，鄂圖曼帝國在極盛時期藉著這片水域通過黑海，勢力得以從巴爾幹半島延伸至維也納，令歐洲人聞風喪膽長達數個世紀。

儘管鄂圖曼已隨著帝國崩解，過去金戈鐵馬、氣吞萬里的榮光早已煙消雲散，身為一座歷史名城，伊斯坦堡依舊處處散發著那種東西文明所撞擊出來的魅力，歷經千餘年始終不減。

從伊斯坦堡乘船跨越馬爾馬拉海抵達南方彼岸，布爾薩是鄂圖曼帝國起源之地，你仍然可以看到鄂圖曼早期的建築、早期絲綢之路留下來的商旅驛站，以及絲織、陶瓷等傳統手工藝。

馬爾馬拉海經達達尼爾海峽連接愛琴海，恰那卡雷和特洛伊扼守海峽出口，自古以來即是兵戎相爭之地。即使特洛伊遺址僅存斷垣殘壁，知名的希臘神話故事依然吸引無數遊客，一睹巨大木馬風采。

# 伊斯坦堡&馬爾馬拉之最Top Highlights of İstanbul & Marmara

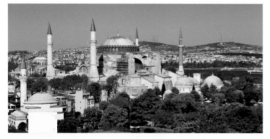

### 聖索菲亞清真寺Ayasofya Camii
曾是最能展現希臘東正教榮耀及東羅馬帝國勢力的教堂，同時也是拜占庭建築的最高傑作，15世紀鄂圖曼奪下伊斯坦堡後，曾又被改成清真寺，成為鄂圖曼帝國最重要的圖騰建築。(P.84)

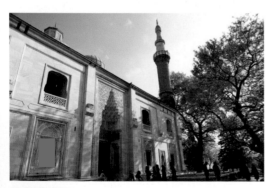

### 綠色清真寺Yeşil Camii
布爾薩的綠色清真寺被視為土耳其最出色的清真寺之一，貼滿藍綠色的伊茲尼磁磚。在土耳其建築史上象徵一個轉捩點，從塞爾柱(Seljuk)形式進入古典鄂圖曼時期。(P.150)

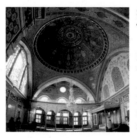

### 托普卡匹皇宮
**Topkapı Sarayı**
在約莫450年的鄂圖曼帝國歷史間，36位蘇丹中的半數以托普卡匹宮為家，從這裡得以窺見鄂圖曼帝國的強盛、奢華、文化、前朝的政治鬥爭與後宮的生活，了解蘇丹們如何統管橫跨歐亞非三洲的疆土。(P.94)

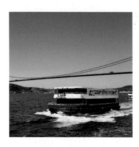

### 博斯普魯斯海峽
**The Bosphorus Strait**
搭乘遊船巡航博斯普魯斯海峽一圈，是伊斯坦堡必體驗之一。沿路風景美麗，覽盡伊斯坦堡重要地標，聽著水域的傳奇故事，往來歐亞大陸之間，不走一遭就不算到過伊斯坦堡。(P.126)

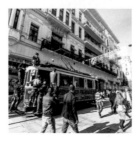

### 獨立大道İstiklal
**Caddesi**
獨立大道是伊斯坦堡最時髦、流行商品集中的人行徒步區，百貨公司、國際連鎖精品店、電影院、書店、手工藝紀念品店、唱片店，從流行衣飾到伴手禮都可以在這條路上購足。(P.118)

# How to Explore İstanbul & The Sea of Marmara
# 如何玩伊斯坦堡&馬爾馬拉海

此區的旅遊明星無疑落在伊斯坦堡，伊斯坦堡範圍涵蓋歐、亞兩洲，金角灣又將其切分為新、舊城區，景點多到五天也看不完。別焦慮，快速瀏覽地圖搭配各區精華，幫你秒抓重點。

## 伊斯坦堡İstanbul

伊斯坦堡是唯一為基督教及伊斯蘭教先後選為首都的城市，也是唯一同時坐擁亞洲區和歐洲區的國都，因為宗教、種族、語言和地理環境的複雜性造就城市的多重性格，伊斯坦堡獨一無二的魅力在於融合，所以又被稱為「世界的首都」。

### 加拉達橋Galata Köprüsü

加拉達橋連接伊斯坦堡的老城和新城，你可在橋下喝杯咖啡、橋頭大啖烤鯖魚三明治，或是和橋上釣客共享海面夕陽，沈浸在伊斯坦堡專屬的悠閒。

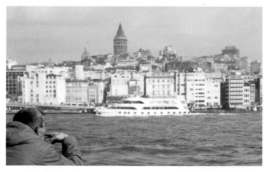

### 有頂大市集Kapalı Çarşı

土耳其最大市集，範圍密布大大小小六十多條街道，到有頂大市集裡迷路一下、訓練殺價的功力，是觀光客的必要行程。

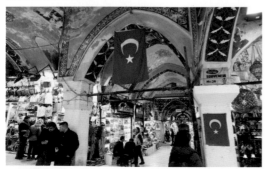

（地圖標示）
新城
加拉達塔 Galata Kulesi
加拉達橋 Galata Köprüsü
歷史半島
大市集 Kapalı Çarşı
托普卡匹皇宮 Topkapı Sarayı
聖索菲亞清真寺 Ayasofya Camii
藍色清真寺 Sultan Ahmet Camii

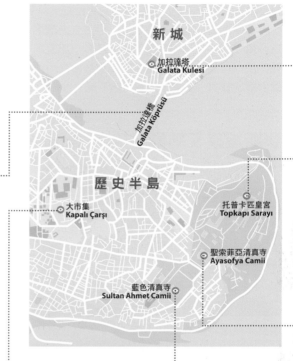

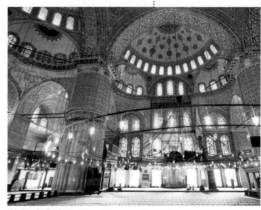

### 藍色清真寺Sultan Ahmet Camii

孔雀藍與松石綠的伊茲尼花磚鋪滿圓頂及牆壁，光線穿越260個小窗，融入懸吊半空的昏黃玻璃燈光中，在藍色清真寺見證虔誠信仰及伊斯蘭藝術。

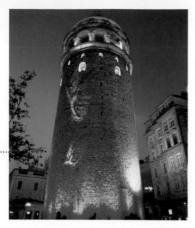

## 加拉達塔
**Galata Kulesi**

新城區最顯眼的地標，白天搭乘電梯登高加拉達塔，可以360度欣賞伊斯坦堡新舊城和金角灣、博斯普魯斯海峽的景觀。

## 托普卡匹皇宮Topkapı Sarayı

世界上最大的宮殿博物館之一，看蘇丹們如何以居高臨下的皇宮為中心，統御管理歐亞非三洲，見識鄂圖曼帝國皇家收藏的珍寶。

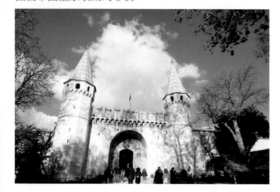

## 聖索菲亞清真寺Ayasofya Camii

從東羅馬帝國的基督教象徵，到鄂圖曼時期最重要的清真寺，而後變成伊斯坦堡的一級博物館，向世界展現兩種宗教藝術和平共存的面貌。

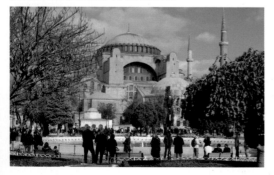

## 布爾薩Bursa

布爾薩是鄂圖曼文化的發源地，帝國的第一個首都，老城中清真寺、陵寢和澡堂特別多，自然景觀豐富，呈現和伊斯坦堡迥然不同的都市風格。伊斯蘭建築群、迴廊式客棧建築和蘇丹歐罕加濟的陵墓都被納入世界文化遺產之列。

●**代表性景點：**綠色清真寺、大清真寺、柯札罕和艾米爾罕

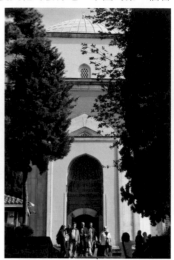

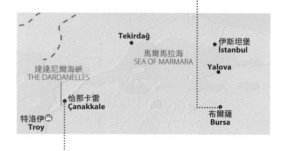

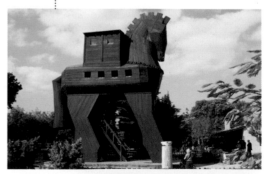

## 恰那卡雷&特洛伊Çanakkale & Troy

不管是神往希臘神話《木馬屠城記》的故事，或是著迷於布萊德比特的電影，電影拍攝後留下的巨大木馬總是吸引人前來一探究竟。

●**代表性景點：**特洛伊遺址、特洛伊木馬

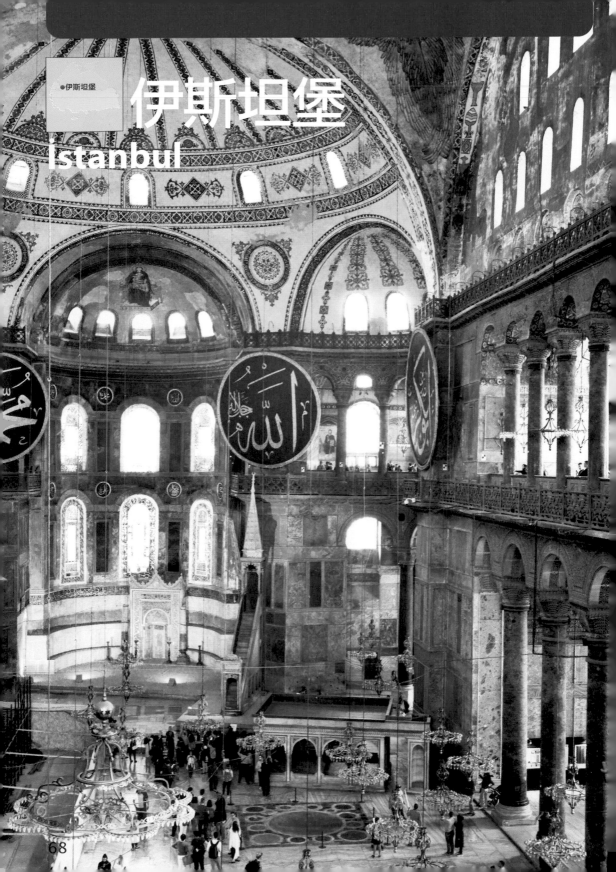

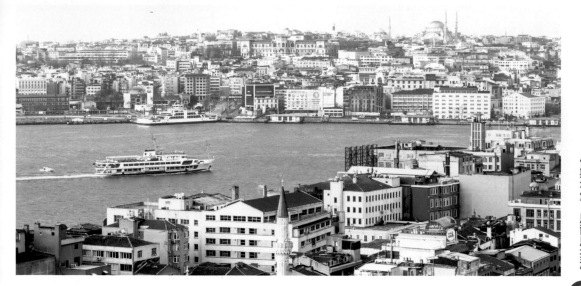

世界上有水岸的城市何其多，唯有伊斯坦堡被大海切為兩半，海流強而急，海水深而黑。「博斯普魯斯」跟土耳其語裡的「咽喉」是同一個字，可以這麼說，在土耳其人心目中象徵生命、歡樂和幸福的博斯普魯斯海峽，就是伊斯坦堡力量的來源，這條32公里長、最窄處僅734公尺的世界級戰略性水道，連接了東方與西方，同時也隔開了亞洲與歐洲大陸。

攤開伊斯坦堡地圖，整個城市被博斯普魯斯海峽(The Bosphorus)、馬爾馬拉海(Sea of Marmara)、金角灣(Golden Horn)這大片水域切成三大塊，三面水域帶給伊斯坦堡特殊的地理位置和歷史定位。它是古絲綢之路的必經地，曾以君士坦丁堡之名閃耀，先後成為羅馬帝國、拜占庭帝國、鄂圖曼帝國的首都，鄂圖曼帝國更藉著博斯普魯斯海峽通過黑海，把勢力從巴爾幹半島直通維也納，而近代俄羅斯一直想染指土耳其，就是想為黑海找到海權的出口。

博斯普魯斯海峽右岸屬於亞洲，左岸屬於歐洲，歐洲區的上半部是所謂的新城區，下半部屬於老城，又稱為歷史半島區，這裡可以說是舊世界的首都，也是帝國的花園。

從二十世紀下半葉以來，伊斯坦堡城區範圍不斷往外擴張，然而這塊小小的半島，始終是伊斯坦堡的歷史文化中心，承載了千餘年來帝國的興衰起落。

新城是伊斯坦堡與西方接觸的一扇窗，各路民族在此交會，建築也呈現各個民族不同的特色。一般說的新城，也就是貝歐魯區(Beyoğlu)，指的是金角灣北邊那塊陡峭的丘陵，比起老城，新城也不過年輕個數百年，大多數的建築建於16世紀後。過去是這座城市外國人居住的地方，從十字軍東征時的熱內亞人，到鄂圖曼時期的猶太人、西班牙人、阿拉伯人、希臘人和亞美尼亞人，每個民族都有不同的居住範圍。

博斯普魯斯海峽帶給土耳其幸和不幸，幸好好運偏多，因為沒有一位觀光客會放棄搭遊船順著博斯普魯斯海峽上到黑海沿岸，登高眺望博斯普魯斯海峽與黑海的交會，同時從19世紀中葉起成為鄂圖曼蘇丹新皇宮的朵瑪巴切皇宮，也為博斯普魯斯海峽增添更多華麗而光彩四射的魅力。

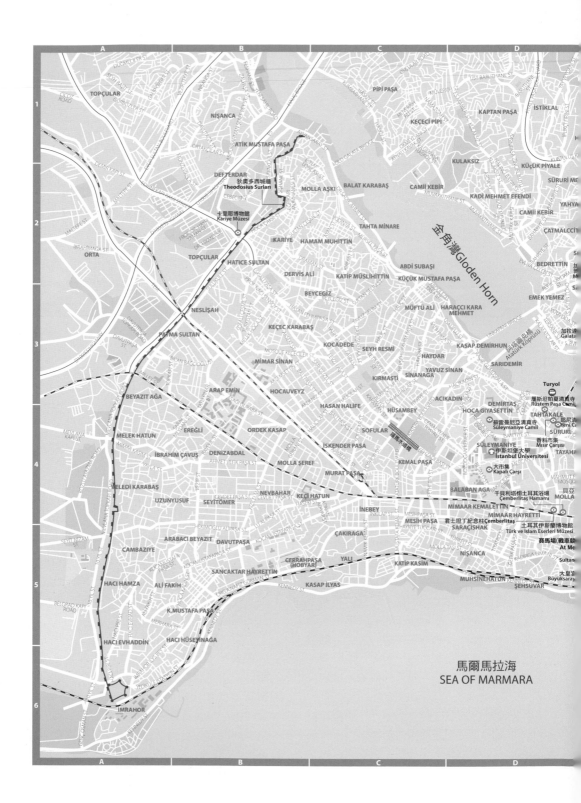

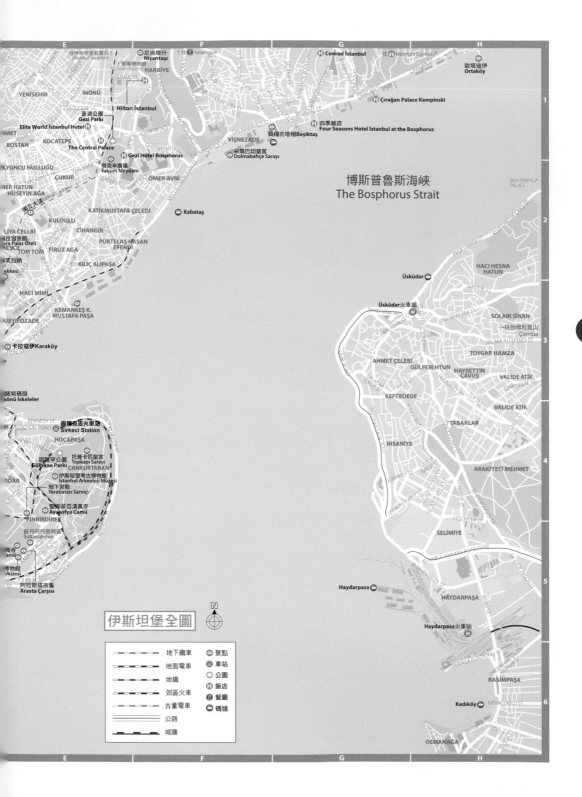

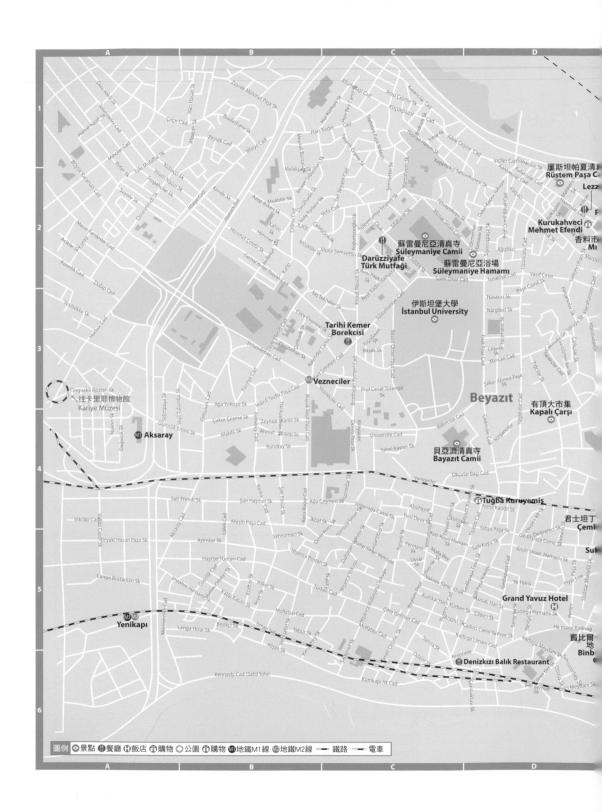

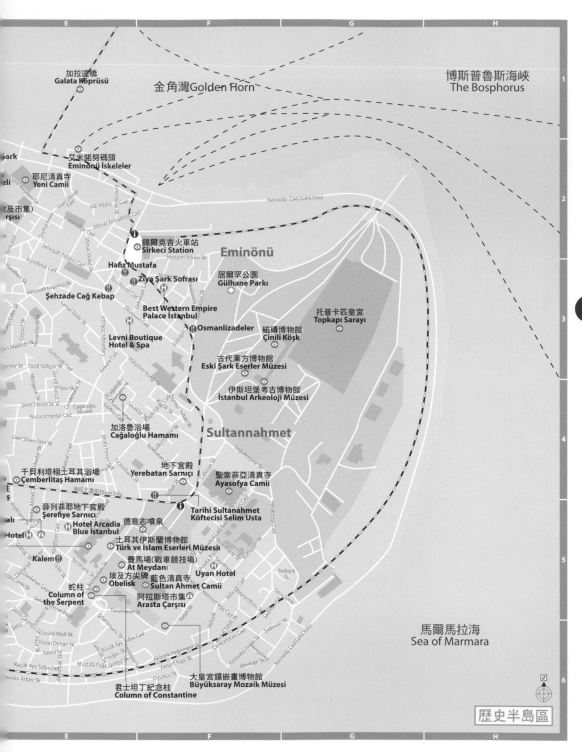

加拉達橋
Galata Köprüsü

金角灣Golden Horn

博斯普魯斯海峽
The Bosphorus

Şark
艾米諾努碼頭
Eminönü İskeleler

耶尼清真寺
Yeni Camii

(及市集)
RŞISI

Kennedy Cad (Sahil Yolu)

錫爾克吉火車站
Sirkeci Station

İstasyon Arkası Sk

Eminönü

Hafız Mustafa

Ziya Şark Sofrası

居爾罕公園
Gülhane Parkı

托普卡匹皇宮
Topkapı Sarayı

Şehzade Cağ Kebap

Best Western Empire
Palace İstanbul

Osmanlizadeler

磁磚博物館
Çinili Köşk

Levni Boutique
Hotel & Spa

古代東方博物館
Eski Şark Eserler Müzesi

伊斯坦堡考古博物館
İstanbul Arkeoloji Müzesi

Çağaloğlu
Square

加洛魯浴場
Cağaloğlu Hamamı

Sultannahmet

千貝利塔栩土耳其浴場
Çemberlitaş Hamamı

地下宮殿
Yerebatan Sarnıcı

聖索菲亞清真寺
Ayasofya Camii

薛列菲耶地下宮殿
Şerefiye Sarnıcı

Tarihi Sultanahmet
Köftecisi Selim Usta

Hotel Arcadia
Blue İstanbul

德意志噴泉

Kalem

土耳其伊斯蘭博物館
Türk ve İslam Eserleri Müzesi

賽馬場(戰車競技場)
At Meydanı

Uyan Hotel

埃及方尖碑
Obelisk

蛇柱
Column of
the Serpent

藍色清真寺
Sultan Ahmet Camii

阿拉斯塔市集
Arasta Çarşısı

馬爾馬拉海
Sea of Marmara

君士坦丁紀念柱
Column of Constantine

大皇宮鑲嵌畫博物館
Büyüksaray Mozaik Müzesi

N

歷史半島區

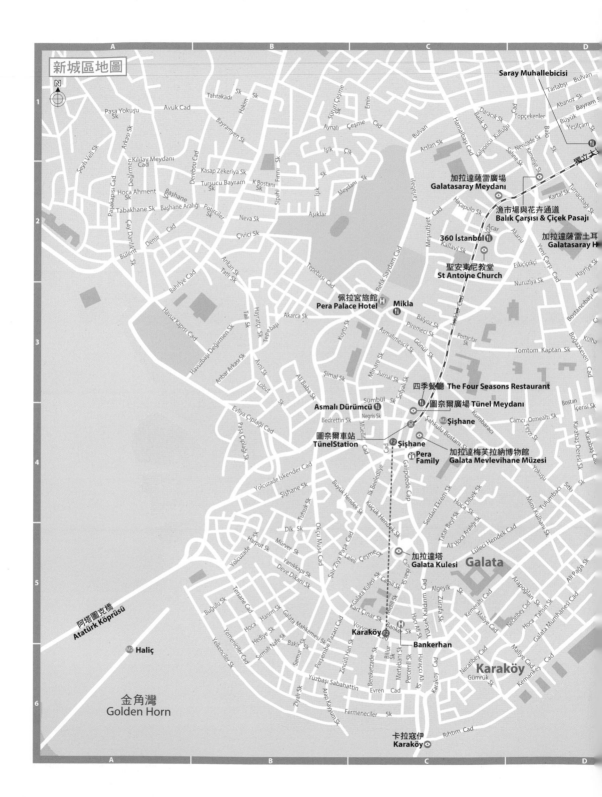

新城區地圖

N

Saray Muhallebicisi

加拉達薩雷廣場
Galatasaray Meydanı

漁市場與花卉通道
Balık Çarşısı & Çiçek Pasajı

加拉達薩雷土耳
Galatasaray H

360 İstanbul

聖安東尼教堂
St Antoine Church

佩拉宮旅館
Pera Palace Hotel

Mikla

四季餐廳 The Four Seasons Restaurant

圖奈爾廣場 Tünel Meydanı

Asmalı Dürümcü

圖奈爾車站
TünelStation

Şişhane

Pera
Family

加拉達梅芙拉納博物館
Galata Mevlevihane Müzesi

加拉達塔
Galata Kulesi

Galata

阿塔圖克橋
Atatürk Köprüsü

Haliç

Karaköy

Bankerhan

Karaköy

金角灣
Golden Horn

卡拉寇伊
Karaköy

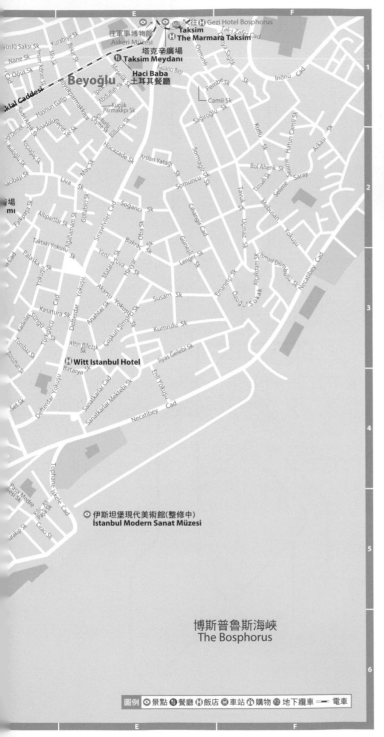

往軍事博物館
Askeri Müzesi

E ●●● 〜 〜 M〇 🚋往 Gezi Hotel Bosphorus

Tak-ı Zafer Cad

**Taksim**
**The Marmara Taksim**

塔克辛廣場
Ⓗ **Taksim Meydanı**

**Beyoğlu**

**Haci Baba**
土耳其餐廳

Ⓗ **Witt Istanbul Hotel**

◉ 伊斯坦堡現代美術館(整修中)
**İstanbul Modern Sanat Müzesi**

博斯普魯斯海峽
The Bosphorus

圖例 ◉景點 Ⓗ餐廳 Ⓗ飯店 🚉車站 ⓣ購物 Ⓜ地下纜車 ━━電車

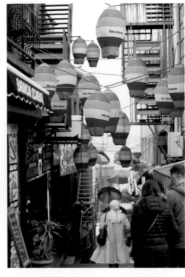

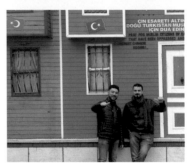

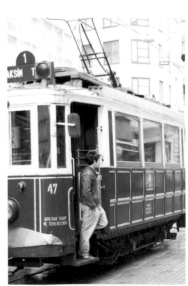

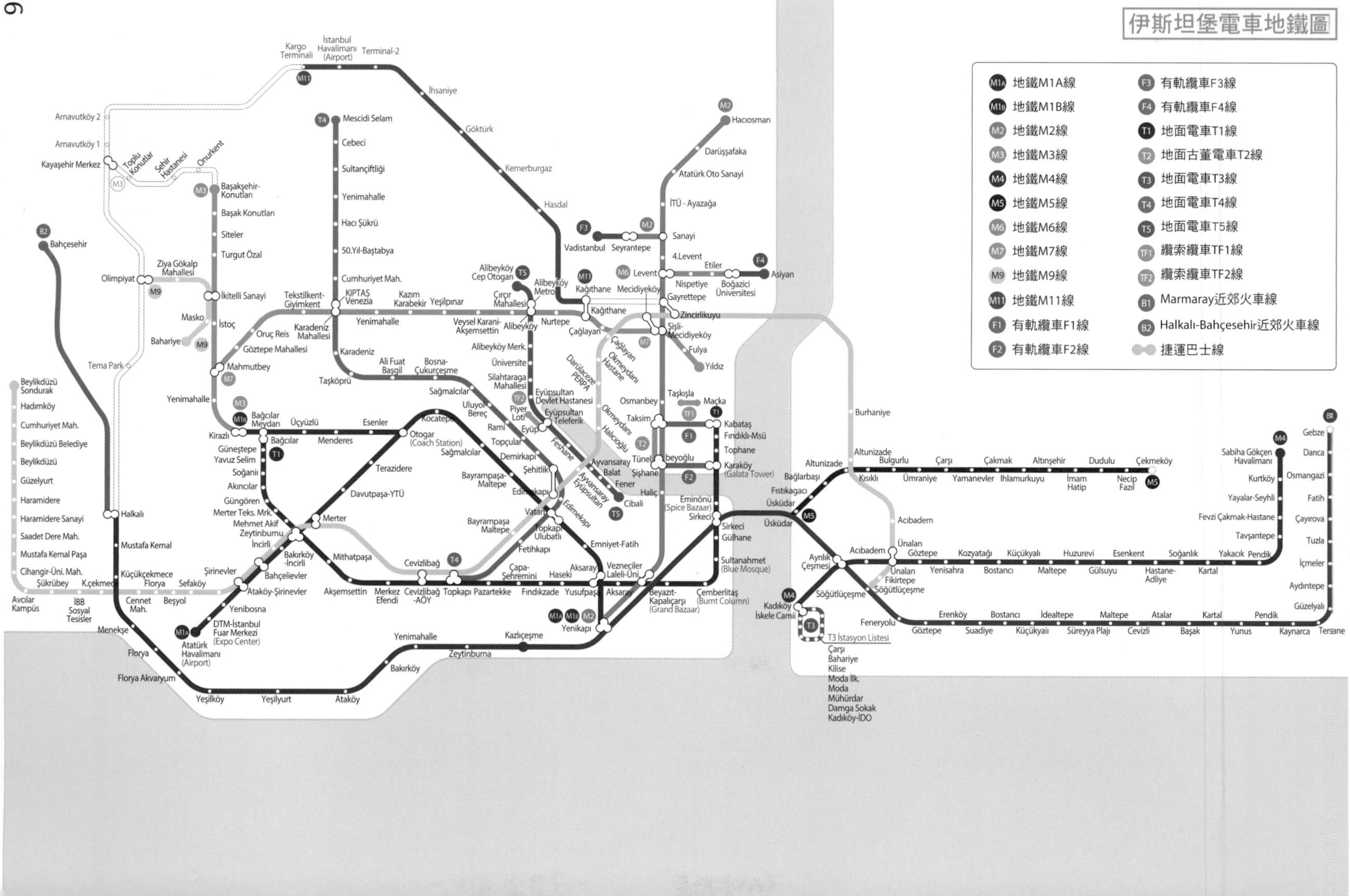
伊斯坦堡電車地鐵圖
M1A 地鐵M1A線
M1B 地鐵M1B線
M2 地鐵M2線
M3 地鐵M3線
M4 地鐵M4線
M5 地鐵M5線
M6 地鐵M6線
M7 地鐵M7線
M9 地鐵M9線
M11 地鐵M11線
F1 有軌纜車F1線
F2 有軌纜車F2線
F3 有軌纜車F3線
F4 有軌纜車F4線
T1 地面電車T1線
T2 地面古董電車T2線
T3 地面電車T3線
T4 地面電車T4線
T5 地面電車T5線
TF1 纜索纜車TF1線
TF2 纜索纜車TF2線
B1 Marmaray近郊火車線
B2 Halkalı-Bahçesehir近郊火車線
捷運巴士線
Kargo Terminali
İstanbul Havalimanı (Airport)
Terminal-2
İhsaniye
Göktürk
Kemerburgaz
Hasdal
Arnavutköy 2
Arnavutköy 1
Kayaşehir Merkez
Toplu Konutlar
Şehir Hastanesi
Onurkent
Başakşehir-Konutları
Başak Konutları
Siteler
Turgut Özal
İkitelli Sanayi
İstoç
Mahmutbey
Yenimahalle
Kirazlı
Bağcılar Meydan
Mescidi Selam
Cebeci
Sultançiftliği
Yenimahalle
Hacı Şükrü
50.Yıl-Baştabya
Cumhuriyet Mah.
KİPTAŞ Venezia
Tekstilkent-Giyimkent
Karadeniz Mahallesi
Oruç Reis
Göztepe Mahallesi
Karadeniz
Taşköprü
Ali Fuat Başgil
Bosna-Çukurçeşme
Sağmalcılar
Kazım Karabekir
Yeşilpınar
Veysel Karani-Akşemsettin
Alibeyköy
Alibeyköy Merk.
Üniversite
Silahtaraga Mahallesi
Eyüpsultan Devlet Hastanesi
Eyüpsultan Teleferik
Piyer Loti
Eyüp
Alibeyköy Cep Otogarı
Çırçır Mahallesi
Alibeyköy Metro
Nurtepe
Çağlayan
Kağıthane
Ziya Gökalp Mahallesi
Olimpiyat
Masko
Bahariye
Tema Park
Bahçesehir
Halkalı
Mustafa Kemal
Küçükçekmece
Florya
Sefaköy
Şirinevler
Cennet Mah.
Beşyol
Menekşe
Florya Akvaryum
Yeşilköy
Yeşilyurt
Ataköy
Bakırköy
Yenimahalle
Kazlıçeşme
Zeytinburnu
Yenikapı
Beylikdüzü Sondurak
Hadımköy
Cumhuriyet Mah.
Beylikdüzü Belediye
Beylikdüzü
Güzelyurt
Haramidere
Haramidere Sanayi
Saadet Dere Mah.
Mustafa Kemal Paşa
Cihangir-Üni. Mah.
Şükrübey
K.çekmece
Avcılar Kampüs
İBB Sosyal Tesisler
Atatürk Havalimanı (Airport)
DTM-İstanbul Fuar Merkezi (Expo Center)
Yenibosna
Ataköy-Şirinevler
Bahçelievler
Bakırköy -İncirli
İncirli
Mehmet Akif
Zeytinburnu
Merter Teks. Mrk.
Güngören
Akıncılar
Soğanlı
Güneştepe
Yavuz Selim
Bağcılar
Üçyüzlü
Menderes
Esenler
Otogar (Coach Station)
Terazidere
Davutpaşa-YTÜ
Merter
Mithatpaşa
Akşemsettin
Merkez Efendi
Cevizlibağ -AÖY
Cevizlibağ
Topkapı
Pazartekke
Fındıkzade
Çapa-Şehremini
Haseki
Yusufpaşa
Aksaray
Fetihkapı
Topkapı Ulubatlı
Bayrampaşa-Maltepe
Vatan
Edirnekapı
Şehitlik
Demirkapı
Topçular
Rami
Uluyol Bereç
Kocatepe
Sağmalcılar
Emniyet-Fatih
Vezneciler Laleli-Üni.
Beyazıt-Kapalıçarşı (Grand Bazaar)
Çemberlitaş (Burnt Column)
Sultanahmet (Blue Mosque)
Gülhane
Sirkeci
Eminönü (Spice Bazaar)
Karaköy (Galata Tower)
Tophane
Fındıklı-Msü
Kabataş
Haliç
Şişhane
Taksim
Osmanbey
Tünel
beyoğlu
Taşkışla
Maçka
Ayvansaray
Ayvansaray Eyüpsultan
Balat
Fener
Cibali
Feshane
Halıcıoğlu
Okmeydanı
Darülaceze-PERPA
Okmeydanı Hastane
Çağlayan
Vadistanbul
Seyrantepe
Hacıosman
Darüşşafaka
Atatürk Oto Sanayi
İTÜ - Ayazağa
Sanayi
4.Levent
Levent
Etiler
Nispetiye
Boğazici Üniversitesi
Asiyan
Gayrettepe
Mecidiyeköy
Zincirlikuyu
Şişli-Mecidiyeköy
Fulya
Yıldız
Burhaniye
Altunizade
Bulgurlu
Çarşı
Çakmak
Altınşehir
Dudulu
Çekmeköy
Kısıklı
Ümraniye
Yamanevler
Ihlamurkuyu
İmam Hatip
Necip Fazıl
Bağlarbaşı
Fıstıkagacı
Üsküdar
Acıbadem
Ünalan
Göztepe
Kozyatağı
Küçükyalı
Huzurevi
Esenkent
Soğanlık
Yakacık
Pendik
Yenisahra
Bostancı
Maltepe
Gülsuyu
Hastane-Adliye
Kartal
Ayrılık Çeşmesi
Ünalan Fikirtepe
Söğütlüçeşme
Kadıköy İskele Camii
Feneryolu
Göztepe
Erenköy
Suadiye
Bostancı
Küçükyalı
İdealtepe
Süreyya Plajı
Maltepe
Cevizli
Atalar
Başak
Kartal
Yunus
Pendik
Kaynarca
Tersane
Güzelyalı
Aydıntepe
İçmeler
Tuzla
Çayırova
Fatih
Osmangazi
Danca
Gebze
Sabiha Gökçen Havalimanı
Kurtköy
Yayalar-Seyhli
Fevzi Çakmak-Hastane
Tavşantepe
T3 İstasyon Listesi
Çarşı
Bahariye
Kilise
Moda İlk.
Moda
Mühürdar
Damga Sokak
Kadıköy-İDO

# INFO

## 基本資訊

**人口**：1,506萬
**區域號碼**：歐洲區(0212)，亞洲區(0216)
**面積**：5,343平方公里(都會區)

## 如何前往

### ◎航空

搭乘土耳其航空、長榮航空可從台灣直飛伊斯坦堡，其他航空公司可自新加坡、首爾、香港、杜拜等地轉乘，詳見P.301「聰明旅行家」。伊斯坦堡機場有三座，一是位於亞洲區的Sabiha Gökçen機場(SAW)，主要是供歐洲廉價航空起降；一座是原本的國際機場，位於歐洲區老城西邊的阿塔圖克機場(Atatürk Havalımanı)，轉型作為貨運、訓練及航空展等用途；另一座是2018年10月才啟用的伊斯坦堡機場(İstanbul Havalımanı，機場代號IST)。

嶄新的伊斯坦堡機場一樣位於歐洲岸，靠近北側的黑海，2019年4月完成全部國內外航線轉移，第一期開放140公頃，年客運吞吐量可達九千萬人次，未來機場總面積將廣達7,659公頃，可望成為全球最大型國際機場。

伊斯坦堡機場內有品牌商店、免稅店、餐飲、過境旅館、租車、遊客中心等各項服務。和其他機場一樣，依循清楚的指標即可入境，出境和轉機旅客須注意，由於機場佔地廣大、旅客多，記得預留至少3小時登機時間。機場至市區目前最方便的方式是搭乘地鐵、機場巴士Havaist或計程車。

**伊斯坦堡新機場**
🌐 www.istairport.com/tr

**Sabiha Gökçen機場**
🌐 www.sabihagokcen.aero/anasayfa

### ◎巴士

伊斯坦堡的歐洲區長途巴士總站Esenler Otogarı位於老城(Sultanahmet)以西10公里處，國際和城際長途巴士都由此進出，有地鐵M1線相連(Otogar站)。

🏠 Altıntepsi Mh., 34035 Bayrampaşa
🌐 www.otogar-istanbul.com

## 伊斯坦堡機場至市區交通

### ◎地鐵

地鐵M11部分路段於2023年1月完工通車，遊客可自機場站搭車至市中心Kağıthane站，並可

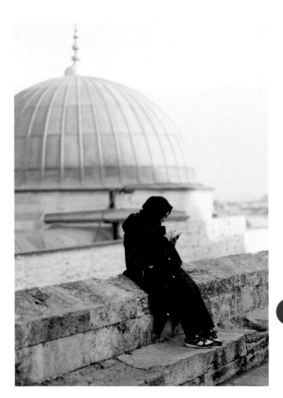

在Kağıthane站轉乘M7線，車程約25~35分鐘，十分便利。預計2023年將開通Kağıthane站至Gayrettepe站，屆時將可轉乘M2線至Taksim鬧區。

### ◎機場巴士Havaist

前往市區的機場巴士由Havaist負責營運，共約10條路線，遊客比較常使用的路線包含：往新城區塔克辛廣場(Takism)、客運總站(Esenler Otogar)、亞洲區Kadıköy。

前往舊城區，平均車程約90分鐘；前往塔克辛廣場約100分鐘，但伊斯坦堡常常塞車，建議預留多些時間。此外，要注意在疫情期間，發車班次將視航班變化及旅客數量而隨時做調整。

**Havaist**
🕐 24小時營運，每15~40分鐘一班次，依離尖峰時間而異，並請注意班次會隨航班及旅客人數而調整。
🌐 www.hava.ist/en/

### ◎市區巴士IETT

IETT是市區公車，有6條路線，搭乘H-2前往新城區的Mecidiyeköy，轉乘地鐵進市區；或H-1至Mahmutery地鐵站；或H-3至Halkali Marmaray；或H-6至Yunus Emre Mahallesi；或H-8至

Haciosman地鐵站。

IETT的好處是票價便宜，但是交通時間長、班次少，約45分鐘~2小時一班次。IETT

🌐 www.iett.istanbul/en

### ◎計程車Taxi

機場距離市區約35公里，出口有排班計程車，分黑色、藍色、橙色三種，按UKOME制定的價目表收費，藍色計程車比橙色計程車車費高15%，黑色豪華計程車比橙色計程車車費高75%，從機場到新城區的塔克辛廣場，橙色計程車車費約310 TL、藍色計程車車費約365 TL、黑色計程車車費約520TL。

## Sabiha Gökçen機場至市區交通

### ◎地鐵

隨著地鐵M4延伸工程完工，Sabiha Gökçen Havalimanı站開通使用，十分便利。

### ◎機場巴士HAVABUS

HAVABUS營運的接駁巴士可前往新城區塔克辛廣場，終點為廣場附近的Point Hotel門口。巴士於機場門口搭乘，營運時間04:00~01:00，單程35TL，上車前於售票亭購票，僅接受現金。

**HAVABUS**

🌐 www.havabus.com

## 市區交通

遊客最常使用的跨區交通方式為地鐵和地面電車，其中，地鐵、地面電車和纜車都是由Metro İstanbul負責營運，巴士和T2古董電車則由iETT管理。

F2地下纜車和行駛於獨立大道的T2古董電車充滿趣味，路過時不妨體驗看看。

**Metro İstanbul**

🌐 www.metro.istanbul

**İETT**

🌐 www.iett.istanbul

### ◎地鐵Metro

原本地下古蹟太多，伊斯坦堡地鐵的發展一直受限，不過近年來已有急起直追之勢，還有數條路線在計劃內興建中，一般遊客較常使用的路線有M1連接阿塔圖克機場、長途巴士站和歷史半島老城區，M2縱貫新城和老城區，M4位於亞洲區，M11線則連接伊斯坦堡機場。

🌐 www.metro.istanbul

### ◎地面電車Tramvay

這是伊斯坦堡最方便的大眾運輸工具，其中T1線貫穿整個伊斯坦堡老城的主要景點，從Bağcılar經城牆邊的Zeytinburnu，穿過Beyazıt（有頂市集）、藍色清真寺、Eminönü碼頭，再跨過加拉達橋到新城的Karaköy，終點站則是Kabataşı。另外，沿著新城區獨立大道，行駛於Taksim和Tünel之間的骨董電車，為T2線。T3線位於亞洲區，T4線是從T1線的Topkapı往外延伸，如果要去城牆邊的卡里耶博物館，必須用到這條路線。

🌐 www.metro.istanbul

### ◎有軌纜車及纜索纜車Funıküleri & Teleferic

由於伊斯坦堡地勢起伏落差很大，部分地區就得藉助升降作用的有軌纜車及纜索纜車。有軌纜車有4條路線，其中F1行駛於Taksim和Kabataşı之間、F2行駛於Tünel和Karaköy之間，因為可以串連地鐵M2和電車T1，遊客使用到的機率非常大。

另有兩段空中纜車，分別為金角灣南岸Eyüp和Pierre Loti咖啡之間的TF2、以及伊斯坦堡科技大學Taşkışla和Maçka之間的TF1。

🌐 www.metro.istanbul

### ◎近郊火車Suburban Line

由TCDD Taşımacılık AŞ 總局運營的近郊火車有兩條路線，其中於2013年10月土耳其建國90週年通車的Marmaray線，以海底隧道貫穿博斯普魯斯海峽，來往歐洲區和亞洲區之間，並且把過去的火車軌道也

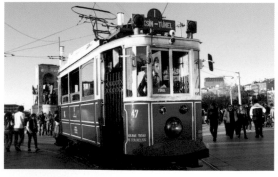

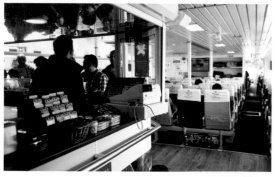

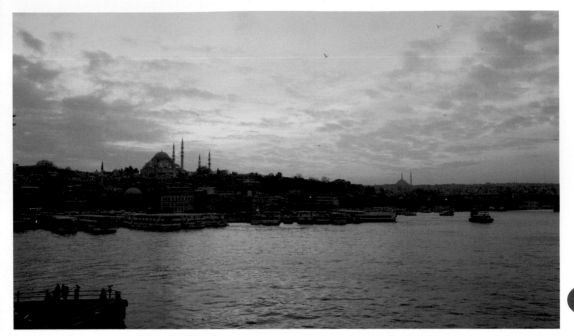

一併納進來，其中Sirkeci火車站是這條路線上最重要的一站，與電車T1相連接。

另一條是於2022年開通的Halkalı-Bahçesehir線。

## ◎巴士Otobüs

伊斯坦堡的巴士四通八達，但路線非常複雜，語言不通的狀況下利用不易，且伊斯坦堡市區塞車嚴重，除了使用專用道的Metrobüs以外，搭乘其他巴士需要耐心，不過Metrobüs主要連接郊區，遊客也較少使用。

新城區的巴士總站在Taksim、Kabataş、Beşiktaş，老城區的巴士總站在Eminönü。

有些地方一定得利用巴士，例如從Kabataş要前往Beşiktaş或Ortaköy。

## ◎計程車Taksi

伊斯坦堡到處充滿黃色的計程車，而且所有的計程車都裝了電子里程表，有的會把價格顯示在中間的後照鏡上，上車前，一定要跟司機確認里程表歸零且正常運作，不要給司機有任何敲詐機會。計程車資尚稱合理，新城Taksim和老城Sultanahmet之間正常價格約25~30TL，若需行經博斯普魯斯海峽，會加收過橋費。建議手機下載適用於伊斯坦堡和安卡拉的叫車APP「bitaksi」，類似Uber，方便叫車。

## ◎短程共乘小巴Dolmuş

Dolmuş指的是有固定路線、隨招隨停的共乘小巴士，車體有和計程車一樣的黃色，也有藍色車身的迷你小巴，目的地及經過的地點會貼在車窗上，車資固定，上車後付現給司機。新城區的Taksim廣場和舊城區的Sirkeci車站附近都有招呼站，滿座之後開車。其中最方便的路線是Taksim到Beşiktaş，因為這兩地之間沒有地鐵和電車相連。

## ◎海上交通Boat Travel

伊斯坦堡被博斯普魯斯海峽、馬爾馬拉海、金角灣三方水域所包圍，水上交通扮演非常重要角色，特別是往來歐亞大陸之間仍以水路最方便。

### 接駁渡輪Vapur

這是大型的傳統渡輪，由政府公營的Şehir Hatlarıt航運公司所經營，主要碼頭(iskelesi)包括加拉達橋兩側的Eminönü、Karaköy，以及博斯普魯斯歐洲側的Kabataş、Beşiktaş，還有亞洲區的Üsküdar、Kadıköy，班次及航線隨季節調整，碼頭售票亭有時刻表。

如果要往來歐亞兩區，或是博斯普魯斯觀光遊船，接駁渡輪非常方便。雖然是公營渡輪，船上有販賣部可購買零食飲料，一樓甲板層可停放汽車，二、三層分別有室內外座位，相當舒適。

🌐 www.sehirhatlari.com.tr

### 海上計程車Motor

是速度比Vapur快的接駁船，由Turyol、Dentur

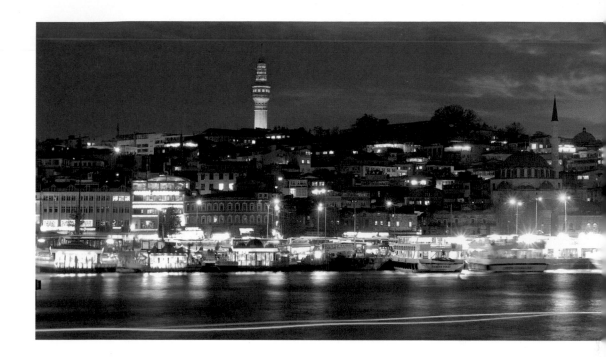

Avrasya Group這兩間民營船公司所經營，路線與Vapur接近。

🚢www.turyol.com、www.denturavrasya.com

**海上巴士Deniz Otobüsü**

　　是一種快速渡輪，票價較昂貴，由伊斯坦堡高速船公司(İDO，İstanbul Deniz Otobüsü)所經營，主要碼頭為Yenikapı、Kabataş、Bakırköy等地。除了伊斯坦堡地區固定路線的遊船，也有快船穿越馬爾馬拉海到Bursa及Bandırma等其他城市。

🚢www.ido.com.tr

**◎交通票卡**

**伊斯坦堡卡İstanbulkart**

　　這是伊斯坦堡交通功能最強大的票卡，就像台北市的悠遊卡，必須事先加值，通用於地鐵、地面電車、地下纜車、近郊火車、接駁渡輪、巴士、專用軌道巴士，以及公廁等，幾乎有所伊斯坦堡的交通工具都可以使用，如果你確定不會只搭乘一兩趟大眾運輸工具，或是在伊斯坦堡停留多天，那麼購買伊斯坦堡卡除了可以省去買票的麻煩，更享有折扣。所有伊斯坦堡市民幾乎人手一卡，你可以在機場、地鐵的自動售票機購買，一張卡60TL。購卡之後再到自動加值機儲值，但加值僅限紙鈔5、10、20、50、100TL。

　　使用時，只需進站時過卡，出站則不必。另外此卡還有一個強大功能－可以多人同時使用，也就是當一人過卡進站後，再遞給下一個人使用。

🚢www.istanbulkart.istanbul

❗受疫情影響，票價隨時會調整，請上網查詢。

**回數票Sınırlı Kulanımlı Elektronik Kart**

　　於公車票亭或賣雜貨的小商店販售，一段票卡20TL、二段32TL、三段41TL、五段63TL，自動販售機沒有販賣。

## 旅遊諮詢

**◎Taksim Tourist Information Office**

🏠AKM Yani, Devlet Opera ve Balesi Mudurlugu Girisi Kati Taksim

📞0212 233 0592

🕙10:00~17:00

**◎Sirkeci Garı Tourist Information Office**

🕙10:00~17:00

**◎Sultannahmet Tourist Information Office**

🏠Binbirdirek Mah. Divan Yolu Cad. No:3 Atmeydani Sultanahmet Fatih

📞0212 518 180210-7

## 優惠票券

**◎伊斯坦堡博物館卡Museum Pass İstanbul**

　　如果你在伊斯坦堡待的時間超過3天，而且計畫去

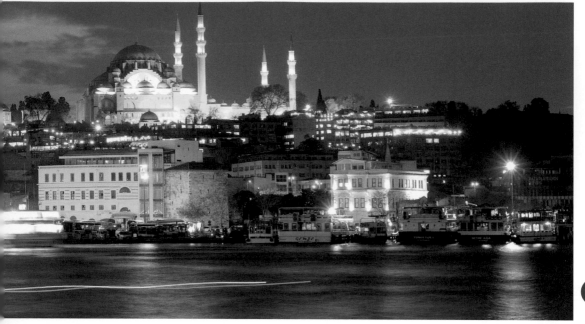

不少博物館，那麼這張博物館卡就會派上用場，包括聖索菲亞清真寺、托普卡匹皇宮、伊斯坦堡考古博物館、土耳其伊斯蘭博物館、大皇宮鑲嵌畫博物館、卡里耶博物館等都可以使用。如果這些博物館都去，而且分開買票，鐵定超過博物館卡的價錢，更重要的是，持博物館卡快速通關，免去大排長龍的等候購票時間。一張卡的效期從進入第一間博物館起算，120小時(5天)內有效。

在聖索菲亞清真寺、托普卡匹皇宮、伊斯坦堡考古博物館等合作博物館的購票處皆可購買，購卡時需出示護照，建議於較冷門的博物館購卡，避免排隊。

💲700TL

🌐muze.gen.tr/MuseumPasses

❶1.不包含朵瑪巴切皇宮、地下宮殿水池。2.受疫情影響，票價隨時會調整，請上網查詢。

# 城市概略City Outline

認識伊斯坦堡，幾乎都是從歷史半島區開始。歷史半島又可分成幾個區域：半島頂端是蘇丹阿何密特(Sultannahmet)，也是老城區的歷史中心，在其西側則是有頂大市集所在的貝亞濟(Beyazıt)，北側則為交通繁忙的艾米諾努(Eminönü)，包括艾米諾努碼頭和錫爾克吉國鐵車站(Sirkeci)都位於這區。

聯合國指定的世界遺產，幾乎都集中在蘇丹阿何密特，包括托普卡匹皇宮、聖索菲亞清真寺、藍色清真寺、賽馬場等，是鄂圖曼帝國時代皇室貴族活動的範圍。

而平民百姓作息活動的地區在不遠處的貝亞濟(Beyazıt)，市集、小吃店到處林立。這兩區以迪旺尤魯街(Divanyolu Cad.)連接，現在是舊市區觀光客活動最熱鬧的地方，有許多大眾食堂、旅行社、書店、民藝品、甜餅屋、烤肉串店、土耳其傳統茶屋和土耳其浴室。而有頂大市集和蘇雷曼尼亞清真寺是貝亞濟區的一級景點。

往北側水域的方向走，稱為是艾米諾努區(Eminönü)，又因為錫爾克吉國鐵車站位於此，也稱作錫爾克吉(Sirkeci)，以跨越金角灣的加拉達橋和埃及市集為中心。由於是舊城區通往新城區的最重要關口，又是諸多渡輪站集合地、巴士總站，所以常是人山人海，尤其攤販特別多。而臨著水面，屢斯坦帕夏清真寺、耶尼清真寺(Yeni Camii)也構成了老城壯觀的天際線。

歷史半島的西邊以狄奧多西城牆為界，稱為歷史半島西區，但距離景點集中的半島東邊頂端有一大段距離。

從舊城前往新城，必須跨越金角灣上的加拉達橋或阿塔圖克橋(Atatürk Köprüsü)。一般認知的新城是以塔克辛廣場為核心的的貝歐魯區(Beyoğlu)，沿著獨立大道往南、往下走，會來到地標加拉達塔，再順著下坡走抵達海邊，就是與舊城隔著加拉達橋相望的卡拉寇伊(Karaköy)。

從塔克辛廣場往北走約1公里，會來到素有伊斯坦堡香榭麗舍之稱尼尚塔什區(Nişantaşı)，名牌精品林立，而可以看軍樂隊表演的軍事博物館也位於此。從塔克辛廣場往博斯普魯斯海峽方向走，南邊一點是貝栩克塔栩區(Beşiktaş)，新皇宮朵瑪巴切宮即位於此，北邊一點是歐塔寇伊(Ortaköy)，是伊斯坦堡人假日最愛去處。從這裡跨過博斯普魯斯大橋，對岸就是亞洲區，以Üsküdar和Kadıköy最熱鬧。

# 伊斯坦堡行程建議
# Itineraries in İstanbul

## 如果你有3天

伊斯坦堡是土耳其精華中的精華，在這裡待上五天不嫌短，3天則是最基本天數，而3天之內要把精華看盡亦相當緊湊，可以依老城、新城及博斯普魯斯三個大區域分配各種主題行程。

第一天建議先看土耳其的精髓。歷史半島Sultanahmet區的藍色清真寺、聖索菲亞清真寺、賽馬場、地下宮殿、托普卡匹皇宮和伊斯坦堡考古博物館，這幾個地方就要耗去一整天時間，在夏天旺季人潮擁擠時，甚至無法順利走完。

第二天安排一趟博斯普魯斯海峽遊船之旅，這是來到伊斯坦堡必定體驗的活動。而見識了從海上欣賞雄偉的朵瑪巴切皇宮之後，回到陸地，一定得換個角度入內參觀，與舊皇宮作個對比，也見證鄂圖曼帝國由盛而衰。如果時間允許，不妨前往軍事博物館欣賞每週三至週日下午的軍樂隊表演。此外，歐塔寇伊則是博斯普魯斯岸邊愈來愈受歡迎的小區，尤其到了晚上，酒吧、夜店開張，夜生活更是精彩。

第三天深入土耳其的繁華心臟，從塔克辛廣場及獨立大道開始新城之旅。所有伊斯坦堡最時髦、最流行的商品都集中在這裡，從歐陸名牌到土耳其當地的流行品牌，以及各種小吃、咖啡廳、酒吧等，從早到晚總是擠滿逛街人潮。從獨立大道盡頭繼續往下走，可以登上67公尺高的加拉達塔，360度欣賞伊斯坦堡新舊城和金角灣、博斯普魯斯海峽的景觀。

最後回到老城區的埃及市集和有頂大市集採買和朝聖，就算不出手採購，也值得在這個仿若迷宮的市集耗上大半天。

一整天的掃街採購行程，最後可以選擇在大市集附近的土耳其歷史浴場，紓解疲累。

## 如果你有5-7天

如果時間充裕，伊斯坦堡仍有許多地方值得更深入探索，在老城區，除了觀光客必去的藍色清真寺外，蘇雷曼尼亞清真寺、耶尼清真寺、屢斯坦帕夏清真寺都相當具可看性。如果夠幸運，新城區加加拉達梅芙拉納博物館一個星期一次的旋轉舞，或老城區錫爾克吉火車站的旋轉舞表演，都是難得的體驗。

如果再有時間，跨過博斯普魯斯海峽，到對岸的亞洲區，或是搭船渡過馬爾馬拉海，到布爾薩(Bursa)作近郊一日遊，也是伊斯坦堡之外的另一種選擇，不過得先算準航班。

# 伊斯坦堡散步路線
# Walking Route in İstanbul

## 1.老城帝國之路
**距離**：1.5公里
**所需時間**：1-2小時

這條路線連結了老城的兩個精華區：蘇丹阿何密特區(Sultanahmet)和貝亞濟區(Beyazıt)，並以迪旺尤魯街(Divan Yolu)串連，走了這一趟，整個歷史半島的精華就看了大半，事實上，老城區街道狹小又經常塞車，雙腿才是探索老城的最佳交通工具。

今天的迪旺尤魯街，在拜占庭帝國時期便是從君士坦丁堡通到羅馬的帝國大道，至今沿路仍可發現部分古蹟。其中藍色清真寺的現址，就是過去拜占庭皇宮

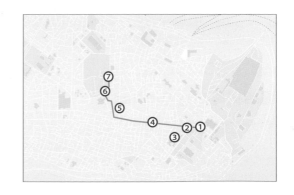

所在地，而帝國大道的起點，就在今天①賽馬場(At Meydanı)東北端，一塊稱為Milion的大理石石碑仍然屹立在「地下宮殿」(Yerebatan Sarnıçı)上方的一座小公園裡，碑上標記了君士坦丁堡到拜占庭帝國各個地方的距離，意味著「世界的中心」。

這條帝國大道到了鄂圖曼時期，改名為Divan Yolu，土耳其語的意思是「通往帝國議會的路」，直到今天，迪旺尤魯街仍是老城區的主要道路，從賽馬場往西走，首先會看到一座小型的②費魯茲清真寺(Firuz Ağa Camii)，約建於1491年貝亞濟二世(Beyazıt II)的時代。

繼續往前走，到了Klodfarer街左轉，在一座小公園的下方，有一座和地下宮殿(Yerebatan Sarnıçı)十分相似的③賓比爾德瑞克地下水池(Binbirdirek Cistern)，又名一千零一柱水池(The Cistern of 1001 Columns)，現在作為藝術展覽場，也常舉辦音樂會和酒會。

再回到主要道路上，在Babıali街的轉角處可以看到一些墓群遺跡，那是鄂圖曼高官、貴族，甚至蘇丹的墳塚。繼續前行，大名鼎鼎的④千貝利塔栩土耳其浴場(Çemberlitaş Hamamı)以及君士坦丁紀念柱(Çemberlitaş)就在不遠處，這根柱子可說是伊斯坦堡歷史最久的紀念柱，原本近57公尺，且柱頭站著模仿太陽神阿波羅身形的君士坦丁大帝的雕像。

來到這裡，已經進入貝亞濟區，迪旺尤魯街改名為Yeniçeriler街，也進入了⑤有頂大市集(Kapalı Çarşı)的廣大腹地，從Çadırcılar街右轉，以此為界，右手邊就是街道複雜的大市集範圍，左手邊則是貝亞濟廣場，廣場周邊有幾個著名建築物，包括了⑥貝亞濟清真寺(Bayazıt Camii)，以及⑦伊斯坦堡大學(İstanbul University)裡的貝亞濟塔。

## 2.新城時尚大道

**距離：**3公里

**所需時間：**2-3小時

①塔克辛廣場(Taksim Meydanı)和②獨立大道(İstiklal Caddesi)是新城區的中心，建於19世紀，是伊斯坦堡現代化的象徵，要規劃新城區的散步道，任何人都不會錯過以塔克辛廣場為起點，沿著獨立大道延伸的經典路線。

不需特別標示這條路上的景點，因為兩旁的精品店、咖啡廳、小吃、餐廳、電影院就是最好的風景，不會有人車爭道，只有古董電車緩緩駛過。當逛到獨立大道中段，接近Galatasaray廣場之前，不能錯過兩個十分有特色的市場，一是③花卉通道(Çiçek Pasajı)，一是④漁市場(Balık Çarşısı)，除了可以坐下來小憩、順便享用土耳其式小吃，也可在漁市採買乾

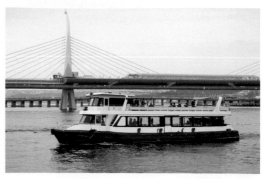

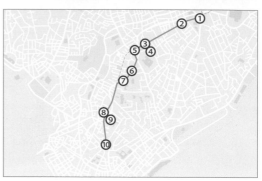

貨、紀念品。

再回到獨立大道主幹道，往前行就是⑤加拉達薩雷廣場(Galatasaray Meydanı)，廣場周邊最顯著的建築就是加拉達薩中學(Galatasaray Lisesi)，歷史可以追溯到15世紀。學校後方有一條法國小徑(Fransız Sokağı)，餐廳、藝廊、咖啡店、小酒館都受到法國文化的影響，彷彿巴黎的蒙馬特。

從廣場順著獨立大道往前行，可以看到⑥聖安東尼教堂(St Antoine Church)，教堂建於1912年，是土耳其這個伊斯蘭教國家少數的大型天主教堂之一，外觀呈現義大利新哥德式建築風格。

如果從加拉達薩雷廣場拐向Meşrutiyet街，沿著Tepebaşı公園走到底，則來到以《東方快車謀殺案》小說聞名的⑦佩拉宮旅館(Pera Palace Hotel Jumeirah)。沿著Aamalı Mescit街回到獨立大道，繼續往西南方走，就會來到⑧圖奈爾廣場(Tünel Meydanı)，這裡是古董電車的終點，也是搭乘有趣的地下纜車前往卡拉寇伊(Karaköy)的起點。

如果選擇繼續步行，順Galipdede街而下，會先來到偶有旋轉舞表演的⑨加拉達梅芙拉納博物館(Galata Mevlevihanesi Müzesi)，最後則抵達終點⑩加拉達塔(Galata Kulesi)。

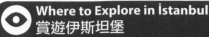

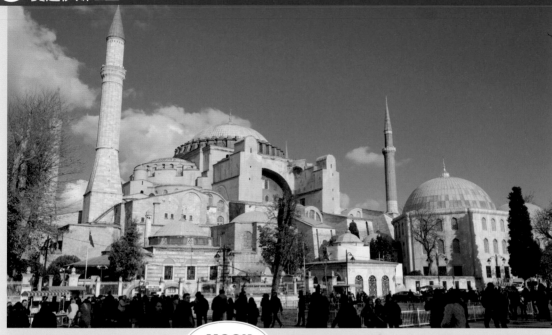

歷史半島Sultanahmet

**MOOK Choice**

**MAP ▶ P.73F4**

# 聖索菲亞清真寺

## Ayasofya Camii / Hagia Sophia Mosque
### 同時代表基督與伊斯蘭的偉大建築

🚋 地面電車T1 Sultanahmet站,出站後步行2分鐘 ☎0212 522 1750 🕙10:00-19:00,朝拜時間之外都維持開放 💲免費 🌐ayasofyacamii.gov.tr/en ❗受疫情影響,開放時間隨時會調整,請上網或去電查詢

查士丁尼大帝(Justinian Ⅰ)下令建造的聖索菲亞教堂,可以說是最能展現希臘東正教榮耀及東羅馬帝國勢力的教堂,同時也是拜占庭建築的最高傑作,西元562年建成之時,是當時世界上最大的建築,高55.6公尺、直徑31公尺的大圓頂,歷經千年不墜。

九百年後,1453年的5月29日一早,君士坦丁堡居民赫然發現,博斯普魯斯海峽和馬爾馬拉海為天然屏障的滔滔水域上,充斥著鄂圖曼戰船,蘇丹麥何密特二世(Sultan Mehmet II)以巧計突破君士坦丁堡防禦,意氣風發地站在城門口,等著改寫東西方歷史及世界版圖的一頁。

麥何密特成就了數百年來鄂圖曼列祖列宗無法成就的大業,也實現了伊斯蘭教可蘭經中君士坦丁堡必將落入穆斯林之手的預言;麥何密特二世更進一步下令將原本是東正教堂的聖索菲亞教堂(Hagia Sophia)改建為清真寺(Ayasofya),直到鄂圖曼帝國在20世紀初結束前,聖索菲亞一直是鄂圖曼帝國最重要的圖騰建築,更提供了後繼者鄂圖曼建築風格的範本。

Sophia一字其實意指基督或神的智慧,麥何密特二世攻下這個基督教最重要的據點時,「故意」挑上了聖索菲亞教堂,移走祭壇、基督教聖像,用漆塗掉馬賽克鑲嵌畫,代之以星月、講道壇、麥加朝拜聖龕,增建伊斯蘭教尖塔,宣示國威的意圖明顯。

從Basilica(教堂)變成Camii(清真寺),再變成現在兩教圖騰和平共存的模樣,聖索菲亞是夠傳奇,也夠獨一無二了,更重要的是興建及改建者都是基督教世界及伊斯蘭教世界數一數二的建

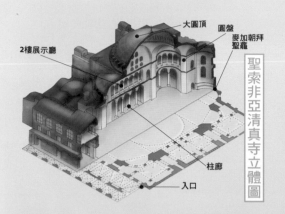

聖索菲亞清真寺立體圖

- 大圓頂
- 圓盤
- 麥加朝拜聖龕
- 2樓展示廳
- 柱廊
- 入口

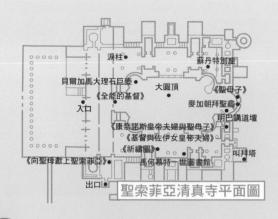

聖索菲亞清真寺平面圖

- 淚柱
- 蘇丹特別座
- 貝爾加馬大理石巨甕
- 大圓頂
- 《全能的基督》
- 《聖母子》
- 入口
- 麥加朝拜聖龕
- 明巴講道壇
- 《康奈諾斯皇帝夫婦與聖母子》
- 《基督與佐伊女皇帝夫婦》
- 《祈禱圖》
- 《向聖母獻上聖索菲亞》
- 馬何慕特一世圖書館
- 叫拜塔
- 出口

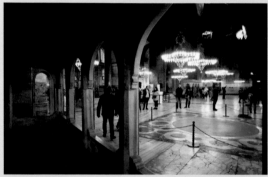

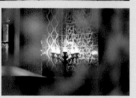

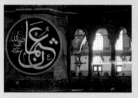

### 君士坦丁大帝舉著十字架打下天下？

據說君士坦丁大帝(Constantine the Great)能夠拿下君士坦丁堡、建立東羅馬帝國，得力於基督徒的幫助。某日，君士坦丁大帝看到漸黑的天空出現十字架的亮光，當夜基督顯靈，命令君士坦丁大帝製造同樣形狀的十字架，將之作為軍隊的前導，十字架將保證君士坦丁大帝攻城的勝利。於是君士坦丁大帝連夜趕製十字架杖，遵照指示前導軍隊，果然如願。

君士坦丁大帝不但訂定基督教為國教，他的兒子更下令興建聖索菲亞教堂，直到鄂圖曼土耳其人將它改為清真寺前，聖索菲亞教堂雖屢遭地震、火災的破壞，但依然扮演著東羅馬帝國總主教堂的角色。

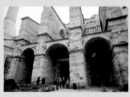

築師，特別是受命改變聖菲索亞宗教性格的錫南(Sinan)及19世紀末的瑞士佛薩提(Fossati)兄弟檔Gaspard和Giuseppe。

錫南是伊斯蘭世界最偉大的建築師，在他整理聖索菲亞之前，聖索菲亞經歷了13世紀初第四次東征十字軍的破壞，他以拜占庭式的廣場布局及圓頂十字架結構，讓聖索菲亞在舊有架構中增添新的鄂圖曼風格。

今天所看到的聖索菲亞則是佛薩提兄弟大幅改建的結果。其整建的部分包括加強圓頂及穹窿、增高東南邊尖塔的高度、清理出被隱蓋的馬賽克，不適合出現的東正教圖騰則改以石灰蓋住，而寫上可蘭經或阿拉等先知名字的矩形盤則改以

更大的圓盤，至今仍掛在聖菲索亞圓頂四周，和基督等馬賽克鑲嵌畫，互相幫襯，烘托出聖索菲亞不可思議的空間氛圍。

1934年，土耳其國父凱末爾將聖索菲亞改成博物館，長期被掩蓋住的馬賽克鑲嵌藝術瑰寶得以重見天日，聖索菲亞大圓頂下寫著「阿拉」和「穆罕默德」的栲栳大字，和更高處的《聖母子》馬賽克鑲嵌畫，自然地同聚一堂，伊斯蘭教和基督教在此共和了。

2020年7月，國務院行政訴訟庭廢除了聖索菲亞為博物館的決定，依據總統埃爾多安簽署總統令，將聖索菲亞博物館改為清真寺重新開放供禮拜。

# 聖索菲亞的建築及裝飾藝術

## 大圓頂The Main Dome

經過多次整修，圓頂其實已經不是正圓形，而是南北向直徑31.87公尺、東西向30.87公尺的橢圓。站在大圓頂下方，奇妙的宗教氛圍由四方湧來，希臘式大圓柱是拜占庭帝國的遺風，大理石石材是從雅典及以弗所運來的，愛琴海羅德島(Rhodes)技匠燒出來的超輕磚瓦使大圓頂千年不墜。在被改建

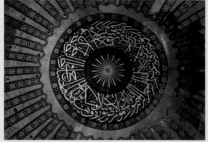

為清真寺之前，大圓頂內部應該是畫滿《全能的基督》馬賽克鑲嵌畫。

### 六翼天使圖像藏在這裡！

就在圓頂下方基座，有四幅巨大的基督教六翼天使撒拉弗（Seraph, 熾天使）的馬賽克圖像，撒拉弗擁有天使的最高位階，被看作神殿的管理者。不過其中西側的兩幅，已在十字軍東征時損毀，後來以濕壁畫方式復原。

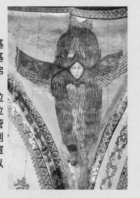

## 蘇丹特別座
### Sultan's Loge

麥加朝拜聖龕左手邊的金雕小高台是蘇丹專屬的祈禱空間，以大理石鏤空雕花欄杆搭配金漆木製遮屏，可以看到整個聖索菲亞內景。

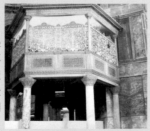

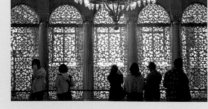

## 馬何慕特一世圖書館
### Library of Mahmut I

這座圖書館在聖索菲亞一樓的右翼，屬於鄂圖曼後期增加的設施，由馬何慕特一世(Sultan Mahmud I)所建，在這道雕得非常精美的鐵花格門裡面，曾經收藏了五千部鄂圖曼手稿，如今保存在托普卡匹皇宮裡。

## 明巴講道壇Minbar

明巴講道壇位於麥加朝拜聖龕右手邊，是由慕拉特三世(Murat III)於16世紀所設，典型的鄂圖曼風格，基座為大理石。在聖索菲亞還是清真寺時，每週五伊瑪(Imam, 阿訇，伊斯蘭教傳道者)就坐在上頭傳道。

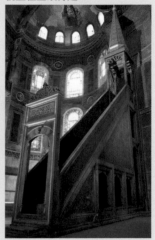

## 麥加朝拜聖龕
## Mihrab

聖索菲亞教堂改成清真寺，最大的改變在於入門正前方的主祭壇，被改成穆斯林面向麥加祈禱的聖龕，精緻的牆面設計、大理石半圓頂上星星和太陽的裝飾，是佛薩提兄弟所完成，壁龕兩側有一對燭台則是1526年鄂圖曼征服匈牙利時掠奪回來的。

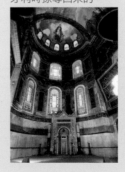

## 貝爾加馬大理石巨壺
## Marble Urns

這些大理石巨壺是挖掘自西元前3世紀的貝爾加馬遺址，於16世紀慕拉特三世時代移到當時的清真寺裡，作為貯水之用，祈禱活動時則承裝果汁分給教徒，容量約1250公升。

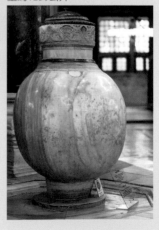

### 淚柱
### Weeping Column

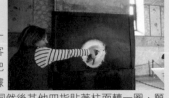

進入皇帝門左手邊有一根傳奇的石柱，觀光客經常大排長龍，等著把手放進柱上的凹洞。據說將拇指插入柱子的小洞然後其他四指貼著柱面轉一圈，願望就會實現，如果滲出水來，可能願力更大，例如懷孕等，所以又稱為「許願柱」。

**淚柱治好查士丁尼大帝的頭痛是巧合還是神蹟？**

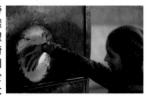

據說查士丁尼大帝有天頭痛欲裂，怎樣都治不好，當他到聖索菲亞祈禱時，倚著淚柱休息，沒想到頭痛竟不藥而癒。於是拜占庭人便學習大帝，一旦頭痛或宿醉就來觸摸大柱，久而久之，柱上便漸漸出現了個凹洞。其實這根冰涼帶著濕氣的大柱是因地底下連著貯水池，由地底帶起的濕氣讓柱子看起來像流淚。

### Omphalion

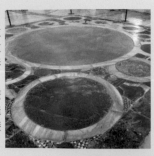

Omphalion在希臘文中代表地球的肚臍，這一塊以大大小小圓形彩色大理石鑲嵌的地板，正位於圓頂下方主要廣場的中心位置，在東羅馬帝國時代，這裡是歷代君王加冕的位置。

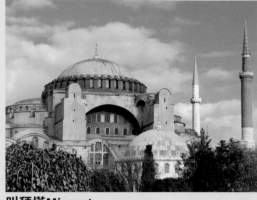

### 叫拜塔Minaret

從外觀看，分立於四個角落的四支尖塔，是聖索菲亞從教堂變成清真寺的最鮮明證據。

### 鄂圖曼圓盤Ottoman Medallions

圓頂下幾個大圓盤上面的阿拉伯字，分別書寫著阿拉真主、先知穆罕默德，以及幾位哈里發的名字，是19世紀伊斯蘭教的書法大家Kadıasker Mustafa İzzet Efendi所寫，圓盤直徑7.5公尺，也是當今世界上最大的阿拉伯字。

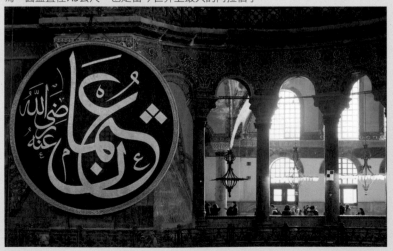

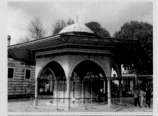

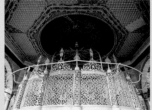

### 淨潔亭Ablutions Fountain

出口處有座淨潔亭，建於1728年，根據教規，穆斯林進入清真寺參拜得先洗腳、洗手淨身。

87

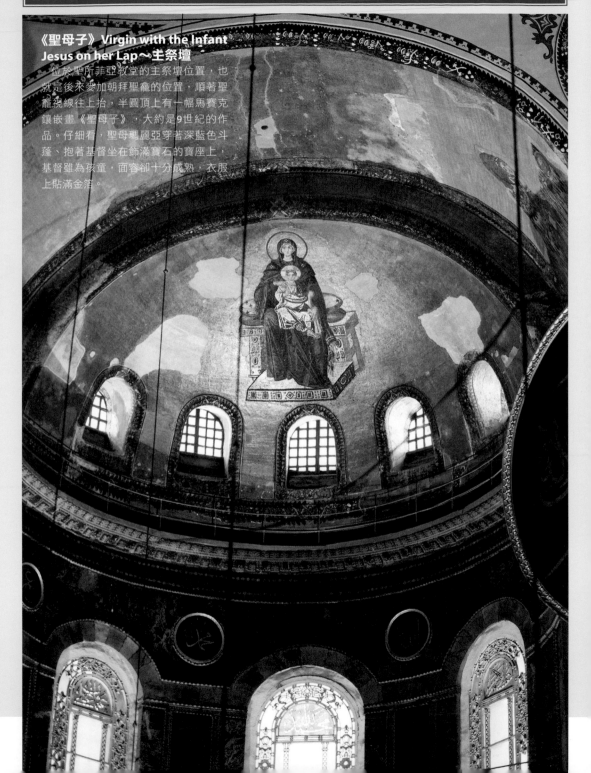

## 聖索菲亞的黃金鑲嵌畫

**《聖母子》Virgin with the Infant Jesus on her Lap～主祭壇**

位於聖所菲亞教堂的主祭壇位置，也就是後來麥加朝拜聖龕的位置，順著聖龕視線往上抬，半圓頂上有一幅馬賽克鑲嵌畫《聖母子》，大約是9世紀的作品。仔細看，聖母瑪麗亞穿著深藍色斗蓬、抱著基督坐在飾滿寶石的寶座上，基督雖為孩童，面容卻十分成熟，衣服上貼滿金箔。

### 《全能的基督》Christ as Pantocrator～皇帝門

皇帝門位於入口處，其上方有一幅《全能的基督》馬賽克鑲嵌畫。基督坐在寶座上，右手手勢是祝福之意，左手拿著福音書，上頭用希臘文寫著：「賜予汝和平，我是世界之光」。基督兩旁圓圖內則是聖母及大天使，匍伏在地的是當時的東羅馬帝國皇帝里奧六世(Leo VI)。這件9世紀的作品意在顯示拜占庭帝國的統治者是基督在俗世的代理人。

從前這道通往主殿的門只有皇帝和她的隨行人員可使用。

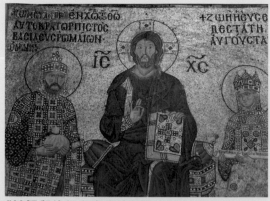

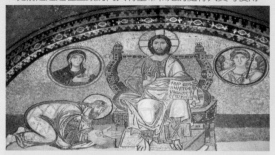

### 《祈禱圖》Deësis～二樓迴廊

是希臘東正教聖像畫的代表作品之一，居中的耶穌手勢是祝福之意，左邊的聖母雖只有殘片，但悲憫的神情清楚可見，右手邊則是聖約翰，此圖描繪的是《最後審判》其中一景。

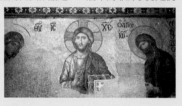

### 《康奈諾斯皇帝夫婦與聖母子》Virgin Holding Christ, flanked by Emperor John II Comnenus and Empress Irene～二樓迴廊

身著深藍袍衣的聖母有著年輕的面容，被認為是聖母最好的聖像畫；康奈諾斯皇帝(John II Komnenos)及皇后伊蓮娜(Irene)身穿綴滿寶石的衣裳及皇冠，黃金馬賽克金光閃閃。皇帝手上似乎捧著一袋黃金，而皇后則手拿書卷。畫作右側的柱子上還有他們的兒子亞歷克休斯(Alexius)，但畫完成沒多久他就死了。

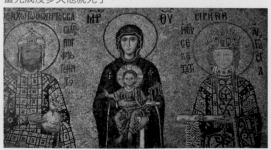

### 《基督與佐伊女皇帝夫婦》Christ with Constantine IX Monomachos and Empress Zoe～二樓迴廊

拜占庭帝國權力最大的女皇帝佐伊(Empress Zoe)，一生結過三次婚，所以據說這幅馬賽克的丈夫也換過三次臉，甚至基督的臉像也換過一次。財富(一袋黃金)及紙卷，則是馬賽克鑲嵌畫中最代表性的奉獻物。畫中佐伊女皇帝長了鬍子，基督正在賜福予她。

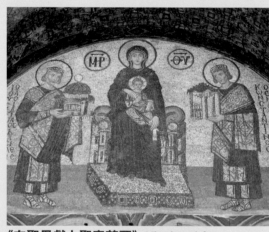

### 《向聖母獻上聖索菲亞》Virgin with Constantine and Justinian～一樓出口

聖母是君士坦丁堡的守護者，查士丁尼皇帝手捧聖索菲亞教堂、君士坦丁大帝手捧君士坦丁城，再再顯示他們完成了對教會及國家的職責。

這幅馬賽克位於聖索菲亞出口門的上方，被認為是聖索菲亞成為希臘正教總教堂的證明，同時也讓我們看到聖索菲亞還是單純的教堂模樣，以及君士坦丁堡固若金湯的護城高牆。過去遊客出了門總忘了回頭看一眼，如今出口處乾脆擺放一片反射鏡，可以看個仔細。

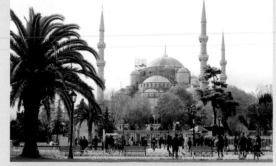

**MOOK Choice**

# 藍色清真寺
# (蘇丹阿何密特清真寺)

## Sultanahmet Camii

### 伊茲尼磁磚之美

🚋電車T1 Sultanahmet站徒步3分鐘 ⏰除了每天五次的朝拜及週五的講道，其餘時間都開放。開放時段為8:30～11:30、13:00～14:30、15:30～16:45，週五13:30以後 💲不用門票，但在出口處可自由捐贈 🌐www.sultanahmetcamii.org
❗1.不分男女皆不可穿著短褲入內，進入需脫鞋，於入口處領取塑膠鞋袋。女性須以頭巾圍住頭髮，入口處有免費提供。
2.受疫情影響，開放時間隨時會調整，請上網或去電查詢。

掃地圖

與聖索菲亞清真寺相對而立的藍色清真寺，可能是伊斯蘭世界建築大師錫南(Sinan)最大的憾事，錫南賦予聖索菲亞清真寺優雅的鄂圖曼伊斯蘭教氣質，但處於鄂圖曼帝國國勢頂峰時期的錫南，更期待蓋出比聖索菲亞更偉大的清真寺，最好就蓋在聖索菲亞清真寺正對面。

錫南一生在伊斯蘭世界蓋了三百多座清真寺，但終究無法一償宿願，反而是他的得意弟子阿迦(Mehmet Ağa)以土耳其最著名的伊茲尼(Iznik)藍磁磚、鬱金香等鄂圖曼的花草圖騰，蓋出藍色清真寺，巍然聳立在聖索菲亞清真寺對面，成為

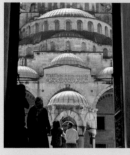

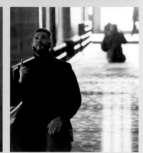

觀光客最鍾愛、話題最多、觀光客人數當然也最多的伊斯坦堡名景。

然而從建築的角度來看，阿迦的作品終不能超脫錫南的成就，特別是錫南為鄂圖曼清真寺立下的十字圓頂結構，以及完整又開放的廣場公共空間設計；一言以蔽之，藍色清真寺是錫南建築精神的延伸，就伊斯坦堡人來說，它成就性依然低於錫南在伊斯坦堡的真正兩大傑作——蘇雷曼尼亞清真寺(Süleymaniye Camii)及屢斯坦帕夏清真寺(Rüstem Paşa Camii)。

藍色清真寺得名於伊茲尼藍磁磚的光彩，它真正的名稱應該是蘇丹阿何密特清真寺(Sultanahmet Camii)，位於伊斯坦堡舊市街的中心，連同周圍的庫里耶社區(Külliye)一起規劃建造，建築群內包含清真寺、宗教學校、皇家墓園、澡堂、救濟院、市集等。藍色清真寺完成於1616年，大圓頂直徑27.5公尺，高43公尺，另外還有4個側圓頂以及30個小圓頂串成的迴廊，室外光線穿過無數小窗，融入昏黃、呈圓型排列的玻璃燈光中，像是個虛幻的空間。至今依然作為清真寺使用，大部份為禁制觀光客進入的禮拜空間，女性則須在後方的小禮拜室內進行禮拜。

## 美麗的失誤？

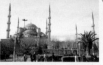

藍色清真寺的叫拜塔多達6座，這已經是聖城麥加大清真寺的建築規格，會發生這項失誤，據說是因為蘇丹阿何密特一世命建築師在塔底塗上黃金塗料，建築師誤把「黃金」(Altun)聽成了「六」(Alti)，所以建成土耳其第一間，也是唯一一間擁有6座叫拜塔的清真寺。

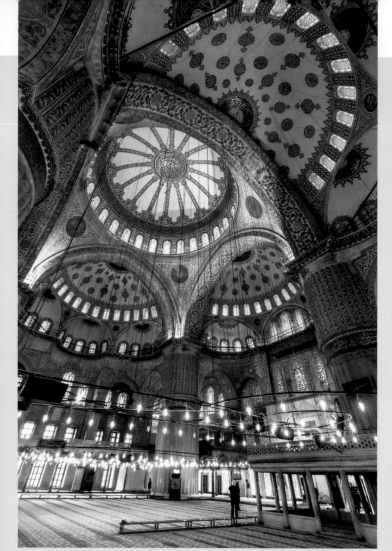

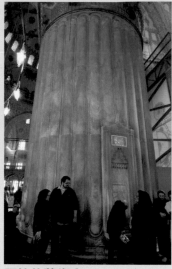

### 阿拉伯藝術字

支撐大圓頂的4根大柱直徑達5公尺，槽紋明顯，有「大象的腳」之稱。柱頭和圓頂的藍底金字阿拉伯文，以及懸掛的黑底金字阿拉伯文，都是藝術品。

### 地毯

寺內鋪滿的地毯紅綠搭配，是伊索匹亞的朝貢品。

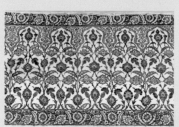

### 伊茲尼藍磁磚Iznik

整座清真寺裝飾著23,000片伊茲尼磁磚，細膩精緻，可以說是藍色清真寺最寶貴的資產。伊茲尼花磚大多為白底藍綠色釉彩，點綴特殊的伊茲尼紅，圖案上以纏繞的柏樹枝葉、鬱金香、玫瑰和水果象徵天堂的富饒。

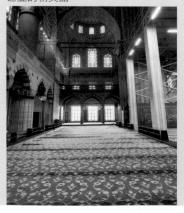

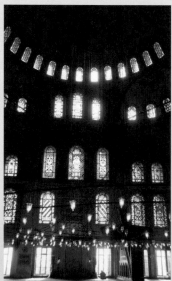

### 彩繪玻璃窗

大小圓頂和建築側邊共有260個小窗，威尼斯的彩繪玻璃色彩繽紛，也是清真寺中少見的。

**MAP ▶ P.73E5**

# 賽馬場(戰車競技場)

## At Meydanı

### 歷史紀念碑廣場

🚋 電車T1 Sultanahmet站徒步2分鐘，就在藍色清真寺旁

在藍色清真寺旁，有塊留下許多傳奇的長形空間，隨著時代更迭，而有不同名稱。

在拜占庭時代，身為東羅馬帝國的首都，君士坦丁堡和許多羅馬帝國的城市一樣也有一座戰車競技場(Hippodrome)，根據紀錄，昔日的競技場長500公尺、寬117公尺，呈U字型，是神鬼戰士(Gladiators)駕著戰車競技的場所。到了鄂圖曼時代，這裡就變成了蘇丹及貴族們娛樂的賽馬場(At Meydanı)。

### 賽馬場上的方尖碑來自這裡

埃及路克索(Luxor)為古時大都底比斯（Thebes）的所在地，兩千多年前，這裡是新王國時期的首都，當時的法老王圖斯摩西斯三世（Tuthmosis III）權勢如日中天，打造出了空前絕後的卡納克阿蒙神殿(Temple of Amun at Karnak)，圖斯摩西斯一世與圖斯摩西斯三世前後在神殿的第三塔門建了4座方尖碑，其中的一座就是今日所見立於伊斯坦堡賽馬場上的方尖碑，這座方尖碑是以整塊花崗岩雕成，充分顯示古埃及精湛的工藝。

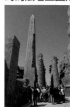

現在這片空間成了觀光客和伊斯坦堡市民休憩的廣場，原本在此的物品進了博物館，甚至曾是十字軍掠奪的對象，而原先築成觀眾台的石塊則化成其他君士坦丁堡重大建設的材料，藍色清真寺就是其中之一。

許多歷史上重要的紀念物也都豎立於此，包括噴泉亭以及三座紀念碑。新拜占庭式的噴泉亭是1898年日耳曼皇帝威廉二世(Wilhelm II)送給蘇丹阿布都哈密特二世(Abdülhamid II)，又稱為「德意志噴泉」。

廣場上的三座紀念碑各是拜占庭帝國的隆盛武功，毀損最嚴重的「君士坦丁紀念柱」(Column of Constantine)為9世紀時君士坦丁七世所打造，高32公尺，原本覆蓋在外的一層青銅浮雕被十字軍所掠奪。

居中的蛇柱(Column of the Serpent)半截在地底下，黑黝黝的柱身上纏著三條大蛇，是君士坦丁大帝從希臘德爾菲(Delphi)的阿波羅神殿(Temple of Apollo)所搬來，柱身高8公尺，原本是西元前5世紀希臘各城邦聯軍慶祝戰勝波斯大軍所建造的，可說是現存最古老的希臘時代紀念碑。

靠近噴泉亭的埃及方尖碑(Obelisk)則是拜占庭皇帝狄多西奧斯(Thedosius)於西元390年從埃及運來，也是目前整個伊斯坦堡年代最久遠的歷史紀念物。

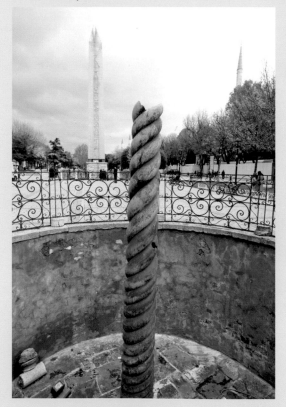

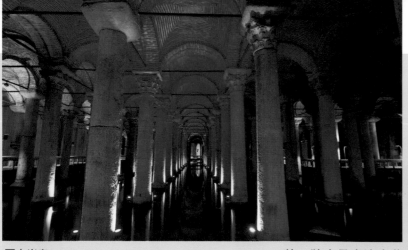

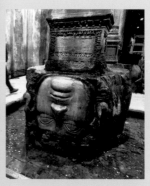

歷史半島Sultanahmet

**MAP ▶ P.73F4**

# 地下宮殿水池

**Yerebatan Sarnıçı**

### 羅馬人的水利成就

🚋電車T1 Sultanahmet出站即達地址：Yerebatan Cad. Alemdar Mah. 1/3 ☎0212 512 1570 ⏰9:00-19:00 💲190TL，博物館卡不適用 ❗受疫情影響，開放時間及票價隨時會調整，請上網或去電查詢。

　　伊斯坦堡地底約有三十座拜占庭時代的大型貯水池，這一座6世紀查士丁尼大帝下令建造的貯水池是目前規模最大、保存最好的，長140公尺、寬70公尺、高9公尺的空間內，共有336根科林斯式大石柱，宛如一座地底的超級大宮殿，當年動用了約七千名奴隸才完成。

　　這座位於市中心的奇妙空間，引水自20公里外，貯水量高達十萬噸，而貝亞濟區及法堤區(Fatih)交界處的羅馬水道橋是當時最重要的引水道之一；直到60年代法國考古學家發現它之前，老城的居民只是經常聽到水聲湧動，讓人不得不佩服羅馬人引水灌溉設施的堅固耐用，現在只剩一些地下水，偶爾還能見到小魚群悠游。

　　地下宮殿水池的石柱以12列排列，一根根豎立在水上，宛如一片柱林，就建築功能上來說，若沒有這麼多的石柱及半圓拱，可能無法承受重量及水壓，石柱來自一些羅馬帝國的舊建築，材質多樣化，有大理石、花崗岩，大多是完整的柱身，少部分是兩塊拼接而成，除了少許是多立克式柱頭外，多數是科林斯式。

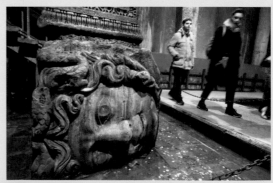

**梅杜莎頭像**

　　在希臘神話中，蛇髮女妖梅杜莎(Medusa)會令看她一眼的人變成石頭，在地下宮殿西北角可看到兩個被壓在柱底的梅杜莎頭像，一側一反，據說是藉此避免直接對上梅杜莎的眼睛以破除她的法力，另有一說是在古時人們常利用女妖雕像安定家宅，所以在此安置了梅杜莎頭像以保護地下建築。

---

### 刻滿孔雀眼的淚柱有特殊的含義？

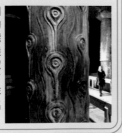

　　地下宮殿水池的淚柱是因為柱身上有樹紋及孔雀眼的紋路而得名，這種柱子可能是羅馬帝國時代從伊斯坦堡貝亞濟區的一處集會廣場取來的，有人特別為淚柱下了一個特殊的意義：紀念當年死於建造地下宮殿的數百名奴隸。

**MAP ▶ P.73G3**

# 托普卡匹皇宮

**MOOK Choice**

Topkapı Sarayı

## 鄂圖曼統治歐亞非的核心

🚃電車T1 Sultanahmet出站後，繞過聖索菲亞清真寺往後步行約100公尺，可達帝國之門；或於Gülhane站下車，跟隨指標即可抵達 🏠Cankurtaran Mah. Babı Hümayun Cad. No:1 Sultanahmet/Fatih ☎0212 512 0480 ⏰9:00~18:00，週二休，宗教日的開放時間可能會變更 💰後宮225TL、伊蓮娜教堂180TL，皇宮+伊蓮娜教堂聯票：500TL，皇宮+後宮+伊蓮娜教堂聯票：650TL。博物館卡適用於皇宮，但不可用於後宮及伊蓮娜教堂。🌐www.millisaraylar.gov.tr ❶1.展覽廳內禁止拍照，皇宮範圍廣大，展品豐富，建議預留3小時至半天參觀。2.受疫情影響，開放時間及票價隨時會調整，請上網或去電查詢。

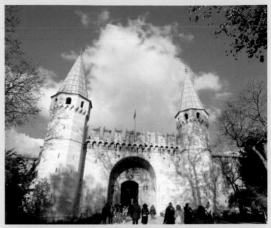

鄂圖曼帝國最強盛時疆土橫跨歐亞非三洲，從維也納到黑海、阿拉伯半島、北非全在它的掌握之下，蘇丹們如何統管這占了世界六分之一的領土，要解開這個祕密，唯有前往托普卡匹皇宮。

托普卡匹皇宮於1478年完工，在約莫450年的鄂圖曼帝國歷史間，36位蘇丹中的半數以托普卡匹宮為家，為鄂圖曼帝國留下最好的見證，而後宮的香豔及血腥傳奇同樣教人好奇。

從軍事的角度來說，托普卡匹的確有許多優勢。「Topkapı」(托普卡匹)的土耳其語意為「大砲之門」，它坐制金角灣、馬爾馬拉海，遠眺博斯普魯斯海峽，易守難攻，而且離庶民生活的貝亞濟地區也又不太遠，位於高處可掌握動靜；又因為整座皇宮有海牆及城牆圍起來，其中靠海城牆達2公里，陸地城牆有1.4公里，總面積廣達七十萬平方公里，最多住了六千多人，簡直是君士坦丁堡的城中之城，

蘇丹在此指揮大局，妻妾則上演膾炙人口的後宮生活。就因鄂圖曼的後宮生活充滿傳奇色彩，連莫札特的歌劇也上演了以鄂圖曼後宮生活為場景的《後宮誘逃》，土耳其連續劇也很愛以此為主題。

1853年，蘇丹阿布麥錫德一世(Abül Mecid I)

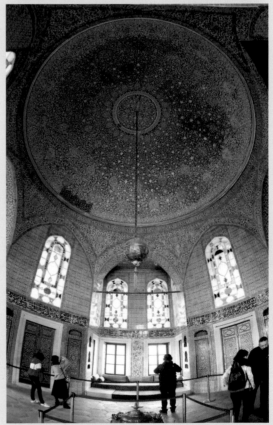

放棄了托普卡匹，遷入精雕細琢的朵瑪巴切皇宮(Dolmabahçe Sarayı)；1924年，土耳其國父凱末爾將托普卡匹皇宮開放供一般民眾參觀，成為一座博物館。

**托普卡匹皇宮平面圖**

圖中標示：
- 巴格達亭
- 第四庭院
- 蘇丹肖像展覽館
- 寶物收藏室
- 伊斯蘭教聖物室
- 第三庭院
- 服飾展示室
- 皇帝廳
- 阿何麥特三世圖書館
- 揭見廳
- 幸福之門
- 後宮
- 御膳房及陶瓷器皿展示室
- 議政廳·正義塔
- 後宮入口
- 髮辮軍兵宿舍
- 第二庭院
- 崇敬之門
- 第一庭院

### 皇宮所在處為什麼要靠海又可制高？

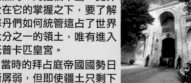

鄂圖曼帝國最強盛時疆土橫跨歐亞非三洲，從維也納到黑海、阿拉伯半島、北非全在它的掌握之下，要了解蘇丹們如何統管這占了世界六分之一的領土，唯有進入托普卡匹皇宮。

當時的拜占庭帝國國勢日漸孱弱，但即使疆土只剩下君士坦丁堡，也難讓外敵輕易攻陷，靠的就是海的屏障。後來攻下君士坦丁堡的鄂圖曼麥何密特二世記取這一重點，決意統治者要住在靠海又可制高的地方，於是托普卡匹這塊海牆圍繞的小丘被選中來建造蘇丹的皇宮。

# 第一庭院

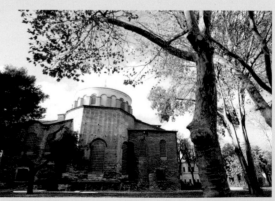

### 帝國之門 Bab-ı Hümayun

由聖索菲亞走來，馬路寬廣，直到皇宮最外圍的城牆門「帝國之門」為止，過去是大官們進出的皇室道路，帝國之門是皇宮正門，建於1478年。

穿過帝國之門，就是「第一庭院」，又稱為「禁衛軍庭」（Court of Janissaries），滿眼林蔭，過去是精銳的土耳其軍隊操練場所。

### 阿何麥特三世水池 Ahmet III Çeşmesi

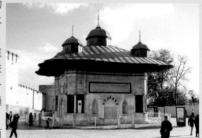

帝國之門外的阿何麥特三世水池建於1728年。鄂圖曼把拜占庭時代所遺留下來的水利系統進一步擴大，水池通常坐落在街角，在18世紀受到西方建築影響，充滿洛可可風格(Rococo)。

### 伊蓮娜教堂 Haghia Eirene

園中的伊蓮娜教堂在夏天常有音樂會表演，這是東羅馬帝國時期第二大的教堂，在鄂圖曼帝國時雖沒有改成清真寺，但被蘇丹拿來當做軍械武器的倉庫，現為伊斯坦堡最古老的教堂。

95

## 第二庭院

### 崇敬之門Ortakapı或Bab-üs Selâm

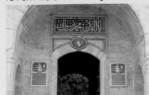

走過約兩百公尺的林蔭道，到達第二道門「崇敬之門」，跨過這道門就真正進入蘇丹們的生活圈了，過去大官貴臣走過此門前得下馬脫帽、向大門行禮，表示對蘇丹的敬意；只有蘇丹和蘇丹的母親可以騎在馬背上，其他人得先下馬才能通過。

進了這道門，就是「第二庭院」，最重要的是右手邊的御膳房和左側的議政廳、後宮的入口，也因此這個庭園也被稱為議事廣場、司法庭，或慶典庭。

崇敬之門是托普卡匹宮三座城門中最漂亮的，16世紀時由蘇萊曼大帝所增建，兩個圓椎八角型戴尖帽的高塔，據說模仿當時歐洲的城堡風格，城門上的黑底金字是可蘭經最重要的教義，而兩旁圖像式的文字則是蘇丹麥何密特二世的印璽。

### 御膳房及陶瓷器皿展示室Palace Kitchens

御膳房是一長形空間，分成好幾個相連的房間，屋頂上有一整排煙囪。過去這個廚房可供應四千人到六千人的伙食，包含皇室成員、官員及工作人員，如今主要展示了中國瓷器、鄂圖曼銀器、歐洲的水晶器皿及從前御膳房的廚具。

在陶瓷展示室裡，七八成都是藍白色的中國磁器，早期的蘇丹似乎只鍾情於花草圖案，晚期的蘇丹才開始收藏紅袖、綠瓷等華麗造型的中國陶瓷，少部分是日本伊萬里的陶瓷品。

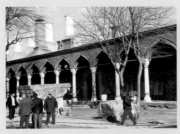

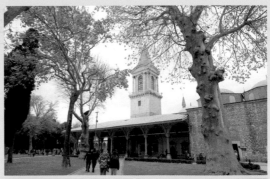

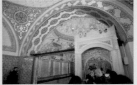

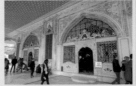

### 議政廳・正義塔Kubbealtı & Kasr-ı Adl

議政廳位於第二庭院的左邊，空間不大，陳設簡單，但右面牆的格子窗別有玄機，而在議政廳上方和後宮的交界處，有一座高高的尖塔，就是正義塔，伊斯坦堡大部份地區都能看到這座尖塔，象徵鄂圖曼帝國的王權。

#### 💡 垂簾聽政變成「隔窗」聽政？

議政廳的右面牆上有扇格子窗，這是供不親臨議場的蘇丹在窗後聽政之用。據說這不是早期的蘇丹作風，原由是某位蘇丹被一位闖入陳情的平民冒犯了，於是接受了宰相的建議，改成隔窗聽政。

#### 💡 蘇丹收藏中國瓷器竟然別有用意！

蘇丹不惜千里向中國大量訂購陶瓷，除了自身的喜好，並作為一代傳一代的寶物之外，還有一個很重要的原因，蘇丹相信藍白瓷是最好的測毒器皿，任何有毒的食物放到藍白瓷上，就會變色。

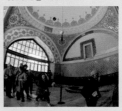

### 髮辮戟兵宿舍 Halberdiers Barracks

髮辮戟兵(Zülüflü Baltacılar)帶著尖而高的帽子，將頭髮挽起藏於帽中，留兩條細細的長辮子，因這樣的造型得名。他們平時負責維護議政廳、皇宮守衛、分配後宮的柴火及清潔，戰爭時則在軍隊前清理道路。戟兵宿舍是傳統鄂圖曼房屋的設計，除了臥室以外，獨立小區內還有廚房、清真寺、浴室和抽水煙的休息室。

## 後宮Harem

後宮在托普卡匹這個城中之城中，自成一個完整社區，約有600人居住在內，經過歷代蘇丹的整理增建，有2座清真寺、300間房間、醫院、宴會廳、宦官宿舍、9座浴場、3座游泳池、1座監獄等，由數個庭院組成，每個庭院則由好幾棟房舍圍繞著，基本上，後宮的建築低矮緊連著，除了蘇丹使用的議會等空間外，都很窄小，一方面是因人口眾多，二方面越錯綜複雜越易防守。

後宮的空間大概可分成二組建築，最外圍是宦官宿舍、嬪妃女侍的空間，同時也是王子們學習的所在，內圈則是蘇丹妻妾寵妃的住所及蘇丹的廳室；各主要廳堂間以狹窄的迴廊及樓梯相連，但每個房間的裝飾都很細膩，特別是磁磚的運用，色澤花紋綜都是當時的最高傑作。從後宮的生活空間及建築結構，我們得以理解鄂圖曼帝國最高權力者的生活情形。

遊後宮必須走固定的路線，三百多個房間廳堂，一不小心就會迷路；同時進入一些比較珍貴的廳室時，也必須踩在固定路線的地毯上，踏錯了可能會壞了朽舊的木地板或百年老地毯。

### 土耳其版的《後宮甄嬛傳》一樣陰險毒辣！

每當新蘇丹就位，宦官長就會到人肉市場購買後宮的新血，據說首選是來自高加索地區的女子，因為她們體態健美、金髮碧眼，又有很高的生育能力；新血入宮後，沒有排行問題，就看誰先生出兒子，成為帝國的接班人，所以後宮女子莫不以早一刻生出男嬰為目標，進一步成為最高權力的皇太

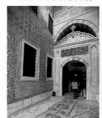

后，因此，後宮女人鬥爭殘忍，毒殺太子之事也常發生。

當不上嬪妃的就做女紅，侍候嬪妃飲食沐浴，並縫縫補補、織織繡繡，貼補宮廷的財政，服務滿9年就可離開。蘇丹對待前朝嬪妃是寬大的，她們可拿一筆安家費離開後宮，要不就選擇留在後宮老死。

### 為什麼土耳其後宮的宦官選用黑人？

為什麼鄂圖曼皇宮的宦官一定選用來自埃及及努比亞地區的黑人？原因很簡單，就是如果後宮女子和宦官警衛有染，生下的一定是黑皮膚的嬰兒，一點也賴不掉，不過，事實上根據

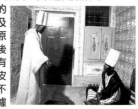

伊斯蘭教及鄂圖曼的體制，這些宦官是很難和後宮女子打照面的。

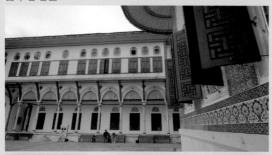

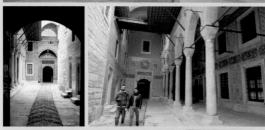

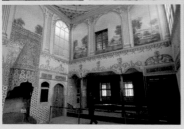

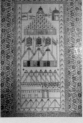

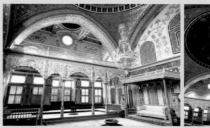

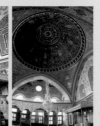

### 皇帝廳Imperial Hall

後宮中最精采、最精緻的是皇帝廳，它是大建築師錫南設計的，磁磚色澤豐潤無比，金雕也仍閃閃動人，整個空間的擺飾，包括英國維多利亞女王送的立鐘、中國大花瓶都是真品；皇帝廳又稱為圓頂廳，由圓頂垂掛下來的水晶燈，為這裡增添了洛可可式的華麗，皇室慶典和聚會也在此舉行；此外，穆拉特三世(Murat III)起居室的伊茲尼藍彩磁磚最教人印象深刻，阿何麥特三世(Ahmet III)御膳室的水果磁磚也很特別。

# 第三庭院

## 幸福之門 Bab-üssaade

進入第三庭院的「幸福之門」是18世紀改建的鄂圖曼洛可可風，一跨過此就進入蘇丹的私人空間了。

從前新官上任對蘇丹宣誓效忠時，蘇丹就坐在此門前謁見，此外，蘇丹的葬禮、軍隊出征前的宗教儀式也都在門前的廣場舉行。根據畫作所繪，蘇丹就坐在幸福之門前，臣子列隊向他恭賀，遠處可能還有軍樂的演奏；在幸福之門前的地面上有一個凹洞，據說就是畫中蘇丹所坐的位子。

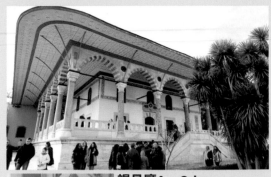

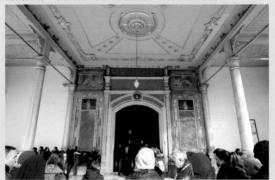

## 謁見廳 Arz Odası

幸福之門和謁見廳相接，是很簡單的空間，建於16世紀，並在18世紀重新翻修。蘇丹坐在鑲著15,000顆珍珠的坐墊上，接見各國使節、重要官員，甚至是一般民眾，使節送來各國的貢品，放在兩道前門之間，前門是官員進出，後門是蘇丹專用，而房間外設有洗手台，開會時刻意打開水龍頭，以避免遭竊聽。

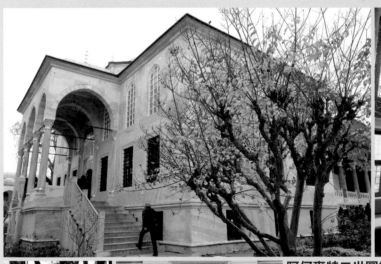

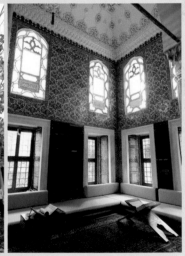

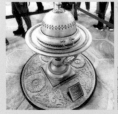

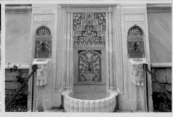

## 阿何麥特三世圖書館 Library of Ahmet III

謁見廳的正後方是蘇丹的圖書館，建於1719年，收藏皇家圖書。整座圖書館就位在第三庭院的中心點，建築物由大理石構成。為了防潮，建築物的地基特地抬高，屋頂則是圓頂，因此外觀就像是一座小型的清真寺。在大門主要入口下方，有一座雕飾得很典雅的水池，也是這座圖書館的標誌之一。

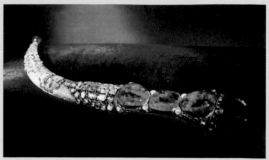

## 寶物收藏室Hazine

　　皇家寶物室過去就是皇室存放藝術品和寶藏的地方，特別是黃金、寶石類，鄂圖曼帝國的強大和富有讓人嘆為觀止。

　　展示室裡最引人矚目的，是名為「湯匙小販鑽石」(Spoonmaker's Diamond)，以及曾經成為電影主題的《托普卡匹匕首》(Topkapı Dagger)，顯示了鄂圖曼金匠手藝已達巔峰，劍把上有三顆清翠、色澤完美的等大翡翠，黃金劍身上也鑲滿了鑽石。

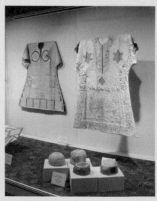
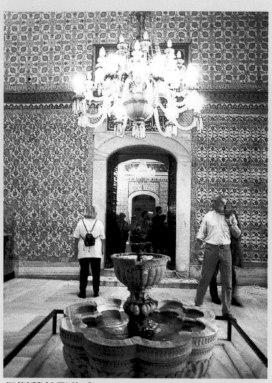

## 伊斯蘭教聖物室Sacred Safekeeping Rooms

　　伊斯蘭教聖物室的牆壁飾滿伊茲尼藍彩磁磚，屋內所展示的伊斯蘭聖物，包括了伊斯蘭先知穆罕默德的各種遺物，如他的斗蓬、信件、長劍、毛髮，以及腳印模型，這些物品對穆斯林而言，有無比的價值及意義。至於這些聖物是怎麼到土耳其的？它們多半是蘇丹謝里姆一世(Selim I)於1517年遠征巴格達、開羅、麥加等地所帶回來的。

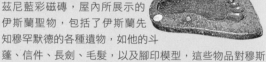

## 服飾展示室 Costumes of the Sultans

　　服裝展示室過去是遠征軍宿舍，如今展示了許多過去皇室的袍服，以外袍(Kaftan)居多，每件都顯得很厚重，從外袍的長度也可以判斷出蘇丹的體型，其中一位蘇丹居然有190公分高、一百多公斤！

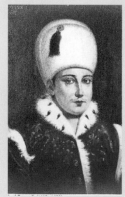

## 肖像展覽館 Dormitory of Privy Chamber

　　細緻畫展示室以前是男僮僕的宿舍，現在陳列的是鄂圖曼畫風的細緻畫，藏量約有13,000幅，能展出的當然有限。細緻畫這種畫風最早來自於印度蒙兀兒(Migul)王朝和波斯，後來鄂圖曼接續發揚光大。目前展示的畫作多是蘇丹的肖像畫，是了解鄂圖曼皇室生活及蘇丹長相的最好途徑。

## 第四庭院及亭榭樓閣 The Fourth Court & The Kiosks

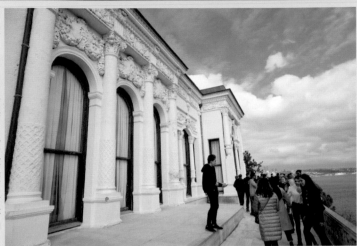

皇宮最深處的第四庭院是蘇丹和家眷的私人空間，包含年輕王子進行割禮的割禮廳、美麗的巴格達亭。

第四庭院中的各閣樓隨著建築年代及翻修時間，而被加上較為濃厚的西方色彩，磁磚色調依然是藍為主調，但玫瑰窗的型式較為現代，明快而開放的氣氛是皇宮其他地方所沒有的。

巴格達亭(Baghdad Kiosk)是全托普卡匹宮最開闊的空間，1639年，穆拉特四世(Murat Ⅳ)起建這座亭榭，主要是為了慶祝他成功攻下巴格達，是代表性的鄂圖曼式建築，亭子裡貼滿藍白色磁磚，當年是蘇丹專屬的咖啡亭，居高臨下，金角灣和加拉達橋清楚可見，風景美不勝收。

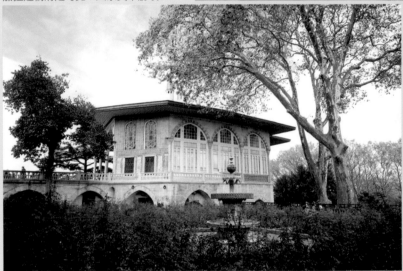

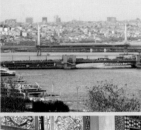

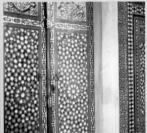

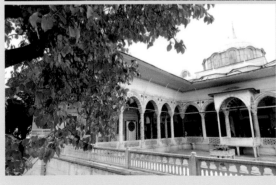

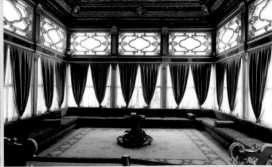

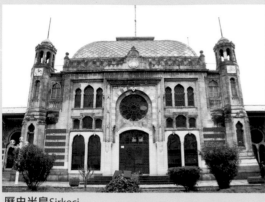

歷史半島Sirkeci

**MAP ▶ P.73E2**

# 錫爾克吉火車站

## İstanbul Sirkeci Garı

**東方快車東方終站**

🚋 地面電車T1或Marmaray通勤火車Sirkeci站
**鐵路博物館**
🔽 週二至週六9:00~12:30、13:00~17:00

掃地圖

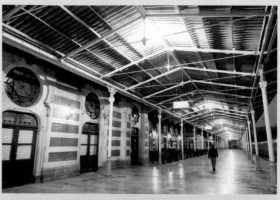

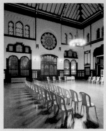

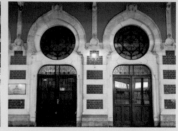

伊斯坦堡有四座主要火車站，分別是位於亞洲區的海達拉帕夏車站(Haydarpaşa Terminal)和高鐵站İstanbul Pandik、歐洲區的錫爾克吉火車站和Halkalı車站。曾經，來自歐洲各國的國際列車都停靠在此，如今，前往歐洲只能利用Halkalı車站，進出錫爾克吉火車站的旅客以搭乘地區火車以及跨越海峽的馬爾馬拉(Marmaray)通勤火車居多。

車站建於1890年前通，也就是舉世馳名的東方快車(Orient Express)，從巴黎駛來的東方終站。火車站建築由德國普魯士建築師所設計，其外貌顯然受到鄂圖曼建築的影響，也是當時歐洲東方主義的具體範例。車站建成的時候，也是當時最現代化的車站之一，不但有瓦斯燈，進口自奧地利的大型暖爐，在冬天還能供應暖氣。現在的車站不若往日輝煌，大廳不再有售票及候車功能，僅作為旋轉舞表演場地，車站內設有遊客中心和小型鐵路博物館，展示東方快車年代的各項物品。

💡
### 轉啊轉啊～旋轉舞(Sema)
自從土耳其政府發布新法令，禁止在有販售酒類產品的場所表演旋轉舞，能欣賞旋轉舞表演的地方減少許多。

伊斯坦堡最「正宗」的旋轉舞場地在新城區的加拉達梅芙拉納博物館(Galata Mevlevihane Müzesi)，但是場次少，在疫情影響下場次變化更大，因此對遊客而言，位於老城區中心地帶、每週表演場次較多的錫爾克吉火車站相對便利。

🔽 每週一、三、六、日19:00。表演時間偶有更動，若逢車站整修會變更表演地點，請事先確認。
**表演時長**：旋轉舞表演時間約一小時 💲34歐元 ❗受疫情影響，開放時間及費用隨時會調整，請上網或去電查詢。

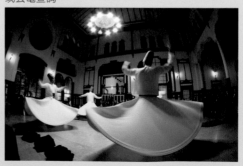

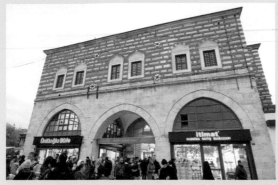

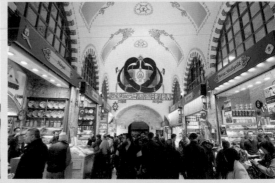

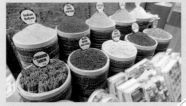

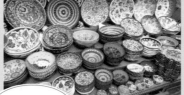

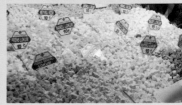

歷史半島Eminönü

**MOOK Choice**

MAP ▶ P.72D2

# 香料市集(埃及市集)

## Mısır Çarşısı

### 伊斯坦堡的迪化街

🚃電車T1 Eminönü站步行約1分鐘　⏰週一至週六8:00-19:00，週日9:30-19:00，逢伊斯蘭宗教假日關閉。　❗受疫情影響，開放時間隨時會調整。

掃地圖

香料市集這座L形的建築約建於1660年，從中國、波斯、印度沿著香料之路來的駱駝商隊，最後在此卸貨，「香料市集」因此得名，又因曾是鄂圖曼帝國專賣來自埃及貢品的市場，又稱「埃及市集」，屬於耶尼清真寺建築體的一部分，一直延用到今天。

市集內可看到堆滿各式各色香料的壯觀景像，另有果乾、堅果、香草，茶的種類也不少，除了最普遍的紅茶，還有蘋果茶、檸檬茶、綜合水果茶，有茶葉式的、乾果式的，也有沖泡泡式的。近年為了因應日漸增多的觀光人潮，五顏六色的的土耳其軟糖Lokum、琳瑯滿目的手工藝紀念品，甚至像大市集一樣的名牌包、陶瓷藝品、皮件都有。

### 來到香料市集買什麼？

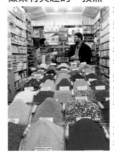

如果喜歡土耳其軟糖Lokum，又沒有打算去番紅花城旅遊，那麼來香料市集添購是最好的選擇，對做菜有興趣的，孜然、小茴香、薑黃、胡椒、咖哩等各式各樣的香料任憑挑選；無花果、椰棗、杏桃等果乾，以及榛果、開心果、核桃等堅果，還有受歡迎的茶、咖啡也都是伴手禮首選。此外，來自裡海的鱘魚魚子醬，還有伊朗的番紅花都找得到，雖然價格比絕大多數的國家便宜，但畢竟屬於高價品，掏錢前得考慮再三。

和有頂大市集一樣，香料市集內也幾乎都是觀光客。其實香料市集不只那座L形的建築，周邊腹地頗大，攤商賣的都是家庭用品及民生食材，從鍋碗瓢盆、水晶杯、各式香料、各種土耳其乳酪、醃漬橄欖、蜂蜜、麵包、水果、乾果、衣飾等等，應有盡有，外圍腹地才是伊斯坦堡市民採買民生必需品的一大據點，同樣的茶葉、軟糖和果乾，走出市集外的價格相對便宜。

**MAP ▶ P.73E2**

# 耶尼清真寺

## Yeni Camii

### 喧嚷市集中的寧靜角落

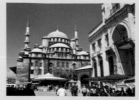
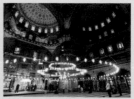

🚋電車T1 Eminönü站下車即達 🕐日出~日落，除了朝拜時間，其餘時間皆開放 💲免費，歡迎自由捐獻 ❗受疫情影響，開放時間隨時會調整。

掃地圖

「耶尼」在土耳其語為「新」的意思，說它新，其實也已經有三百多年的歷史了，1567年開始興建，一百年後才完工。

耶尼清真寺外觀和諸多清真寺無異，型制上和藍色清真寺、蘇雷曼尼亞清真寺很接近，建有主圓頂、數個小圓頂、兩座指向天空的叫拜塔，主圓頂高36公尺，直徑17公尺。清真寺四周包圍各式攤販、民生小店，人聲鼎沸，尤其黃昏時站在加拉達橋上觀看人潮，很是顯眼。

一走進耶尼清真寺彷彿走進另一個世界，俗世的吵嘈全被隔絕在外，方型廣場中照例是潔淨泉，寺內一樣鋪滿祈禱毯、色彩豐富的伊茲尼磁磚、大理石雕。清真寺外的廣場人來人往，站在階梯上是觀看新城區和金角灣的好角度。

---

**MAP ▶ P.72D2**

**MOOK Choice**

# 屢斯坦帕夏清真寺

## Rüstem Paşa Camii

### 鋪滿伊茲尼磁磚的偉大傑作

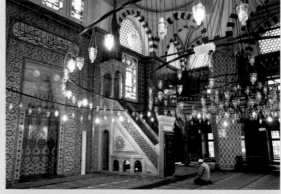

🚋電車T1 Eminönü站下車，步行約8分鐘 🏠Hasırcılar Cd. No:62, Fatih 🕐日出~日落，除了朝拜時間，其餘時間皆開放 💲免費，歡迎自由捐獻 ❗受疫情影響，開放時間隨時會調整。

掃地圖

外表不起眼的屢斯坦帕夏清真寺，卻是一塊建築瑰寶。清真寺建於1561年，以蘇雷曼大帝的女婿兼大臣屢斯坦帕夏(Rüstem Paşa)為名，並出自建築大師錫南(Mimar Sinan)之手，可以說是鄂圖曼建築最典型的代表，儘管它的規模並不大。

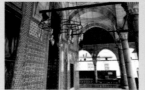
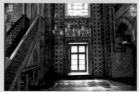

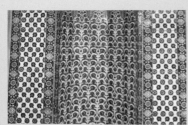

### 伊茲尼磁磚

清真寺的觀察重點首在伊茲尼磁磚，不論是外觀立面的入口台階、列柱門廊，還是內部的牆面、麥加朝向壁龕都鑲嵌著最高等級的伊茲尼磁磚，有抽象圖案，也有植物圖形，尤其以鬱金香為主題的伊茲尼紅與藍，美得驚人，以現代技術也無法創作出這色澤的伊茲尼磁磚，可以說是整個伊斯坦堡最好看的。

今天看起來很古樸的磁磚，在當時是為了向世人展示其財富和影響力的一種方式。此外，由4根磁磚柱所支撐的可愛小圓頂，更增添整座清真寺的古典氣息。

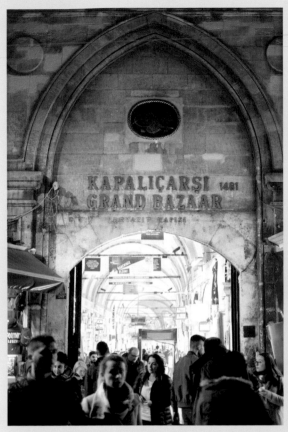

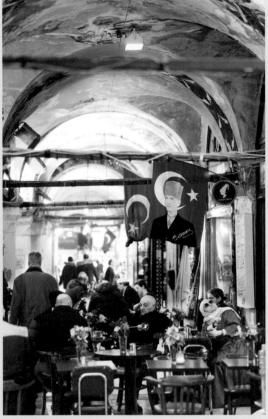

歷史半島Beyazıt

MAP ▶ P.72D4

# 有頂大市集

## Kapalı Çarşı

### 土耳其最大市集

🚃地面電車T1 Beyazıt– Kapalı Çarşı站，或地鐵M2的 Veznecıler站 🕐週一至週六 9:00-19:00，週日及宗教節日關閉 ❶受疫情影響，開放時間隨時會調整。

掃地圖

　　有頂大市集是觀光客必去朝聖的地方，它不僅是土耳其最大市集，甚至號稱是中東地區最大的市集。這個密布大大小小六十多條街道的大市集，宛如一座小城，總共有22個出入口，店鋪多得數不清，總數大約有四千多家，除了商店，還有餐廳、茶室、清真寺、銀行、兌幣所、郵局、警察局、醫療所，甚至澡堂。

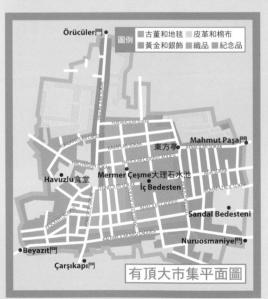

圖例　□古董和地毯　□皮革和棉布　□黃金和銀飾　□織品　□紀念品

Örücüler門

Mahmut Paşa門

東方亭

Mermer Çeşme大理石水池

Havuzlu食堂

İç Bedesten

Sandal Bedesteni

Nuruosmaniye門

Beyazıt門

Çarşıkapı門

有頂大市集平面圖

### 迷路了怎麼辦？

佔地廣闊的大市集就像個大迷宮，但別擔心，市集裡雖然複雜，但商店分布大致有一定的邏輯，例如金光閃閃的金飾、銀飾、珠寶店就位於主街道Kuyumcular Caddesi，遊客可以記住這條街，而從主街道轉進側翼則有皮革店，最具代表性的地毯則集中在中心地帶，各個出入口也都標有號碼，都可作為導引方向的指標。

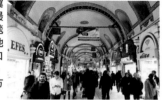

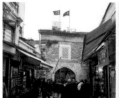

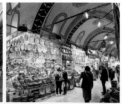

### 怎麼殺價看這裡！

買紀念品要從三折談起，因為每一家店賣的物品都大同小異，所以記得要貨比十家，提醒你，大市集外的商店常能找到更便宜的，此外，在快打烊收店時常能談到不錯的價錢。

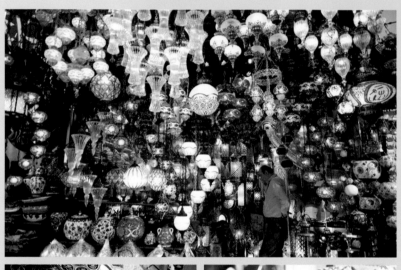

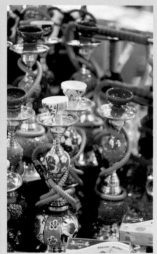

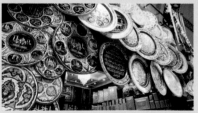

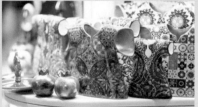

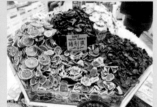

大市集是1460年時，由蘇丹阿何密特二世的城市建造計畫中的一環，一開始，只是兩座擁有圓頂的石造建築，稱為Bedesten，在這裡擺設攤位，用來籌募聖索菲亞教堂改建為清真寺的基金，這兩個市集中心至今仍保留著，分別是以珠寶首飾為主的İç Bedesten和以布料紡織品為主的Sandal Bedestenı。

隨著規模的擴大，也曾多次被火災所毀，但是到現在還有擴張的跡象，外圍的攤販越聚越多。

由於觀光客多，所以商家個個能操多國語言，只要看到異國面孔，問好之聲立刻由英文、日文，而法文、西班牙文、德文，甚至中文、廣東話，連閩南語都可聽到。逛累了，遊客也可以坐下來，喝土耳其紅茶、咖啡，還有抽水煙。

MAP ▶ P.72C2-D2

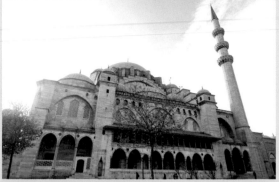

# 蘇雷曼尼亞清真寺

## Süleymaniye Camii

### 建築大師錫南的經典之作

🚇搭地鐵M2於Vezneciler，出站後步行約10分鐘。或地面電車T1 Laleli–Üniversite站下車，步行約15分鐘 📍Prof. Sıddık Sami Onar Caddesi No.1 ☎0212 524 6410 🕐日出~日落，除了朝拜時間，其餘皆開放 💲免費，歡迎自由捐獻 ❗1.需脫鞋，女性得穿有袖上衣、長褲或長裙、包頭巾，如果沒有頭巾，可向門口的寺方管理員自由借取。2.受疫情影響，開放時間隨時會調整，請上網或去電查詢。

**蘇雷曼尼亞浴場Süleymaniye Hamamı**
🕐10:00~21:00，最後入場時間20:00。週一~週六7:00~9:00限男士使用 📍Mimarsinan Cad. No:20 ☎0212 519 5569 🌐www.suleymaniyehamami.com.tr ❗受疫情影響，開放時間及費用隨時會調整，請上網或去電查詢。

掃地圖

伊斯蘭教世界最偉大的建築師錫南(Sinan)，是改建聖索菲亞最重要的建築師，他一直希望能在聖索菲亞清真寺的對面，蓋一座無論是宗教意義或建築成就都超越聖索菲亞的清真寺；錫南沒有如願，但他在可眺望金角灣的山丘上建造的蘇雷曼尼亞清真寺，卻是伊斯坦堡當地人最鍾愛的建築傑作。

蘇雷曼尼亞清真寺完成於1557年，正值鄂圖曼帝國國力最高峰的蘇雷曼蘇丹(Sultan Süleyman)時，據說當時每天都動用了2,500位工人，並在短短7年內就完工。

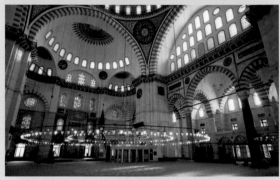

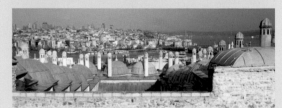

### 來此還能體驗
### 傳統鄂圖曼式的土耳其浴

除了清真寺主體，附屬建物還包括墓園，蘇雷曼大帝夫婦、錫南都安葬於此。其餘目前還在使用的，還有救貧院(İmaret)改建的Darüzziyafe土耳其菜餐廳，以及位於東側的蘇雷曼尼亞浴場(Süleymaniye Hamamı)，已有四百多年歷史的浴場也是由錫南設計，為男女混合使用，僅歡迎情侶、夫妻或家庭一同進入，傳統鄂圖曼式的土耳其浴體驗相當特別。

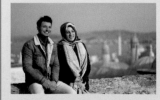

### 伊斯坦堡最大的建築群

歷史與文化上，伊斯坦堡有所謂的「七座山丘」，清真寺所在位置，正是七座山丘的第三座，整座清真寺位在一個完整的空間內，四周由高牆圍起，以數個開放式的拱門和周邊建築自由連繫，可說是伊斯坦堡最大、最完整的建築群，這些建築包括過去的伊斯蘭神學院、小學、醫院、商旅客棧、商店、浴室、食堂，以及墓園等。

蘇雷曼尼亞清真寺的氣氛確實不同於藍色清真寺，不以華麗取勝，而在於空間創造出來的崇高莊重感，謹守傳統鄂圖曼建築的風格，內部各空間緊密的結合，各種造型的玻璃窗和紅白磚拱的搭配，協調而不誇飾。

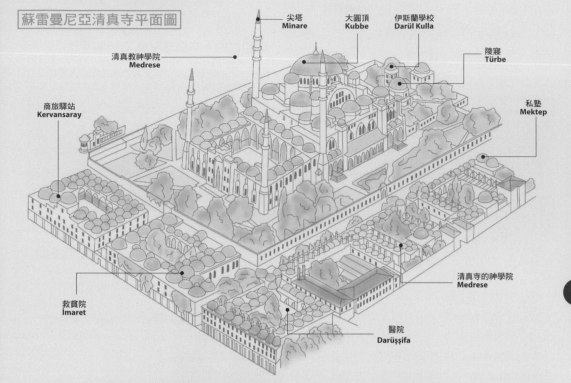

蘇雷曼尼亞清真寺平面圖

清真教神學院
Medrese

尖塔
Minare

大圓頂
Kubbe

伊斯蘭學校
Darül Kulla

陵寢
Türbe

商旅驛站
Kervansaray

私塾
Mektep

清真寺的神學院
Medrese

救貧院
İmaret

醫院
Darüşşifa

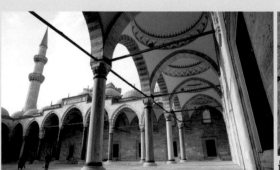

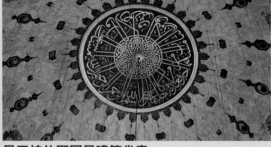

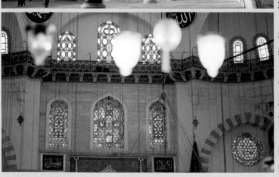

## 最正統的鄂圖曼建築代表

　　蘇雷曼尼亞清真寺大圓頂直徑26.5公尺，高53公尺，由四根粗大、有「象腿」之稱的石柱支撐；錫南以對稱的手法裝飾內部，但細膩的處理讓清真寺有種清亮的美。

　　錫南對於二樓陽台欄杆的裝飾處理非常地細膩，彩繪玻璃窗是當時最權威的玻璃工匠伊布拉因姆(İbrahim)以地毯為主題製造的，陽光穿透後的色澤美不勝收。入門的左後方，照例是女性的祈禱空間，而正前方是向麥加朝拜的聖龕。

　　蘇雷曼尼亞清真寺擁有4支叫拜塔，代表蘇雷曼大帝是鄂圖曼遷到伊斯坦堡之後的第4位蘇丹。寺內掛著的可蘭經圓盤是土耳其書法家的作品，更增添清真寺藝術性的完整。

# 薛列菲耶地下水池

## Şerefiye Sarnıcı

### 當現代藝術遇見古羅馬

🚊 地面電車T1 Çemberlitaş站，步行約3分鐘 🏠 Binbirdirek Mh., Piyer Loti Cd. No:2/1 ☎ 0212 568 6080 🕘 9:00-19:00 💲 門票含兩場放映，單場放映門票250TL，兩場放映門票350TL 🌐 www.serefiyesarnici.istanbul ❗ 受疫情影響，開放時間及費用隨時會調整，請上網或去電查詢。

掃地圖

　　準備好一趟時空穿越嗎？穿過舊城區擁擠雜亂的小巷，進入嶄新的玻璃帷幕建築，循著入口石牆走下階梯，立刻就會墜入古羅馬的地底世界。

　　長45公尺、寬25公尺、高9公尺的薛列菲耶地下水池，立有32根大理石柱支撐住頂部，西元428年至443年間，由拜占庭的皇帝狄奧多西二世(Theodosius II)下令興建，經由瓦倫斯水道橋(Valens Aqueduct)引水至這個地下蓄水池，作為居民的飲用水源，又被稱為「狄奧多西蓄水池」。

## 夢幻的地下水池竟埋藏了1600年?!

　　1950年代，Eminönü區的市政府辦公大樓建於Pemberloti街上，2010年拆除老舊的市府大樓時才發現藏在地底的秘密，佔地廣大的地下水池在1600年再度與世人相見。

經過8年整修，薛列菲耶地下水池於2018年4月24日對本地和外國遊客開放參觀，並進而成為藝廊及音樂表演的藝術空間。

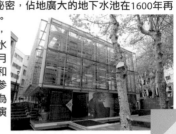

## 充滿藝術感的展演空間

　　與聖索菲亞清真寺旁邊的地下宮殿水池幽暗神秘的氣氛不同，薛列菲耶地下水池明亮而有藝術感，在磚砌拱頂和石柱間加入金屬及玻璃元素，十字型木棧道如時尚伸展台，呈現現代藝術品超越時間的衝突美感，時至今日已轉變成為充滿藝術感的展演空間，遊客可觀賞兩場精彩的影片。

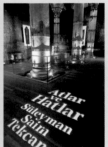

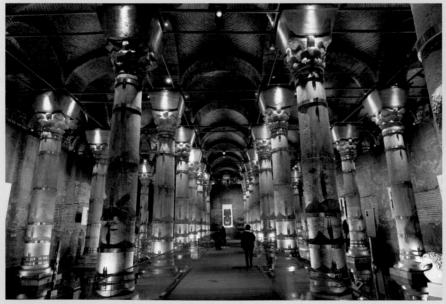

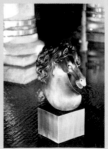

歷史半島Sultanahmet

**MAP ▶ P.73E5**

# 土耳其伊斯蘭博物館

## Türk ve İslam Eserleri Müzesi

### 開啟伊斯蘭文化之門

🚋電車T1 Sultanahmet站下車徒步2分鐘（賽馬場旁）🏠
Binbirdirek Mh. Atmeydanı Sk. No:12 📞0212 518 1805
🕐9:00~18:30，週一休，閉館前1小時停止售票 💲100TL，
適用博物館卡 ❗受疫情影響，開放時間及費用隨時會調整，請
上網或去電查詢。

掃地圖

想深入瞭解伊斯蘭工藝、藝術及
文化之美，土耳其伊斯蘭博物館不
會令人失望。

建築物本身是鄂圖曼高官伊布拉因姆的私人宮

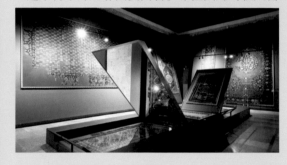

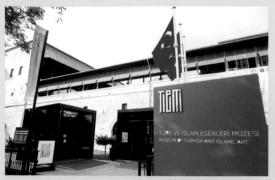

殿（İbrahim Paşa Sarayı），建於16世紀。博物館
內展品依時間及主題排列，展示細緻畫、木雕、
石像、宗教器皿、可蘭經抄本、地毯等的豐富
收藏，特別是對地毯的編織、紋路歷史的說明相
當有趣，博物館細心地安排了歐洲名畫中出現的
伊斯蘭地毯，說明地毯與伊斯蘭文化的關係。博
物館中最珍貴的是數件殘破、花紋整齊的亞述地
毯，顯示亞述人在遠古時期已經發展出相當完整
的織毯技術。

此外，重現安納托利亞高原遊牧民族的生活景
象，展出居住環境、結婚禮服及儀式的改變，以
及染織刺繡的工作，呈現土耳其女性從遊牧生活
守護者到在城市生活的轉變。

---

歷史半島Sultanahmet

**MAP ▶ P.73F5**

# 阿拉斯塔市集

## Arasta Çarşısı

### 享受悠閒購物

🚋電車T1 Sultanahmet站下車，步行約10分鐘

掃地圖

這是伊斯坦堡唯一還存在沒有頂
篷的歷史市集，17世紀設立之時，
是為了籌募藍色清真寺的建設基
金，市集所賣商品以手工地毯聞名。1912年不
幸發生一場大火毀損了大半市集，直到1980年
代大肆整修約七十間商店，重新開幕恢復往昔風
光。

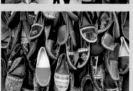

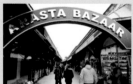

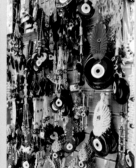

市集內主要販售金銀珠寶、皮革製品、手工地
毯、陶瓷器、紡織品，以及古董紀念品。這處
市集鄰近藍色清真寺和聖索菲亞清真寺等一級景
點，卻沒有大市集或埃及市集那般擁擠人潮，購
物時相對輕鬆悠閒。

**MAP ▶ P.73F3**

MOOK Choice

# 伊斯坦堡考古博物館

## İstanbul Arkeoloji Müzesi

**小亞細亞與安納托利亞考古精華**

🚩位於托普卡匹皇宮範圍內，過了帝國之門第一庭院左轉前行即達。或是搭乘地面電車T1在Gülhane站下車，經過居爾罕公園步行約1分鐘 🏠Cankurtaran Mh., Fatih ☎0212 520 7740 ⏰9:00~18:30，週一休，閉館前半小時停止售票 💲100TL，博物館卡適用 🌐www.istanbularkeoloji.gov.tr ❗1.考古博物館整修多年，隨著整建進度不同，部分廳室未開放，有些展品可能不在陳設之列。2.受疫情影響，開放時間及費用隨時會調整，請上網或去電查詢。

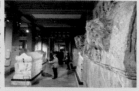

### 伊斯坦堡考古博物館的鎮館之寶是什麼？

伊斯坦堡考古博物館的興建和19世紀一次重要的考古發現有很大的關係，一位牧羊人在古名為錫頓(Sidon，即今日黎巴嫩境內的Side)的皇家墓園掘井時，發現了許多石棺，當時的鄂圖曼皇家博物館(Ottoman Imperial Museum)館長Osman Hamdi Bey立刻前往錫頓，運回這批寶貴的考古發現，並且在蘇丹的支持下蓋了考古博物館，這批石棺也就成了博物館的鎮館之寶，考古博物館因此也有「石棺博物館」(Museum of Sarcophagi)的稱號。

掃地圖

身為拜占庭及鄂圖曼兩大強盛帝國的首都達兩千年，伊斯坦堡擁有考古及文明演進上的重要收藏，特別是小亞細亞及安納托利亞高原從史前到今日，一直是文明交會合流的焦點，豐富的文化資產也使得這座博物館的館藏超過上百萬件。

整座伊斯坦堡考古博物館主要分成三棟建築，一進門的右手邊是主館考古博物館(Arkeoloji Müzesi)，左手邊是古代東方博物館(Eski Şark Eserler Müzesi)，主館對面則有一座磁磚博物館(Çinili Köşk)。

主館又分為舊館與新館，重要展品幾乎都陳列在舊館，新館的一樓有兒童館和與伊斯坦堡相關的歷史文物，二樓展示伊斯坦堡發現的雕刻，三樓則是以特洛伊出土的文物為主，四樓有賽普勒斯、敘利亞、黎巴嫩出土的文物。

一般人進到考古博物館常只停留在主館，較少注意到位於入口左手邊的古代東方博物館，此館除了展示美索不達米亞的考古古物(例如巴比倫城牆)，最重要的就是土耳其境內安納托利亞高原的出土古物了，彌足珍貴。

古代東方博物館和磁磚博物館之間有戶外庭園咖啡座，古蹟、花木點綴其間，別具風情。

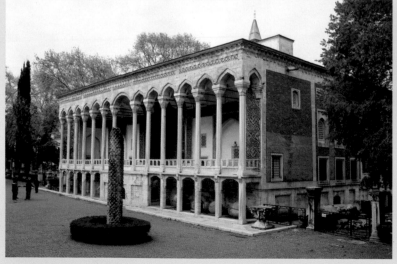

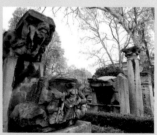

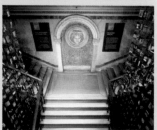

# 希臘化及羅馬時期雕塑
# Sculptures of the Hellenistic and Roman Imperial Period

### 亞歷山大大帝立像
### Alexander the Great

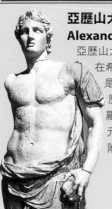

亞歷山大的表情充滿自信，微張的嘴在希臘化時代或貝爾加蒙風格中，是用在雕塑神的，可見作者將亞歷山大大帝比喻為太陽神阿波羅，賦予他神性。此雕像為西元前3世紀的作品，於伊茲米爾附近的Magnesia發現。

### 女柱頭Caryatid

雅典巴特農神殿的女柱頭展現了在建築上的支撐力，Tralles地區也挖掘出女柱頭，比巴特農神殿的女柱頭粗一些，兩腳著地，重心微微地放在右腳。

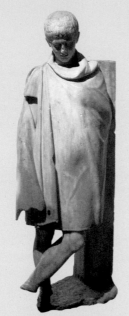

### 少年雕像Ephebus

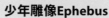

少年正靠在柱上休息，他斗蓬披身，低著頭，重心在右腳，左腳則彎曲輕鬆地靠在右腳上，呈現出運動後神情疲態和充滿知性的少年內心世界。有人從小男孩右腳強壯的小腿判斷，小男孩可能是運動員，因此一般猜測這尊雕像原本應該是體育館的裝飾品。

### 雅典娜大戰人頭蛇身巨怪
### Relief of Gigantomachy

歐洲進入黑暗時期後，希臘及愛琴海人紛紛移民至以弗所等地，又因其位於貿易動線上，所以以弗所等地的希臘化風格又有一種華麗複雜的表現手法，雅典娜大戰人頭蛇身巨怪就是一個代表性的例子。

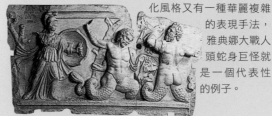

### 提基女神雕像Tyche

提基在羅馬時代代表「幸運女神」，從雕像上淡彩推斷，它原應是彩色的，雕像所展現的豐饒，是羅馬帝國顯示強盛國勢的最佳代表。這尊雕像有2.6公尺高，繁複的頭飾、垂墜多折的衣袍及身後的水果籃，都是引人細看之處。

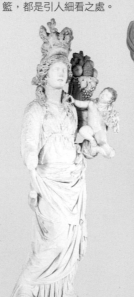

### 阿波羅像Apollo

阿波羅居然被雕成腰軟、臀線突出，而且腳的比例過短，完全不是我們熟悉的太陽神的陽剛氣質。這尊雕像所雕的涼鞋很華麗，符合以弗所一帶在西元2世紀時的富強。

### 貝斯像Bes

這尊擁有5個臉孔的貝斯像雖然是羅馬時期的雕像，但卻是取自埃及神話中的腿矮神，形象醜陋，但性格和善。他是婦女分娩時的保護神和家庭的監護神。

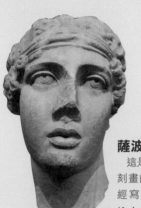

### 海神像
### Okyanus Heykeli

出土於以弗所，他就是希臘神話中著名的海神波賽頓。

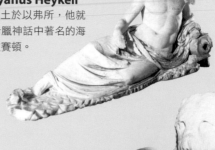

### 薩波頭像Head of Sappho

這是羅馬時代人像的最佳範例，刻畫的是抒情女詩人薩波，她曾經寫關於愛情女神艾芙洛迪特(Aphrodite)的讚美詩。

### 獅子雕像Aslan Heykeli

這殘破的獅子雕像似乎平凡無奇，但來頭不小，這就是古代七大奇蹟之一哈里卡納蘇斯的莫索洛斯陵墓(Mausoleum of Halicarnassus)的殘餘雕像，更完整的雕像目前都存放在大英博物館。

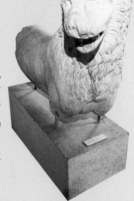

## 古代東方博物館 Eski Şark Eserler Müzesi

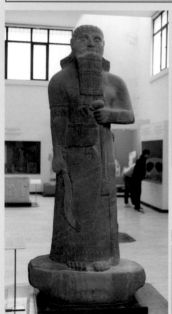

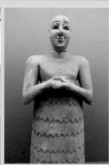

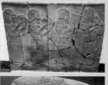

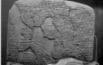

館內展示了部分美索不達米亞的考古收藏，包括尼布甲尼薩二世(Nebuchadnezzar II)時代的巴比倫城牆，而最具意義的就屬安納托利亞高原的考古珍藏，特別是從西台帝國(Hittite)首都哈圖夏(Hattuşaş)出土的寶物，如具西台帝國風格的人面獅身像，以及世界歷史上最早的和平條約《卡迪栩和約》(Treaty of Kadesh)，這是一塊黏土板，上頭撰刻著西元前1269年西台帝國和埃及法老王拉姆西斯二世(Ramesses II)所簽訂的條約。

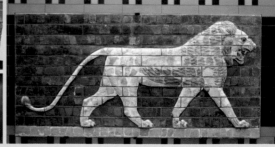

# 錫頓皇家古墓場與石棺
# Royal Necropolis of Sidon & Sarcophagus

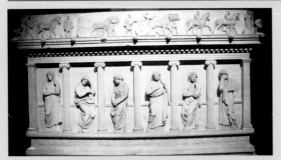

## 哀傷女子石棺Sarcophagus of Mourning Women

石棺上雕的18名表情哀傷、姿態各異的女子，分別站在一座希臘愛奧尼克式神殿的柱子間，這種把整個石棺刻上神殿及石柱的裝飾，又稱為「柱型石棺」。考古博物館的立面就是仿照這個石棺上的神殿建造。

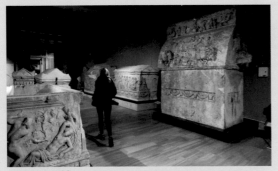

## 呂西亞石棺Lycia Sarcophagus

典型的呂西亞石棺，棺蓋特別高聳，上頭的浮雕包括一對獅身人面像以及半人馬圖案。

## 亞歷山大大帝石棺Alexander Sarcophagus

大理石石棺上的雕刻，以描繪亞歷山大大帝大敗波斯的戰爭場面聞名，亞歷山大大帝頭戴獅頭頭盔騎在戰馬上，預備射出長矛，包頭巾的波斯士兵慘敗，肉搏戰驚心動魄，似乎從石棺表面傳出淒厲的哀號與勝利的戰鼓。

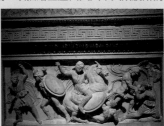

### 亞歷山大大帝石棺裡埋的不是亞歷山大？

科學上不能證實亞歷山大石棺埋的是他本人，從歷史的角度推測，可能性微乎其微，因為亞歷山大大帝是在伊朗的巴比倫得急病而亡，遺體由得到埃及領土的舊部屬普特馬歐司運到亞歷山卓港埋葬，所以，亞歷山大大帝的石棺不太可能出現在敘利亞境內。

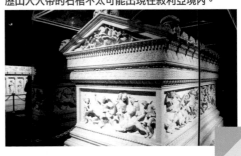

## 磁磚博物館Çinili Köşk

磁磚博物館建築物本身是1472年由蘇丹麥何密特二世下令興建的別館，為目前伊斯坦堡現存、由鄂圖曼所蓋最古老的非宗教性建築。過去這裡原本屬於托普卡匹皇宮的第一庭院，建築正面有非常精緻的磁磚，博物館裡收藏了塞爾柱、鄂圖曼早期的陶瓷、17至18世紀的伊茲尼磁磚，以及收集自土耳其各地的古老陶瓷器。

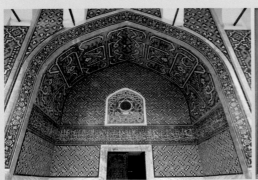

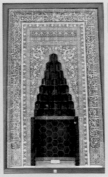

113

MAP ▶ P.73F3

# 居爾罕公園
## Gülhane Parkı

**漫步林蔭花海間**

🚋電車T1 Gülhane站下車即達(考古博物館旁) 🏠Alemdar Caddesi
**伊斯坦堡伊斯蘭科技歷史博物館**
📞0212 528 8065 ⏰9:00-18:30 💲50TL ❗受疫情影響，開放時間及費用隨時會調整，請上網或去電查詢。

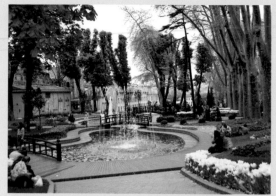

居爾罕公園就位於托普卡匹皇宮的外圍，過去也是皇家園林的一部分，只有皇室成員才能進入，如今已是伊斯坦堡市中心一個主要休憩場所，市民在樹蔭下、涼亭裡野餐、漫步在林蔭大道、花海和綠色草坪之間，享受片刻的悠閒。2008年，公園裡成立了一座伊斯坦堡伊斯蘭科技歷史博物館(İstanbul İslam Bilim ve Teknoloji Tarihi Müzesi)；在公園的東北側，更能一覽金角灣和馬爾馬拉海的美景。

---

MAP ▶ P.73F6

# 大皇宮鑲嵌畫博物館
## Büyük Saray Mozaik Müzesi

**拜占庭時代馬賽克藝術**

🚋電車T1 Sultanahmet站下車，步行約10分鐘 🏠Arasta Çarşısı 📞0212 518 1205 ⏰9:00-18:30，閉館前半小時停止售票 💲60TL，適用博物館卡 🌐ayasofyamuzesi.gov.tr/en ❗受疫情影響，開放時間及費用隨時會調整，請上網或去電查詢。

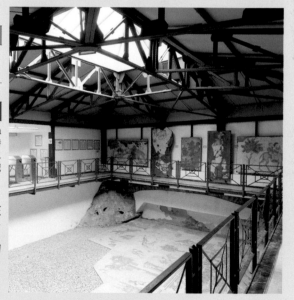

考古學家於1930到50年代，在今天阿拉斯塔市集的位置，發現了許多拜占庭早期、約西元6世紀的馬賽克鑲嵌畫，畫作內容包括動物、花、打獵、神話故事場景等。

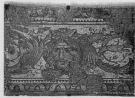
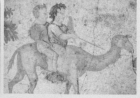

### 收藏豐富的馬賽克鑲嵌畫
這些鋪在地上的馬賽克鑲嵌畫，其實就位在連接拜占庭皇宮(亦即藍色清真寺的現址)到港口的「凱旋大道」(Triumphal Way)上，現今博物館所展示的，就是這些出土的馬賽克鑲嵌畫，其中以《騎單峰駱駝》、《象獅大戰》、《雙人獵殺老虎》最為生動。

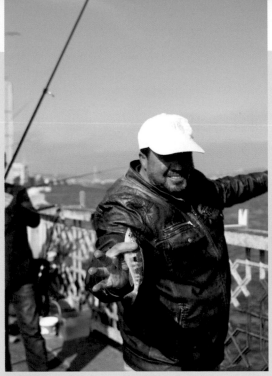

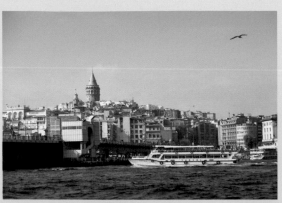

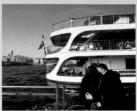

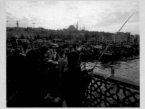

歷史半島Eminönü

**MAP ▶ P.73E1,D2**

# 加拉達橋
# 與艾米諾努碼頭

**MOOK Choice**

## Galata Köprüsü & Eminönü İskeleler

**伊斯坦堡代表性風情畫**

🚋 地面電車T1 Eminönü站

掃地圖

艾米諾努是舊市區通往新市區的最重要關口，又是諸多渡輪站集合地、巴士總站，所以常是人山人海，尤其是攤販特別多。

金角灣是一個極優異的天然良港，特別是艾米諾努碼頭這一段，它扼守住博斯普魯斯進入馬爾馬拉海的咽喉，佇立碼頭邊望向金角灣，舟楫川流不息，不論是博斯普魯斯的遊船，還是前往亞洲區的渡輪，都是從這裡出發。

加拉達橋連接伊斯坦堡的老城和新城，老城這邊是艾米諾努(Eminönü)碼頭，新城那邊是卡拉寇伊(Karaköy)碼頭。橋重建過3次，最早是建於1845年的木橋，接著是1912年的雙層鐵橋，目前所看到的橋身是1992年重建的，長400公尺。

💡

### 充滿港口海味的
### 烤鯖魚三明治Uskumru Sandviç

在加拉達橋左側的岸邊停靠了數艘裝飾華麗的船隻，這些船隻就是現場料理烤鯖魚三明治的廚房！陣陣白煙不斷冒出，烤魚聲滋滋作響，香味四溢，小販俐落地以麵包夾起又厚又大片的鯖魚排，塞滿生菜、洋蔥和碎番茄，再擠上幾滴檸檬汁，噴香、紮實又清爽。

土耳其人的道地吃法是配一杯鮮紅色的Turşusu，這是一種在蕪菁汁中放入醃黃瓜、紅蘿蔔等醃漬蔬菜的飲料。

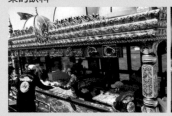

橋分成上下兩層，接近水面的那一層，餐廳、咖啡座林立，隨時都坐滿遊客。橋面的上層則是釣客特別多，從早到晚總是站滿釣客在此垂釣，成為伊斯坦堡的風情畫一景，而釣上來的魚通常拿來炸或做成烤鯖魚三明治。

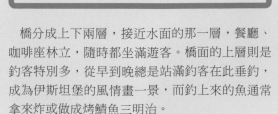

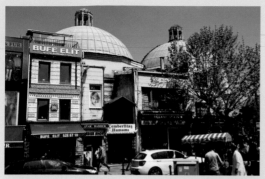

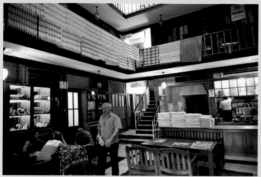

歷史半島Beyazıt

**MAP ▶ P.73E4**

# 千貝利塔栩土耳其浴場

## Çemberlitaş Hamamı

### 大師打造的歷史浴場

🚋地面電車T1 Çemberlitaş站 🏠Vezirhan Caddesi 8 ☎0212 522 7974 ⏰6:00-午夜 💲入場費685TL、入場費+按摩1,175TL、入場費+刷洗+按摩1,370TL ⓤwww.cemberlitashamami.com.tr ❗受疫情影響，開放時間及費用隨時會調整，請上網或去電查詢。

掃地圖

土耳其浴場的建築物本身出自建築大師錫南，建於1584年，為伊斯坦堡最古老的浴場之一，共有兩座浴場，男女分開。

當年是由奴爾巴奴蘇丹(Nurbanu Sultan)下令建造的，她是謝里姆二世(Selim II)的妻子，慕拉特三世(Murad III)的母親。

走進浴場，陽光穿過圓頂上那宛如星點的孔洞，一條條光束混著蒸汽灑落在浴場正中央發熱的大理石台面(Sıcaklık)上，光視覺就非常享受。

歷史半島Beyazıt

**MAP ▶ P.72C3**

# 伊斯坦堡大學

## İstanbul Üniversitesi

### 人文薈萃的第一學府

🚇搭地鐵M2於Vezneciler，或地面電車T1 Laleli-Üniversite站下車，步行約3分鐘 🏠Fuat Paşa Caddesi

掃地圖

伊斯坦堡大學宏偉的正門正對著貝亞濟廣場(Beyazıt Meydanı)，校園所在地過去是鄂圖曼時代的國防部，因此校門和建築都顯得特別陽剛雄偉。

校園裡的貝亞濟塔(Beyazıt Kulesi)高85公尺，由馬何慕特二世(Mahmud II)1828於年下令建造，作為火警守望塔之用，至今依然是舊城區最高的建築物。

正對大門右邊的巴耶濟德公共圖書館(Beyazıt Devlet Kutuphanesi)是土耳其第一間公立圖書館，1884年啟用，重新整修後加入現代元素，圓頂與吊燈下的閱覽空間，復古又新潮。

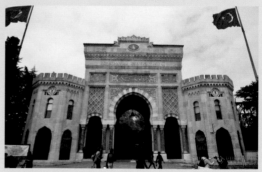

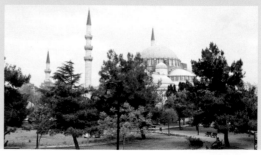

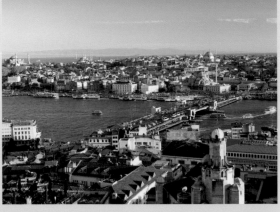

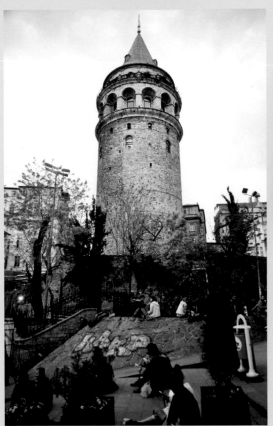

新城Beyoğlu

**MAP ▶ P.74C5**

# 加拉達塔

**MOOK Choice**

## Galata Kulesi

### 登高俯瞰伊斯坦堡新舊城

🚋搭乘地面電車T1至Karaköy站往上爬行或搭F2 Karaköy–Tünel段的隧道纜車以及T2 Taksim–Tünel段的古董電車至Tünel站，再順著路標往下走約5分鐘 🏠Bereketzade Mahallesi, Galata Kulesi Sk., 34421 Beyoğlu ☎0212 249 0344 ⏱4~10月8:30~23:00、11~3月8:30~22:00 💲175TL，適用博物館卡 ❗1.排隊人潮多，建議一大早前往。2.受疫情影響，開放時間及費用隨時會調整，請上網或去電查詢。

掃地圖

現在所看到的加拉達塔是1348年大火後重建的，而它頭上的尖頂20世紀才加上去，塔的高度有67公尺、直徑9公尺，加上地窖共9層、195階樓梯，20世紀之前一直都是伊斯坦堡最高的建築，至今

**變！變！變！
加拉達塔功能變化萬千**

從6世紀初建起，每個時代都給加拉達塔不同的定義和功能。它曾經是黃金角上最閃耀的燈塔；來自義大利的熱內亞人後來移民到這兒卡拉寇伊(Karaköy)一帶，於是加拉達塔就成了監視拜占庭帝國動靜的高塔；之後它又被當成牢房、天文台，這座塔可說是發揮了最大的功能。

依然是金角灣北岸最顯眼的地標。

2020年經再次整修成為一間小型博物館，於10月6日「伊斯坦堡光復日」對外開放，遊客在入口搭電梯登上6樓，再登旋轉梯上7樓，此樓層中央有一座伊斯坦堡立體模型，遊客可透過觀景窗眺望美景。

循旋轉梯登上最高的8樓，遊客可在景觀平台360度欣賞伊斯坦堡新舊城和金角灣、博斯普魯斯海峽的景觀。儘管近年上塔票價翻倍揚，等著排隊上去的遊客依然不減，值不值得端看個人判斷。

# 獨立大道

İstiklal Caddesi

## 伊斯坦堡人潮聚集的不夜街

🚋 T2 Taksim–Tünel古董電車線，或搭M2地鐵至Taksim站

掃地圖

獨立大道是伊斯坦堡最時髦、流行商品集中的人行徒步區，百貨公司、國際連鎖精品店、電影院、書店、手工藝紀念品店、唱片店林立，從流行衣飾到伴手禮都可以在這條路上購足，深入兩旁的巷子裡，二手書店、古董傢俱、土式茶館、個性咖啡館等，又是另一番值得尋寶的玩家風景。

獨立大道也是各種美食匯集的地方，從旋轉烤肉(Döner kebabı)、羊肉串燒(Şiş kebabı)，到安納托利亞的鄉村菜包餡薄餅(Gözleme)，從專門供應前菜的大眾食堂到土耳其傳統甜品屋都有，只要是想嘗試舌尖冒險，這裡都不會讓你失望。

不只遊客，土耳其人也特別喜歡在這條大道上閒晃，不論何時來到這裡，總是不曾間斷的人流，據統計，週末假日期間，出現在獨立大道一天的人潮可達三百萬人。晚餐過後，側邊巷弄熱鬧起來，這裡有無數的俱樂部、夜店，點亮伊斯坦堡夜未眠。

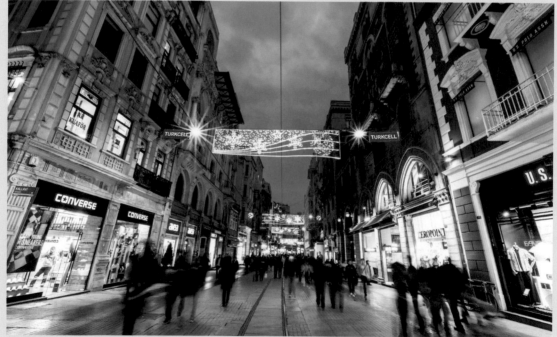

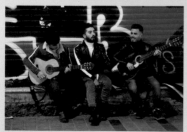

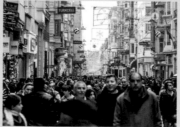

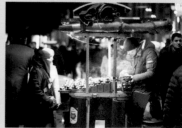

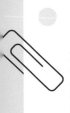

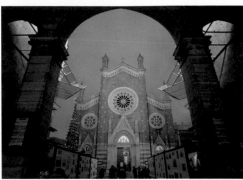

### 伊斯坦堡的「東區商圈」在這裡？

1.4公里長的獨立大道號稱是伊斯坦堡的「香榭大道」，當初建設時，就是想和巴黎互別苗頭，兩旁的建築多新古典主義、新藝術、裝飾藝術風格，這在伊斯坦堡市內算是少見的。

19世紀時，歐洲各國遠離擁擠髒亂的老城區，紛紛在這一帶蓋起宮殿式的大使館，不久便吸引有錢人跟進，尤其是1875年，連接卡拉寇伊(Karaköy)和圖奈爾廣場(Tünel)的隧道纜車通車後，更方便把人從海邊送到這一帶的山丘上，造就此處成為伊斯坦堡的高級地段。傳統上，這一區的居民大多不是信奉伊斯蘭的穆斯林，而是希臘人、亞美尼亞人、天主教徒、新教徒等族群在此建立據點。

### 古董電車

獨立大道的北端是塔克辛廣場，南端則為圖奈爾廣場(Tünel Meydanı)，木製鮮紅色的骨董電車來回行駛於兩地之間，伴隨著叮噹聲穿梭在人群之間，成為獨立大道最鮮明一景。電車大多是長者或遊客搭乘，上車收費，不過，除了起迄站，中途上車的站點比較難發現。

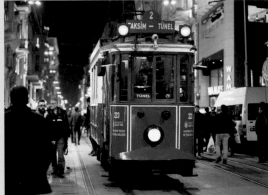

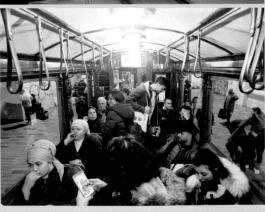

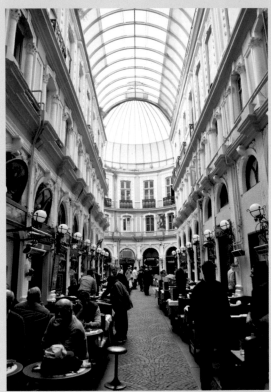

### 花卉通道Çiçek Pasajı

花卉通道建於1876年，位於獨立大道中段、靠近加拉達薩雷廣場(Galatasaray Meydanı)，原本是豪華的購物街，到了20世紀初，漸漸被花店取代，而有「花卉拱廊」之稱。現在則是專門做遊客生意的小酒館式餐廳，供應的是開胃前菜和海鮮等菜餚。走道兩旁的雅座區裝飾著瓦斯燈及花草，加上天光從玻璃屋頂傾洩而下，營造出獨特的氣氛。

## 漁市場Balık Çarşısı

魚市場就位於花卉通道的旁邊，迷宮般的巷子內攤販林立，除了海鮮、茶、蜂蜜、乾果、甜點、香料這些食材外，餐廳賣的都是現點現做的海鮮，還有一些特別的小吃，例如烤羊腸(kokoreç)、炸淡菜(Midye Tava)、炸鯷魚(Hamsi Tava)，以及帶殼的淡菜釀米飯(Midye Dolma)等。

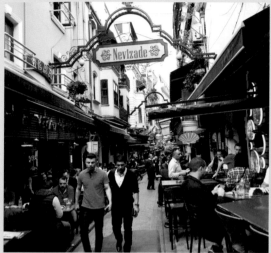

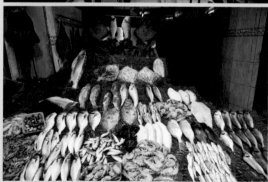

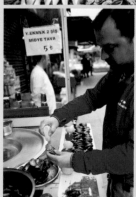

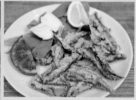

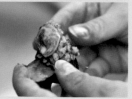

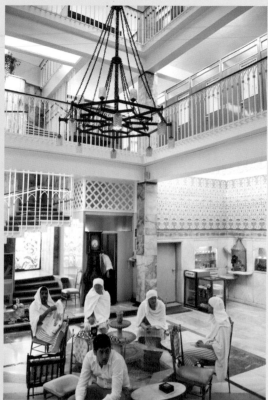

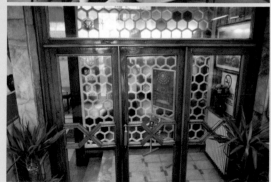

## 加拉達薩雷土耳其浴場
### Galatasaray Hamamı

🔺P.74C2　🕘9:00~21:00　🏠Kuloğlu Mah, Turnacıbaşı Cd. No:8　☎0212 252 4242　💲入場費及泡沫、刷洗、按摩全套服務，1,800TL　🌐www.galatasarayhamami.com　❗受疫情影響，開放時間及費用隨時會調整，請上網或去電查詢。

這座歷史浴場建於1481年，位於獨立大道中段的巷子裡，原本也是屬於加拉達薩雷清真寺建築群的一部分，為貝亞濟二世(Beyazıt II)時代所建造，歷史已超過五個世紀，也是新城區頗受遊客歡迎的土耳其浴場之一。

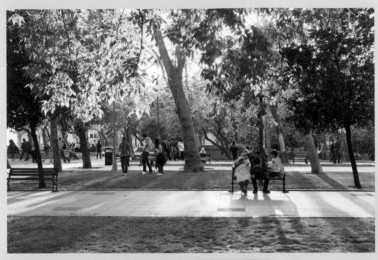

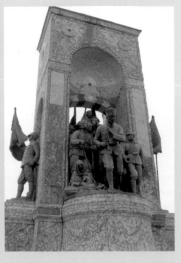

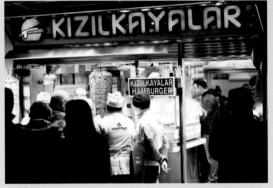

新城Beyoğlu

**MAP ▶ P.75E1**

# 塔克辛廣場與蓋濟公園
## Taksim Meydanı & Gezi Parkı

**政治示威集會聖地**

🚇 地鐵M2、隧道纜車F1 Taksim- Kabataş線，以及T2 Taksim-Tünel古董電車線的Taksim站

掃地圖

　　塔克辛廣場位於獨立大道的北端，是伊斯坦堡最大的公共廣場，也是現代伊斯坦堡的核心，航空公司、連鎖及新式大飯店多位於廣場周邊。過去這裡曾是新城區最混亂的交通中心，後來除了保留古董車，將含公車在內的公共運輸地下化，地面闢為行人徒步區之後，周邊已經見不到紛亂的交

💡
### 為什麼選擇住宿的飯店
### 最好避開這裡？

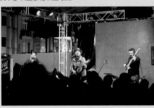

　　塔克辛廣場上常舉辦各種園遊會、演唱會等活動，不過，這裡也是土耳其人抗議示威的主要集會地點，一旦遇上如五一勞動節這種敏感的日子，原本人潮來去自如的大廣場也會變得戒備森嚴，如果選住的飯店就在周邊，可能因此舉步維艱。2013年，就曾因為當局想把塔克辛廣場旁的蓋濟公園改建成購物中心而遭示威抗議，最後演變成催淚瓦斯、驅離水柱齊放的衝突場面，事件持續了一整個夏天，甚至有人因此死亡。

通堵塞狀況。

　　廣場上最知名的地標，就是立於1928年的土耳其國父凱末爾紀念雕像，經常有土耳其人來此獻花致敬，為這個嘈雜紛亂的空間增添肅穆的氣氛。

　　雕像斜對面就是一整排濕漢堡(Islak Hambuger)專賣店，濕漢堡是以蒸的鬆軟漢堡麵包夾著土耳其式調味的肉餅，再加點微酸的番茄醬汁，成為很難抗拒的小吃。

　　至於蓋濟公園，則是新城區大片水泥叢林中難得的一塊小綠地，面積雖然不大，但彌足珍貴。

121

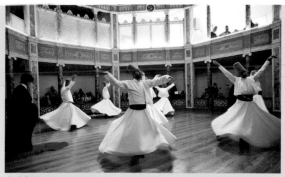
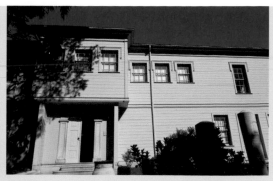

新城Beyoğlu

MAP ▶ P.74C4

# 加拉達梅芙拉納博物館

## Galata Mevlevihanesi Müzesi

**一探伊斯蘭神祕主義派別**

T2 Taksim – Tünel古董電車線以及F2 Karaköy – Beyoğlu隧道纜車的Beyoğlu站,或是M2 地鐵站Şişhane Galip Dede Caddesi No:15 0212 245 4141 博物館9:00~18:30,週一休;旋轉舞表演於週日演出,受疫情影響,演出日期及費用未定,請上網或去電查詢。 門票50TL,適用博物館卡。旋轉舞門票另計 www.galatamevlevihanesimuzesi.gov.tr

掃地圖

　　這裡原是伊斯坦堡第一個蘇菲教派(Sufilik)僧侶修行的地方,歷史可回溯到1491年。1925年凱末爾禁止蘇菲主義,1975年改為議政文學博物館(Divan Edebiyatı Müzesi)保存古典鄂圖曼文學,2009年重新整修為蘇菲教派的博物館。

　　蘇菲教派屬於伊斯蘭教的神祕主義派別,修行方式創始於13世紀的傑拉雷丁・魯米(Celaleddin Rumi),他被尊稱為「梅芙拉納」(Mevlâna,導師的意思),總部及發源地在安納托利亞高原的孔亞,以「愛、寬容、慈善」的最高教義精神,而且強調身心的平衡。蘇菲主義(Sufism)奉行嚴格禁慾,修行者透過冥想與反覆誦經接觸阿拉,並期望達到與真神「天人合一」境界。

　　今天這裡吸引人是蘇菲教派最聞名的旋轉舞,沒有表演的時候就是一座博物館,大廳四周陳列了關於蘇菲主義的衣服、樂器、文件等。大廳外,則有庭院、水池和墓園。

### 無盡的旋轉是為了接近真主阿拉

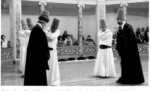

　　旋轉舞(Sema)其實是蘇菲教派僧侶的宗教儀式,傑拉雷丁・魯米認為透過不停的旋轉能夠更接近真主阿拉。舞僧從服裝到每個動作都有意義:黃色高帽代表墓石,黑色罩袍代表墓穴,白色裙擺則代表喪禮上覆蓋的布;雙臂於胸前交叉則象徵唯一真主阿拉;順時針旋轉,象徵宇宙萬物皆圍繞靈、智慧、愛與真理。

　　整個儀式差不多45分鐘,分成7個部分:

1. 樂隊演奏(Mutrip)結束,教長與舞僧出場就定位,吟唱者唱誦對先知穆罕默德的讚頌詞。
2. 鼓聲象徵真主的命令。
3. 奈伊笛(ney,土耳其傳統樂器)笛聲演奏象徵初次呼吸,萬物因上天賜與而出現生機。
4. 教長與舞僧旋轉三回,分別代表宇宙及真主創造的所有非生物的誕生、植物誕生、動物誕生。舞僧經過教長一一行禮。
5. 舞僧脫去罩袍,象徵解開束縛,脫離墓穴與人性的誕生。開始旋轉,慢慢放開抱在胸前的雙手、舉高升向天,張臂呈現「右掌朝天,左掌朝地」,象徵阿拉把愛傳給每個人。自轉以外同時公轉,如同宇宙的運行。
6. 奈伊笛演奏聲響起,教長朗讀可蘭經內容:「真主屬於東方,亦屬於西方。無論你轉向哪裡,總是面朝著真主。真主是全知全能的。」
7. 最後一段樂曲結束儀式,象徵為先知、殉道者、眾生的靈魂及國家祈禱。

　　結束時,這批僧侶雖汗流浹背,但抑制住氣喘,依然走路謙恭、靜默、斜著頭、低著眼地緩緩退場,無非在傳達平和和安詳的最高境界。

　　觀賞旋轉舞不是對號入座,建議提早進場才能選擇較佳視野。

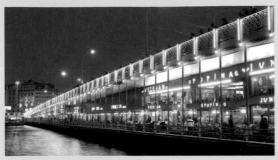

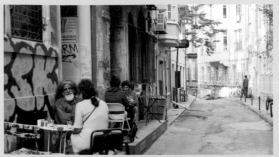

新城Beyoğlu
**MAP ▶ P.74C6**

# 卡拉寇伊

Karaköy

**鄂圖曼晚期的金融中心**

🚊 地面電車T1或F2 Karaköy-Beyoğlu隧道纜車的Karaköy站

掃地圖

位於加拉達橋的新城區這一端，與舊城區的艾米諾努碼頭遙遙相望，沿著堤岸大道走，會發現這一區林立著許多具個性的伊斯坦堡歷史建築。

就經濟上來說，在鄂圖曼時代晚期和共和時代初期，這一區對土耳其來說相當重要，因為這裡是伊斯坦堡的金融中心。如今在Bankalar街上仍有不少銀行的分行設立於此，建築十分具特色。此外，國際性的遊輪經常下錨在此，世界各地的遊客也都從這裡上岸，人來人往，熱鬧程度不輸艾米諾努。

從這裡望回老城區又是不同的風景，特別是耶尼清真寺、蘇雷曼尼亞清真寺所構成的天際線。

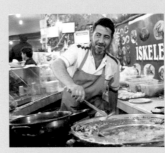

### 露天魚市場

在加拉達橋下，有一座露天魚市場，魚市和餐廳並立，除了現點現做的海鮮之外，你也可以吃到和艾米諾努碼頭一樣的烤魚三明治(Balık Ekmek)。

---

新城Nişantaşı
**MAP ▶ P.71F1**

# 尼尚塔什

Nişantaşı

**伊斯坦堡的時尚大道**

🚇 地鐵M2的 Osmanbey站

掃地圖

尼尚塔什區位於獨立大道北方約1公里處，素有「伊斯坦堡的香榭麗舍區」之稱，隨著時間的發展，貴婦開設的精品店逐漸為國際精品和設計師品牌旗艦店取代，其中的Abdi Ipekçi街更被比喻為香榭麗舍區中的蒙田大道(Avenue Montaigne)。

這條綠樹成蔭的筆直街道是伊斯坦堡的首條

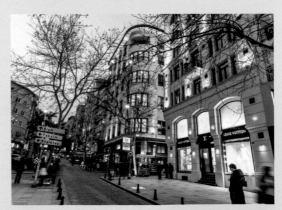

購物街，沿途林立著Louis Vutton、Christian Louboutin、Gucci、Chanel、Prada等名牌，其中自然不乏土耳其當地的設計品牌，包括Özlem Süer、Arzu Kaprol、Atıl Kutoğlu等。

# 軍事博物館

## Askeri Müzesi

### 鄂圖曼軍隊的榮光史

🚇地鐵M2 Osmanbey站，出站後步行10分鐘 🏠Vali Konağı Cd. No:2, Şişli ☎0212 233 2720 🕐9:00-16:30，15:00-16:00有軍樂隊表演，週一、週二及宗教節日休 💲50TL ❶受疫情影響，開放時間、門票費及軍樂隊表演時間會調整，請上網或去電查詢。

曾經統治過歐亞非的強大帝國鄂圖曼，在20世紀初前，才從小亞細亞的勢力疆土中消失，但它的影響還在，至少觀光客就對它的一切感到好奇，位於新城的軍事博物館，展示了一些鄂圖曼軍人所向披靡的歷史過往。

軍事博物館室外區停放了一些退役的直昇機、槍砲，室內館藏達55,000件，規模在世界上數一數二，經常展出的5,000件展品，囊括劍、匕首、盔甲、弓箭、軍裝，到蘇丹的出征服以及華麗的蘇丹絲繡帳棚等，目前共有22間展覽室，遊客還可以看到1453年，麥何密特二世包圍君士坦丁堡期間，拜占庭為了阻擋鄂圖曼軍隊船艦，而在金角灣設下的大海鏈。

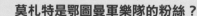

### 莫札特是鄂圖曼軍樂隊的粉絲？

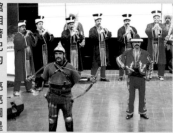

軍事博物館的軍樂表演相當有名，穿著17、18世紀鄂圖曼軍人的服飾、配件、杖旗都在響亮的樂聲中亮相，據說鄂圖曼的軍樂隊是全世界最早的軍樂隊，後來世界各國紛紛仿效。就連沒來過土耳其的莫札特，也根據傳聞和想像，模仿鄂圖曼軍樂隊寫出了《土耳其進行曲》的鋼琴奏鳴曲。

此外，軍事博物館的前身為軍事學院，土耳其國父凱末爾就是在此就讀，因此，其中一個展室也還原了當年教室的模樣。

不只是靜態展室，最不能錯過的，是每天下午15:00的古代鄂圖曼軍樂隊表演。在

一段介紹鄂圖曼軍樂隊的影片之後，穿著17、18世紀鄂圖曼軍人服飾的軍隊在響亮的樂聲中亮相，軍樂隊演出由55人組成，現場鼓聲、號聲、鐃鈸齊揚，樂聲震耳欲聾，撼人心肺，不難想像，當年剽悍的鄂圖曼軍隊是如何結合這些振奮士氣的樂音，令歐洲人聞風喪膽。

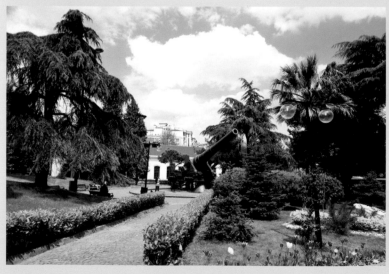

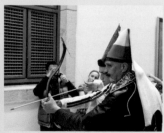

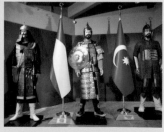

博斯普魯斯The Bosphorus

**MAP ▶ P.71F2**

# 貝栩克塔栩

## Beşiktaş

### 摩登魚市都市新亮點

🚇搭乘地面電車T1到終點站Kabataş或F1隧道纜車的Kabataş站，出站後再轉搭計程車或公車，如果步行約走20分鐘。另外可以從Eminönü碼頭搭乘渡輪至Beşiktaş碼頭

貝栩克塔栩是位於新城貝歐魯區(Beyoğlu)旁的行政區，範圍大致涵蓋了朵瑪巴切皇宮到歐塔寇伊一帶靠近博斯普魯斯海峽的區域，而其行政中心就位於這兩地的中間。

貝栩克塔栩也是渡輪航線上重要一站，港口熱鬧程度僅次於艾米諾努碼頭。貝栩克塔栩除了重新開幕的海事博物館(Deniz Müzesi)和面積遼闊的耶爾德茲公園(Yıldız Parkı)之外，市中心本身沒有什麼特別重要的景點，但也是新城區一個主要商圈，是

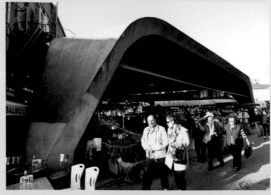

伊斯坦堡當地人逛街購物的區域之一。

值得一提的是位於中心地帶的魚市場，適逢都市更新，這座魚市原本要面臨拆遷命運，但在GAD事務所的改造下，以一片簡潔俐落的混凝土天篷為外殼，內部沒有任何一根柱子，流通的光線與空氣，營造出一個開放與自在的空間。這個摩登的小魚市，不僅居民愛來，連遊客都絡繹不絕，意外成為一個熱門的觀光景點。

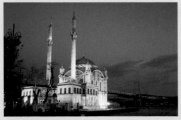
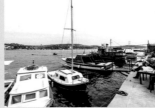
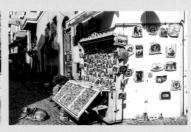

博斯普魯斯The Bosphorus

**MAP ▶ P.71F2**

# 歐塔寇伊

## Ortaköy

### 漁村變身悠閒假日市集

🚇地面電車T1到終點Kabataş站，轉搭往Ortaköy、Arnavutköy或İstinye方向的公車；或從Taksim廣場搭40、40T、DT公車

歐塔寇伊就位於歐洲區的博斯普魯斯大橋下，歐塔寇伊清真寺是岸邊最顯著的地標，除了觀光客之外，更受到伊斯坦堡市民的喜愛，能見到典型的鄂圖曼民宅建築，到處洋溢著悠閒的漁村風情。

歐塔寇伊原本就是博斯普魯斯海峽邊的一個小漁村，漁夫們在此上岸卸下一天的漁獲，伊斯坦堡人經常來此採買、大啖海鮮，久之就變成攤販聚集之處，晚近，歐塔寇伊以每週日的假日市集聞名，只要攤販、店家一開張，不論是濱海廣場、還是小巷弄，到處擠滿前來逛市集的民眾，土耳其手工飾品是這個市集的招牌。

歐塔寇伊流行一種名為Kumpir的小吃，個頭約兩個巴掌大的烤馬鈴薯，上頭加滿了香腸、起司、蔬菜等各式各樣的配料，很適合情侶約會時一塊享用，不過份量還是嫌大了些。

125

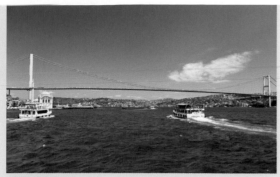

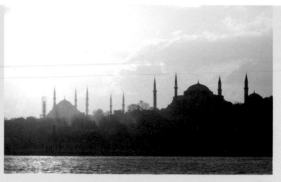

博斯普魯斯The Bosphorus

**MAP ▶ P.126**

# 博斯普魯斯
# 海峽遊船之旅

**MOOK Choice**

Boğaz Turu

**伊斯坦堡必玩行程**

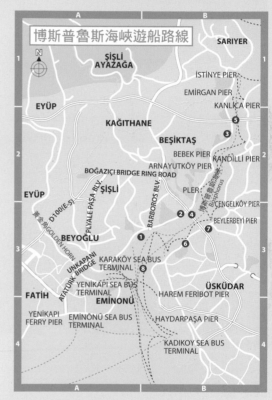

博斯普魯斯海峽遊船路線

**長程博斯普魯斯遊船Uzun Boğaz Turu**
**船公司**：Istanbul Şehir Hatları(公營)　**出發點**：Eminönü　**折返點**：Anadolu Kavağı　**沿途停靠點**：Beşiktaş、Üsküdar、Kanlıca、Sarıyer、Rumeli Kavağı　⏱10:35出發，12:25抵達Anadolu Kavağı，回程15:00出發，16:40抵達Eminönü　💲單程39TL，來回65TL

**短程博斯普魯斯遊船Kısa Boğaz Turu**
**船公司**：Istanbul Şehir Hatları　**出發點**：Eminönü　**折返點**：Ortaköy　⏱14:40出發　💲32TL　🌐www.sehirhatlari.istanbul/tr/seferler/bogaz-turlari　①1.Eminönü碼頭另有其他私營船公司推出博斯普魯斯遊船觀光行程，行程差不多，也有不同碼頭任意上下船的行程，價格不等。2.受疫情影響，航班營運時間及費用隨時會調整，請上網或去電查詢。

掃地圖

從希臘時代開始，博斯普魯斯這條寬32公里、連接東方與西方的深水海峽，就是全世界最重要的戰略性水域，它隔開了亞洲與歐洲，也連接了黑海和地中海。

搭乘遊船巡航博斯普魯斯海峽一圈，是來到伊斯坦堡最大的樂趣之一。從艾米諾努碼頭沿著博斯普魯斯海峽上行，長程線最遠到北端海峽與黑海交界處的安納多魯(Anadolu Kavağı)小鎮，在此停留約2.5小時後出發折返；短程線直行不停站，船行至蘇丹麥何密特大橋後折返，沿路風景美麗，覽盡伊斯坦堡重要地標，再加上水域的傳奇、戰略位置太吸引人，所以不走一遭就不算到過伊斯坦堡。

要看朵瑪巴切新皇宮寬615公尺、鄂圖曼巴洛克式的立面，一定得從水面上欣賞，博斯普魯斯觀光遊船就提供了這個機會，同時也通過位於亞洲區的鄂圖曼夏宮(Beylerbeyi Sarayı)，以及兩座博斯普魯斯大橋。

船班就是這樣在歐洲面和亞洲面間來回穿梭，不知不覺中，一船人就在一小時間來回歐亞洲數回合。

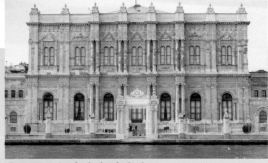

## ❶朵瑪巴切皇宮與清真寺
### Dolmabahçe Sarayı & Camii
　　新巴洛克的繁複加上鄂圖曼的東方線條，是博斯普魯斯海峽最美麗的地標。一旁的清真寺，其設計者也是朵瑪巴切宮的建築師Balyan，融合鄂圖曼、新巴洛克式的建築風格。

## ❷歐塔寇伊清真寺
### Ortaköy Camii(Mecidiye Camii)
　　歐塔寇伊地區最顯著的地標，建於19世紀中葉，設計者是朵瑪巴切宮的亞美尼亞建築師Nikoğos Balyan，風格受

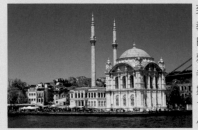

到西方新古典主義影響，呈現新巴洛克風格，優雅而細膩。清真寺位於博斯普魯斯大橋下，展現了「傳統與現代」的對比。

## ❸魯梅利城堡
### Rumeri Hisarı
　　1453年，麥何密特二世為了攻下伊斯坦堡，而在這個海峽最窄的地方興建了要塞城堡，與

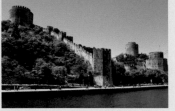

對岸亞洲區的安納多魯城堡(Anadolu Hisarı)遙遙相望，達成封鎖海上交通的作用。

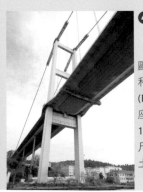

## ❹博斯普魯斯大橋
### Boğaziçi Köprüsü
　　博斯普魯斯大橋連接了歐洲區的歐塔寇(Ortaköy)和亞洲區的貝雷貝伊(Beylerbeyi)，是世界上第一座連接歐亞大陸的橋樑，長1,074公尺，距離水面高64公尺，完成於1973年，以紀念土耳其共和國成立50週年。

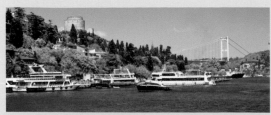

## ❺蘇丹麥何密特大橋
### Fatih Sultan Mehmet Köprüsü
　　博斯普魯斯海峽上的第二座大橋，以征服者麥何密特為名，全長1,510公尺，是伊斯坦堡非常重要的交通大動脈。

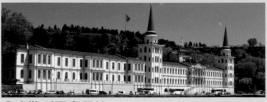

## ❻庫勒利軍事學校Kuleli Military School
　　這座龐大的建築興建於1845年，是土耳其歷史最悠久的軍事院校，位於亞洲區，最明顯的標誌是那兩座戴著「巫師帽」的高塔。

## ❼貝雷貝伊夏宮
### Beylerbeyi Sarayı

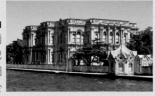

　　位於博斯普魯斯大橋邊的亞洲區，與朵瑪巴切皇宮同樣呈現了鄂圖曼、新巴洛克風格，於1865年完工，當年主要作為接待外賓之用。

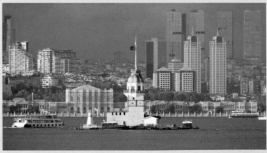

## ❽少女之塔Kız Kulesi
　　造型別緻的少女之塔建於18世紀，是博斯普魯斯海峽南端最顯眼的地標，靠近亞洲區海岸，塔的名稱來自一位公主預言將被蛇咬死的傳説。這座塔過去曾做為燈塔、廣播電台之用，如今已整修成一間高檔景觀餐廳。

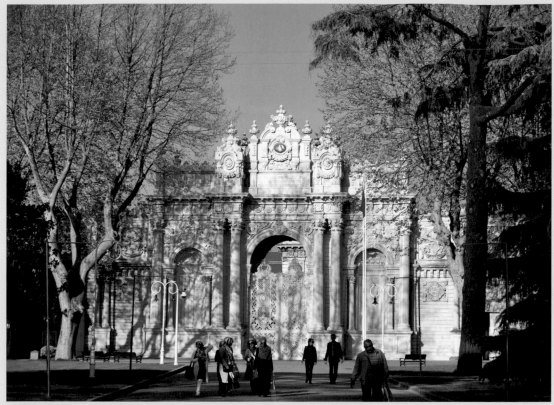

博斯普魯斯The Bosphorus

**MAP ▶ P.71F2**

# 朵瑪巴切皇宮

**MOOK Choice**

## Dolmabahçe Sarayı

### 象徵王朝沒落的華麗宮殿

🚋電車T1到終點站Kabataş或F1隧道纜車的Kabataş，步行約5分鐘 ⛪Vişnezade Mahallesi Dolmabahçe Caddesi, Beşiktaş ☎0212 236 9000 🕐9:00~18:00，週一休 💲公共廳堂(Selamlık)+後宮+畫廊450TL。博物館卡不適用 🌐www.millisaraylar.gov.tr ⚠受疫情影響，開放時間及費用隨時會調整，請上網或去電查詢。

掃地圖

　　每個王朝帝國在落幕前常有短暫的華麗一現，最後的榮光帶來的是一絲絲悲涼。

　　朵瑪巴切皇宮正顯現出帝國悲涼的華麗，它建於帝國國勢已沒落之際，更帶給帝國幾乎無法負荷的財政壓力，1856年建成後，見證了6位蘇丹和1位哈里發，只是每一位蘇丹都只能短暫地使

用或居住在此，不到70年帝國便結束，蘇丹及家人只能流亡到外國，無法重回朵瑪巴切皇宮。

　　搭乘博斯普魯斯海峽的遊船，總是被朵瑪巴切皇宮那615公尺寬的壯麗大理石立面所吸引，巴洛克的繁複加上鄂圖曼的東方線條，讓朵瑪巴切皇宮宛如博斯普魯斯海峽皇后般尊榮。

　　19世紀中葉，當托普卡匹老皇宮不敷使用也不夠現代化時，阿布都麥奇蘇丹(Abdülmecit)選擇了木造、面積又小的朵瑪巴切皇宮，將之改建成富麗堂皇的蘇丹居所。皇宮建造於向大海延伸的人工基地上，而「朵瑪巴切」的土耳其語，就是「填土興建的庭園」之意。事實證明他眼光獨到，因為借景博斯普魯斯海峽，果然為這座新皇宮帶來非凡的氣勢，然而嚴格來說，卻遠超過鄂圖曼當時的國力了。

　　新皇宮和近代土耳其歷史的關係還不僅於此，土耳其共和國第一位總統凱末爾以此為官邸，並

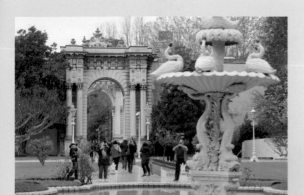

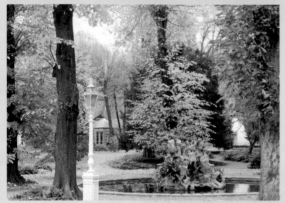

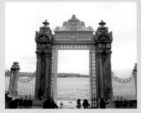 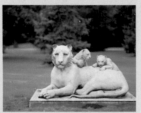

## 入宮規距看這裡

朵瑪巴切皇宮對遊客的管制非常嚴格，進皇宮時得檢查隨身行李，使用門口發放的塑膠鞋套套好鞋子，皇宮不開放自由參觀，全程必須跟隨皇宮導遊，不能單獨遊逛，遊客可租用語音導覽，宮內所有傢俱禁止觸碰，且禁止拍照、錄影。每天限制參觀人數，為避免排隊人潮，盡早抵達皇宮。

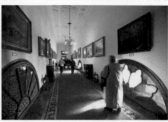

## 連君王都瞠目結舌的奢華皇宮！

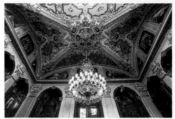

傳說1843年起建的朵瑪巴切皇宮，在13年後正式迎入阿布都麥奇蘇丹時，他一看見新皇宮如此華麗，忍不住地說：「這座皇宮太華貴了，實在不該蓋得這麼奢豪啊」。朵瑪巴切皇宮是土耳其最大的宮殿，共建有44個間大廳、6間土耳其浴浴室，以及285間房間，整體來說，整座宮殿的裝潢鋪著141條地毯、115條祈禱用小毯、36座水晶吊燈、581件水晶和銀製燭台、280個花瓶、158座時鐘與600幅圖畫，難怪連蘇丹都為之感到震撼。

在此和許多國家領袖會談新土耳其的建國方略和世界和平，他更死在皇宮內，房間的時鐘定時在他離世的9:05。1984年土耳其政府保留原有傢俱，向大眾開放朵瑪巴切皇宮。

朵瑪巴切皇宮功能上可分為討論國家大事的行政區、蘇丹與后妃居住的生活區、以及接見各國權貴的禮儀廳。宴會大廳位於建築正中央，周圍環繞的房間規劃為傳統土耳其風格，內部裝飾卻充滿巴洛克、洛可可、新古典主義風格，並大量佈置西方藝術品和繪畫。

從皇宮南側有座巴洛克鐘塔的宮門進入，門口站崗的衛兵交接儀式也是觀光的焦點。

一入門面對的是天鵝噴泉及專供高級官員及政客出入的行政翼（Administrative Wing），遊客也是從這裡開始進入整座皇宮參觀。

新皇宮範圍內，除了有一座改裝自宮廷廚房的皇宮收藏品博物館（Saray Koleksiyonları Müzesi），位於後宮庭院有一座朵瑪巴切時鐘博物館（Dolmabahçe Saat Müzesi），此外，還有一座由王儲宅邸（Veliaht Dairesi）改建的伊斯坦堡繪畫與雕刻博物館（İstanbul Resim ve Heykel Müzesi）。

### 大宴會廳Ceremonial Hall

　　大宴會廳長46公尺、寬44公尺，可同時容納2500人，共有56根大大小小的柱子，還有一個高36公尺的大圓頂，頂上的畫作是土耳其、義大利、法國畫家的三段式結構作品，引進自然採光後，更顯得色彩圓潤。陽台精雕細鑿，是交響樂團或重要貴賓的座位，也是後宮仕女觀看大宴會廳活動的地方。

　　博斯普魯斯海峽帶給新皇宮的壯闊視野，大宴會廳開啟的大廳門帶進海景及天光，也讓大廳的空間得到無限的延伸。

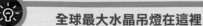

### 全球最大水晶吊燈在這裡

　　大宴會廳正中央的大水晶吊燈重4.5公噸，由750個小燈組成，燈光全開可以照明的廣度達120平方公尺，是英國維多利亞女王送的禮物，大吊燈加上四角銀燈柱的相互輝映，讓宴會廳金碧輝煌，在當時，可說是全世界最大的水晶吊燈。

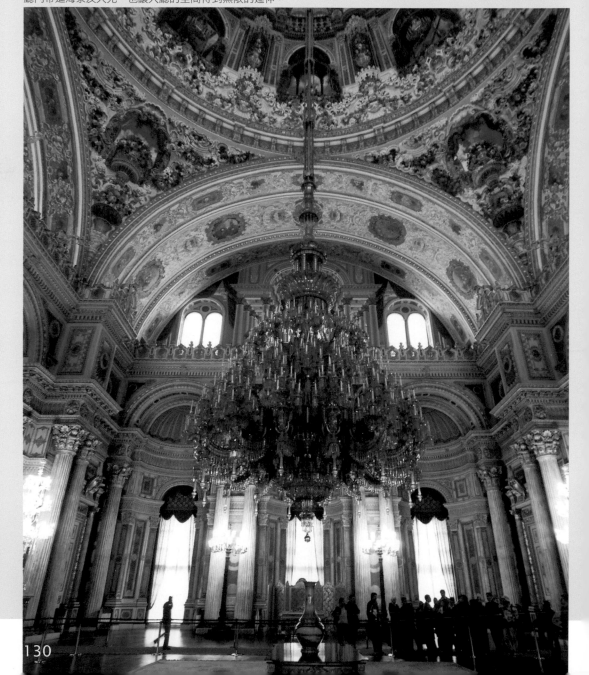

## 大使廳Ambassadors' Hall

大使廳延續水晶階梯的炫麗，中央同樣吊著巨大的水晶吊燈，金箔裝飾的天花板、陶瓷花瓶及地毯也都華麗無比，充滿法式風情，可說是皇宮中最美的廳堂。除了鋪在地上達百公尺見方的絹絲地毯，還有俄皇尼古拉二世贈送的北極熊鋪毯。

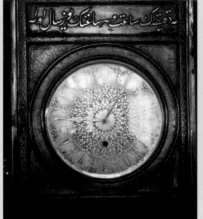

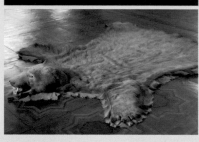

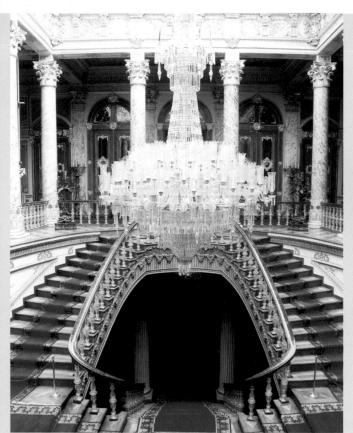

## 水晶樓梯廳Crystal Staircase

從行政翼的入口大廳到水晶樓梯廳，立刻展現極盡豪華的感官刺激，不僅階梯扶手柱全是威尼斯生產的水晶，頂部自法國進口的水晶吊燈也重達2.5公噸，此外還有數座波西米亞立燈妝點。

## 謁見廳
## Reception Room

謁見廳是大使們向蘇丹致敬、遞交到任國書之處，由於裝潢以紅色為主調，又稱為紅廳，紅色是鄂圖曼帝國國力的象徵，整個房間紅色、金色相互搭配，更顯國威。中央鑲金泊的小圓桌是拿破崙送給蘇丹的禮物，宮中有許多來自歐洲各皇室的禮物，使每件奢侈的裝飾品多了一層歷史感，如波西米亞製的紅水晶燭台也值得細細品味。

131

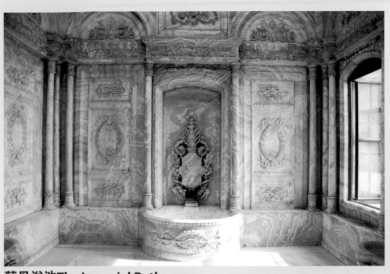

## 蘇丹浴池The Imperial Bathroom

　　新皇宮在1912年導入電燈、暖氣,但在大理石洗浴還是蘇丹的最愛,在欣賞過音樂室(The Music Room)中拿破崙三世送的鋼琴,來到蘇丹浴池會感覺大放光明,因為這裡有三面大窗,讓蘇丹可欣賞博斯普魯斯海峽的美景。

　　土耳其的浴池都是採用地板加熱系統,蘇丹浴池運用的大理石石材很特別,地是馬爾馬拉石,牆是帶有牛奶糖色、略帶透明的埃及雪花石,且雕著繁複的花紋,清涼而美觀。

## 畫廊Portrait Gallery

　　掛著蘇丹及家人畫像、宮廷畫家作品的畫廊中,半圓形的藍窗帶給這個長廊不同的氣氛,這個接著地面的窗子是供後宮的女人觀看大宴會廳活動用的,無權現身參與宴會廳的活動,就在窗後觀看。

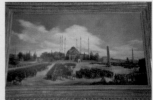

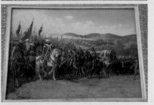

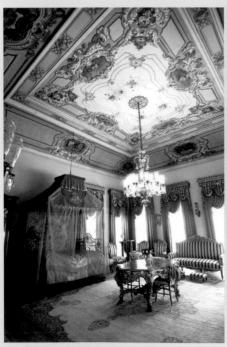

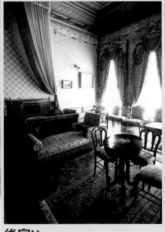

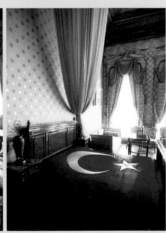

## 後宮Harem

　　新皇宮的後宮勢力分配,依然是以蘇丹的母親及蘇丹的臥室為中心,敞開的蘇丹臥室、寵妃房、蘇丹母親的起居室、王子的教育房、生產房等,此外,還有黃廳、藍廳等開會及宴客的廳堂。

　　值得一提的是,土耳其國父凱末爾臨終時的寢室就位於後宮,他在1938年11月10日上午9:05過世,床上覆蓋著絲綢製的土耳其國旗,寢室隔壁則是他的書房。

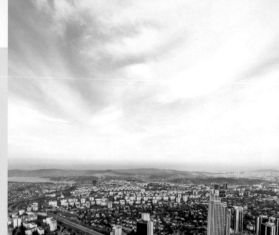

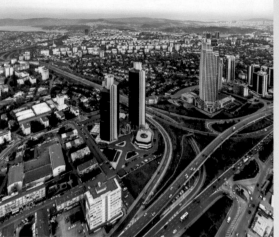

新城外圍

**MAP ▶ P.71E1**

# 伊斯坦堡藍寶石

İstanbul Sapphire

**360度收納伊斯坦堡全景**

🚇地鐵M2的Levent 4站，步行約15分鐘 📍Eski Büyükdere Cd. No:1/1, Kağıthane ☎0212 268 8080 🕐10:00-22:00 🌐www.sapphireavym.com

掃地圖

　　遠看這棟名為「藍寶石」的建築，很難不留下深刻的印象，其玻璃帷幕在陽光下呈現的幽藍色澤，外觀猶如兩個背對而立的大寫L，在四周多數仍屬低矮建築的場域裡，忽然拔地而起、搶盡了目光。

　　它曾經是「土耳其最高的建築」，其實藍寶石大樓含天線尖塔最多也不過238公尺，稱不上世界前幾大摩天大樓，甚至比不上巴黎艾菲爾鐵塔，然而因為和周遭環境營造出的極度高低落差，讓它創造了毫不遜色的戲劇效果。

　　除了結合購物中心和高級住宅外，藍寶石大樓高達236公尺的觀景台是它最吸引人的地方，被暱稱為「伊斯坦堡的第三隻眼」，360度的全景視野，將歐亞兩洲、新舊風情的伊斯坦堡盡收眼底。

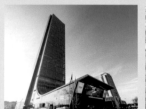

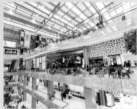

亞洲區

**MAP ▶ P.71H3**

# 恰姆利查山

Çamlıca

**登高飽覽博斯普魯斯海峽**

🚢從Eminönü搭渡輪到亞洲區的Üsküdar，然後再轉搭11路公車上山。下車後再繼續步行上山走約10分鐘想居高臨下，一覽整個博斯普魯斯海峽？位於亞洲區的恰姆利查山就是第一選擇。

掃地圖

　　恰姆利查(Çamlıca)的土耳其語是「松林」的意思，這裡是整個伊斯坦堡市最高的地方，海拔267公尺，山頂上松林搖曳，有公園、電視台發射塔，以及餐廳、咖啡館、茶館，視野極佳，可同時飽覽歐亞兩

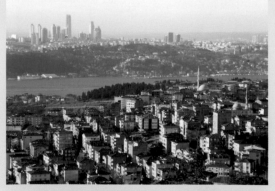

洲以及兩座橫越博斯普魯斯海峽的大橋。

　　由於遠離市區，交通不是十分便利，外籍遊客較少前來，卻是伊斯坦堡市民假日休閒的好去處。

## 歷史半島Sultanahmet

| MAP ▶ P.73F4 | **Tarihi Sultanahmet Köftecisi Selim Usta** |

🚃電車T1的Sultanahmet站 🏠Alemdar Mahallesi, Divan Yolu Caddesi No.12 ☎0212 520 0566 🕐11:00～23:00 🌐www.sultanahmetkoftesi.com/MeatBalls.html ❗受疫情影響，開放時間及價目隨時會調整。

掃地圖

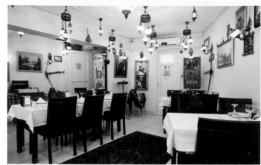

Tarihi Sultanahmet Köftecisi成立於1920年，已有百年歷史，就位於聖索菲亞教堂旁的Divanyolu大街上，別以為這麼重要地段找不到好又便宜的餐廳，這間土耳其傳統烤肉老店就是其中之一。

店面及裝飾很樸實，但口碑遠播，主要是因傳統美味及價格實惠，用餐時間常常大排長龍。除了烤肉外，就是烤肉丸子，選擇不多，很容易點菜，建議再加點一客沙拉及一杯土耳其傳統優酪乳飲料Ayran。

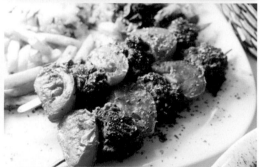

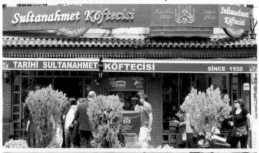

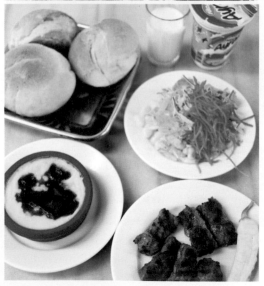

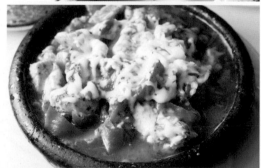

## 歷史半島Sultanahmet

| MAP ▶ P.73E5 | **Kalem Restaurant** |

🚃電車T1的Sultanahmet站，下車步行約3分鐘 🏠Binbirdirek Mh., Klodfarer Cd. 29/2, Fatih ☎0212 516 9589 🕐11:00～1:00 ❗受疫情影響，開放時間及價目隨時會調整。

掃地圖

走進藍色清真寺附近的這家小餐館，裏裏外外懸掛不少彩色玻璃燈，挺有土耳其風情。提供各種烤肉料理和燉菜，推薦陶鍋燉羊肉(Kuzu Güveç)，以洋蔥、大蒜、番茄、迷迭香、紅酒、小茴香、蔬菜等長時間燉煮羊肉，蔬菜的甜味在陶盅裏融合，羊肉軟爛噴香，最後畫龍點睛的起士半融化在紅醬表面，視覺上就令人受不了，滋味濃郁，不管搭配土耳其奶油飯或麵包類都適合。

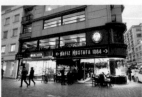
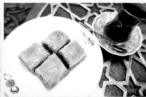

## 歷史半島Sirkeci

MAP ▶ P.73E3 **Hafiz Mustafa 1864**

🚋電車T1線Sirkeci站 🏠Hocapasa Mahallesi Muradiye Caddesi, Sirkeci ☎0212 527 6654 🕐24小時 🌐www. hafizmustafa.com ❗受疫情影響，開放時間及價目隨時會調整。

這間成立於1864年的甜點店，已經走過一個半世紀，店面高貴典雅的裝潢，以及櫥窗那五顏六色的精緻甜點，經常吸引來往行人的駐足。除了錫爾克吉火車站斜對面這間是本店之外，在蘇丹阿何密特、艾米諾努、塔克辛廣場等熱鬧的街角，都可以見到這家讓伊斯坦堡人甜蜜了150年的老店。

土耳其人常吃的甜點這裡都有，包括巴克拉瓦（Baklava，果仁千層酥）、米布丁（Sütlaç）、波瑞克（Börek，土耳其鹹派）、土耳其軟糖（Lokum），每一種類之下又有各種口味，總讓人陷入選擇困難。

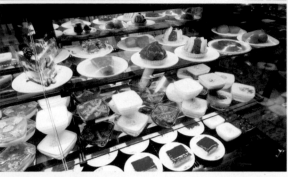

## 歷史半島Eminönü

MAP ▶ P.70D2 **Lezzet-i Şark**

🚋電車T1線Eminönü站，步行約3分鐘，在埃及市集外圍巷弄 🏠Hasırcılar Caddesi No.38, Eminönü ☎0212 514 2763 🕐7:30~20:00 ❗受疫情影響，開放時間及價目隨時會調整。

位於人來人往的埃及市集外圍的巷弄裡，用餐時間總是座無虛席。餐廳裡主要供應各式各樣的烤盤，包括烤雞翅、肉串、茄子、蕃茄等，多是來自阿達納（Adana）、烏爾法（Urfa）等土耳其東部的風味。店裡的羊腿湯（Kellepaça çorbası）辣得夠勁，烤肉丸（İçli Köfte）也很有名。

飯後建議點一盤這裡著名的甜點Közde Künefe，是一種加了乳酪的絲狀糕點，熱騰騰從炭火出爐，別具風味。

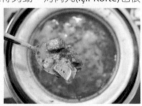

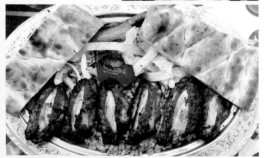

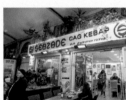
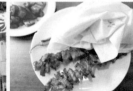
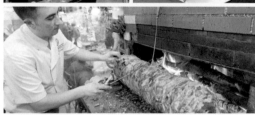
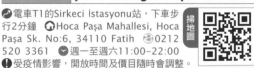

## 歷史半島Sirkeci

MAP ▶ P.73E3 **Şehzade Cağ Kebap**

🚋電車T1的Sirkeci İstasyonu站，下車步行2分鐘 🏠Hoca Paşa Mahallesi, Hoca Paşa Sk. No:6, 34110 Fatih ☎0212 520 3361 🕐週一至週六11:00~22:00 ❗受疫情影響，開放時間及價目隨時會調整。

這家店只賣一種食物，就是橫躺式旋轉烤肉Cağ Kebap。開放式廚房的火爐上，大塊肉排一層層串上大鐵叉，在炭火前不停跳著旋轉舞，外層均勻受熱烤出誘人的金黃色，油光與香氣引人飢腸轆轆，點菜後廚師以細長刀子俐落削下外層香酥的部分，串在鐵叉上桌。

一份兩串烤肉，搭配熱騰騰軟薄餅，濃郁的茴香與紅椒粉的氣息、烤肉片酥脆的焦邊，土耳其的風味盡在這串烤肉中。

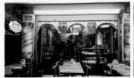
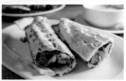

## 歷史半島Sirkeci

**MAP ▶ P.73E3** **Ziya Şark Sofrası**

🚋電車T1的Sirkeci İstasyonu站，下車步行2分鐘
🏠Hoca Paşa Mahallesi, 15/A Hocapaşa Camii
Sokak, Fatih ☎0212 512 1150 ⏰10:00–
23:30 ⓦwww.ziyasark.com.tr ❗受疫情影響，
開放時間及價目隨時會調整。

掃地圖

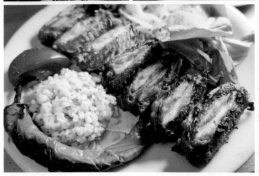

　　Ziya Şark Sofrası位於席爾克吉火車站附近，打開餐廳大門就能聞到燒烤火爐傳來的香氣。標準土式餐館，提供沙拉、湯、烤肉、土耳其比薩Pide、地區特色菜和甜點，幾乎吃到土耳其的所有代表菜色，每道菜搭配精美圖片，點餐不用擔心，和左右鄰居一樣同屬觀光客型餐館，但如果要在這區域用餐，Ziya Şark Sofrası算是價格中等，味道不出錯的選擇。

　　推薦以優格、橄欖油和香料醃製過的烤雞翅（Kanat Şiş），皮酥香、肉嫩多汁，香料氣味滲入細膩肉質，吃下一整盤也不會膩。

## 歷史半島Sirkeci

**MAP ▶ P.73F3** **Osmanlizadeler 1879**

🚋電車T1的Gülhane istasyonu站下車
🏠Hoca Paşa Mah. Hudavendigar Cad
No:2/A, Fatih ☎+90 532 294 8445
⏰9:00~24:00 ❗受疫情影響，開放時間
及價目隨時會調整。

掃地圖

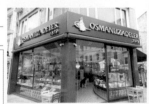
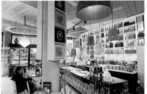
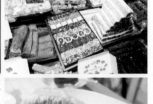
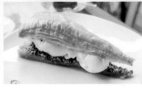
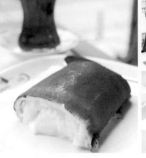

　　百年甜點老店Osmanlizadeler是由Osman Effendi於1879年所創，店名的意思是「鄂圖曼之子」，代表世代傳承的鄂圖曼式糕點精髓。令人驚喜的是，傳統表現在配方及美味的堅持，店內氛圍跟隨時代的腳步前進，大落地窗引入自然光線，輕盈粉彩的混搭配色、可愛別緻的飾品，有少女的清新又不會太孩子氣，櫃檯鏡面妝點鄂圖曼花紋鏡貼，昔日帝國的華貴與現代感絲毫不違合。

　　大門兩側長型櫃檯擺滿各式各樣的土耳其軟糖、棗仁蜜餅、米布丁、蛋糕，點一杯香醇的土耳其紅茶，搭配一份精緻點心，伊斯坦堡的下午茶時光，也可以安靜而悠閒。

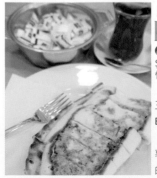

## 歷史半島

**MAP ▶ P.72C3** **Tarihi Kemer Borekcisi**

🚋M2地鐵Vezneciler站，步行約5分鐘 🏠Kalenderhane Mh., 16 Mart
Şehitleri Cd. No:158, Fatih ☎0212 528 9501 ⏰5:00-21:00 ❗受疫
情影響，開放時間及價目隨時會調整。

掃地圖

　　你可以在很多地方找到被稱為土耳其比薩的Pide，以及麵點之
王Börek，但想嚐嚐道地的味道，還是要到專業麵包店，Tarihi Kemer
Borekcisi就是這種簡單但必要的小店，屬於伊斯坦堡大學學生日常的一部分。

　　Tarihi Kemer Borekcisi只販售Pide和Börek（酥餅或餡餅），各自又有牛肉碎末、馬鈴薯和乳酪三種口味，搭配紅茶或咖啡，就是方便快速的早餐或下午點心，現場揉捏製作的麵皮越嚼越香，飽足感十足，對學生來説也常常當作午餐。

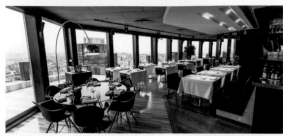

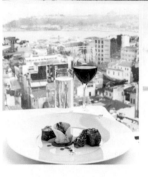
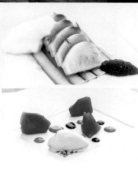

## 新城Beyoğlu

**MAP ▶ P.74C3 Mikla**

M2地鐵Şişhane站下，步行約5分鐘 The Marmara Pera, Meşrutiyet Cad. No:15, Beyoğlu ☎0212 293 5656 ⏰週一至週六18:00~23:30 ⊕www. miklarestaurant.com ❗受疫情影響，開放時間及價目隨時會調整。

掃地圖

　　Mikla來自維京語對伊斯坦堡拜占庭時期的稱呼Miklagaard，意思是「大城」。餐廳將土耳其的香料和食材，結合北歐的烹飪技術和擺盤，創造出一種「新安納托利亞料理」。

　　前菜Bonito就是一大代表，這是一道醃漬鰹魚，這類鰹魚以洄游於博斯普魯斯海峽的最為極品，去骨魚肉泡在鹽水中，醃漬大約一週，然後襯著小黃瓜薄片、佐以Cacık優格和紅洋蔥泥，成了這道帶點北歐極簡卻富詩意風格的料理。

　　主菜色澤粉紅迷人的羊肋骨間肉軟嫩且盡收肉汁，搭配包裹著碎羊腿和熬煮4小時羊排肉汁的麵餃Mantı和Muğla羊肚蕈，佐以肉桂和綠扁豆打成的沾醬，各種香氣在口中全化開來。

## 新城Beyoğlu

**MAP ▶ P.74C2 360 İstanbul**

M2地鐵Şişhane站下，步行約5分鐘 Tomtom Mahallesi, İstiklal Cd. No:163 Kat 8, Beyoğlu ☎0212 251 1042 ⏰餐廳12:00~24:00，Club 23:00~凌晨4:00 ⊕360istanbul.com ❗受疫情影響，開放時間及價目隨時會調整。

掃地圖

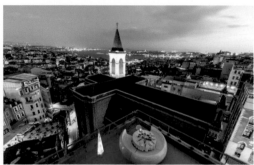

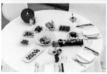

　　360 İstanbul是一座位於大樓頂樓的玻璃屋，四周以紅色屋頂組成的城市景觀和遠方博斯普魯斯海峽的明媚風光，猶如捲軸般在眾人面前毫無遮掩地展開，隨著渡輪和船隻的移動，即使無聲依舊能感受到整座城市的脈動，站在這裡，彷彿都能嗅到海水的味道。

　　隨著時間越晚，360 İstanbul卻越見熱鬧，那些平常在街道上錯身而過、總是以深色或單色系服裝打扮的土耳其女子，全穿上了最亮眼的衣服、畫上最漂亮的妝，期待拋開所有生活的煩瑣，在此盡情享受美食與美景。

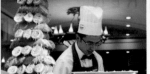

## 新城Beyoğlu

**MAP ▶ P.74D1 Saray Muhallebicisi**

M2地鐵Taksim站，出站步行約3分鐘 Kuloğlu Mah. İstiklal Cad. No:107, Beyoğlu ☎0212 999 2888 ⏰7:00~凌晨2:00 ⊕saraymuhallebicisi.com ❗受疫情影響，開放時間及價目隨時會調整。

　　歷史悠久的Saray Muhallebicisi，窗明几淨，是獨立大道上最著名的甜點屋。土耳其的甜點都很甜，有的甜得像會溺死螞蟻，但不少口感佳、甜味不重的甜點，男女老少都會喜歡，如kazandibi，它是由米磨成粉後，加一點肉桂粉、牛奶，用烤箱烤，更講究的還會加上非常細的雞胸肉，是屬於溫熱的甜點。而土耳其八寶粥Aşure，不甜熱量低，非常好吃，內容至少有十樣以上。

**MAP ▶ P.74C4** **Asmalı Dürümcü**

🚋地下纜車F2 Beyoğlu站或M2地鐵Şişhane站，步行約3分鐘 📍Asmalı Mescit Mahallesi, Nergis Sk. 2/A, Beyoğlu ☎0212 244 0802 🕐12:00~23:30 ❗受疫情影響，開放時間及價目隨時會調整。

掃地圖

不仔細睜大眼，還真的找不著Asmalı Dürümcü。小店藏在圖奈爾廣場附近Nergis Sk.階梯的下方角落，店內空間不大，用餐時間總是座無虛席，且大多是當地人光臨。最受歡迎的吃法是點烤肉捲餅（Dürüm Kebabı），薄餅皮把烤肉片、生菜、洋蔥、番茄一把捲起，一口就能同時吃到鹹香與爽脆，搭配自製鹹優格Ayran更對味。

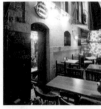
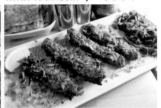

### Tips:伊斯坦堡的餐廳

伊斯坦堡是一座美食天堂，老城區的迪旺尤魯街（Divan Yolu）和新城區的獨立大道是兩個觀光客最多、餐廳也最集中的區域，從咖啡廳、大眾食堂（Lokanta）、土耳其茶屋或小酒館（Meyhane）、烤肉店（Ocakbaşı），到夜店和各式各樣的街頭小吃，選擇豐富而多樣。

在老城區，雖然幾乎所有一級景點都集中在Sultanahmet周邊，但便宜又好的餐廳實在不多，建議不妨遠離觀光人潮，和當地人一起用餐，例如順著Divan Yolu往金角灣走，來到Sirkeci區，在Hocapaşa Sokak或İbni Kemal街附近可以找到更多便宜又味美的飯館；或者更遠一點到埃及市集所在的Eminönü區，市場週邊有不少當地人經常光顧的烤肉店和燉煮美食；如果順著Divan Yolu往上走，來到大市集所在的Beyazıt區以及伊斯坦堡大學周圍，同樣有很多大眾食堂和小酒館。

跨過加拉達橋來到新城區，除了獨立大道之外，庶民的平價大眾食堂和燒烤店多集中在Tünel到加拉達塔一帶，這裏也有許多個性咖啡館和時尚小餐館，是伊斯坦堡文青聚集地；而魚市場附近巷子也有不少小吃和海鮮餐廳，但略嫌觀光化；此外在Nevizade Sokak這條窄巷，當地人很喜歡聚集在兩旁林立的酒吧和小酒館，歡度週末。至於塔克辛廣場往南延伸的Sıraselviler街，以及加拉達塔往下到海邊的Karaköy一帶，也是餐廳聚集區。

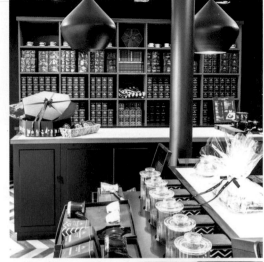

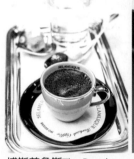
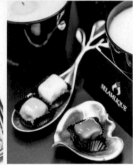

博斯普魯斯The Bosphorus

**MAP ▶ P.71F1** **Selamique**

🚇:M2地鐵Levent站 📍Esentepe, Büyükdere Cd. No:185, Beşiktaş Kanyon AVM Shopping Mall 2F ☎0212 353 0633 🕐10:00~22:00 🌐www.selamlique.com ❗受疫情影響，開放時間及價目隨時會調整。

掃地圖

「Selamique」的字根源自於鄂圖曼帝國時期，指的是房子裡用來接待客人飲用咖啡或茶的地方。

來到位於Levent的旗艦店，店員會為你提供一套土耳其咖啡和甜點品嚐，美麗的銀製托盤上擺放著散發濃郁香氣的土耳其咖啡和灑上金箔的土耳其軟糖，精緻得讓人捨不得動手，包覆軟糖、取材天然的糖衣細膩的口感和香氣，軟化了咖啡苦澀的滋味。

不過，在品嚐之前卻有件事得讓你先傷點腦筋，因為Selamique以阿拉比卡咖啡豆混合100％天然香氣的咖啡口味分傳統、重度烘培、巧克力、荳蔻、肉桂和乳香6種，還貼心地各分為三級甜度！

## Where to Shop in İstanbul
## 買在伊斯坦堡

### 新城Beyoğlu

**MAP ▶ P.72D4** **Tuğba Kuruyemiş**

🚃電車T1至Beyazit下車 🏠Mimar Kemalettin Mahallesi, Yeniçeriler Cd. 65/A, 34126 Fatih ☎0850 644 0909 🌐www.tugbakuruyemis. com.tr ❗受疫情影響，開放時間隨時會調整，請上網或去電查詢。

掃地圖

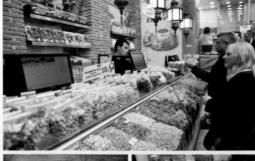

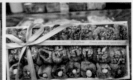

以貿易乾果起家的**Tuğba**，如今已是一家土耳其伴手禮大型連鎖店，明亮的賣場裡，從土耳其軟糖、甜點、蘋果茶、咖啡、無花果，到各式果乾、堅果，都包裝成大大小小的精緻禮盒，凡是打算買來送人的伴手禮，幾乎都可以在店裡一次購足。**Tuğba**在全國各地都有分店，有頂大市集外面就有一間，採購非常方便。

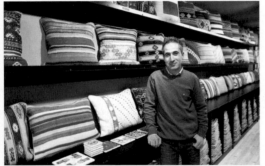

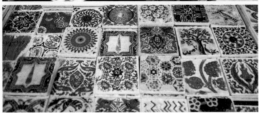

### 歷史半島Sultanahmet

**MAP ▶ P.73E5** **Subası Halı**

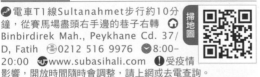

🚃電車T1線Sultanahmet步行約10分鐘，從賽馬場盡頭右手邊的巷子右轉 🏠Binbirdirek Mah., Peykhane Cd. 37/D, Fatih ☎0212 516 9976 🕐8:00-20:00 🌐www.subasihali.com ❗受疫情影響，開放時間隨時會調整，請上網或去電查詢。

掃地圖

店主人Mustafa Subası主要經營地毯生意，他販售的地毯有別於傳統土耳其地毯，圖案更具設計感，而這間位於賽馬場附近巷弄的店面，擺設多半為家飾品，除了地毯之外，還有抱枕、磁磚，尤其是那些拓印自鄂圖曼時代老房子磁磚圖案的商品，可說個個經典。

### 歷史半島Eminönü

**MAP ▶ P.72D2** **Kurukahveci Mehmet Efendi**

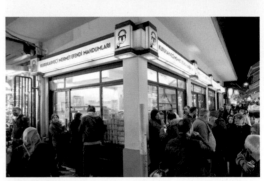

🚃電車T1線Eminönü站，步行約3分鐘，在埃及市集外圍巷弄 🏠Rüstem Paşa Mahallesi, Tahmis Sk. No:66, Fatih 0212 511 4262 🕐8:00-19:00 www.mehmetefendi.com ❗受疫情影響，開放時間隨時會調整，請上網或去電查詢。

掃地圖

Kurukahveci Mehmet Efendi在土耳其咖啡界應該是無人不知、無人不曉的等級。Mehmet Efendi從1871年開始販售烘培並研磨後的咖啡粉，在他以前，土耳其人都是購買生豆回家炒培、研磨，也可以説因為Mehmet Efendi，土耳其咖啡才更為普及。

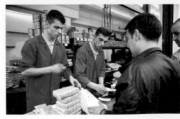

雖然超市都能買到該品牌的土耳其咖啡粉，但香料市場旁邊的本店總是人潮滿滿，排隊購買新鮮的咖啡。

伊斯坦堡&馬爾馬拉海… **伊** 斯坦堡 İstanbul

139

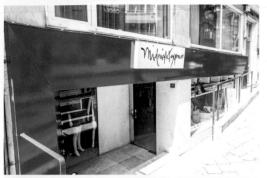

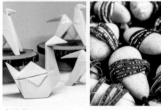

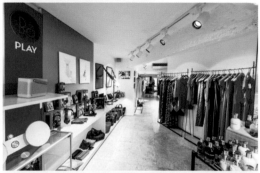

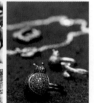

## 新城Beşiktaş

**MAP ▶ P.71G1** **Midnight Express**

🚌塔克辛廣場和T1電車總站Kabataş的巴士站有多班公車前往貝貝克，另外也可搭乘計程車前往。 🏠Bebek Mh., Küçük Bebek Cad. No:3/b, Beşiktaş ☎0212 263 2111 🕐週一至週六10:30-19:30 🌐midnight.com.tr ❗受疫情影響，開放時間隨時會調整，請上網或去電查詢。

Midnight Express是全伊斯坦堡第一間時尚概念店，隨著店面不斷擴充與店數的增加，也將目光從土耳其當地放眼國際，法國設計師Vanessa Bruno的包包、英國凱特王妃愛牌Issa London的洋裝、AGLIO & OLIO充滿休閒風格的襯衫，全飄洋過海共聚一堂，展現每日實用穿搭的Smart Chic風格。

除了服飾店外，還有一間首飾店，這處線條簡約略帶冷硬氣質的空間裡，連掛在樹枝上閃閃發光的寶石和彩鑽，都多了幾分酷酷的味道。

---

╭─────────────────╮
│ **Tips:** │
│ **伊斯坦堡的購物** │
╰─────────────────╯

老城的有頂大市集、埃及市集、阿拉斯塔市集這三大市集都是土耳其工藝品最集中的區域，販售商品大同小異，包括地毯、珠寶、陶瓷、紡織品、香料、果乾和茶，以及各種紀念品。

如果對土耳其的傳統樂器有興趣，可以前往位於新城圖奈爾廣場和加拉達塔之間商圈的Galipdede街，這裡同時也有不少個性小店。如果對時尚、設計有興趣，尼尚塔什(Nişantaşı)則是必逛區域。而更前衛的商品，則集中在加拉達塔附近的Sersar-I Ekrem街或是獨立大道中段的Cihangır街。如果要搜尋古董，則同樣位在獨立大道中段的Çukurcuma街。

## 新城Beyoğlu

**MAP ▶ P.74C2** **Pera Family**

🚋T2 Taksim-Tünel古董電車線的Tünel站 🏠Galip Dede Cd. No.41, Beyoğlu ☎0212 243 9222 ❗受疫情影響，開放時間隨時會調整，請去電查詢。

土耳其的天然橄欖油香皂和衛浴織品遠近馳名，遊客聚集的市集、商圈都看得到商店販售這些產品。位於圖奈爾廣場和加拉達塔商圈的Pera Soaps & Cotton，所販售的香皂除標榜手工、純天然之外，其外盒包裝更煞費心思，有各種代表土耳其圖騰的圖案可選擇，非常適合作為伴手禮。

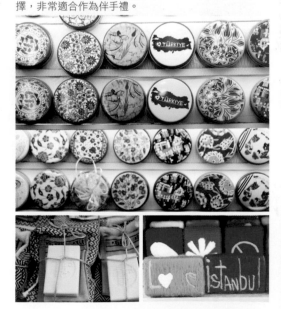

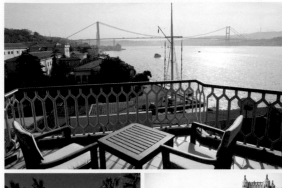

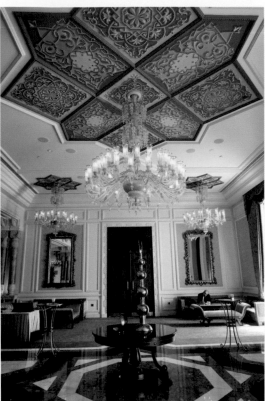

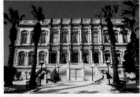
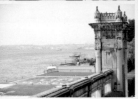

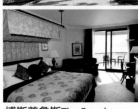
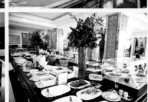

### 博斯普魯斯 The Bosphorus

**MAP ▶ P.71G1**

### Çırağan Palace Kempinski İstanbul

🚢 搭渡輪至Beşiktaş，或是地面電車T1至終點站Kabataş，再轉搭公車或計程車前往
🏠 Çırağan Caddesi No.32, Beşiktaş
📞 0212 326 4646 🌐 www.kempinski.com
💲★★★★★

Çırağan Palace Kempinski İstanbul原本是建於19世紀的鄂圖曼皇宮，也是伊斯坦堡唯一一間由蘇丹皇宮所改建的旅館，1991年開幕之後，就成了伊斯坦堡最具代表性的頂級旅館，以土耳其式的好客熱情、奢華及獨特的個性化服務，迎接過無數世界各國政商名流。

Çırağan這個字源自於波斯語，意思是「燈火」。過去每當法特瑪蘇丹(Sultan Fatma)在宮殿的庭院舉辦火炬慶典時，都會稱作「齊朗節」(Çırağan Festival)，從此，這座宮殿，便和Çırağan劃上等號。

飯店結合了鄂圖曼皇宮原本的富麗堂皇，以及現代豪華飯店的舒適，同時巧妙地借景博斯普魯斯海峽，使露天咖啡座和游泳池似乎和海連成一片，彷彿一座坐落於市中心的度假村。

飯店共有310個房間，其中主建築有279間客房、20間套房；另外在皇宮區則有11間奢華套房，甚至有直昇機停機坪，不少政商影視名流都是直接搭機降落在此。整座飯店全是大理石材，房間內部擺放了精雕的木製家具，並飾以暖色調的織品，彷彿把時光拉回榮耀的鄂圖曼時代。房間的陽台大而寬敞，其中半數以上享有令人讚嘆的博斯普魯斯海峽絕景。

飯店諸多餐廳中，Enderun Lounge每日一早提供豪華早餐，週日時還有更為豐盛的早午餐，而戶外區的露天咖啡座就在博斯普魯斯海峽畔，是一天中最高級的享受，下午茶時間，各種誘人的糕點、巧克力、三明治、茶點，以及古典的英式下午茶三層架，一字排開，光看就是一大享受；Tuğra餐廳獲獎無數，以名副其實的宮殿，提供鄂圖曼宮廷料理；Bellini Pasta & More可享精緻的義大利料理；Bosphorus Grill則在海畔升起炭火，供應香味撲鼻的燒烤大餐。此外，Berthold Bar及位於花園間的Le Fumoir，更是忙碌一天之後，最理想的放鬆去處。

近年來，伊斯坦堡不少時尚奢華旅館紛紛鵲起，然而這裡無可取代的地理位置，以及身為皇宮獨一無二的歷史感，Çırağan Palace Kempinski İstanbul依然是博斯普魯斯海峽上最閃亮的珍珠。

### 博斯普魯斯The Bosphorus

**MAP ▶ P.71G1** **Four Seasons Hotel İstanbul at the Bosphours**

🚢搭渡輪至Beşiktaş，或是地面電車T1至終點站Kabataş，再轉搭公車或計程車前往 🏠Çırağan Caddesi No.28, Beşiktaş ☎0212 381 4000 🌐www.fourseasons.com/bosphorus 💲★★★★★

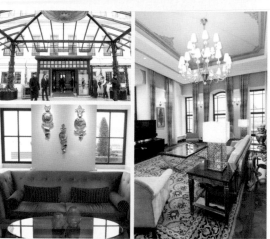

在博斯普魯斯海峽邊的四季飯店是由19世紀的鄂圖曼宮殿所改裝，緊鄰繁忙的博斯普魯斯海峽，其中四分之一的客房享有美麗的博斯普魯斯海景，其餘的客房則是面對花園和城景。

儘管為老屋改建，內部裝潢則是現代極簡風混搭鄂圖曼的高貴典雅，兩者充分協調不衝突。

除了五星級飯店必備設施，還有占地極廣的水療休閒中心、婚禮花園，以及私人碼頭。

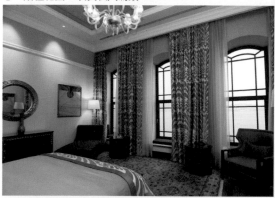
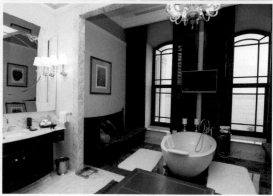

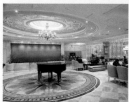
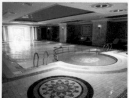

### 新城Beyoğlu

**MAP ▶ P.71E1** **Elite World İstanbul Hotel**

🚇地鐵M2、隧道纜車F1 Taksim– Kabataş線，以及T2 Taksim–Tünel古董電車線的Taksim站，出站後步行約3分鐘 🏠Şehit Muhtar Caddesi No.42, Taksim ☎0212 313 8383 🌐www.eliteworldhotels.com.tr 💲★★★★★

Elite World İstanbul Hotel地理位置優越，步行即可抵達塔克辛地鐵站。

所有五星級飯店該有的設施這裡一應俱全，健身中心有游泳池、三溫暖；主要大廳可以邊欣賞音樂表演邊用餐，提供土耳其和國際性菜餚；專人駐站提供旅遊諮詢，為你解決旅途上的困擾。

沒有過度奢華的裝潢和設施，這間五星級飯店一切顯得十分平實，就像住在家裡一樣，舒適、現代、方便、安全，正是你探索伊斯坦堡的理想基地。Elite World İstanbul Hotel的隔壁，還有一間四星的Elite World Prestige，提供更平價的土耳其式好客服務。

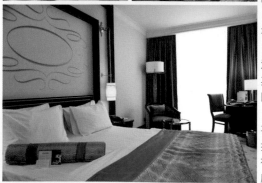

新城Beyoğlu

**MAP ▶ P.71E2** **Gezi Hotel Bosphorus**

🚇 地鐵M2、隧道纜車F1 Taksim-Kabataş線，以及T2 Taksim-Tünel古董電車線的Taksim站，出站後步行約1分鐘 ⬆Mete Caddesi No.34, Taksim ☎0212 393 2700 ⓦwww.gezibosphorus.com ⓢ設計旅店

　　如同這間旅館的名稱，Gezi Hotel Bosphorus一面緊鄰綠意盎然的蓋濟公園(Gezi Parkı)，一面眺望湛藍的博斯普魯斯海峽，不但景觀極佳，更因為距離塔克辛廣場不遠，享有優越的地理位置。

　　旅館本身是設計旅館(Design Hotel)的一員，現代的極簡裝飾風格，共有11個樓層、56間豪華客房、11間精緻設計的套房，主餐廳和大廳位於4樓，餐廳為半開放空間，居高臨下，視野驚人，白天、夜晚各有不同風情。低樓層雖看不到美景，但部分房間擁有半獨立的綠色庭院。

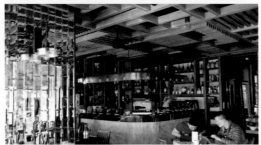

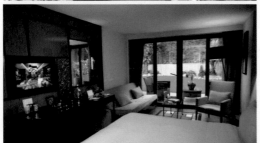

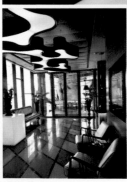

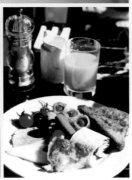

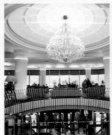

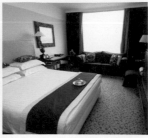

新城Beyoğlu

**MAP ▶ P.75E1** **The Marmara Taksim**

🚇 地鐵M2、隧道纜車F1 Taksim-Kabataş線，以及T2 Taksim-Tünel古董電車線的Taksim站，出站即達 ⬆Osmanlı Sokak No 1/B Taksim ☎0212 334 8300 ⓦwww.themarmarahotel.com ⓢ★★★★★

　　就位於塔克辛廣場旁邊的商業中心地帶，總共有377個房間，不但位置適中，視野更是無可比擬，高樓層的餐廳可以360度俯瞰博斯普魯斯海峽、金角灣風光，以及伊斯坦堡新舊城的天際線。

　　由於地點極佳，就算不住在這裡，也可前來頂樓餐廳享用餐點，餐廳提供的土耳其菜在伊斯坦堡更是數一數二的。

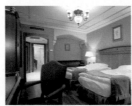

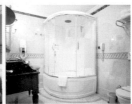

新城Beyoğlu

**MAP ▶ P.71E2** **The Central Palace-Taksim**

🚇 地鐵M2、隧道纜車F1 Taksim-Kabataş線，以及T2 Taksim-Tünel古董電車線的Taksim站，出站後步行約3分鐘 ⬆Lamartin Cd. No:18, Taksim ☎0212 313 4040 ⓦwww.thecentralpalace.com/en ⓢ★★★★

　　距離熱鬧的塔克辛廣場和獨立大道僅300公尺，不論是前往獨立大道購物、享美食，還是因為商務需求，必須前往伊斯坦堡會展中心，都在咫尺之間。在這新城區的交通輻輳中心，步行就可到達地鐵、巴士及纜車站。

　　飯店呈現鄂圖曼晚期的風格，房間寬敞，餐廳、健身房、商務中心等一應俱全，雖開業已久未重新整修，但價格上頗親民且自助式早餐豐盛，適合商務或預算有限的旅客。

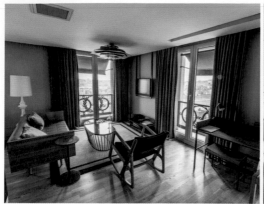

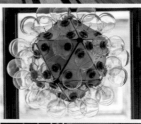

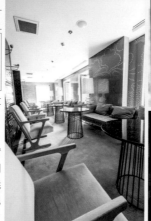

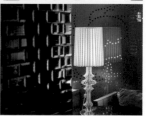

**新城Beyoğlu**

`MAP ▶ P.75E3` **Witt Istanbul Hotel**

🚇M2地鐵Taksim站步行約11分鐘；或是T1電車Tophane站步行約5分鐘 🏠 Defterdar Yokusu No:26, Cihangir Beyoğlu ☎02120 293 1500 💻www. wittistanbul.com 💲精品旅店

掃地圖

Witt Istanbul Hotel小巧精緻，鄂圖曼時期流行的土耳其砂岩外觀，或許貌不驚人，內部卻處處充滿驚喜。

鏤花的樓梯、雷射穿洞切割出裝飾花朵圖案的牆面、猶如立體紙雕的高腳燈、將窗外景色裝框成畫的大片窗戶和木頭窗；客房內，一塊塊木片拼成花朵的吊燈、鋼架和玻璃打造的高掛式置物架、兩端微微翹起猶如板凳的書桌椅、浴室中一體成型的洗手台，造型簡單、顏色淡雅，卻以最微小的變化，產生出無窮的趣味。

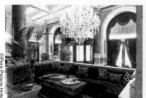

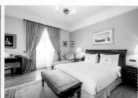

**新城Beyoğlu**

`MAP ▶ P.74C3` **Pera Palace Hotel**

🚋T2 Taksim – Tünel古董電車線以及F2 Karaköy – Tünel隧道纜車的Tünel站，或是M2 地鐵站Şişhane。出站後步行約5分鐘 🏠Meşrutiyet Cad No:52, Tepebaşı ☎0212 377 4000 💻www.perapalace.com 💲★★★★★

掃地圖

這家成立於1892年的百年飯店，過去是搭乘東方快車的歐洲豪紳仕媛們下榻之所，推理小說女王克莉絲蒂·艾嘉莎(Agatha Christie)也是在這家五星級飯店的411房寫下《東方快車謀殺案》的。如今，艾嘉莎住過的房間刻意保持原樣，而土耳其國父凱末爾住過的101號房，在1981年百年慶時，則被指定為「博物館旅館」(Museum-Hotel)，每日安排時段開放參觀。

旅館如今全面翻新整修並刻意保留原貌，客房多達十多種房型供房客選擇，知名的餐廳Agatha Restaurant則提供土耳其、法國、義大利口味獨特的創意料理。

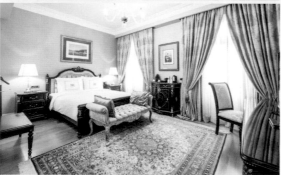

## 新城Beyoğlu

**MAP ▶ P.71F1** **Hilton İstanbul Bosphorus**

🚇 地鐵M2的Osmanbey站，出站後步行約10分鐘 🏠Cumhuriyet Caddesi, No:50 Harbiye, Sisli ☎0212 315 6000 🌐www.istanbul.hilton.com 💲
★★★★★

掃地圖

坐落在15公頃大的花園裡，高樓層可以遠眺博斯普魯斯海峽。房間數多達數百間，並擁有大型私人陽台。飯店內提供不同的餐飲，其中，頂樓餐廳Dubb's Garden Outlet提供的是土耳其菜和國際菜餚，視野極佳；而Dragon中國餐廳則在伊斯坦堡享有盛名，Dubb Indian Bosphorus提供印度料理。由於佔地遼闊，室內、室外游泳池都有，還有Sentinus Wellness Spa、網球場等。

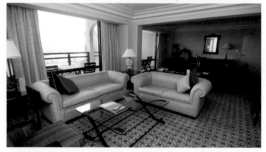

## 新城Beyoğlu

**MAP ▶ P.74C5** **Bankerhan**

🚇 電車T1的Karaköy站步行約3分鐘，或M2 地鐵站Şişhane步行約6~7分鐘 🏠Berekezade Mah. Banker Sok. No:2, Karaköy Beyoğlu ☎0212 243 5617 🌐www.bankerhan.com 💲精品旅店

掃地圖

2015年開幕的新概念旅店，棲身於Karaköy和加拉達塔之間的小丘巷弄間，Bankerhan改建自一棟18世紀末的猶太人宅邸，在鄂圖曼時代，曾是一座商旅往來的客棧，改建之前則曾作為街頭藝術中心。

如今，全面裝修後的Bankerhan除了現代版的客棧旅店之外，還充當當地藝術家展覽的空間。經營者不希望旅店只是純粹睡覺的地方，因此，街頭派對、讀書會、巧克力廚藝工作坊、電影放映都可能是這家旅店會不定期舉辦的活動。

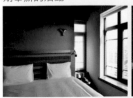 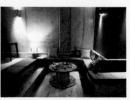

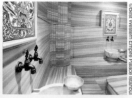
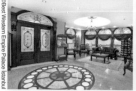

## 歷史半島Sirkeci

**MAP ▶ P.73F3** **Best Western Empire Palace İstanbul**

🚇 電車T1的Sirkeci站，出站後步行約3分鐘 🏠Hocapasa Mah. Hudavendigar Cad. No.19, Sirkeci– Sultanahmet ☎0212 514 5400 🌐www.hotelempirepalace.com

掃地圖

旅館建築本身是17世紀的鄂圖曼房子所改裝，地點絕佳，距離藍色清真寺只有400公尺。旅館不大，只有35個房間，因為是歷史建築所改裝，到處充滿古色古香的裝飾，當然也附設了土耳其浴和三溫暖等設施。

飯店大廳酒吧和花園簡餐別具味道，而頂樓的陽台景觀餐廳可眺望博斯普魯斯海峽。

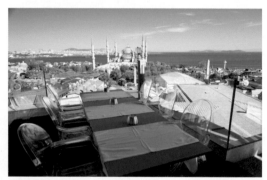

## 歷史半島Sultanahmet

**MAP ▶ P.73E5** **Hotel Arcadia Blue İstanbul**

🚇 電車T1的Sultanahmet站，出站後步行約2分鐘 🏠Dr. İmran Öktem Caddesi No:1, Sultanahmet ☎0212 516 9696 🌐www.hotelarcadiablue.com 💲
★★★★

掃地圖

飯店的極佳視野，即便不住這裡，你還是可以搭乘電梯抵達頂樓的景觀餐廳點杯飲料，或直接在此用餐，一覽馬爾馬拉海、藍色清真寺和聖索菲亞清真寺拉出的天際線。

旅館建築本身是19世紀的老房子，幾經翻修，最近一次於2013年5月以全新之姿對外開放，共有54個房間，有的房間窗戶就正對著藍色清真寺，如果有幸住進這些景觀房，也是難得的體驗。

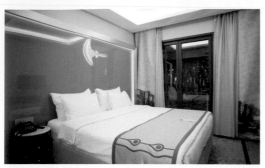

歷史半島Sultanahmet

**MAP ▶ P.73E5** **Peyk Hotel**

🚋電車T1的Çemberlitaş站，出站後步行約2分鐘 🏠Binbirdirek Mah., Peykhane Cad. No:10 Sultanahmet ☎0212 517 1517 💻www.peykhotel.com ⑤★★

靠近藍色清真寺等一級景點的飯店多半價格不菲，如果想求得一夜好眠，Peyk Hotel也許是經濟實惠的選擇。

Peyk Hotel算是商務型旅館，新裝潢過的房間空間小巧，但五臟俱全，早餐美味豐盛，重點是距離聖索菲亞清真寺、有頂大市集都不遠。

### Tips:伊斯坦堡的旅店

伊斯坦堡的館平均分散在三個遊客集中的區域，分別是老城區、新城區，以及博斯普魯斯。

以Sultanahmet、Sirkeci、Eminönü、Beyazıt為主的老城區，旅館較狹小，但頗具歷史感，不少都是土耳其式的裝潢，像是鋪著土耳其地毯、擺設老家具，因為空間狹小，多半沒有浴缸，只有淋浴間。

以塔克辛廣場為核心的新城區，多半為現代化的國際連鎖高檔飯店，近年則有愈來愈多以老房子改建的精品旅館；如果住在Tünel、Cihangir、Galata附近，周邊餐廳、夜店的選擇較多。

沿著博斯普魯斯海峽分布的旅店，多半集中在Beşiktaş和Ortaköy之間，多半是標榜享有海景的高檔奢華度假飯店，泳池、土耳其浴等設施不可或缺，但相對而言，交通較不便利。

一般而言，4～10月為旺季，11～3月為淡季(耶誕節、新年和復活節期間除外)，淡季可議價空間較大，最多可打到8折，有些私人經營的民宿如果付現金，可享5-10%的折扣，甚至住的天數多，還有接機服務。

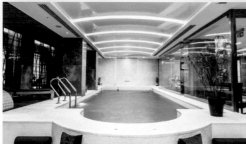

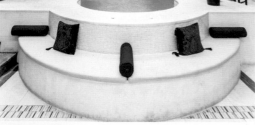

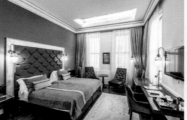

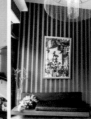

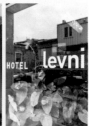

歷史半島Sirkeci

**MAP ▶ P.73E3** **Levni Boutique Hotel & Spa**

🚋電車T1 Sirkeci站 🏠主入口：Ankara Caddesi No: 12 Sirkeci，後門：Ebusuud Caddesi No:31, Sirkeci ☎0212 519 1019 💻www.levnihotel.com ⑤精品旅店

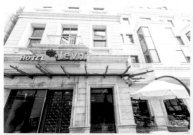

Levni Boutique Hotel & Spa巧妙連結三棟建築，讓空間在運用上能夠更加靈活，也因此常讓房客有種穿梭迷宮的感覺。這間飯店以18世紀最知名的細密畫宮廷畫家Abdulcelil Levni為名，在飯店的會議室等多處牆壁上，也能欣賞到他的複製畫，而飯店logo的那朵花，同樣出自Levni之手。

既然名稱特別冠上SPA，水療自然是Levni Boutique Hotel & Spa的特色，除了附設按摩浴缸的客房，以及提供多種按摩服務的芳療中心外，最值得一提的是免費招待房客使用的土耳其浴室，讓疲憊的旅客遊覽伊斯坦堡後，能夠以最當地的方式放鬆身心。

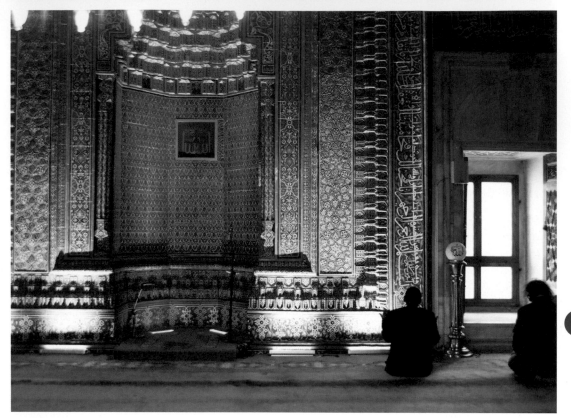

●布爾薩

# 布爾薩

# Bursa

布爾薩之於鄂圖曼帝國，就像東北關外之於大清帝國一樣，這裡是鄂圖曼文化的發源地，麥何密特二世還沒拿下伊斯坦堡之前，於1326年從塞爾柱帝國奪下布爾薩，並成為鄂圖曼帝國的第一個首都。

曾經是絲路上重要貿易城市，布爾薩因此發展出養蠶、製絲產業，直到今天，每年夏天仍能看到鄰近村民挑著蠶繭，前來市集交易，因此，布爾薩的紡織工業也特別發達。

布爾薩還有「三多」：清真寺多、墳墓多、澡堂多。清真寺多，因為這裡是鄂圖曼文化中心，伊斯蘭信仰堅篤，全城清真寺超過125座；墳墓多，因為鄂圖曼崛起於布爾薩，就像中國的西安一樣，先皇帝陵也特別多；澡堂多，因為布爾薩是個溫泉之鄉，據估計，全布爾薩的土耳其浴室超過三千座，很多飯店都附設溫泉設施。

布爾薩的東南方高踞著一座海拔2543公尺的烏魯山(Uludağ)，因為自然景觀豐富，而被稱為「綠色布爾薩」(Yeşil Bursa)，冬季變身一片銀白世界，是土耳其境內知名的滑雪勝地。

它是距離伊斯坦堡最近的大城，但城市風格迥然不同，值得悠閒地花上一天時間，追尋鄂圖曼遺風，或者搭乘纜車上烏魯山，登高望遠欣賞自然風光。

# INFO

## 基本資訊

**人口**：市區185萬，土耳其第四大城
**區域號碼**：0224
**面積**：1,036平方公里

## 如何前往

### ◎從伊斯坦堡Eminönü碼頭搭渡輪

　　搭乘BUDO船公司經營的快速渡輪抵達Mudanya港口，一日4~6班次，船程約1小時50分鐘，船票110TL，可於官網購票選位或碼頭售票口購票。

　　從Mudanya港口轉搭公車前往布爾薩市中心，搭乘F3可以抵達大清真寺，車程約30分鐘，但尖峰時段常塞車；或是搭1M抵達布爾薩地鐵M1線的Emek站，再轉乘地鐵至Şehreküstü站下車。公車車票可在船公司售票口購得。

🔗budo.burulas.com.tr
❗受疫情影響，航班及票價隨時會調整，請上網或去電查詢。

### ◎從伊斯坦堡Yenikapı碼頭搭渡輪

　　搭乘İDO船公司經營的快速渡輪抵達Güzelyalı港口（約在Mudanya東邊4公里），船程1小時50分鐘，船票201~241TL。從Güzelyalı再轉搭公車1GY前往布爾薩地鐵Emek站。

🔗www.ido.com.tr
❗受疫情影響，航班及票價隨時會調整，請上網或去電查詢。

### ◎長途巴士

　　布爾薩的長途巴士站(Otogar)位於市中心以北10公里處的Yalova路上。從伊斯坦堡的長途巴士總站出發，繞行馬爾馬拉海灣，車程約2~3.5小時。從長途

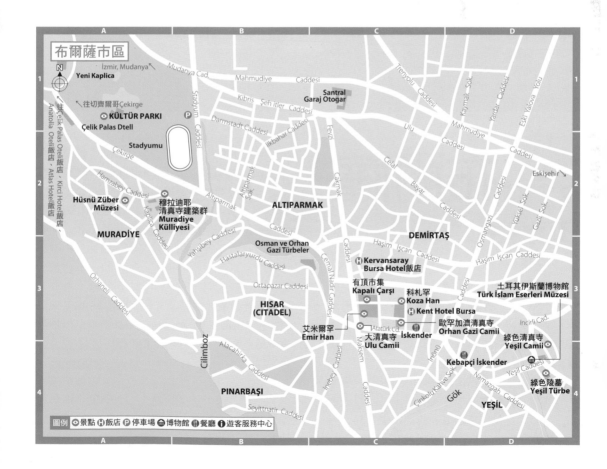

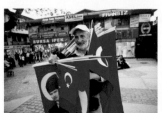
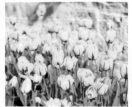
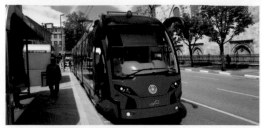
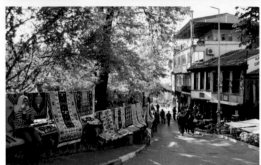

巴士站前往市中心，可搭38號公車。

### ◎開車

如果打算從伊斯坦堡開車過來，可以從城外的Eskihisar碼頭開車上渡輪，抵達Yalova東邊的Topçular碼頭可以省去繞遠路。

## 市區交通

### ◎地鐵Bursaray

布爾薩的地鐵系統名為Bursaray，以東西向連結市中心和郊區，營運時間6:00~午夜，每8-12分鐘一班車，其中以Şehreküstü和Demirtaspaşa兩站最接近市中心。

🌐 www.burulas.com.tr

### ◎地面電車Burtram

紅色的地面電車每30分鐘以逆時針方向循環市中心一圈，稱為T1線，並在Osman Gazi站和地鐵Bursaray銜接。

### ◎共乘小巴Dolmuş

由於溫泉區切齊爾哥(Çekirge)距市中心尚有一段距離，這時搭乘有固定路線的共乘小巴最方便，甚至比巴士還便宜。從市中心的Heykel上車，大致走逆時針方向，沿著Inönü街，到Kent廣場、Atatük體育場，然後沿著Çekirge街到切齊爾哥。

### ◎布爾薩交通卡Bursakart

適用於地巴士、地鐵、電車。

🌐 www.bursakart.com.tr/cardoperations/cardload

## 旅遊諮詢

### ◎旅客服務中心Bursa Turizm Danışma Bürosu

🏠 Atatürk Caddesi, Ulucami yanı Osmangazi/BURSA

☎ 0224 220 1848

🌐 www.bursakultur.gov.tr、www.bursa.com.tr

## 布爾薩的住宿

選擇布爾薩的旅店，首要是決定要住在哪一區。由於布爾薩的主要景點都集中在市中心，而一些經濟型的旅店也都集中在Atatürk街和Inönü街交界的

Heykel，以及Kent廣場周邊，兩地交通都很便利，但以前者較接近主要景點。

如果想嘗試布爾薩溫泉的滋味，那麼就一定要選擇切齊爾哥區(Çekirge)的飯店，相對也較高檔，但距離市中心有2公里距離，得考慮交通的便利性。

# 城市概略City Outline

布爾薩是土耳其第四大城，如果把整座城市範圍都算進來，土地相當遼闊，還好大部分精華景點都在市中心。

就像台灣很多城鎮都以中山路為核心一樣，布爾薩的市中心也以其國父之名Atatürk大道為主軸，東西橫貫，就在Atatük Caddesi(南)、Ulucamii Caddesi(西)、Cumhuriyet Caddesi(北)、Inönü Caddesi四條街所框起來的範圍，就是市區的中心點，名為Keykel，大清真寺、有頂大市集都在這個範圍之內。

而綠色清真寺、綠色陵墓則位於這個範圍的東邊，即沿著Atatük Caddesi，過了Inönü Caddesi之後，繼續向前行，步行可達。至於穆拉迪耶清真寺建築群則在市中心區的西側，而溫泉區切齊爾哥(Çekirge)就位於市中心西北側2公里處。

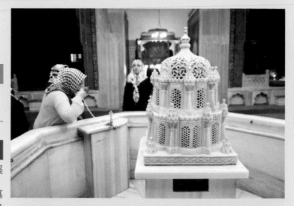

葉錫爾區Yeşil

**MAP ▶ P.148D4**

# 綠色清真寺

**MOOK Choice**

Yeşil Camii

### 內部綴滿綠色的伊茲尼磁磚

◎ 從市中心區沿著Atatürk街往東前行，水勢盛大的居克溪 (Gök Deresi)從山上切山谷而下，過橋之後，就來到Yeşil街，先經過土耳其伊斯蘭博物館，接著綠色清真寺在左，綠色陵墓在右。🏠Yeşil Caddesi ⏰8:30~日落，除穆斯林禱告時間之外都開放 💲免費

掃地圖

　　綠色清真寺是布爾薩最知名的紀念性建築，被視為土耳其最出色的清真寺之一。

　　清真寺建於蘇丹麥何密特一世(Sultan Mehmed I Çelebi)在位時代，不過清真寺其實並未完成，當初建築師在立面設計了柱廊，卻始終未建成，因為根據鄂圖曼慣例，這座清真寺專屬於麥何密特一世，在蘇丹死後，所有工程都必須停止。

　　在土耳其的建築史上，這座清真寺象徵了一個轉捩點，在過去，土耳其的清真寺都是延續波斯風格的塞爾柱(Seljuk)形式，但綠色清真寺開始走鄂圖曼自己的路，也就是所謂的古典鄂圖曼時期，這可以從它協調的立面以及入口精細複雜的大理石雕刻看出一二。

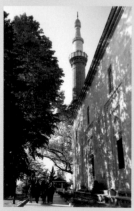

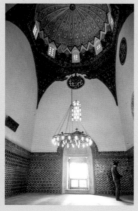

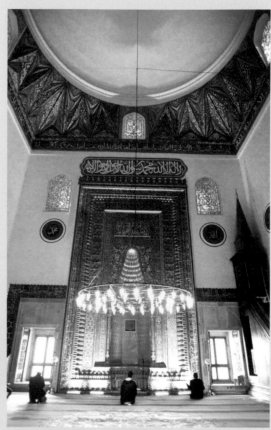

### 朝拜麥加壁龕及伊茲尼磁磚

　　進到清真寺裡，面向麥加朝拜的壁龕高達15公尺，接近頂端的部分，雕工精細而繁複。而整座清真寺內部貼滿藍綠色的伊茲尼(İznik)磁磚，就像浸淫在大海一般，這也是鄂圖曼的清真寺首度廣泛地用到伊茲尼磁磚，綠色清真寺因而得名。

**MAP ▶ P.148D4**

# 綠色陵墓
## Yeşil Türbe

**蘇丹麥何密特一世永眠地**

🌀同綠色清真寺 🏠Yeşil Caddesi 📅日出~日落 💲免費

綠色陵墓與綠色清真寺隔著Yeşil街相鄰，這是鄂圖曼第五位蘇丹麥何密特一世及其家族的陵墓。在1402年蒙古人入侵之後，麥何密特一世重新團結了面臨支離破碎的鄂圖曼，在帝國歷史上功不可沒。

相較於綠色清真寺，綠色陵墓建築比較接近塞爾柱形式，而非古典鄂圖曼。陵墓外面貼的藍、綠色磁磚是19世紀加上去的，只有入口大門還保留著原始的磁磚。

陵墓內部空間侷促，安放著麥何密特一世及其子女的石棺，從石棺、牆面，到麥加朝拜壁龕都裝飾著錯綜複雜的磁磚。對伊斯蘭教徒來說，這裡是他們的聖地，不時有世界各地的穆斯林前來虔誠祝禱。

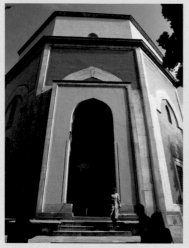
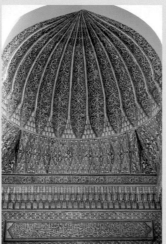
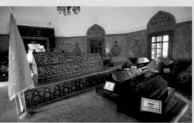
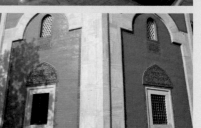

---

**MAP ▶ P.148D4**

# 土耳其伊斯蘭博物館
## Türk İslam Eserleri Müzesi

**伊斯蘭宗教學校改建的美術館**

🌀同綠色清真寺 🏠Yeşil Cadde Zehrimar Camii Sokak 16360 Yıldırım/Bursa ☎0224 327 7679 ⏰8:00-12:00、13:00-17:00 💲20TL ❗受疫情影響，開放時間隨時會調整，請上網或去電查詢。

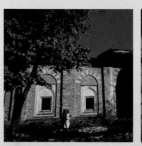
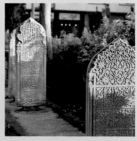

土耳其伊斯蘭博物館的建築原本是一座伊斯蘭宗教學校(Medrassa)，與清真寺同屬一個建築群。

博物館裡面陳列著塞爾柱到鄂圖曼時代的伊茲尼磁磚、陶器、珠寶、刺繡、書法、錢幣、樂器、民族服飾等，而布爾薩的招牌皮影戲偶(Karagöz)，這裡也有展示。

**MAP ▶ P.148C3**

# 大清真寺
## Ulu Camii

**MOOK Choice**

## 布爾薩信仰中心

🚋Atatürk大街上，電車Ulu Camii站 📍Atatürk Caddesi ⏰日出~日落後的禮拜，朝拜期間盡量避免進入 💰免費，歡迎捐獻

掃地圖

大清真寺是布爾薩的精神象徵，完成於1399年，為麥何密特一世的父親貝亞濟一世(Beyazıt)下令建造，他曾於1996年在尼可波利斯之役(Battle of Nicopolis，於今天馬其頓境內)發願，如果能打敗十軍便興建20座清真寺，而這座擁有20座小圓頂的大清真寺，便是以一抵二十，作為他的勝利承諾。

這是完完全全的塞爾柱建築形式，整座建築呈

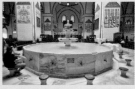

### 供信徒淨身的水池
### 竟與眾不同的設在寺內？

除了巨大的入口大門和森林般的柱廊之外，最特別的就是位在清真寺正中央圓頂下方的一座三層的水池，一般供信徒淨身的水池，多半都位於清真寺外，很少這麼正式的設在寺內，而且就位於正中央。此外，胡桃木精雕的明巴講道壇、牆上掛著的巨大阿拉伯字書法，都值得一看。

一個大四方形，有兩座叫拜尖塔，屋頂有20座小圓頂，以20根柱子支撐。

這座清真寺無疑是布爾薩當地居民及外來朝聖客的信仰中心，不論何時前來，水池邊洗滌淨身的、麥加朝聖壁龕前跪禱的、倚著窗邊誦讀可蘭經的……人潮總是川流不息。

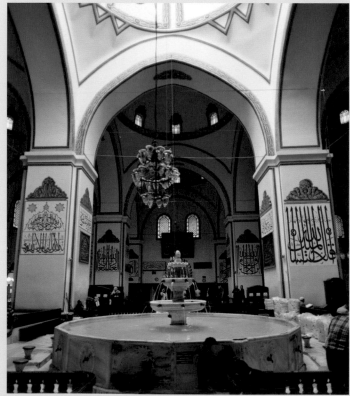

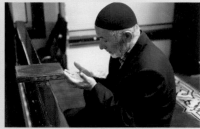

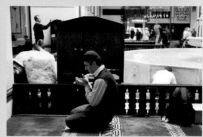

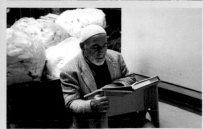

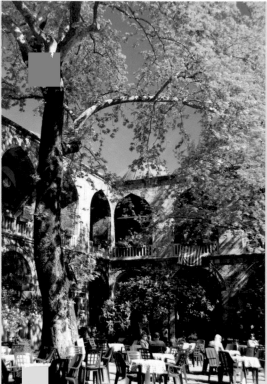

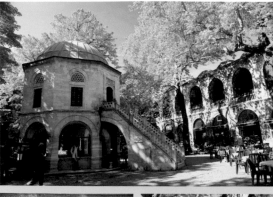

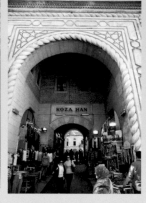

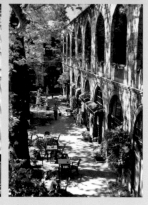

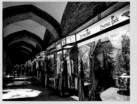

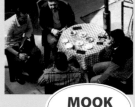

布爾薩中心區

**MAP ▶ P.148C3**

**MOOK Choice**

# 科札罕和艾米爾罕

Koza Han & Emir Han

**絲綢商店聚集中心**

🏛大市集之內　📍Uzun Çarşı Caddesi & Kapalı Çarşı Caddesi

掃地圖

　　大市集四周的街道環繞著許多迴廊式建築，蓋在有樹蔭和清涼的噴泉庭周圍，稱為「罕」(Han，也是商旅客棧的意思)，其中最著名的就是科札罕和艾米爾罕。

## 科札罕

　　綠意盎然的科札罕為1491年貝亞濟二世(Beyazıt II)在位時所建，也是布爾薩曾為絲路上重要城市的證據，2014年已列入世界文化遺產的保護。

　　「Koza」(科札)在土耳其語的意思就是「蠶繭」，養蠶製絲技術大約在西元6世紀拜占廷時代經由絲路從中國和波斯傳遞過來，幾個世紀以來，每年的6、7月，鄰近的養蠶人家都會挑著蠶繭來到這裡販售，這個一年一度的交易活動，延續上千年不曾改變。如今，科札罕也是販售布爾薩絲織品最主要的商場，幾乎所有品質最好的布爾薩絲，都集中在這上下兩層共九十餘間商店裡。

　　中庭裡，百年菩提樹高聳參天，樹蔭下擺滿了露天咖啡座椅，悠閒喝茶聊天的當地人走了一批，又來一批，總是座無虛席，送茶、咖啡的侍者不時忙碌地來回穿梭。正中央小巧可愛的清真寺，則是為榮耀貝亞濟二世所建。

## 艾米爾罕

　　艾米爾罕過去的功能與科札罕相似，商人及趕集客通常會把珍貴的貨品貯放在一樓，然後在二樓睡覺和交易。如今中庭同樣有悠閒的庭園茶座，不同的是這裡擁有一座美麗的古老水池。

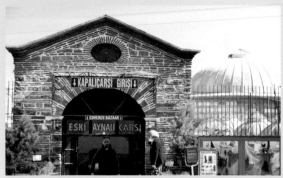

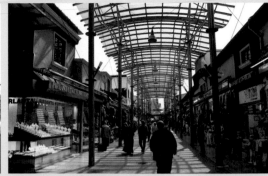

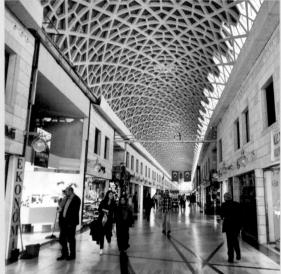

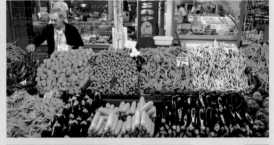

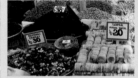

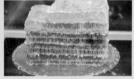

布爾薩中心區

**MAP ▶ P.148C3**

# 有頂市集

MOOK Choice

Kapalı Çarşı

**土耳其第二大市集**

🚌 大清真寺後方 🏠 整個市場區所有精華都在Atatük Cad.、Ulu Cami Cad.、Belediye Cad.、Uzun Çarşı四條街的範圍裡

布爾薩的有頂市集在市中心呈不規則地蔓延，也是全土耳其僅次於伊斯坦堡的第二大市集，如果覺得伊斯坦堡的大市集過於觀光化，來到布爾薩，一定要逛逛這個在地人生活中心的有頂大市集。

有頂市集就位於大清真寺後方，以一連串有著圓屋頂的長廊為核心，其中以貝德斯坦(Bedesten)和舊艾那勒市場(Eski Aynalı Çarşı)歷史最悠久。貝德斯坦建於14世紀末的亞濟一

## 布爾薩的絲
## Bursa Silk

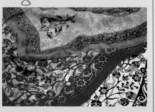

絲綢是布爾薩排名第一的手工藝產業，幾個世紀以來，以布爾薩為核心的周邊村落，村民們植桑、養蠶，然後再把白色蠶繭賣到布爾薩的科札罕，雖然過去養蠶人家挑著蠶繭，在科札罕討價還價的盛況已不復見，但這裡仍是遊客前來買絲織品的第一首選，尤其是絲巾，切記，一分錢一分貨，賣得太便宜的，可能是混紡的劣級品。

154

### 亞歷山大烤肉İskender Kebabı

　　說到布爾薩當地的美食，不能不提烤肉料理亞歷山大烤肉(İskender Kebabı)，因為起源地就在布爾薩，這就是一般所熟知的迴轉式烤肉(Döner Kebabı)，只是切下來的羊肉片會鋪在剛烤好的Pide麵包上，再淋上熱蕃茄醬汁和滾燙羊奶油，然後配著優格一道吃。

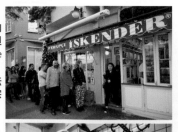

　　之所以命名為「亞歷山大烤肉」，是19世紀末發明這種烤肉吃法的小販，就名為İskender Efendi，布爾薩許多烤肉店都特別標榜正宗的İskender Kebabı。

#### İskender®

🏠Atatürk Cadddesi No.60　☎0224 221 1076　🕙11:30~20:00　🔄www.iskender.com.tr　❗受疫情影響，開放時間及費用隨時會調整，請上網或去電查詢。

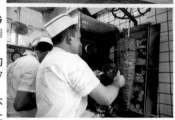

　　位在Atatürk大街上，位置相當明顯，店外總是大排長龍，藍色的外觀和店內裝潢，一直保留老店特色，店面特別標榜創立於1867年，是由İskender Efendi的大兒子和三兒子後代共同經營。

　　店家營業到20:00，排隊人潮不斷，店方態度強硬，時間一到就不再允許排隊，絕不通融，要吃趁早。在布爾薩還有兩間分店，可上網查詢。

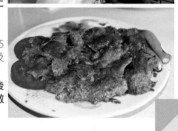

#### Kebapçi İskender

🏠Kayhan Mah, Ünlü Cd. No:7, Osmangazi/Bursa　☎0224 221 4615　🕙11:00-21:00　🔄www.iskender.com　❗受疫情影響，開放時間及費用隨時會調整，請上網或去電查詢。

　　店面位於綠色清真寺和市中心之間，由İskender Efendi二兒子的後代所經營，當然也標榜創立於1867年，另外在Koza Han等地還有數間分店。

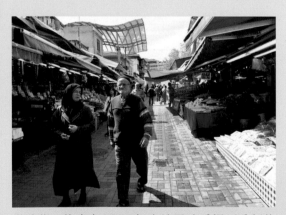

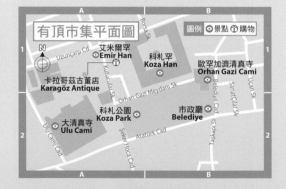

世時代，後來在1855年大地震時受損而重新修建；舊艾那勒市場原本是建於1335年的一處老浴場，因此還能看到那透著天光的圓頂。

　　市集區域範圍內，除了科札罕和艾米爾罕之外，還有費丹罕(Fidan Han)，以及科札公園(Koza Parkı)、舊市政廳(Eski Belediye)、烏姆爾貝土耳其澡堂(Umur Bey Hamamı)、歐罕加濟清真寺(Orhan Gazi Cami)等值得一一品味的景點和建築。

　　市場裡各種民生用品、手工藝品、食物應有盡有，不能錯過的是當地知名的手工織品，包括蕾絲、毛巾、浴衣及絲織品。

**有頂市集平面圖**

圖例 ◉景點 🛍購物

Borsa Sk.　Uzunçarşı Cd.　艾米爾罕 Emir Han　科札罕 Koza Han　歐罕加濟清真寺 Orhan Gazi Cami　卡拉哥茲古董店 Karagöz Antique　Kutucular Sk.　Orhan Gazi Meydanı Sk.　Belediye Cad　SanatÇlar Sk.　Uçan Sk.　科札公園 Koza Park　市政廳 Belediye　大清真寺 Ulu Cami　Ulu Cami Cad　Şeker Hoca Cad　Atatürk Cad　XS Türkiye　XS Türkiye

`MAP ▶ P.148A1`

# 切齊爾哥
## Çekirge
### 古老的溫泉鄉

🚐從市中心的Heykel搭乘共乘小巴前往
**Eskteli Kaplıca Armutlu Hamamı公共浴池**
🏠Kükürtlü, Eski Kaplıca Sokak

掃地圖

來到擁有溫泉的布爾薩，土耳其浴可以說是如虎添翼，溫泉水來自烏魯山，自古以來便被認為具有療癒效果，即使今天，還是不少人來此待上幾個星期進行一整套的溫泉療程。而布爾薩大多數的溫泉浴場，都集中在位於市中心西北方的切齊爾哥，除了公共浴池Eski Kaplıca以外，附近的旅

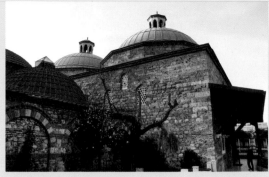

館也都附有溫泉Spa。

除了溫泉飯店林立之外，這一區還有蘇丹穆拉特一世(Murat I)時代興建的清真寺建築群及他的石棺，他是貝亞濟一世的父親，於科索沃(Kosovo)之役中光榮勝利，但隨後被暗殺，並由他的兒子將其遺體帶回故土。

---

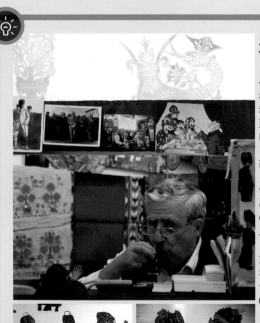

## 土耳其卡拉哥茲皮影戲
### Turkish Karagöz Shadow Puppet

布爾薩被認為是土耳其卡拉哥茲皮影戲的發源地，皮偶由駱駝皮所製，塗上亮油，讓皮偶呈現半透明狀，最後再塗上各種顏色。至於皮影戲是怎麼來的？應該還是和絲綢之路有關係，一般認為是從中亞傳過來，再散布到土耳其其他地方，而據說皮影戲創始人Seyh Ahmet Küsteri(Karagöz)就葬在布爾薩；因而有皮影戲故鄉之稱，內容多描述民眾心目中的英雄人物卡拉哥茲(Karagöz)的故事。

在鄂圖曼時代，皮影戲是社會中流行的娛樂方式，通常在茶室或咖啡店裡表演。目前由卡拉哥茲藝術之家(Karagöz Sanat Evi)努力傳承這項民間傳統技藝，主人Şınasi Çelikkol是一位市集古董店的老闆，店裡有賣各式各樣的皮影木偶，如果相談甚歡，他還會演上一小段皮影戲。

而位於切齊爾哥的皮影戲博物館，也是由Şınasi Çelikkol創立，內部展示各種皮影戲偶及世界各地戲偶的收藏，和製作工具，有時會有不定期的演出，需事先詢問。

**卡拉哥茲皮影戲博物館Karagöz Müzesi**

🏠Çekirge Caddesi No.159 ☎0224 716 3761 🕘9:30-17:30 ❗受疫情影響，開放時間隨時會調整，請去電查詢。

**卡拉哥茲古董店Karagöz Antique**

🏠Kapalı Çarşı-Eski Aynalı Çarşı No:12 ☎0224 221 8727 🕘9:00-18:30 🌐www.karagozshop.net ❗受疫情影響，開放時間隨時會調整，請上網或去電查詢。

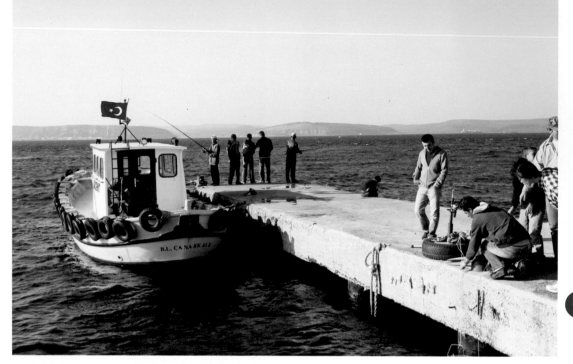

恰那卡雷

# 恰那卡雷&特洛伊
# Çanakkale & Troy

說起恰那卡雷，多數人覺得很陌生，但若說特洛伊，就無人不曉了。恰那卡雷是前往特洛伊的必經城鎮，兩地相距約25公里。

從黑海經過馬爾馬拉海前往地中海，必須穿越兩個戰略地位非常重要的海峽，一個是位於伊斯坦堡、連接黑海和馬爾馬拉海的博斯普魯斯海峽，另一個就是通往地中海的達達尼爾海峽(Dardanelles)。恰那卡雷正好扼守住達達尼爾的亞洲這一端，與歐洲端的加里波里(Galipoli)半島相距只有1,200公尺，這道狹窄咽喉也成了兵家必爭之地，第一次世界大戰期間，就有超過13萬軍人死於慘烈的「加里波里之役」。

數個世紀以來，絡繹不絕的傳教士、軍隊、商人們在渡過達達尼爾海峽前後，總會在恰那卡雷作短暫停留，如今觀光遊客過境此地，多半是為了特洛伊。

也許是特洛伊的名氣太大了，抱著過多的期待而來的遊客常會感到失望，因眼前一區區殘敗的土堆實在難以和幾千年前的偉大史詩產生連結，不過，特洛伊遺址在考古的價值仍然意義非凡。

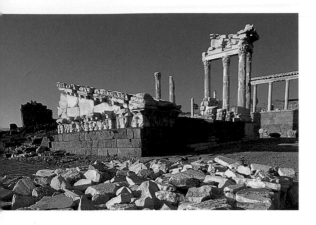

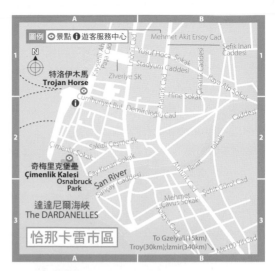

恰那卡雷市區

# INFO

## 基本資訊

**人口**：市區14.3萬　**面積**：937平方公里

**區域號碼**：0286

## 如何前往

### ◎長途巴士

前往恰那卡雷最方便的大眾運輸就是長途巴士，其長途巴士總站就位於市中心東邊1公里處，再轉搭接駁車或巴士進入市區，不過，許多巴士都會直接開到渡輪碼頭附近讓乘客下車，或直接從這裡上車。

如果從伊斯坦堡過來，還有一種比較快的方式，那便是從伊斯坦堡的Yenikapı碼頭搭乘渡輪前往Bandırma，再轉搭長途巴士過來。

### 主要城市往恰那卡雷巴士

| 出發地 | 車程 | 巴士公司/班次(每日)/車資 |
| --- | --- | --- |
| 伊斯坦堡（歐洲）Istanbul（Avrupa/Esenler） | 5.5~6.5小時 | Metro/6班/250~275TL Pamukkale/9班/300TL Truva/7班/299TL |
| 布爾薩(Bursa) | 4小時 | Metro/2班/175TL Pamukkale/12班/200TL |
| 安卡拉(Ankara) | 9.5~10小時 | Metro/1班/430TL Pamukkale/5班/430TL |
| 伊茲米爾(İzmir) | 5.5~6小時 | Pamukkale/13班/250TL Truva/9班/249TL |

❶疫情期間，各家巴士公司班次、票價變動幅度較大，相關最新資訊請上網查詢。

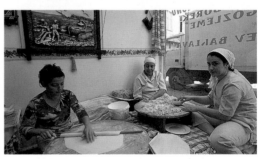

**Metro** ⓤwww.metroturizm.com.tr

**Truva** ⓤwww.truvaturizm.com

**Pamukkale** ⓤwww.pamukkale.com.tr

## 市區交通

市區不大，步行即可。市中心就在港口附近，鄂圖曼形式的鐘塔是主要地標。

## 住宿

由於恰那卡雷是前往特洛伊的主要基地，市區的旅館不少，特別是港口附近，此外，在恰那卡雷和特洛伊之間的Güzelyalı則有一些度假飯店。

## 旅遊諮詢

### ◎旅客服務中心Çanakkale Turizm Danışma Bürosu

◔İskele Meydanı No:1 Merkez/Çanakkale

☎0286 217 1187

ⓤwww.canakkalekulturturizm.gov.tr

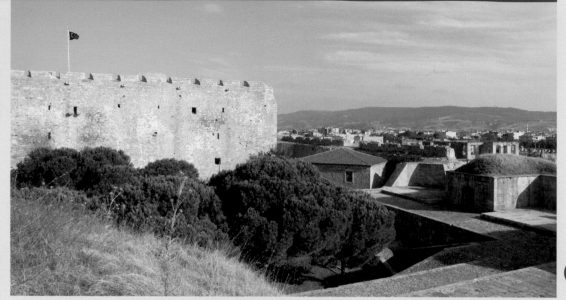

伊斯坦堡＆馬爾馬拉海⋯⋯

**恰**

那卡雷＆特洛伊 Çanakkale & Troy

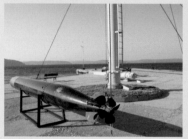

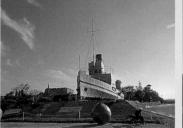

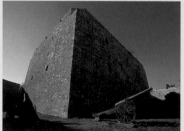

**恰那卡雷市區**

MAP ▶ P.158A2

# 奇梅里克堡壘與軍事博物館

## Çimenlik Kalesi & Askeri Müzesi

**達達尼爾海峽上的防禦堡壘**

🏠 Fevzipaşa Mahallesi Yalı Caddesi, Çimenlik Sk. No:46 Merkez/Çanakkale ⏰ 9:00～12:00、13:30～17:00，週一休 ☎ 0286 213 1730 🌐 canakkalemuze.dzkk.tsk.tr

掃地圖

「征服者」麥何密特二世在拿下伊斯坦堡之前，為了掌控達達尼爾海峽，於1452年先在海峽兩岸蓋了兩座城堡，恰那卡雷這邊是奇梅里克堡壘，歐洲那一頭則是基里巴赫爾城堡(Kilitbahir)。

今天的奇梅里克堡壘其實是一座軍事博物館，主要分成三大部分：一艘除役的布雷艦(Nusret minelayer ship)、一間展示館(Picture and Photograph gallery)，以及堡壘建築本身。

位於港口岸上的布雷艦，在第一次世界大戰著名的加里波里戰役(Galipoli campaign)中，曾經扮演英雄性的角色。1915年，盟軍登陸歐洲端的加里波里半島，被土耳其國父凱末爾率軍擊退，這次戰役雙方死亡達13萬人。

展示館是一棟面海的晚期鄂圖曼建築，陳列著恰那卡雷的老照片、畫作及介紹海軍歷史的資料；至於堡壘，在城牆周圍安置一些一次世界大戰留下來的英製、德製、法製大砲，如果能爬上堡壘高處可眺望達達尼爾海峽風景，黃昏時分尤其美麗。

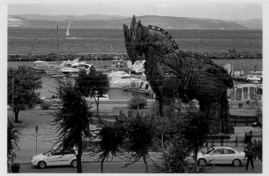

恰那卡雷市區

MAP ▶ P.158A1

# 特洛伊木馬

## Trojan Horse

**電影特洛伊留下的地標**

⌂Cumhuriyet Meydanı廣場上,面對達達尼爾海峽

掃地圖　　如果看過布萊德比特(Brad Pitt)飾演希臘武士阿基里斯(Achilles)的電影《特洛伊》,一定對這座停在恰那卡雷港口邊的木馬很熟悉。

在以往,一般遊客對「木馬屠城記」的木馬印象,主要是那座放置在特洛伊遺址門口、可以爬進爬出的木馬;而當電影《特洛伊》拍攝、播映過後,影片中這座造型新穎的木馬,從2004年9月15日開始就留在恰那卡雷,從此,恰那卡雷也就多了一個地標。

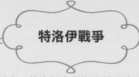

### 特洛伊戰爭

希臘神話中,特洛伊人從斯巴達王室手中搶走希臘美女海倫,因而和斯巴達及希臘城邦結下了樑子,展開10年長期戰爭。特洛伊防備能力出眾,久攻不破,戰爭到了最後,希臘人想出一計:造了一座內部載有希臘精英部隊的大型木馬,佯稱奉獻給特洛伊人敬拜的雅典娜女神,並將木馬棄置於城外,同時希臘人則假意乘船離去,特洛伊人接受了這座木馬,到了晚上,希臘勇士們從木馬中摸索出來,和悄悄登陸的希臘軍隊裡應外合,一舉攻陷特洛伊城。

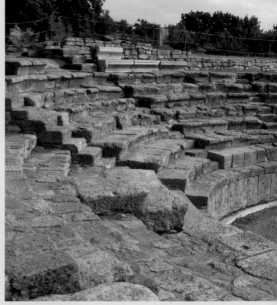

恰那卡雷周邊

MAP ▶ P.6A2

MOOK Choice

# 特洛伊遺址

## Troya Örenyeri

**木馬屠城記現場**

🚗位於恰那卡雷南方25公里,車程約半小時。可以從恰那卡雷的Dolmuş Garajı搭乘共乘小巴前往 ⌂Tevfikiye Köyü/Çanakkale Merkez/Çanakkale ◔4月~10月8:30~19:00;11月~3月8:30~17:00 ☎0286 217 6740 💲100TL,適用博物館卡 ⊕muze.gov.tr/muze-detay?sectionId=TRV01&distId=TRV ❗受疫情影響,開放時間及費用隨時會調整,請上網或去電查詢。

**特洛伊博物館Troya Müzesi**
⌂Merkez İlçe, Tevfikiye Köyü, Truva 6 sokak No:12 ☎0286 217 6740 ◔夏季(4/15~10/2)8:30~19:00,冬季(10/3~4/14)8:30~17:30 💲100TL,適用博物館卡 ⊕muze.gov.tr/muze-detay?SectionId=TRO01&DistId=TRO ❗受疫情影響,開放時間及費用隨時會調整,請上網或去電查詢。

掃地圖　　世人所熟知的特洛伊是因《木馬屠城記》的希臘神話而來,但對考古學家來說,目前是一片荒蕪之地的特洛伊,對了解歐洲文明的源起,以及荷馬長篇史詩《伊里亞德》對西洋文明2千多年的深遠影響,有著極大的貢獻。

已有三千多年歷史的特洛伊,世人原本以為

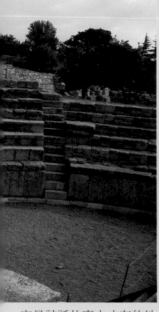

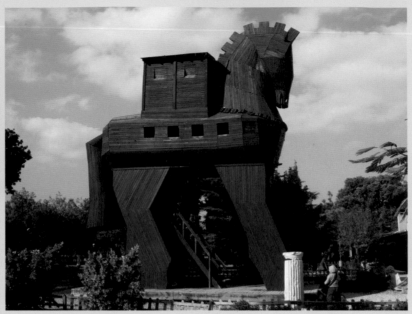

它是神話故事中才有的地名，是希臘神話中特洛伊戰爭的戰場。長久以來，對於特洛伊是否真實存在，一直都是歷史懸案，直到1871年德籍業餘考古學家謝里曼(Heinrich Schliemann)在達達尼爾海峽南方發現了特洛伊遺址，終於使神話野史得到實質根據，也許希臘諸神是文學的產物，但從這個舉世聞名的考古區中出土的各種物件，則是小亞細亞文明與地中海文明接觸、交融的重要證明，同時也證明了西元前12至13世紀愛琴海文明消長的趨勢。

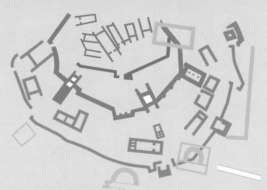

■ A：特洛伊 I（3000～2400BC）
■ B：特洛伊 II（2400～2200BC）
■ C：特洛伊 VI（1700～1250BC）
■ D：特洛伊 VIII-IV（700～AD500）

特洛伊遺址
平面圖

### 特洛伊遺址深達9層

　　特洛伊遺址入口處的木馬建於1975年，有兩層樓高，而出土的特洛伊遺址深達9層，各個文化層清楚顯示每個時代不同的發展。

　　最底層的年代可溯及西元前3000年，第1到第5層(Troy I～Troy V，約在3000BC~1700BC間)相當於銅器時代晚期文化；第6層(Troy VI，1700BC~1250BC)和第7層(Troy VII，1250BC~1000BC)的年代則接近特洛伊戰爭時期，因為此時開始呈現印歐民族的文化表徵，同時也出現了希臘邁錫尼(Mycenae)的相關文物；第8層(Troy VIII，700BC~85BC)為希臘時期的建築；最上層(Troy IX，85BC~AD500)則是羅馬帝國時期的遺跡，現在還保留明顯建築樣貌，像是神殿和劇場，就屬這個時期。

### 特洛伊博物館誕生

　　自從2004年電影《特洛伊》上映後，前來這裡的遊客持續增加，於是土耳其政府著手興建一座新的博物館。

　　博物館位於遺址東邊800公尺，2012年動土，2018年10月完工，鐵鏽色的立方底外型，內部使用粉光水泥、原木和玻璃交錯，現代感十足，為了幫助遊客想像遺址上斷垣殘壁原來的規模，博物館中使用大量的互動展示，散落在世界各地的珍貴特洛伊文物也都陸續歸還、集中展出，此外，也展示鄰近地區的古代城市出土文物。

161

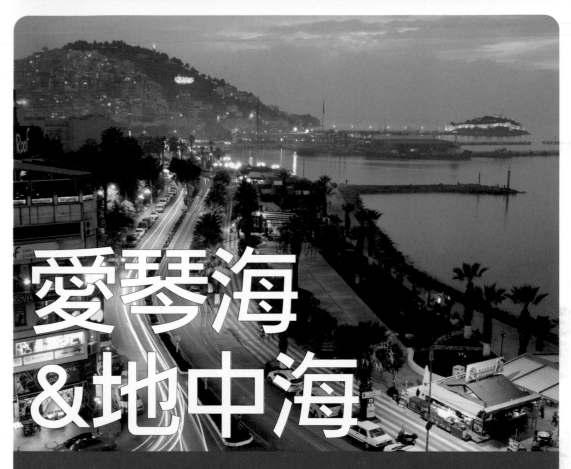

# 愛琴海 &地中海

# The Aegean Sea & Mediterranean Region

文●墨刻編輯部　攝影●墨刻攝影組

愛琴海與地中海的碧海藍天，以及希臘、羅馬時代所發展出來的小亞細亞文明，與一般人所認知的土耳其印象大異其趣，然而不論從歷史長河、從地理空間來看，愛琴海與地中海在土耳其扮演了極其重要的角色，特洛伊、貝爾加蒙、以弗所、棉堡，以及古代七大奇蹟的其中兩座，都是這個區域的明星景區。

古蹟之外，那綿長的海岸線更是歐洲人垂涎的度假勝地，每到夏季擠滿玩水和日光浴的遊客，而冬季的海岸線幾乎一片死寂。這區的飲食也跳脫辛香料和烤肉的組合，受到地中海調味方式的影響，海鮮和橄欖成了餐盤中的焦點。

# 愛琴海&地中海之最
# Top Highlights of The Aegean Sea & Mediterranean Region

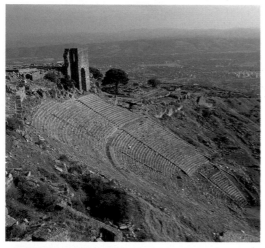

## 貝爾加馬(佩加蒙)Bergama

曾經顯赫一時的佩加蒙王朝，是愛琴海北邊的文化、商業和醫藥中心，足以和南邊的以弗所分庭抗禮，享有「雅典第二」的稱號，其遺址就位於今天的貝爾加馬小鎮。(P.171)

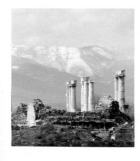

## 阿芙洛迪西亞斯遺址
## Afrodisias

古城阿芙洛迪西亞斯在土耳其眾多古蹟中是保護較好的一處，這裡以愛與美的女神阿芙洛迪特(Aphroite)為守護神，其工藝水平、大理石建材用料都較其他城市高，審美觀念、生活水平都高於同期的古城。(P.196)

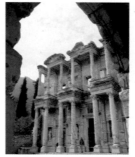

## 以弗所遺址
## Efes / Ephesus

面積廣闊的以弗所古城，是義大利龐貝城的8倍大，20世紀初陸續挖掘出土，儘管斷垣殘壁隨處可見，仍然是地中海東部地區保存最完整的古代城市，一年到頭遊客絡繹不絕。(P.178)

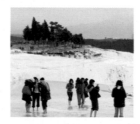

## 棉堡Pamukkale

每年總有上百萬遊客前來爭睹這個狀似棉花城堡的白色岩石瀑布，以棉堡為核心的景區還包含希艾拉波利斯遺址。自然奇景與神殿劇院的文化遺址緊緊相連，造就棉堡的魅力。(P.190)

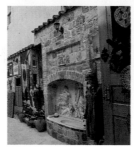

## 安塔利亞卡雷齊老城區
## Antalya Kaleiçi

過去，安塔利亞是土耳其地中海岸的主要出入門戶，今天，它則靠著自身的魅力，吸引八方而來的遊客。在卡雷齊老城區，地中海的涼意在圓弧的港灣中迴旋，巷弄間，沒有車馬喧囂，只有安步當車的閒適旅人。(P.220)

# How to Explore The Aegean Sea & Mediterranean Region
# 如何玩愛琴海&地中海

從達達尼爾海峽以南，土耳其國境沿著愛琴海和地中海漫長展開，文明更迭留下無數的希臘、羅馬古城遺址，每個景點看似相同卻又各有各色。時間有限下，該怎麼安排行程，本單元以地圖說明各區精華，幫你秒抓重點。

## 伊茲米爾İzmir

伊茲米爾自古因商港貿易而繁榮，現為土耳其第三大城，港灣被群山環抱，密密麻麻屋舍爬滿山壁。海邊以科納克廣場為中心的散步大道，呈現迥異於傳統土耳其的歐式風情，往北兩個小時車程可到佩加蒙遺址。

●**代表性景點**：科納克廣場、濱海散步大道、佩加蒙遺址

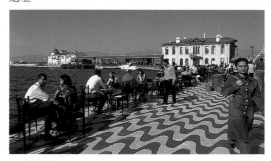

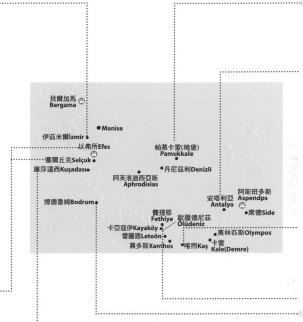

貝爾加馬 Bergama
Manisa
伊茲米爾İzmir
以弗所Efes
帕慕卡雷(棉堡) Pamukkale
塞爾丘克Selçuk
丹尼茲利Denizli
庫莎達西Kuşadası
阿芙洛迪西亞斯 Aphrodisias
安塔利亞 Antalya
阿斯班多斯 Aspendps
博德魯姆Bodrum
席德Side
費提耶 Fethiye
歐履德尼茲 Ölüdeniz
卡亞寇伊Kayaköy
雷圖恩Letoön
奧林匹斯Olympos
襄多斯Xanthos
喀煦Kaş
卡雷 Kale(Demre)

## 塞爾丘克&以弗所Selçuk & Efes

塞爾丘克是前往以弗所遺址的主要入口，雖然遺址規模令人嘆為觀止，然而最珍貴的文物已存放於市區的以弗所博物館。此外，耶穌門徒約翰和聖母瑪利亞均在此終老，聖母瑪利亞之屋每年吸引超過百萬的朝聖客，鄰近的山城徐林傑則提供另一種鄂圖曼小鎮風情。

●**代表性景點**：以弗所博物館、聖母瑪利亞之屋、以弗所遺址、徐林傑山城

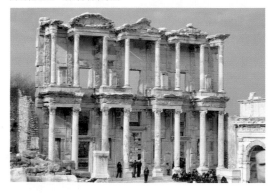

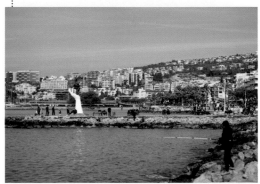

## 庫莎達西Kuşadası

遊客來此大多為了前進以弗所遺址，如同以弗所的海洋門戶。漫步濱海大道，沈浸浪漫的愛琴海夕陽，庫莎達西的夜晚是旅途上美好的休息站。

●**代表性景點**：鴿子島

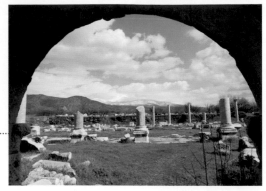

## 棉堡Pamukkale

　　卡帕多起亞以外，棉堡這片如棉絮、似雪山的白色石灰棚是土耳其最特別的自然景觀。數千年前，因為溫泉療養聚集成大城市希艾拉波利斯，遺址至今與棉堡的氤氳緊緊相依，鄰近的阿芙洛迪西亞斯遺址，完整度則更勝以弗所的古文明。

●**代表性景點**：棉堡石灰棚、希艾拉波利斯遺址、阿芙洛迪西亞斯遺址

## 喀煦Kaş

　　喀煦是典型迷人的地中海小鎮，藍色巡航路線停靠的港灣之一，也是高崖跳傘、潛水、健行等運動的主要基地。鄰近的卡雷據說是聖誕老公公的真正故鄉，

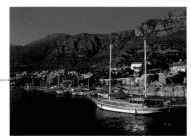

米拉和奧林匹斯的呂西亞遺址則能滿足歷史迷。

●**代表性景點**：喀煦港、米拉遺址、奧林匹斯遺址

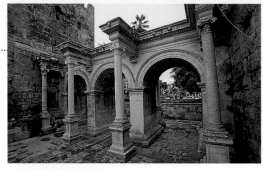

## 安塔利亞Antalya

　　論歷史，安塔利亞不如其他古都顯赫，但身為土耳其南部的交通樞紐，博物館、餐廳、飯店、酒吧樣樣不缺，而舊城區的鄂圖曼老屋和港灣瀰漫的悠閒為城市增添駐足的理由。這裡也是前進佩爾格、阿斯班多斯、席德等古城的基地。

●**代表性景點**：安塔利亞博物館、阿斯班多斯、杜頓瀑布

## 博德魯姆Bodrum

　　博德魯姆不只是個海港度假小鎮，還是著名歷史學家希羅多德的故鄉、古代七大奇景之一莫索洛斯陵墓的所在。博德魯姆城堡內展示豐富的沈船物品，更昭示這片海域千年來因商貿而繁榮的盛況。

●**代表性景點**：博德魯姆城堡、莫索洛斯陵墓、卡拉達島海底溫泉

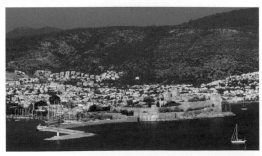

## 費提耶Fethiye

　　費提耶是進入呂西亞文化的出入門戶，市區本身只是個小巧的海港，以此為起點向東，可以跳下歐履德尼茲海邊的高聳懸崖玩飛行傘、乘船沿達里揚河看山壁墓穴，或是參觀登錄世界遺產的襄多斯與雷圖恩遺址。

●**代表性景點**：達里揚與蘇丹尼耶溫泉、襄多斯與雷圖恩遺址、歐履德尼茲

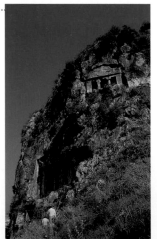

# 伊茲米爾及周邊
## İzmir & Around Area

●伊茲米爾

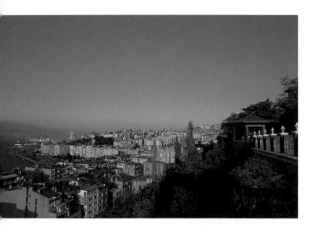

伊茲米爾是土耳其第三大城、第二大港，全國主要工商中心，也可以說是土耳其最西化的城市。伊茲米爾古稱「斯米爾納」(Smyrna)，有聖母國度的含義，由愛奧尼亞人所建立，自古因商港貿易而繁榮，之後歷經波斯、羅馬、塞爾柱、鄂圖曼的統治。

第一眼見到這座城市，一定會被眼前密密麻麻屋舍爬滿山壁的場景所震懾。伊茲米爾是一座海港城市，但四周群山環抱，陡峭山壁直逼伊茲米爾海灣，身為一座大城，卻沒有足夠的平地，所有住家都往山陵上發展，車行其間，有極大的壓迫感。

不過，伊茲米爾經過城市改造之後，以科納克廣場為中心的行人徒步區，大大改變了人們對土耳其既定的城市印象，沿著濱海大道，人們散步、跑步、騎單車、遛狗、甚至只是懶洋洋地躺臥其間，有海為伴，更添浪漫。

從伊茲米爾往北兩個小時車程到貝爾加馬，這裡曾有顯赫一時的佩加蒙王國，其壯闊的古文明遺址，能感受到有別於特洛伊的不凡氣勢。

## INFO

### 基本資訊
**人口**：約294萬(市區)
**面積**：893平方公里(市區)
**區域號碼**：0232

### 如何前往
#### ◎航空
伊茲米爾機場(Adnan Menderes Airport，代號ADB)位於市中心以南18公里，國際線連結歐洲主要城市，國內線與伊斯坦堡、安卡拉、安塔利亞、開塞利等城市之間都有直飛的航班。唯因疫情期間，各家航空公司班次和班表變動幅度較大，相關資訊請洽各大航空公司或上網查詢。

前往市中心可搭乘Havaş機場巴士，ALSANCAK路線連接機場和市區Gazi Osman Paşa大道，每日約7班，車程約30分鐘，車費45TL，也可搭市區巴士200、202、204、206，票價19.36TL。請注意，疫情期間，各家公司班次和票價變動幅度較大，相關資訊請上網查詢。

**伊茲米爾機場** ⓦwww.adnanmenderesairport.com
**機場巴士Havaş** ⓦwww.havas.net
**市區巴士ESHOT** ⓦwww.eshot.gov.tr
#### ◎長途巴士
伊茲米爾的長途巴士站(İzmir Şehirlerarası Otogarı)位於市中心東北邊6公里處，這裡距離貝爾加馬100公里，車程約2小時；距離塞爾丘克(Selçuk)80公里，車程約一個多小時，班次相當頻繁。

大部分巴士公司都有提供接駁巴士到市區的服務，停靠點是Basmane火車站；另外共乘巴士Dolmuş也可接駁到Basmane車站或Konak；市區巴士也可前往Konak。
#### ◎火車
伊茲米爾的火車站有兩處，分別為Basmane和Alsnack。從Basmane可以前往以弗所遺址所在的塞

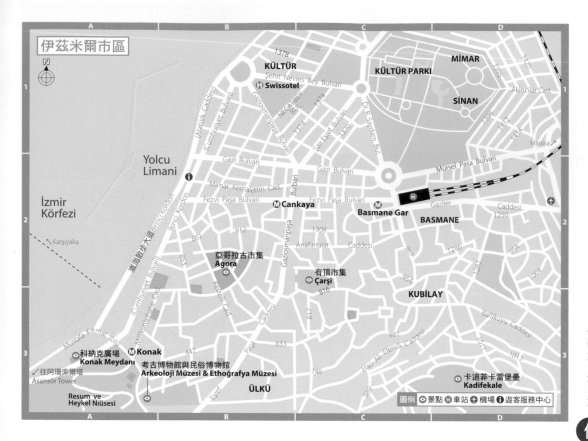

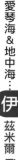

爾丘克(Selçuk)和棉堡所在的丹尼茲利(Denizli)，距離塞爾丘克約1.5小時，丹尼茲利約5小時。

## 市區交通

### ◎交通系統

伊茲米爾市區幅員較廣，雖然多數景點都集中在Konak的港口附近，有些地方還是得靠交通工具。

伊茲米爾主要的大眾運輸有巴士、地鐵，還有渡輪。市區巴士由ESHOT營運，大部份的巴士路線都會經過科納克廣場(Konak)周圍，24小時運行。伊茲米爾地鐵只有一條線，從Fahrettin Altay通到Evka-3，會經過Hilal、Halkapınar、Stadium、Industry和Region，線路還在計畫擴充中。

各碼頭之間有渡輪可以利用，連接Karşiyaka、Bayraklı、Alsanacak、Pasaport、Konak和Göztepe各碼頭。

**市區巴士ESHOT** ⓊＷ www.eshot.gov.tr
**地鐵** ⓊＷ www.izmirmetro.com.tr
**渡輪** ⓊＷ www.izdeniz.com.tr

### ◎伊茲米爾交通卡

伊茲米爾有兩種交通卡，涵蓋巴士、地鐵、電車和渡輪，使用交通票卡有優惠，其中İzmirim Kart是類似悠遊卡的IC儲值卡，而Bilet 35則分成2、3、5、10次券，需在35天內使用完，若搭乘交通工具的機會不多，以後者較方便。

## 住宿

因為是一座工商大都市，各種不同價位的旅館需求也高，高級旅館多半位於Cumhuriyet廣場附近以及Gazi Osman Paşa路一帶，平價旅館則多集中在Basmane火車站到濱海一帶。

## 旅遊諮詢

### ◎旅客服務中心
**İZMİR İL KÜLTÜR VE TURİZM MÜDÜRLÜĞÜ**
Akdeniz Mah. 1344 Sokak No:2 Pasaport
(Cumhurriyet和Gazi大道交叉口)
0232 483 5117、0232 483 6216
ⓊＷ www.visitizmir.org/en

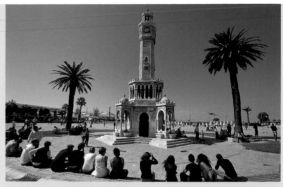

伊茲米爾市中心

**MAP ▶ P.167A3**

# 科納克廣場

## Konak Meydanı

### 伊茲米爾的精神象徵

🚇 位於港口旁，地鐵、渡輪在Konak都有停靠站。許多路線的巴士也都會標明行經Konak

掃地圖

科納克廣場是遊覽伊茲米爾最理想的起點，以此點為中心，向四方輻射出去。廣場坐擁港口邊，目前是人行徒步區，呈現出與古老土耳其截然不同的現代氛圍，不時擠滿來此閒散漫步的伊茲米爾市民。

### 科納克鐘塔

廣場上有幾座歷史性建築，其中科納克鐘塔(Saat Kulesi)堪稱伊茲米爾的精神象徵，建於1901年，屬鄂圖曼晚期建築，這是鄂圖曼時代蘇丹為了鼓勵土耳其人學習歐洲人守時的習慣，所建立的58座鐘塔之一。這是由普魯士國王威廉二世(Kaiser Wilhelm II)送給蘇丹阿布都哈密德二世(Abdülhamid II)在位25年的賀禮，塔高25公尺，周圍有四座摩爾風格的噴泉。

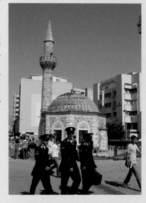

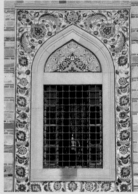

### 亞勒清真寺

此外，還有一座亞勒清真寺(Yalı Camii)，建於1748年，外部覆蓋著產自庫塔亞(Kütahya)的磁磚，小巧質樸，與繁複的鐘塔呈鮮明對比。

---

伊茲米爾市中心

**MAP ▶ P.167A2**

# 濱海散步大道

**MOOK Choice**

## Birinci Kordon

### 最優閒浪漫之地

🚇 與科納克廣場相連，這條街的名稱為Atatürk Caddesi

掃地圖

從科納克廣場走向海邊，可見建於1890年的科納克碼頭，這是由世界知名的建築師艾菲爾(Gustave Eiffel，巴黎艾菲爾鐵塔的設計者)所規劃設計，其中舊海關大樓已改裝成一座購物中心。

接著沿著港邊向北走，一路敞開的濱海大道可

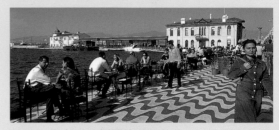

說是伊茲米爾最優閒浪漫的地方了。大道點綴著棕櫚樹，一邊是商店街，靠海的那邊擺滿露天座椅，到處坐滿喝咖啡聊天的、抽水煙的、下棋的情侶或三五好友，在此享受片刻優閒。

因為港口面向西邊，這裡也是觀賞愛琴海落日的最佳地點，日落夜幕升起，坐在露天咖啡座吹拂微風和沿著大道散步的人潮仍不會散去。

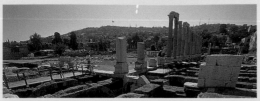

伊茲米爾市中心

MAP ▶ P.167B2

# 亞哥拉古市集

## Agora Örenyeri

### 希臘羅馬時代的中央市集

🚶 從Konak沿著Gazi Osman Paşa大道往北，步行約11分鐘 🏠 Namazgah, Tarik Sari Sokağı No:29, 35240 Konak/İzmir ☎ 0232 489 0796、0232 483 7254 🕐 4~9月8:00-19:00；10月8:00-18:30；11~3月8:30-17:30 💰 50TL 🌐 muze.gov.tr/muze-detay?SectionId=AGR01&DistId=MRK ⚠ 受疫情影響，開放時間及票價隨時會調整，請上網或去電查詢。

掃地圖

　　亞哥拉古市集算是伊茲米爾市區裡最重要的希臘羅馬時代遺址，原本是希臘化時期為亞歷山大大帝所建，毀於西元178年的地震，後來在羅馬皇帝奧勒留斯(Marcus Aurelius)時代重建，成為當時羅馬城市斯米爾納(Smyrna，也就是今天的伊茲米爾)的中央市場。儘管外觀已成斷垣殘壁，還是有些可看性。

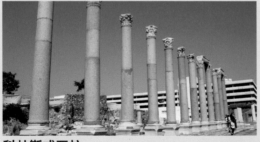

### 科林斯式石柱

　　成列的科林斯式(Corinthian)石柱，柱頭雕刻依然保存完整，對照著解說的復原圖，很容易想像出古羅馬市集原本的模樣，直到拜占庭時期，這座市集仍然發揮功用。

　　走到地下室，整個建築基礎依然完好，光線透過拱廊，投射出一道道美麗的弧，還有羅馬人的引水、排水設施，也可在地下室看得一清二楚。

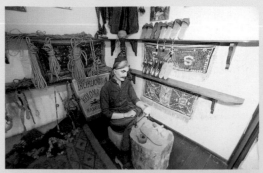
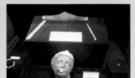
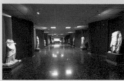

伊茲米爾市中心

MAP ▶ P.167A3

# 考古博物館
# 與民俗博物館

## Arkeoloji Müzesi & Etnoğrafya Müzesi

### 收藏希臘羅馬時期古物及土耳其民藝

🚶 從Konak往南步行約7分鐘 🏠 Sümer Mahallesi, Halil Rıfat Paşa Cd. No:4, Konak ☎ 0232 489 0796、0232 483 7254 🕐 4~9月8:00-19:00；10~3月8:30-17:30 💰 考古博物館25TL，民俗博物館免費 🌐 muze.gov.tr/muze-detay?DistId=MRK&SectionId=IZA01 ⚠ 受疫情影響，開放時間及票價隨時會調整，請上網或去電查詢。

掃地圖

　　考古博物館主要收藏品包括希臘與羅馬時期的雕像、玻璃器皿、金屬製品、銀器和黃金珠寶，許多都是從亞哥拉古市集出土的，部分則來自以弗所。在土耳其諸多考古博物館中，伊茲米爾的收藏並不算突出，但還是有些較亮眼的，例如拜占庭時期的玻璃器皿，還有寶物室裡的黃金珠寶飾品。

　　民俗博物館就在考古博物館隔壁，過去是一座法國醫院所在地，所陳列的都是土耳其的民俗與技藝，包括駱駝節摔角、土耳其毛毯製作、陶瓷製作、木版印刷、刺繡、各式各樣的藍白色惡魔眼、土耳其藥店、伊茲米爾區域居家的擺設、鄂圖曼時期的服飾和居家生活等。

伊茲米爾市郊

**MAP ▶ P.167D3**

# 卡迪菲卡雷堡壘

Kadifekale

**高處俯瞰伊茲米爾**

🚌 在Konak搭乘33公車，或是標有Kale的公車，可以抵達山丘上 ⛪ Kadifekale Mahallesi, 5271. Sk. 9-11, Konak

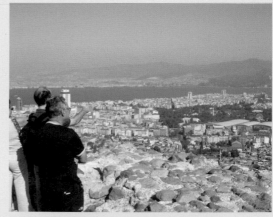

掃地圖

　　卡迪菲卡雷(Kadifekale)的語意為「絲絨堡壘」，離景點集中的科納克廣場有一段距離，位於山丘上，這裡有極佳的視野景觀，可以俯瞰整個伊茲米爾城及港灣。

　　要談這座雄踞山頭上的城堡，還是得回到亞歷山大時代。亞歷山大於西元前334年征服安納托利亞地區之後，開始了一段為期3個世紀的希臘化時期，整個愛琴海、地中海東部地區的社會和

文化都起了重大變革。

　　為了安全和防禦起見，易守難攻的山丘成了聚落發展重心，帕果斯(Pagos，也就是今天卡迪菲卡雷堡所在地)便從這個時候開始扮演重要角色，接下來的羅馬、拜占廷、鄂圖曼時期，高高在上的卡迪菲卡雷堡始終捍衛著伊茲米爾。

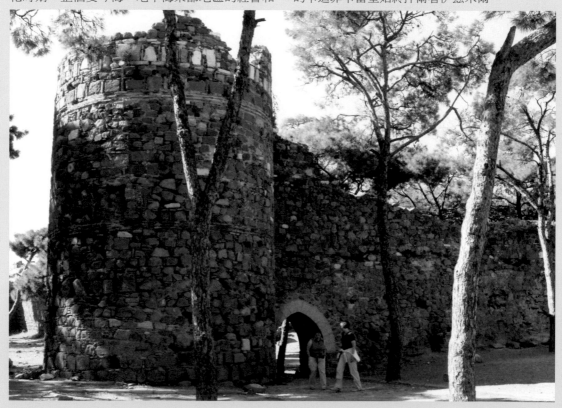

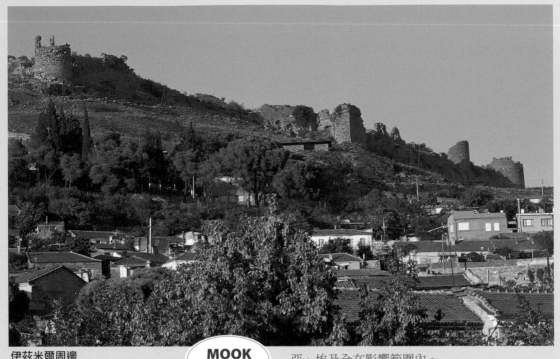

伊茲米爾周邊

MOOK Choice

**MAP ▶ P.6A2**

# 貝爾加馬(佩加蒙)

## Bergama(Pergamom)

### 號稱雅典第二的希臘化時代遺址

🚌 貝爾加馬和大城伊茲米爾之間有巴士，車程約1.5~2小時。如果是北邊下來，距離恰那卡雷車程約3~4小時。貝爾加馬新的長途巴士站位於市中心外7公里處，與市中心的舊長途巴士站有免費接駁巴士。

**貝爾加馬遊客中心Tourism Information Office-Bergama**

🏠 Bergama Hükümet Konağı B.Blok Zemin Kat ⏰ 8:30–12:00、13:00–17:30 ☎ 0232 631 2851 ❗ 貝爾加馬的景點非常分散，幾乎不可能一天內步行完成，其中紅色教堂距離遊客中心約1公里，醫神神殿在2公里之遠，衛城更在5公里之外。最方便的是從市中心搭計程車，或是在市中心預定串連這3處古蹟的Tour。

[掃地圖] 小亞細亞最重要的一次大規模文化運動，是由馬其頓的亞歷山大大帝帶來的希臘化運動，英年早夭的傳奇英雄最後死在巴比倫城，他的萬里長征最後由歷史觀點來看，並不在宣揚武功打敗波斯帝國而已，而是傳播希臘文化，兩河流域、安納托利亞、埃及全在影響範圍內。

亞歷山大大帝死後，帝國分裂，他的幾名將領瓜分天下，但希臘化運動並沒有停止，反而更融合在地文化特質，而帶來了希臘化時代最具代表性的佩加蒙風格（主要指各種年齡階層職業的人物都可成為雕塑的主題）。如今佩加蒙最重要及大量的考古出土品，大多珍藏在德國柏林的佩加蒙博物館。

亞歷山大部下Philetarus繼承了佩加蒙這一帶的領土，而曾經顯赫一時的佩加蒙王朝在歐邁尼斯一世(Eumenes I，Philetarus的姪子)時達到顛峰，是愛琴海北邊的文化、商業和醫藥中心，足以和南邊的以弗所(Efesus)分庭抗禮，享有「雅典第二」的稱號。

其遺址就位於今天的貝爾加馬(Bergama)小鎮，主要遺址分成南邊的醫神神殿(Asklepion)和北邊的衛城(Acropolis)兩大部分，兩地相距8公里，鎮中心還有一座紅色教堂遺址(Kızıl Avlu)及博物館。貝爾加馬小鎮以編織地毯聞名，街上有不少土耳其地毯店。

## 醫神神殿Asklepion

📍Zafer Mahallesi Prof. Dr. Frieldhelm Korte Caddesi No:1, Bergama/İzmir ⏱4~10月8:00–19:00；11~3月8:30–17:30 💲90TL ❗受疫情影響，開放時間及票價隨時會調整，請上網或去電查詢。

　　醫神神殿距離市中心不遠，而且位於平地上，可以從這裡展開佩加蒙的古文明之旅。

　　説這裡是醫神神殿，不如説是一個醫療中心，年代約從西元前4世紀到4世紀。順著羅馬市集大道走進來，遺址裡有兩座醫神神殿，一是希臘神話醫療之神阿斯克列皮亞斯(Asklepios)的神殿，另一個是泰勒斯弗魯斯神殿(Telesphorus)，供奉另一個醫療之神。

　　除此之外，還包括羅馬劇場、圖書館以及聖泉、澡堂。古時候人們不遠千里來到醫神神殿，主要靠著飲聖泉、按摩、洗泥巴浴、搭配草藥，然後祭拜醫神，以求紓解疲勞和壓力或治癒病痛。

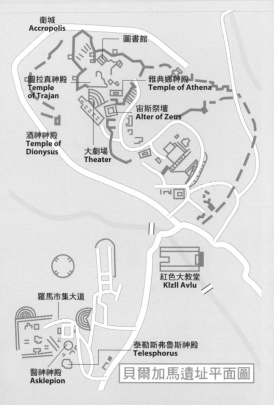

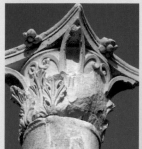
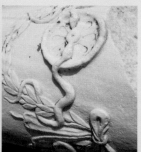

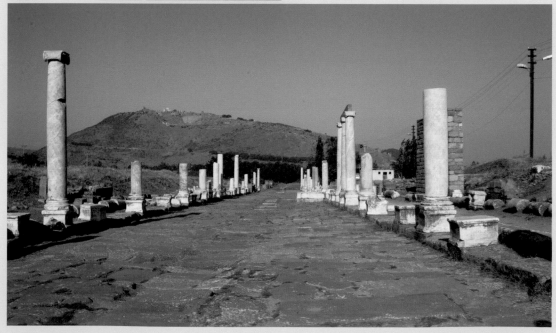

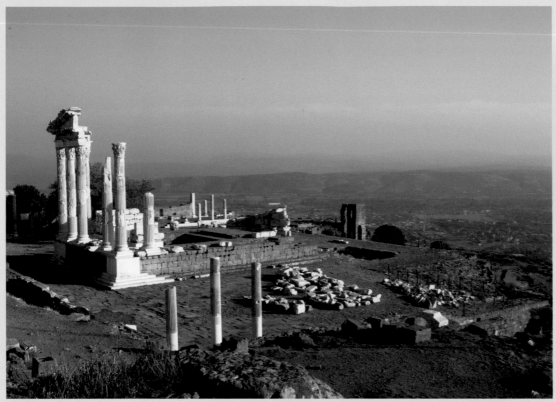

## 衛城Acropolis

İzmir Bergama Kurtuluş Mahallesi　可於山下搭乘纜車抵達，單程約15分鐘　4~10月8:00-18:30；11~3月8:30-17:30　100TL　受疫情影響，開放時間及票價隨時會調整，請上網或去電查詢。

　　整座衛城雄踞於東北邊險峻的山坡上，從市中心往北走，一路爬5公里的陡坡上山，穿過皇家大門，便進入這個曾經是偉大的希臘文明中心。

　　在頹圮的城牆範圍內，主要建築包括了宙斯祭壇(Alter of Zeus)、雅典娜神殿(Temple of Athena)、酒神神殿(Temple of Dionysus)、圖拉真神殿(Temple of Trajan)、大劇場，以及圖書館。

　　圖拉真神殿是遺址裡僅存的羅馬時代建築，紀念已經被神格化的羅馬皇帝圖拉真一世(Trajan I)，是羅馬皇帝哈德良(Hadrian)為他父親圖拉真所建，全部以大理石打造，正面有6根、側面有9根科林斯式石柱。

　　宙斯祭壇現在只留有基座，祭壇原件在19世紀被搬到德國柏林的佩加蒙博物館(Pergamom Museum)，這座祭壇高12公尺，浮雕描繪諸神與巨人間的神話戰爭。

　　沿山坡而建的大劇場是目前遺址中最完整、也最雄偉的建築，這個世界上最陡峭的劇場（約70度角）分成3層、

### 安東尼送了什麼禮物給埃及豔后？

　　佩加蒙圖書館的規模曾經是全世界第二大、僅次於埃及亞歷山卓城，藏書約二十萬冊，傳說埃及因此斷絕輸出莎草紙，後來阿塔魯斯二世(Attalus II)發明了羊皮紙解困，而當羅馬征服這座城市後，安東尼將這座圖書館獻給埃及豔后克麗奧佩脫拉。

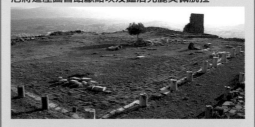

80排座位，可以容納一萬五千名觀眾。因為劇場位於懸崖邊緣，除了舞台每個細節鉅細靡遺，還可以俯瞰整個貝爾加馬市區，最後視野更可以無限延伸到地平線，是整個遺址最令人驚奇的地方。

## 紅色大教堂Kızıl Avlu

🏠Kınık Caddesi ⏱4～10月8:00-18:30；11～3月8:30-17:00 💲20TL ❗受疫情影響，開放時間及票價隨時會調整，請上網或去電查詢。

　　紅色教堂就位於市中心，教堂面積長60公尺，寬26公尺，高19公尺，建於西元2世紀，在聖經《啟示錄》(Revelation)中所提到7座小亞細亞教堂，這就是其中之一。原本是祭祀埃及神明塞拉匹斯(Serapis)、伊西斯(Isis)的神殿，後來拜占庭時期改成大教堂，奉獻給聖約翰。

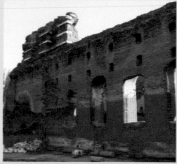
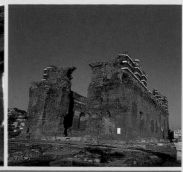

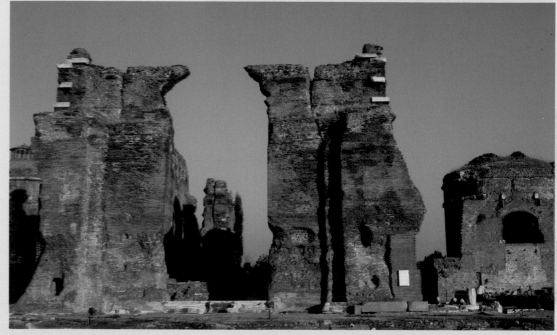

### 號稱「雅典第二」的出土文物被運出國啦！

　　1878年，貝爾加蒙祭壇(Pergamon Altar)在土耳其被德國考古學家發掘後，便被拆成小塊運回柏林，成為柏林佩加蒙博物館Pergamon museum in Brelin。祭壇底部的雕刻，描述的是諸神與巨人之間的戰爭，不同於古希臘藝術平衡與和諧的原則，這些雕飾顯得誇張和激烈，極具戲劇張力，這就是希臘化時代最經典的藝術特徵，也因此佩加蒙祭壇的圖像總是出現在藝術史的教科書上。

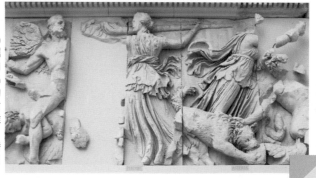

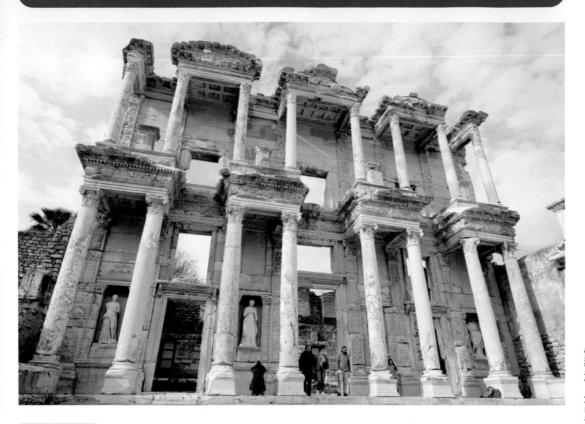

# 塞爾丘克&以弗所
## Selçuk & Efes

●塞爾丘克

塞爾丘克是前往以弗所的主要入口城市，來到這裡的遊客，多半是衝著以弗所古城(Efes，英文Ephesus)的響亮名號，的確，這裡的旅遊產業都是圍繞著「以弗所」的古文明概念發展起來的。

繞訪古城遺址及阿特米斯神殿，你會明白什麼是嘆為觀止，如果你已經去過義大利的龐貝古城，那麼你該知道以弗所的面積是它的8倍大！

另外，耶穌門徒約翰在這裡終老一生，保羅曾在本城傳教，聖母瑪利亞也在此城安度晚年，對篤信基督的信徒來說，這裡也是他們的朝聖之地，特別是聖母瑪利亞之屋(Meryemana Evi)，每年總有超過百萬的遊客前來朝聖。

除了古文明和宗教的主題，位於塞爾丘克郊區的山城徐林傑(Şirince)，以產水果酒聞名，提供不同選擇的小鎮風情。而在愛琴海邊的庫莎達西(Kuşadası)，因為是國際巨型遊輪的停靠地，成為出入以弗所的主要海上門戶，林立著度假旅館和休閒俱樂部。

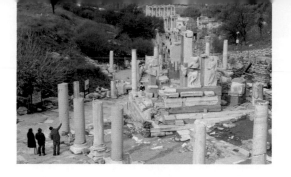

# INFO

## 基本資訊
**人口**：市區29,190人，區域34,587人
**區域號碼**：(0)232　**面積**：280平方公里

## 如何前往
### ◎航空
伊茲米爾機場與火車站Adnanmenderes Havaalanı相連，可直接轉乘Basmane-Denizli的火車至塞爾丘克火車站，車程約1小時。
### ◎長途巴士
塞爾丘克的長途巴士站就位於市中心內，在Atatürk大道和前往庫莎達西(Kuşadası)及以弗所的交叉口，交通便利。
### 塞爾丘克與鄰近城市交通

| 出發地 | 車程 | 巴士公司/班次(每日)/車資 |
| --- | --- | --- |
| 伊茲米爾(İzmir Otogar) | 1小時 | 共乘巴士Dolmuş |
| 棉堡(Denizli發車) | 3小時 | Pamukkale/3班/130TL |
| 庫莎達西(Kuşadası) | 約半小時 | 地區巴士或共乘巴士Dolmuş |

❶ 疫情期間，巴士公司班次、票價變動幅度較大，相關最新資訊請上網查詢。
### Pamukkale
🔟 www.pamukkale.com.tr
### ◎火車
伊茲米爾和塞爾丘克的火車站都位於市中心，兩地間可搭火車Basmane-Denizli線，非常便利。從伊茲米爾的Basmane站出發，車程約1小時18分至1小時33分，單程32TL。
### 土耳其國鐵TCDD
🔟 ebilet.tcddtasimacilik.gov.tr

## 市區交通
塞爾丘克市區不大，步行即可。前往以弗所則有班

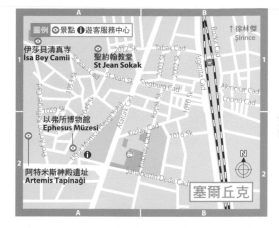

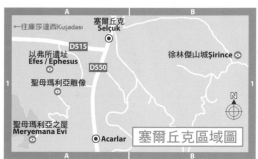

次密集的共乘巴士(Dolmuş)，面對長途巴士站的左邊有小巴候車站，坐滿開車，車程約15分鐘；或是搭乘計程車前往。

除了以弗所遺址，鄰近景點分散，交通較不方便，若時間有限，建議報名當地一日遊行程，移動有效率之外，多了專業導覽人員的解說，行程會更精彩。
### 土耳其易遊網EztravelTurkey
🔟 www.eztravelturkey.com；www.visitizmir.org

## 住宿
塞爾丘克的平價旅館多半集中在長途巴士站和火車站之間，大型的度假旅館則集中在庫莎達西或Pamucak周邊。

## 旅遊諮詢
### ◎旅客服務中心
**SELÇUK TURİZM DANIŞMA MÜDÜRLÜĞÜ**
📍 Atatürk Mah. Agora Çarşısı No:35，以弗所博物館正對面
☎ 0232 892 6328　🔟 www.selcuk.gov.tr

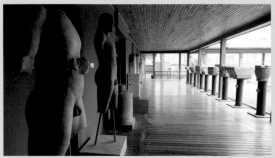

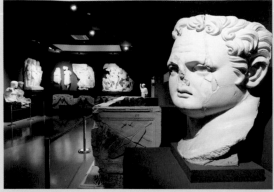

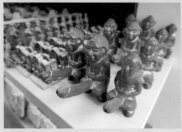

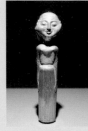

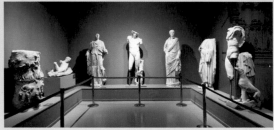

塞爾丘克市中心

**MAP ▶ P.176上A2**

# 以弗所博物館

İzmir Efes Müzesi

**收藏以弗所珍貴出土文物**

🏠 Uğur Mumcu Sevgi Yolu Caddesi　☎ 0232 892 6010
🕐 4~10月8:30-18:30；11~3月8:30-17:30　💲 50TL，可使用博物館卡

掃地圖

不論是否造訪過以弗所遺址，來到塞爾丘克一定不能錯過這座博物館，因為以弗所是個建築遺址，真正具有價值的考古文物，包括雕像、馬賽克鑲嵌畫、濕壁畫、錢幣等，大多都收藏在這座博物館裡，構造出生動的古城景象，最好是造訪過以弗所遺址再來參觀博物館，更能在影像上產生連結。

既然名為以弗所博物館，就不能錯過從以弗所移過來的雕像和浮雕，例如哈德良(Hadrian，羅馬皇帝117~138AD)神殿門楣上的帶狀浮雕、羅馬皇帝圖密善(Domitian，西元51~96)如巨人般的雕像，以及奧古斯都(Augustus)雕像等。而以弗所的階梯屋(Terrace Houses)、醫藥學校

(School of Medicine)，這裡也都有詳盡介紹。

此外，博物館還有一室專門介紹格鬥士(Gladiator)，看過電影《神鬼戰士》的人一定對這些在競技場裡與野獸搏鬥、供王宮貴族娛樂的場面不陌生，這裡就有展示一些神鬼戰士的雕像。

## 阿特米斯雕像(Artemis)

鎮館之寶就是兩尊造型奇特的阿特米斯雕像，在希臘神話裡，豐饒女神阿特米斯被塑造成一位貞潔的處女，屬原野女神，主宰狩獵事宜。在以弗所，阿特米斯特別受崇敬，祂被塑造成一個多乳頭的乳母形象，其中有冠的是1世紀作品，在以弗所的市政廳挖掘出來；另一尊則是西元125年到175年之間的作品，今日塞爾丘克也以這座雕像作為城市精神象徵。

## 愛神伊洛斯(Eros)

愛神伊洛斯也就一般人所熟知羅馬時期的愛神丘比特，博物館裡就有不少愛神的雕像，不能錯過的是一件伊洛斯騎在海豚上的青銅雕像，這是在以弗所圖拉真噴泉發現的，作品不大，鎖在玻璃櫃裡，並以柵欄阻隔，足見其珍貴程度。

# 以弗所遺址

## Efes Örenyeri / Ephesus Archaeological Site

### 小亞細亞最熱門的希臘羅馬遺址

🚗 位於塞爾丘克西邊3公里，遺址主要有南北兩個出入口，南門是所謂的上入口，北門是下入口。從塞爾丘克的巴士總站搭乘共乘巴士Dolmuş，可於北門下車，車程約15分鐘，車資3TL；搭乘前往Pamucak或Kuşadası的迷你巴士，可在分岔路口下車，再徒步10分鐘至北門。☎0232 892 6010 ⏰11~3月8:00-17:30；4~10月8:00-18:00，關門前一小時停止售票 💲200TL ❶1.受疫情影響，開放時間及票價隨時會調整，請上網或去電查詢。2.如果要避開參觀人潮，建議以南門(上入口)為起點，兩個入口之間可搭乘計程車。古蹟內無遮蔭、無餐飲，夏季前往記得攜帶足夠飲用水，並做好防曬。

掃地圖

愛琴海畔的以弗所，一直是遊客造訪土耳其最熱門的地點之一，面積廣闊的古城遺跡，保存至今已有兩千餘年的歷史。

西元前9世紀，已有以弗所存在的記載。在歷經西元前6世紀波斯人的入侵後，希臘亞歷山大大帝將其收復，開始這座城市的基礎建設。亞歷山大大帝去世後，後繼者將城市移往波波(Bülbül)山與帕拿爾(Panayır)山的山谷間，這也是今日以城所在地。經過希臘文明洗禮後，羅馬帝國幾位帝王對以城喜愛有加，紛紛整建城市，以城的繁華興盛到達顛峰，不只是古代經濟和政治重心，在科學、文化和藝術方面也佔據重要地位。

以弗所古城遺址於20世紀初陸續挖掘出土，斷垣殘壁隨處可見，只有少數定點保留原貌。據史料記載，西元17年時一次大地震，嚴重摧毀以城，當時羅馬人展開修護工作；不過後來的基督教文明興起，以城作為信仰多神的希臘古都，逐漸被棄置成廢墟，甚至不少建材遭到拆解移作其他建築使用。整體而言，它仍然是地中海東部地區保存最完整的古代城市，一年到頭遊客絡繹不絕。

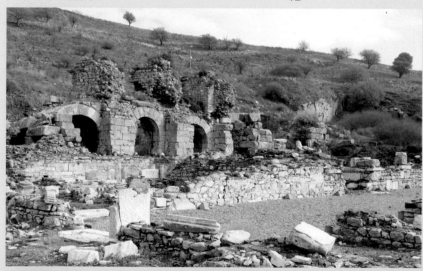
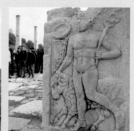
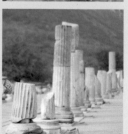
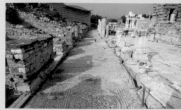
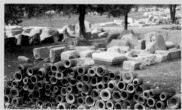
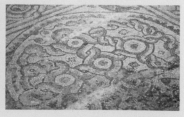

### 音樂廳Odeon

音樂廳建於西元2世紀，古羅馬時為市府高級官員開會的議場，也兼作音樂廳的用途。由看台後方有高牆、兩側有入口，看台與舞台間有供樂團演奏的半圓形空間等設計，可判定此處為羅馬式建築；其設計仿照劇場，但多了屋頂，能容納約1,800人，不過屋頂早已坍塌。

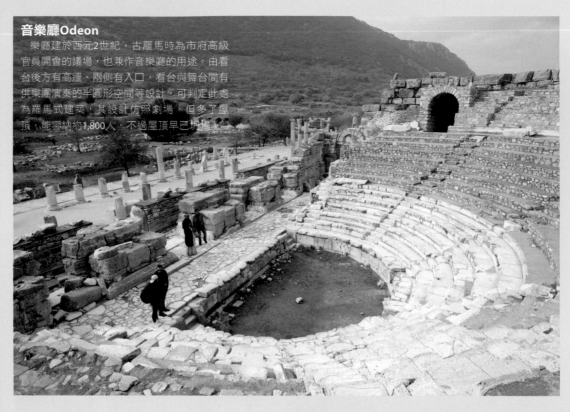

愛琴海＆地中海⋯ **塞** 爾丘克＆以弗所 Selçuk & Efes

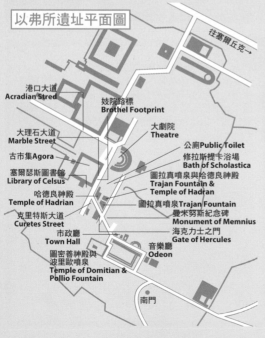

**以弗所遺址平面圖**

往塞爾丘克→

港口大道
**Acradian Stred**

妓院路標
**Brothel Footprint**

大理石大道
**Marble Street**

大劇院
**Theatre**

古市集**Agora**

公廁**Public Toilet**

修拉斯提卡浴場
**Bath of Scholastica**

塞爾瑟斯圖書館
**Library of Celsus**

圖拉真噴泉與哈德良神殿
**Trajan Fountain &
Temple of Hadran**

哈德良神殿
**Temple of Hadrian**

圖拉真噴泉**Trajan Fountain**

曼末努斯紀念碑
**Monument of Memnius**

克里特斯大道
**Curetes Street**

海克力士之門
**Gate of Hercules**

市政廳
**Town Hall**

音樂廳
**Odeon**

圖密善神殿與
波里歐噴泉
**Temple of Domitian &
Pollio Fountain**

南門

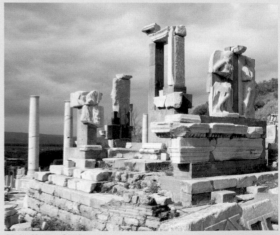

### 曼努斯紀念碑Monument of Memnius

曼努斯為以弗所建築水道橋知名的建築師，他也是羅馬獨裁皇帝蘇拉(Sulla)的孫子。稍早時以弗所人曾協助鄰近的龐特斯(Pontus)王國抵抗羅馬人入侵，龐特斯戰勝羅馬後，該國國王卻下令屠殺那一區八萬名的羅馬人，為紀念此一悲慘事件，曼努斯遂建立此碑，保護該城的羅馬子民。

179

## 市政廳Town Hall

市政廳建造日期可追溯至西元前3世紀，當時統治者為奧古斯都，西元3世紀時整修過，不幸毀於4世紀末。

廳內原分為幾個不同的辦公室，飾以黑、白大理石，每個廳裡的神龕置有女神赫斯提雅，中庭則放著豐饒女神阿特米斯的雕像，並燃燒火苗象徵以城的城市精神。

這座建築原本用來獻給阿特米斯女神，後來在廢墟中挖出兩具阿特米斯石雕，造型完好，現為塞爾丘克博物館的鎮館之寶。

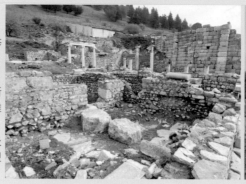
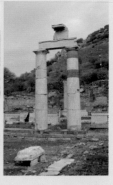

## 圖拉真噴泉Trajan Fountain

擁有山形牆立面的圖拉真噴泉建於西元2世紀初，獻給當時的羅馬皇帝圖拉真，兩層樓的建築、約12公尺高，前面噴泉池造型仍可辨識。

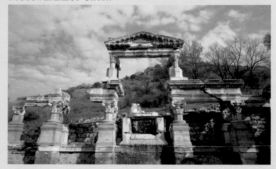

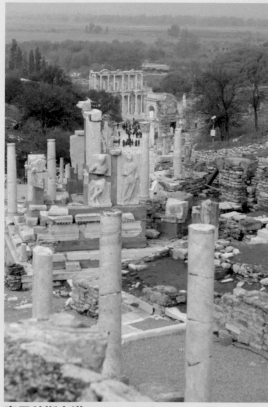

## 克里特斯大道Curetes Street

循著斜坡往下看，居高臨下的遠處是圖書館建築宏偉的外觀，古時候這條順勢而下的通道可直通港口，道路下的下水道建設，從那時起即扮演著排除廢水、污物的功能，此外還兼有運送木材和火苗的功用。

街道的兩側有保存較為完整的建築，左側是富有人家的房屋群及精品商店，在精品店牆上仍留著明顯的壁畫，地面上也有馬賽克裝飾。

### 兩千多年前就有沖水廁所了！

從哈德良神殿右側小路彎入，可見到一排挖洞的坐處，這就是最早的公共廁所！這處公廁沒有隔間，如廁的人可以聊天、論時政、談生意，具有社交功能，所以在早期是群眾的社交場所。天冷時，貴族們還會命奴隸先坐在圓洞上溫熱馬桶，非常有意思。當時公廁中央建有一座水池以利空氣流通，馬桶下方的溝渠也保持有流水沖刷，可說是全球最早的沖水馬桶。

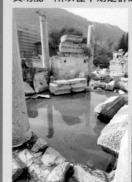
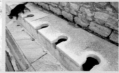

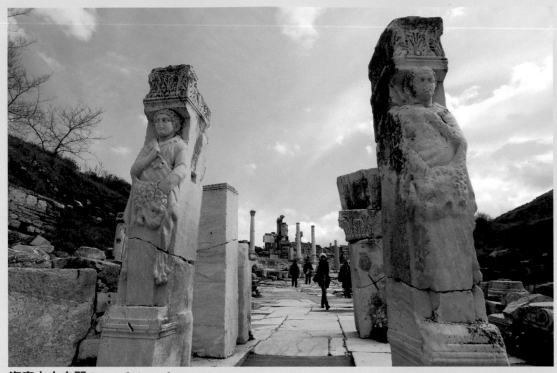

## 海克力士之門 Gate of Hercules

　　在踏入克里特斯街之前，必須先經過一座門，今日可見兩座雕有門神的石柱，這就是海克力士之門，兩位門神都是大力神海克力士，原本門拱上裝飾著勝利女神Nike的雕像，目前則陳列在一旁。此門的意義在於保衛前面市政府重地，也由此作出區隔，接下來即是一般公共設施和老百姓的房舍。

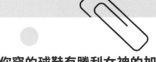

### 你穿的球鞋有勝利女神的加持？

　　原本裝飾在門拱上的勝利女神尼克，有著一雙開展的翅膀，巴黎羅浮宮鎮館三寶之一的勝利女神就是祂，祂也經常與宙斯、雅典娜一起出現，擁有驚人速度的勝利女神，也經常出現在奧運獎牌上，從首屆奧運會的獎牌，就可見到勝利女神不同的形象，最讓人驚訝的是，據說知名運動品牌Nike的打勾商標，設計的靈感來源就是來自勝利女神的翅膀。

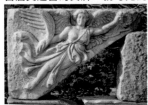

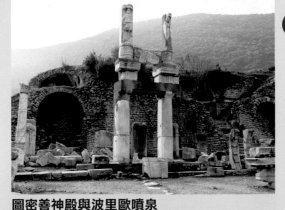

## 圖密善神殿與波里歐噴泉
## Temple of Domitian & Pollio Fountain

　　隔著克里特斯大道，在曼努斯紀念碑對面有一座二層樓高的石柱，就是圖密善神殿遺址所在，神殿面積原本長100公尺、寬50公尺，這是羅馬皇帝圖密善為自己所建，裡面供奉一座高7公尺的圖密善雕像，雕像現存於以弗所考古博物館內，把自己塑造成一個大力士模樣。另在圖密善神殿旁還有一座圓拱狀的噴泉，為西元97年時名為波里歐(Pollio)的人所建。

181

## 哈德良神殿Temple of Hadrian

　　哈德良神殿是典型科林斯式神廟的代表，內牆廊柱上有不同神話人物的雕刻，一側屬於希臘時代，另一側刻劃著亞馬遜(Amazon)女人國的人物。正面拱門中央雕著勝利女神Nike，內牆正面的雕像是蛇髮女妖梅杜莎(Madusa)張開雙手，取其強悍特質來保護此廟。

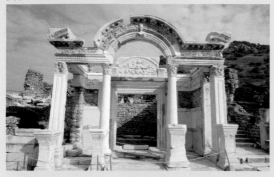

## 修拉斯提卡浴場Bath of Scholastica

　　這個大型公共浴場位於哈德良神殿後方，興建於1世紀，毀於4世紀的地震，後來由修拉斯提卡這位女子將它重建為一座3層樓的拜占庭式浴場，在通往大劇院的路上還有一座她的雕像，但頭部已佚失。

### 最古老的情色廣告就在這裡！

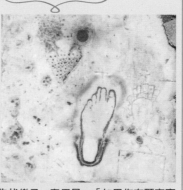

　　走在大理石大道上，留心腳下的石板，上面刻著女人頭像、左腳腳印、一顆心、錢幣等四種象徵物，這就是古代的妓院(Brothel)廣告！從前海港城人來人往，船員或外來客就是循著這廣告找樂子，意思是：「如果你有顆寂寞的心，請帶著錢幣，循著腳印方向尋找，美麗的女子正在候駕……」

　　也有一說是，此腳印選用成年人的腳印，作為檢測是否為未成年人的標準，比這個腳印小或是沒錢的人，都不能進入妓院。

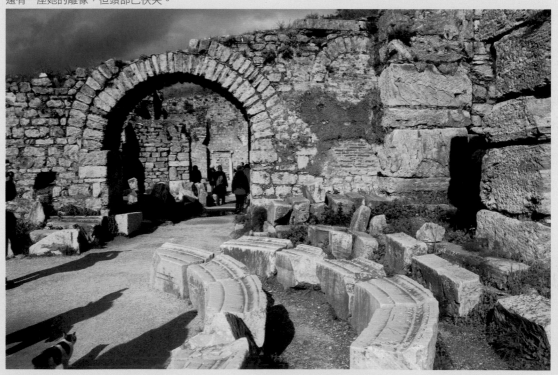

## 塞爾瑟斯圖書館
## Library of Celsus

走出公廁，迎面那座雄偉的地標型建築即是塞爾瑟斯圖書館。西元2世紀，羅馬一名領事官繼任父親塞爾瑟斯(Celsus Polemaenus)成為以城的總督，為了紀念父親，於是在其墓地上蓋了這座壯觀的圖書館。

書館的規模當時號稱小亞細亞第二大，曾藏書12,000冊，僅次於佩加蒙市那座。歷經大火、地震，圖書館正面大門依然挺立，最近一次整修約為1970年。大門一樓清楚可見4尊女神龕於石柱後面，分別代表智慧、命運、學問、美德，目前所見為複製品，因奧地利人於20世紀初協助考古挖掘工作，目前真品藏於維也納的博物館中。

面對圖書館右側通往亞哥拉古市集有一座三拱門，名為Mazeus & Mithridates之門，這是羅馬皇帝奧古斯都所赦免的兩位奴隸，為感念其恩所建。

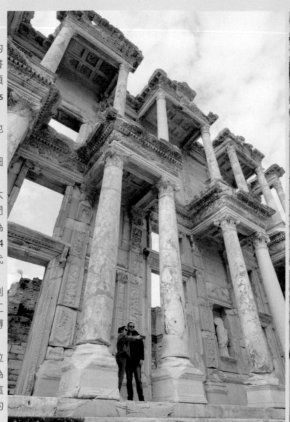
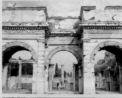
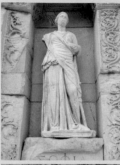
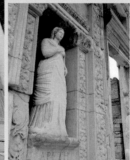

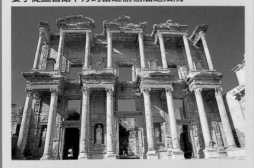

### 男人上圖書館是為了招妓?!
以弗所境內最具代表性的雄偉地標型建築，就是塞爾瑟斯圖書館！在當時，女性是沒有受教育的資格，因此，只有男性可進入這座圖書館，而妓院就在大理石大道和克里特斯大道的交叉口，也就是正好是圖書館的對面，傳說當時男子會以去圖書館為藉口，瞞著妻子從圖書館下方的密道偷偷溜進妓院。

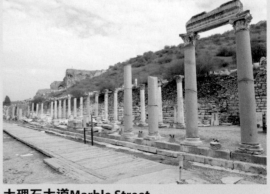

## 大理石大道Marble Street
圖書館位於克里特斯街和大理石大道交叉口，向右側走，城門外就是熱鬧繽紛的市集了，如今面貌是一片滿布石柱的廢墟，但不難想像當年一攤攤比鄰的叫賣小販。循著大理石街向前走，可通到港口，古時的以城就是愛琴海畔的一個海港城，羅馬人、北非人不時來此造訪，交易熱絡。

## 大劇院Theatre

大理石街道底，旋即來到大劇院，沿著Panayır山坡而建，規模可以容納25,000人，古時每當一年一度的節慶時，全城人都來此參加音樂會；而史料記載，耶穌門徒保羅也曾在這裡演説、傳教，卻遭到群眾的抗議、示威。

劇院的建立始於西元前3世紀，止於西元2世紀，因此，觀察劇院建築風格，同時混合了希臘、羅馬兩種特色。半圓形造型、沿山坡而建是希臘劇院特色，不過，拱門的入口又混雜羅馬建築風。

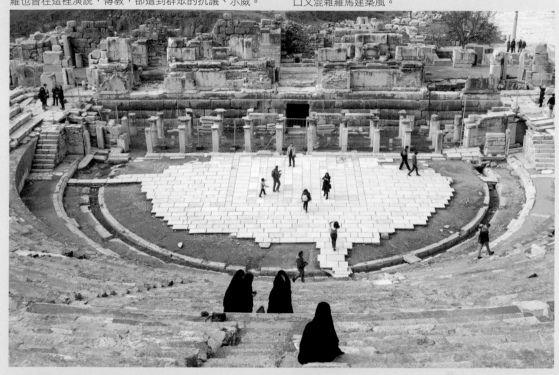

## 港口大道
### Acradian Street

出了大劇場，就是港口大道，由此通往當時歐亞大陸間的重要港口，「世界上最古老的街燈」曾經點亮整條大道，迎接埃及豔后駕臨。

街道長500公尺，寬11公尺，兩旁曾有商店，道路在羅馬皇帝阿卡迪奧斯(Arcadius)重修，於是以他為名。

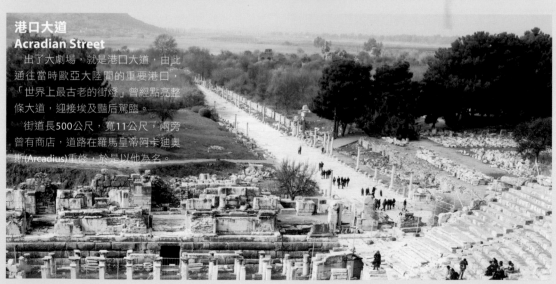

塞爾丘克市區

**MAP ▶ P.176上A1**

# 聖約翰教堂

## St John Kilisesi

### 耶穌門徒聖約翰的墓室

🏠 St Jean Caddesi，位於Ayasuluk山丘上 ☎ 0232 892 6010 🕐 8:30~18:00 💲 40TL，可使用博物館卡 ❶ 受疫情影響，開放時間及票價隨時會調整，請上網或去電查詢。

掃地圖

　　據說耶穌十二門徒之一的聖約翰是在塞爾丘克度過人生的最後一年，並在艾亞素魯克(Ayasuluk)山上寫下福音書，有一座4世紀的墳墓就被認為埋藏著祂的遺骸，上面有一座祭壇。

　　6世紀時，查士丁尼就在山丘上蓋了一座大教堂，中央大圓頂環繞著許多小圓頂，呈現一個十字造型，為拜占庭時期該地區的最大建築物，後

### 聖約翰就安葬在這裡

　　埋葬聖約翰的墓室位在中殿，這一塊區域的大理石柱都重新立起來，而在中殿的盡頭，也就是後堂的地方，兩片濕壁畫模糊可辨，是聖約翰的畫像，現在有玻璃圍著保護起來。

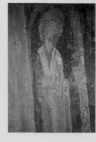
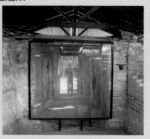

歷經多次地震，教堂成為瓦礫廢墟，直到一個世紀前才開始修復，然而除了一些舊柱，已難以恢復原貌。

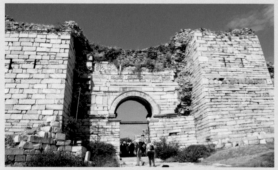
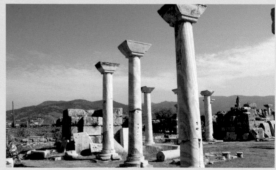

塞爾丘克市區

**MAP ▶ P.176上A1**

# 伊沙貝清真寺

## İsa Bey Camii

### 塞爾柱過渡到鄂圖曼建築風格

🏠 St Jean Caddesi，位於Ayasuluk山腳下

掃地圖

　　在聖約翰教堂山丘下，有一座建於1375年的伊沙貝清真寺，由大馬士革的建築師Dimişkli Ali所設計，這是介於塞爾柱和鄂圖曼早期，風格正在轉

變的建築形式，朝向麥加的壁龕以大理石打造，其中部分建材取自於古代七大奇景之一的阿特米斯神殿。

　　外表似乎年久失修的清真寺，還是正常運作著，只要非穆斯林祈禱時刻，都會讓遊客入內參觀。

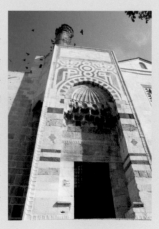

塞爾丘克郊區

MAP ▶ P.176上A2

# 阿特米斯神殿遺址

Artemis Tapinağı

**古代世界七大奇蹟之一**

🔗 在塞爾丘克郊區通往以弗所的馬路邊　🏠 Dr Sabrı Yayla Bulvarı　💲 免費

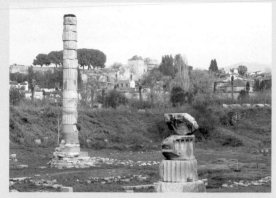

掃地圖

　　阿特米斯神殿名列古代世界七大奇蹟之一，神殿是為豐饒女神阿特米斯(Artemis)而建，祂是以弗所的守護神，當時的阿特米斯神像據說高達15公尺，並鑲滿黃金珠寶。西元前550年建成的神殿是古希臘世界少見的威勢逼人建築，西元前356年，神殿被一位縱火狂燒毀，幾十年後，同一地點

又立起一座近似的神殿。重建後的神殿長126公尺、寬65公尺，四周環繞著127根大理石柱，上面覆蓋長方形的大理石屋頂。西元262年被入侵的哥德人洗劫一空，付之一炬，神殿總共遭受7次嚴重破壞，並重建7次。

---

塞爾丘克郊區

MAP ▶ P.176下A1

# 聖母瑪利亞之屋

Meryem Ana Evi

**天主教朝聖地**

🔗 距離以弗所北門7公里，離南門5.5公里。自行前往ときは搭乘計程車，從 丘克出發，來回約80TL，建議可連同以弗所行程一起講價　🏠 Orman Yolu Park　📞 0232 894 1014、0530 469 0844　🕐 8:30~17:00　🌐 www.hzmeryemanaevi.com/　❗ 受疫情影響，開放時間及票價隨時會調整，請上網或去電查詢。

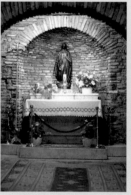

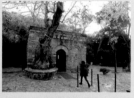

掃地圖

　　耶穌門徒約翰的福音究竟是在希臘，還是在以弗所完成？說法莫衷一是，不過可以確定的是約翰在此終老，而約翰受耶穌託付照顧聖母瑪利亞，因此，聖母也在此度過她的晚年。

　　當以城遺址後方山坡上聖母瑪利亞之屋於1890年挖掘出來時，印證了聖母瑪利亞在此度過她晚年的事實，朝拜人士絡繹不絕。教堂牆壁的石塊上畫有曲折的紅色線條，據了解紅線代表6世紀前建物的高度，紅線以上部分則是日後慢慢修築而成。

現在的馬利亞之屋是一間小禮拜堂，長年有世界各地的朝聖者前來朝拜。教堂地處靜僻，一棵五百年的老槭樹依牆而生。

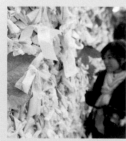

### 每年百萬名朝聖者造訪

　　走出教堂，順勢向下，在樓梯下有聖水供應，一旁的看板上貼滿紙條、名片和照片，左側樹上的樹皮也難逃，這些都是虔誠朝拜者祈福的傑作，這麼一小小間禮拜堂，每年有百萬名遊客與朝聖者造訪。

## 先知穆罕默德與貓星人的溫馨故事

以弗所遺址和徐傑林山城到處可見貓咪的可愛身影，其實不只這裡，流浪貓遍佈土耳其全國，牠們大多毛色光亮、悠閒散步且容易親近，可説是與土耳其人共同生活的朋友。

中世紀黑死病流行時，利用貓抓老鼠的天性，海港城市得以控制這個透過老鼠傳染的致命疾病，而在伊斯蘭《可蘭經》中，貓被視為潔淨的動物。關於貓的宗教認證，還有個故事提到先知穆罕默德的貓趴在他的衣袍上午睡，禮拜時間到了，穆罕默德剪掉自己的衣袖起身，就為了不打擾愛貓休息。

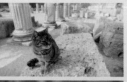
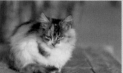
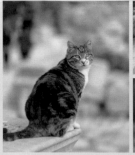

塞爾丘克周邊

MAP ▶ P.176下A2

# 徐林傑山城

**MOOK Choice**

Şirince

### 風情小山城

📍位於塞爾丘克東邊9公里山上，從巴士總站可以搭乘迷你巴士前往，約每20分鐘1班車，車程約20分鐘

掃地圖

參觀完以弗所等偉大的古文明之後，不妨到塞爾丘克東邊郊外9公里的徐林傑山城，一路上山途中，葡萄園、水蜜桃、蘋果、橄欖等果園錯落在兩旁的山丘上。這個位於塞爾丘克郊區山間小村落，以出產水果酒聞名，懂門道的土耳其人都會特別到山上來感受截然不同的小鎮風情。

百年前山城的住民原本是希臘人，1922年土希戰爭希臘戰敗後，土耳其興起民族國家的概念，由國家主導進行兩國的人口交換，小鎮居民被迫遷居回希臘，而土耳其人移入，因此，徐林傑的住宅保留了鄂圖曼時期希臘樣式，白牆紅瓦沿山坡而建，相當特殊。

小鎮主街道是遊客聚集的中心，街道兩旁都是迎接遊客的酒館、小餐廳、紀念品小店，還有賣香料、橄欖製品等，當然不能錯過的是鎮上最出名的水果酒，從草莓、蘋果、水蜜桃、哈密瓜、櫻桃、藍莓、梨子等等十多種水果酒，酒精濃度

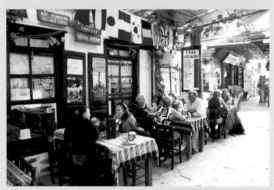
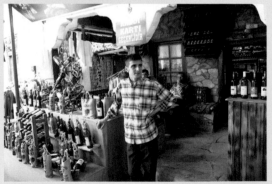

平均8％，即便不勝酒力，淺嘗各種水果酒的味道也是一番享受。

也因為山城的靜僻，吸引不少原本居住大都會的藝術家來這裡定居，穿梭在山城小徑會發現一些畫廊及個性小店。不過，山城也吸引不少停靠在庫莎達西(Kuşadası)來此的遊輪旅客，只要遊輪遊客來此，山城便如鬧市，物價也因此上漲。

# 庫莎達西

## Kuşadası

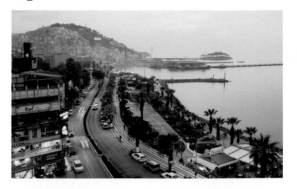

每到夏季，庫莎達西的港灣停滿一艘艘豪華遊艇，航行於地中海的遊輪帶來一批批興奮旅客，經此地前進以弗所遺址，對旅客而言，庫莎達西交通方便、餐廳旅館選擇多，白天穿越至古羅馬時代，夜裡回到慵懶度假的現在進行式。

寬闊濱海大道上，遊人悠閒漫步，街頭藝人大展身手，舞台上的音樂表演帶動歡樂；轉個彎繞進舊城區，是逛街吃飯的好地方；散步至鴿子島回望海港城、搭小艇吹風逛海灣，或停駐清澈透藍的海灣，坐下來喝杯咖啡，庫莎達西像旅程中的休止符，讓遊人充飽能量再出發。

傍晚搭車至海岸線北邊的制高點Gazi Beğendi Kafe，波光粼粼的愛琴海將伴隨城市逐漸點亮的街燈，上演一場絕美日落秀。

## INFO

### 基本資訊

**人口**：約7萬人　　**區域號碼**：0256

### 如何前往

#### ◎航空

距離最近的機場是伊茲米爾機場（Adnan Menderes Airport，代號ADB），車程約1小時。搭乘Havaş機場巴士可經高速公路抵達庫莎達西的長途巴士站，每日約10班次，單程135TL，Last Minute Tour也提供往返機場的服務，單程110TL。請注意，疫情期間，各家公司班次和票價變動幅度較大，相關資訊請上網查詢。

**機場巴士Havaş** 🌐 www.havas.net
**Last Minute Tour** 🌐 www.kusadasihavalimaniservis.com

#### ◎長途巴士

長途巴士站在市中心南邊約4公里處，距離伊茲米爾車程1小時；距離丹尼茲利(Denizli，前往棉堡約3.5小時，每天僅1班次，前往市中心和濱海大道可搭Şehiriçi的5號小巴。

若是從丹尼茲利等東邊城市來的巴士，會在Çamlık換乘迷你巴士，直接送到市中心Candan Tarhan Bulvarı 和Adnan Menderes Blv.相交的圓環附近，步行至濱海大道約12分鐘。前往以弗所遺址的共乘巴士Dolmuş也在此發車，車程20分鐘，可直接到達遺址北門。

請注意，疫情期間，各家公司班次和票價變動幅度較大，相關資訊請上網查詢。

### 市區交通

市區不大，步行即可，濱海大道非常適合散步，若要到半山腰的Gazi Beğendi Kafe看夕陽，搭計程車較便利。

### 住宿

平價旅館集中在舊城區，濱海大道上都是中高價位的旅館，大型連鎖飯店或度假式飯店大多在北邊Setur碼頭附近，距離鬧區稍遠。

### 旅遊諮詢

#### ◎遊客服務中心Turizm Danı ma Büroları

🏠 Da Mahallesi, Mahmut Esat Bozkurt Cad. No:7/1-1
📞 0256 614 1103
❗ 疫情期間，遊客服務中心營業時間變動幅度較大，相關資訊請電洽查詢。

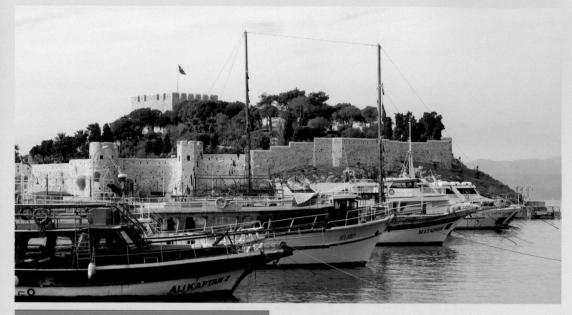

愛琴海＆地中海⋯**庫**莎達西 Kuşadası

**MAP ▶ P.189A3**

# 鴿子島

Guvercin Ada

**守護海灣的碉堡**

🚶沿濱海大道向南走就可看到　🕐5~8月8:00~23:00；9~4月9:00~21:00　💲免費

掃地圖

小巧的鴿子島座落於遊輪碼頭南邊的海上，海灣平靜而清澈見底，細長的人造堤岸串連小島與陸地，這是庫莎達西最具代表性的風景。

### 碉堡展示館

碉堡早已不具防禦功能，成了市民約會休閒的最愛，碉堡內的展示船艦模型和一隻擱淺於鄰近海岸的鯨魚骨骸，從觀景平台回望海灣和庫莎達西市區，像極了南法的海港度假城市。

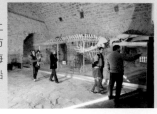

連接鴿子島的長堤上停泊許多小船，搭乘仿古帆船遨遊庫莎達西海岸也是特別的體驗，船程大約一小時。

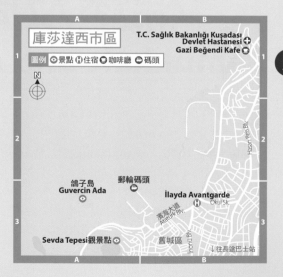

庫莎達西市區

圖例 ◉景點 🏠住宿 ☕咖啡廳 ⚓碼頭

T.C. Sağlık Bakanlığı Kuşadası
Devlet Hastanesi ➕
Gazi Beğendi Kafe ☕

鴿子島
Guvercin Ada

郵輪碼頭

İlayda Avantgarde 🏠

愛海大道 Atatürk Blv.

Sevda Tepesi觀景點

舊城區

Hasan Peçe Blv.

İnönü Blv.

Okul Sk.

↓住長途巴士站

### 防禦性碉堡及城牆

小島曾經是候鳥遷徙的必經之地，15世紀末鄂圖曼時期，才修築這座拜占庭式的防禦性質碉堡，南北兩側各有一座五角形和圓柱形的防禦塔，18世紀為了防禦希臘島嶼的攻擊，加蓋了3公尺高的城牆包圍住整個小島。

**189**

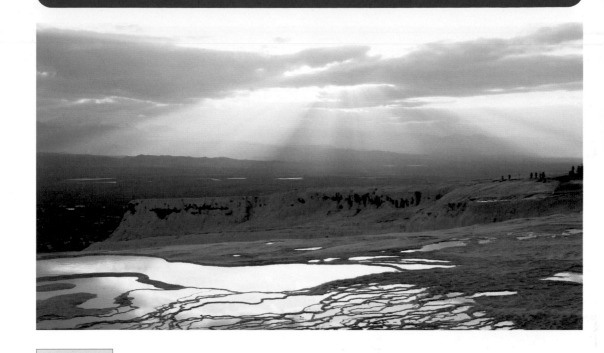

# 棉堡及周邊
# Pamukkale and Around Area

棉堡的土耳其語為「Pamukkale」(帕慕卡雷),「Pamuk」意指「棉花」,「kale」是「城堡」,Pamukkale就是「棉花之堡」的意思。這也是土耳其境內,除了卡帕多起亞之外,知名度最高的自然奇景。

每年總有上百萬遊客前來爭睹這處狀似棉花城堡的白色岩瀑,也因此構成了這處以棉堡為核心的景區。除了自然景觀,自古以來,棉堡也以溫泉聞名,前來沐浴療養的遊客始終絡繹不絕,自然而然形成龐大聚落及城市。

希艾拉波利斯遺址(Hierapolis)與棉堡的石灰棚緊緊相連,占地廣闊的神殿、劇場、大道、城門、市場、浴場及墓地遺跡,雖然曾兩度經歷地震毀滅,卻無減損其結合大自然與古文明所展現的偉大風華。

而要見識鄰近地區保存更完整的古文明,不能不到100公里之外的阿芙洛迪西亞斯遺址(Aphrodisias),有些人喜歡阿芙洛迪西亞斯更甚於以弗所,因為除了古蹟保存狀態完整之外,由於位置較孤立,少了遊客喧鬧和大型巴士的穿梭,更能感受其古典之美。

整個帕慕卡雷地區的首府其實是丹尼茲利市(Denizli),市區裡景點乏善可陳,多半成為遊客前往棉堡的中繼站,兩地車程約30分鐘。棉堡景區早已自成一格,溫泉飯店林立在5公里外的卡拉哈耶特村(Karahayıt),商店一家挨著一家,而帕慕卡雷村位於棉堡的南入口約3公里。

# INFO

## 基本資訊

**人口**：約64萬(丹尼茲利)
**面積**：798平方公里
**區域號碼**：0258

## 如何前往

### ◎長途巴士

丹尼茲利市有一座機場，但只有小型航空公司營運，利用率不高，多數遊客都是搭乘巴士或火車過來。

巴士總站位於市中心，火車站就在對面，地下一樓可轉乘市區巴士，幾乎所有的長途巴士公司包括Metro、Kamil Koç、Pamukkale都有設櫃。丹尼茲利與伊茲米爾之間巴士班次非常頻繁，每小時有2~3班發車，車程約4小時；從塞爾丘克發車的班次較少，車程約3小時；從安塔利亞(Antalya)出發約3.5小時；從孔亞出發約5.5小時；從卡帕多起亞出發，車程約9小時，建議搭乘夜車，清晨抵達正好參觀景點。請注意，疫情期間，各家公司班次和票價變動幅度較大，相關資訊請上網查詢。

### 巴士時刻查詢

◍ www.obilet.com

### ◎火車

丹尼茲利的火車站位於市中心，從伊茲米爾、塞爾丘克方向來的火車(Basmane-Denizli線)就停靠在此，車程約4.5~5小時。

## 市區交通

從棉堡到其他區域，幾乎都要經過丹尼茲利市轉運。丹尼茲利巴士站的地下一樓的76號站牌搭共乘小巴(Dolmuş)，可以前往帕慕卡雷村(Pamukkale Kasabasi)、景區北邊入口或卡拉哈耶特村(Karahayıt)，車程約半小時。帕慕卡雷村可步行至棉堡自然公園進入景區，距離南入口約3公里，卡拉哈耶特村則距離棉堡北入口約5公里。

## 住宿

棉堡景區的落腳處主要有三處，一是有30分鐘車程的丹尼茲利市(Denizli)，多數聚集在長途巴士站附近；一個是度假飯店林立的卡拉哈耶特村，距離棉堡北門5公里，這些號稱4星、5星的飯店多半都附設了溫泉浴場；還有一處是離棉堡3公里的帕慕卡雷村，以平價民宿為主。

---

## Where to Explore in Pamukkale and Around Area
## 賞遊棉堡及周邊

**卡拉哈耶特村**

**MAP ▶ P.195**

# Colossae Thermal Spa Hotel

**區內唯一綠色星級飯店**

⌂ Karahayıt Mh. 112 Sk. No:4 Pamukkale, 20290 Denizli
☎ 0258 271 4156 ◍ www.colossaehotel.com

掃地圖

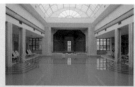
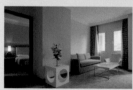
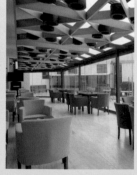

Colossae Thermal Spa Hotel距離棉堡風景區僅約5分鐘車程，作為丹尼茲利(Denizli)區域第一家五星級飯店，室內陳設依然維護如新，復古時尚的氣氛，散發迷人的優雅風情。

Colossae Thermal Spa Hotel佔地廣大、設備完整，溫泉是主要賣點，包含室內溫泉泳池、各式水療池、仿羅馬古蹟的露天溫泉池、土耳其浴室和Spa中心等；而自助餐廳除了西式餐點，也提供豐富而多樣的土耳其佳餚，此外，還有健身房、兒童遊戲室、桌球間、網球場和室外游泳池，待上一整天也不會無聊。在石灰棚和古蹟間步行一整天後，浸浴溫泉水療池中舒緩疲憊，天堂級的療癒也不過如此。

191

**MAP ▶ P.195**

# 石灰棚
## Travertines

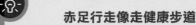

MOOK
Choice

### 石灰華結晶而成的雪白棉田

🌀 棉堡景區有三個入口，北門和南門入口都位於石灰棚上層，又以南門最接近，也是旅遊團巴士停靠的地方；對自助旅行者較方便的是從棉堡自然公園入口進入，從石灰棚的下層向上走，需要赤腳提鞋走過整個石灰棚，腳底可能會感到些微刺痛 🕐 8:00-18:00 💲 200TL(含希艾拉波利斯古蹟區的費用)，適用博物館卡 ❗ 受疫情影響，開放時間及票價隨時會調整。

　　棉堡名稱的由來，就是那片像白色棉花似的天然奇景，在層層相連如梯田的造型中，有天然溫泉從地底浮出，當陽光照拂這片「棉田」時，泉水映出藍綠色調，穿插於白色大地，煞是好看。

　　這片鬼斧神工的獨特景觀，其實是石灰岩岩體流滲出富含碳酸鈣的溫泉，湧冒的泉水依著地勢聚集環流，泉中所含的碳酸鈣慢慢釋出堆積成石灰華結晶，經過千年的累積，形成梯堤景觀。

　　棉堡開發為觀光區後，附近飯店、溫泉池林立，沒幾年泉水量日益減少，顯現過度開發的疲態；加上遊客恣意踩踏，也嚴重破壞脆弱的石灰華，因此，現今遊客到此須遵守去除鞋襪、循著

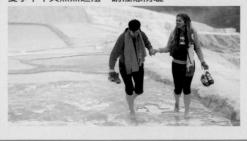
堤邊步道遊賞的規矩，不得任意入池戲水，以便使泉水重獲再造奇景的機會。而土耳其當局也著手進行冬、夏兩季各有不同的水源管理計畫，分區注入溫泉水，所以現在已經看不到整片水梯田的景觀了。

　　石灰棚上方是曾經繁華的希艾拉波利斯古城，1988年與這片奇幻的地質景觀同列世界遺產，石灰棚下則規劃為自然公園，隔著小湖眺望雪山一般的棉堡。

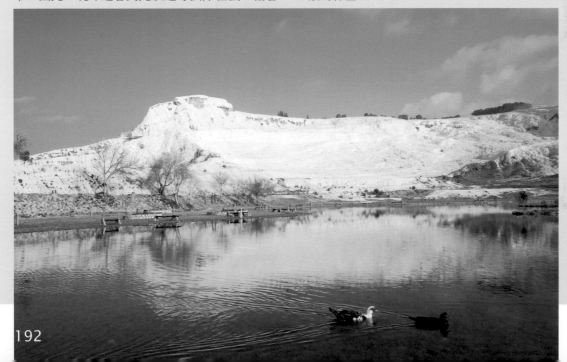

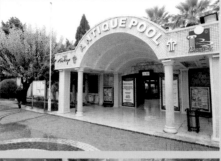

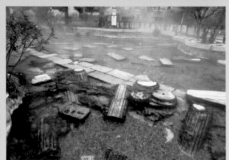

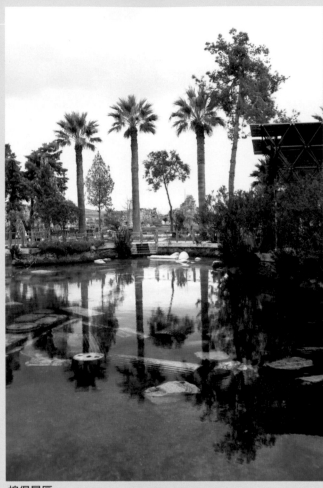

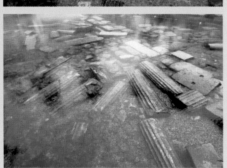

棉堡景區

**MAP ▶ P.195**

# 棉堡溫泉

## Pamukkale Antik Havuz

### 在千年古蹟泡湯

🏊同石灰棚　🕐8:00-19:30，冬天至17:00　💲150TL　❗受疫情影響，開放時間及票價隨時會調整。

掃地圖

　　坐在石灰棚上泡腳似乎有點意猶未竟，不如換上泳衣和神殿古蹟一起泡溫泉吧！

　　這座溫泉游泳池就在整個棉堡景區的正中心，嚴格來說，它也是一處古蹟，一旁的希艾拉波利斯遺址因為下陷而形成溫泉池，過去應該屬於阿波羅神殿的一部分，清澈的池子裡倒臥著許多大理石柱和雕飾。

　　池子的平均深度3公尺，有些地方更深達4至5公尺。溫泉水冒出的溫度從攝氏36度到57度，但整個池子平均溫度約攝氏35度左右，富含碳酸鹽、硫酸鹽、鈣、二氧化碳、鐵、鈉、鎂、氫等成分的泉水，據說沐浴和飲用都具療效，尤其是坐骨神經病、婦科、神經系統、泌尿器官等疾病均有療效，自古聞名。

　　若不想在千年古蹟上游泳，可參觀後坐在池邊喝杯飲料，欣賞這個特別的泳池也挺有趣。

**MAP ▶ P.195**

# 希艾拉波利斯遺址

## Hierapolis

### 溫泉水孕育的千年古城

🚶 同石灰棚　📞 0258 272 2034　🕐 遺址同石灰棚。
博物館4~9月8:00-19:00，10~3月8:00-17:00　💲
200TL(與棉堡使用同一張門票)　🌐 muze.gov.tr/muze-
detay?SectionId=PMK01&DistId=PMK　❗受疫情影響，開放
時間及票價隨時會調整，請上網或去電查詢。

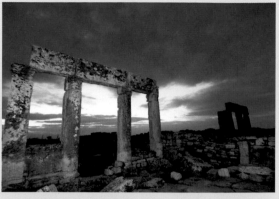

掃地圖

Hierapolis以開國神話人物Hiera
命名，在希臘文中意思是「聖
城」，最早於西元前190年由佩加
蒙(Pergamum)國王歐邁尼斯二世(Eumenes Ⅱ)
所建立，後來羅馬、拜占廷都先後統治過。

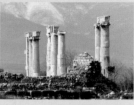

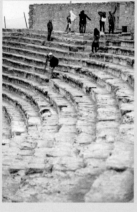

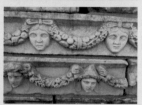

有些遊客會覺得貝爾加蒙、以弗所和這處古蹟
頗相似，因為整個愛琴海、地中海東岸地區的古
文明的確大同小異，希艾拉波利斯融合了希臘、
羅馬、猶太、早期基督教等文化元素，最終還是
以土耳其「安納托利亞」(Anatolian)的當地風格
展現出來。

## 拜占廷教堂(北浴場)Byzantine Church

踩著石堆前進，有一教堂，目前只剩一面牆，原先是羅馬時代的浴池，拜
占庭時代才改建成教堂。從浴池設備可推測希城古時以溫泉遠近馳名，據說
當時有成千上萬人專程赴此泡湯、療養。

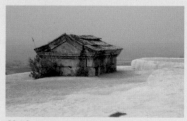

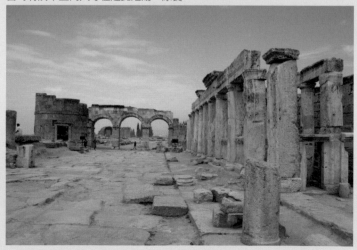

## 墓地Necropolis

如果從北門進入，對希艾拉波利斯遺
跡的印象是從散落石棺的大規模墓地開
始的。4世紀時一場地震肆虐，如今的
面貌更像是貧瘠山陵中一處廢墟。四處
散落的石棺，總數超過1,200具，是安
納托利亞最大的古墓場。希城這一帶自
古就以頗具療效的天然溫泉吸引外來
客，這些石棺多是兩千多年前來此養
病、終老的百姓，石棺有圓有方，甚至
有大規模的家族式，陪葬品的多寡也有
不同。

## 希艾拉波利斯遺址平面圖

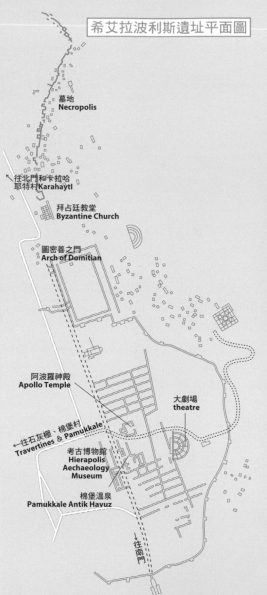

墓地
Necropolis

往北門和卡拉哈
耶特村Karahaytl

拜占廷教堂
Byzantine Church

圖密善之門
Arch of Domitian

阿波羅神殿
Apollo Temple

大劇場
theatre

←往石灰棚、棉堡村
Travertines & Pamukkale

考古博物館
Hierapolis
Aechaeology
Museum

棉堡溫泉
Pamukkale Antik Havuz

↓往南門

### 圖密善之門
### Arch of Domitian

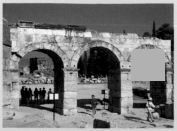

建築輪廓依然清晰，三門式的拱門建於西元1世紀，城門兩側各有一圓形雕堡，據說是為了榮耀當時羅馬皇帝圖密善而建。出城門後是市集(Agora)，林立的石柱間隔出一個個小單位的賣場。

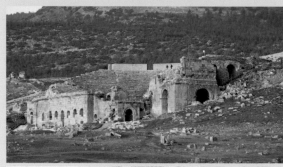

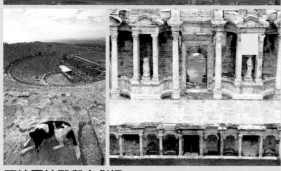

### 阿波羅神殿與大劇場Apollo Temple & Theatre

阿波羅神廟因地震之故，及目所見盡是殘破石堆，絲毫看不出太陽神阿波羅的蹤跡。循坡地往上走，大劇院是遺址群中整修復原狀況最好的建築，可容納15,000人左右，除了中心半圓舞台，還有一座高起的平台，當時兼顧競技和表演的功能，劇場融和希臘和羅馬式的影子，為哈德良皇帝時代所建。

### 考古博物館
### Hierapolis Archaeology Museum

博物館的建築本身是古代的羅馬浴室，從交錯的「拱」可以看出一二。博物館收藏主要分成兩大類型，一是造型特殊的石棺及羅馬時代的雕像，一是從希艾拉波利斯出土的小型文物。

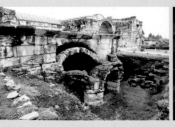

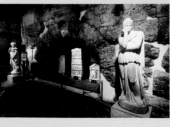

195

# 阿芙洛迪西亞斯遺址

## Aphrodisias

### 希臘羅馬時代極致工藝之美

📍位於Aydın和Denizili之間，與Denizili距離約100公里，車程2小時。如果搭乘公共交通，得換車好幾趟，最方便的方式是參加一日導覽行程，此外，也可於丹尼茲利長途巴士站詢問Pamukkale等巴士公司，購買來回交通票 🏠Geyre Beldesi Kenan Erim Caddesi No:4 ☎0256 448 8086 🕐4~9月9:00~19:00；10~3月9:00~17:30 💲70TL 🌐muze.gov.tr/muze-detay?SectionId=AFR01&DistId=AFR ❗受疫情影響，開放時間及票價隨時會調整，請上網或去電查詢。

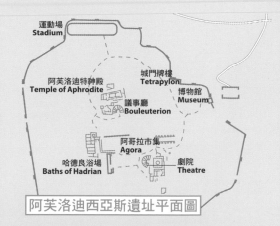

阿芙洛迪西亞斯遺址平面圖

掃地圖

古城阿芙洛迪西亞斯在土耳其眾多古蹟中是保護較好的一處，因為義大利、奧地利等國家都和土耳其簽有考古挖掘計畫，按照合作約定，有相當比例（約10%）的古蹟可由挖掘國家保存，亦即土耳其現存的古蹟有一部分正遭逢流落他鄉的命運。正

因如此，阿城的考古工作難得由土耳其考古教授領軍執行，由土國人自己進行挖掘，對土國人的意義自是不同。

仔細推敲此古城的歷史，可以回溯到西元前3000年的銅器時代，不過，它在羅馬時代達到了全盛時期，從阿芙洛迪特神殿的大門、劇院、市集、運動場等建築特色即可窺知。一般

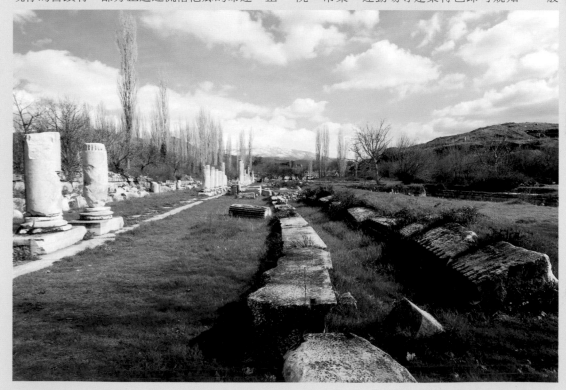

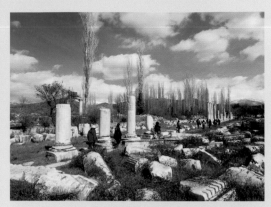

相信因為當時愛與美的女神——阿芙洛迪特(Aphroite)強力守護這座城市之故，因此本城也以祂的名字來命名。

若由現代眼光來評鑑，阿城的工藝水平、大理石建材用料都較其他城市高，審美觀念、生活水平高於同期的古城，似乎也和城市守護神有關，也是當時的藝術中心。

進入古城遺址有兩個入口，一處會先看到塞伯斯汀神殿；另一處則先經過博物館，由林蔭進入遺址，兩處都可以自由進入。

### 怎麼計算古城人口？

根據考古學者計算，要判斷當時一座城市的人口，只要把最大的集會場所，如劇場或競技場容納人數乘以8，就可以推估出來，阿芙洛迪西亞斯的運動場可容納30,000觀眾，就可約略得知當時阿芙洛迪西亞斯城市有240,000人。

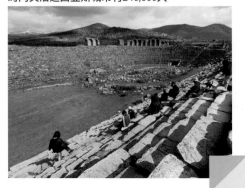

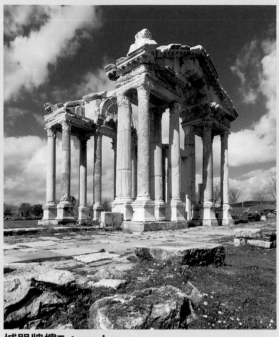

### 城門牌樓Tetrapylon

這是阿城古早的城門，也是本城的地標。在希臘文中，「tetra」意義為「四」，「pylon」是「門戶」，結合的字義就是四柱形成的門，仔細一看，城門造型的確如此。由建築角度欣賞，四柱的柱頭是華麗的科林斯式，門上三角牆部分分別精雕著神話人物，例如小愛神伊洛斯。經過整修與重砌，城門原貌英挺地矗立眼前。

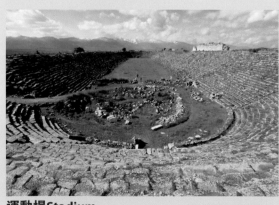

### 運動場Stadium

這個浩大的建築長262公尺、寬59公尺的運動場，輪廓清晰、座椅外觀完好，建於西元2世紀，再次讚嘆古羅馬人的建築功力。當時羅馬人也將這個場地兼做為競技場和賽馬場，可以容納30,000人。

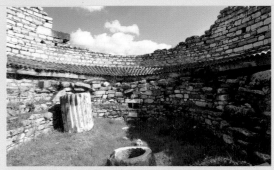

### 哈德良浴場Baths of Hadrian

哈德良是西元2世紀時的羅馬皇帝，將近兩千年前所啟用的浴場，當時已有完備的洗浴設備，進入大廳的兩側分別為不同的功能廳，包括更衣室、熱水池、冷水池、蒸氣浴等，地底下更隱藏著燒水火爐室、下水道、引水設施等精良的硬體配備。

### 阿芙洛迪特神殿Temple of Aphrodite

阿城人從希臘過渡到羅馬時代，一致崇拜專司愛與美的女神阿芙洛迪特，在哈德良皇帝時代，神殿上加蓋了兩層13公尺長、8公尺寬的柱廊，可惜的是5世紀後，基督教文明盛行，這座神殿被改造成教堂，緊接著拜占庭帝國也將廟宇改建另作他用，甚至在它周遭挖出墳墓區，神殿的完整性已遭破壞，現在的神殿可見14根愛奧尼亞式柱子，而拜占庭式的教堂後殿殘蹟如今也還看得到。

1962年後來挖掘出來的阿芙洛迪特神像高達3公尺，收藏在入口處的博物館。

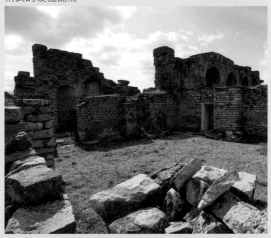

### 議事廳Bouleuterion

這是一座保存得相當完好的大理石建築，就像現代城市的市政廳一樣，這座議事廳算是當時的行政中心，具有多功能用途，包括室內集會、音樂會等，原有的屋頂則在4世紀的地震中震垮。半圓的座位席可容納1750人，座位上還有雕刻得十分精美的貴賓席。

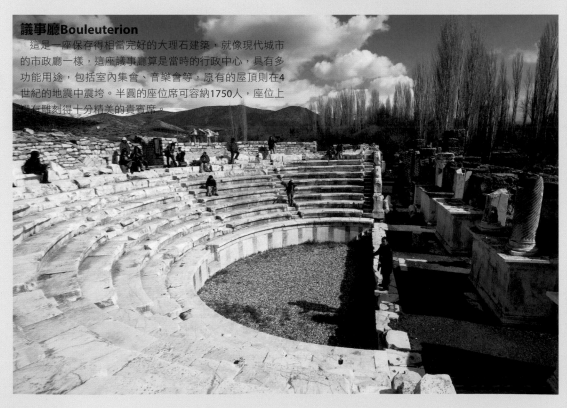

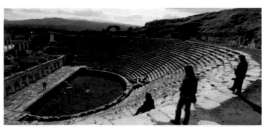

### 兩千多年的劇院就有VIP貴賓座位

　　西元前3世紀這座大理石劇院即已存在，從其沒有舞台和後台判斷，屬於希臘式建築，規模與以弗所劇院差不多。劇院外貌相當完好，要注意的是：第一排座位有著明顯高起的椅背，那是貴賓專屬；最後一排椅上有幾個椅面雕刻著符號或文字，據研究是當時購買季票人士，也就是忠實觀眾所持有，因此留下如此記號。

### 亞哥拉古市集Agora

　　原始市集分東、西、南、北四翼，大門位於東南側，西翼出口正面對浴場。市集中央有個巨大水池，長263公尺，寬18公尺，相當驚人。目前只看到兩排愛奧尼亞式石柱杵在那裡，只能遙想當年的熱鬧場景。

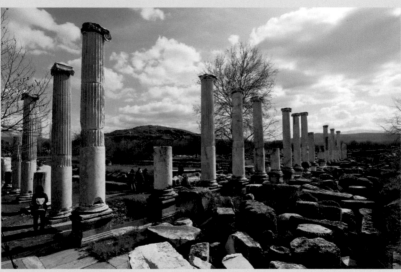

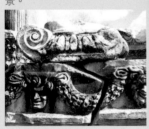

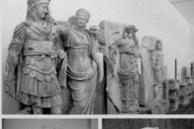

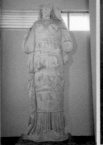

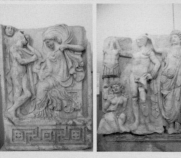

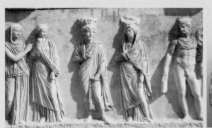

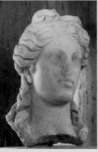

### 博物館Museum

　　遺址逛完，不要忘了進博物館看看珍藏。在羅馬時代，阿芙洛迪西亞斯有一所非常著名的雕刻學校，博物館裡就有許多當時的優秀作品。其中從阿芙洛迪特神殿出土的阿芙洛迪特雕像，穿著一件裝飾華麗的外袍，臉部已不見，是博物館的鎮館之寶。

　　由於古物不斷出土，博物館也隨之擴建，可看到阿芙洛迪特神殿的復原圖，以及原本立在柱廊之間那一尊尊栩栩如生的雕像。由於古物太多，許多雕刻精美的石棺堆放在博物館周遭。

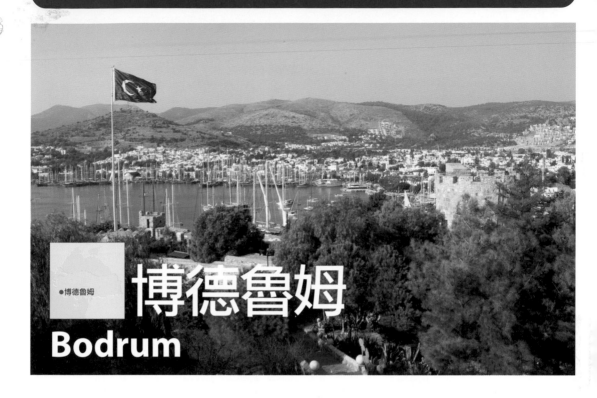

# 博德魯姆
## Bodrum

●博德魯姆

雪亮的白屋、成排的棕櫚、晶藍的海灣、迤邐的遊艇，這些全是愛琴海最南端的港都博德魯姆呈現給訪客的禮物。

博德魯姆早在西元前11世紀就建城，當時名為「哈里卡納蘇斯」(Halicarnassus)，它起步低調，但發展迅速，著名的歷史學家希羅多德(Herodotus)曾詳細描述它的繁華風光，不難想像希羅多德下筆時的驕傲，因為這裡正是他誕生的故鄉。

西元前4世紀，卡利亞(Caria)君王莫索洛斯(Mausolus)還在此打造大型陵寢，建築竣工後名列世界七大奇景之一，這座白色的大理石建築矗立了將近1900年之久，直到15世紀遭十字軍摧毀，石材移作建造聳立在港邊的城堡。

博德魯姆迥異於其他單以碧海藍天討好遊客的濱海城鎮，而想擁有輕鬆度假的節目，博德魯姆不僅一樣也不缺，甚至更精采。由這兒的港口搭船出海，享受的是海底溫泉，入夜後的濱海大道更是百家酒吧一字排開，通宵狂歡。

## INFO

### 基本資訊
**人口**：36,400人
**區域號碼**：0252

### 如何前往
◎航空

博德魯姆近郊的米拉斯(Milas)擁有一座國際機場(Milas-Bodrum Airport，代號BJV)，距離博德魯姆市中心35公里，不少航線直通歐洲各大城市及國內主要城市，由土耳其航空及其他廉價航空負責大部分航線。唯因疫情期間，各家航空公司班次和班表變動幅度較大，相關資訊請洽各大航空公司或上網查詢。

從機場到市區可搭乘Havas機場巴士，巴士大約於航班落地後1小時發車，連接機場與市區長途巴士站(Otogar)，車程約35分鐘，車資45~60TL。請注意，疫情期間，各家公司班次和票價變動幅度較大，相關資訊請上網查詢。
**Milas-Bodrum機場** ⓦmilas-bodrumairport.com/
**機場巴士Havaş** ⓦwww.havas.net

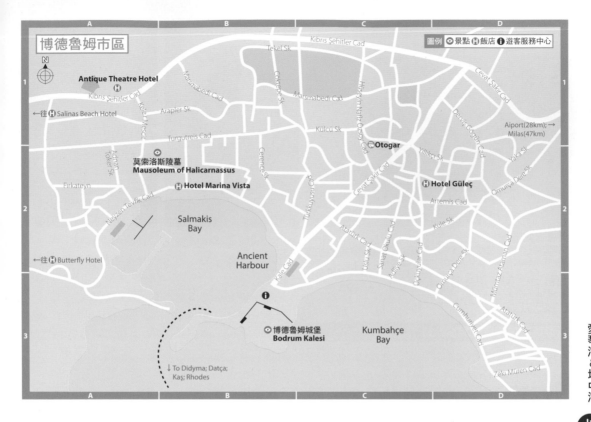

博德魯姆市區

圖例 ◎景點 Ⓗ飯店 ❶遊客服務中心

Kıbrıs Şehitler Cad

Antique Theatre Hotel

Kıbrıs Şehitler Cad

←往Ⓗ Salinas Beach Hotel

Arapler Sk

Turgutreis Cad

Masmabedi Cad

Masmabedi Cad

Tekel Sk

Külcü Sk

Ⓗ Otogar

Cevat Şakir Cad

Aiport(28km); →
Milas(47km)

莫索洛斯陵墓
Mausoleum of Halicarnassus

Ⓗ Hotel Marina Vista

Ⓗ Hotel Güleç

Artemis Cad

Salmakis
Bay

Ancient
Harbour

←往Ⓗ Butterfly Hotel

❶

◎博德魯姆城堡
Bodrum Kalesi

Kumbahçe
Bay

↓ To Didyma; Datça;
Kaş; Rhodes

愛琴海＆地中海…博 德魯姆 Bodrum

## ◎長途巴士

　博德魯姆的長途巴士總站就位於市區裡，主要的巴士公司包括Metro、Pamukkale都有行駛周邊主要城市。距離伊茲米爾286公里，車程約3.5~4小時；距離安塔利亞(Antalya)496公里，車程約8小時；距離安卡拉689公里，車程約10小時；到塞爾丘克車程約3小時；到丹尼茲利(Denizli)約5小時。

　有些長程巴士（例如，卡帕多起亞出發的巴士）可能需要在Mugla轉乘小巴，由原購票巴士公司負責安排，且票價應該已包含，不需額外付費，購票時建議與售票人員確認。請注意，疫情期間，各家公司班次和票價變動幅度較大，相關資訊請事先查詢。

## 市區交通

　整個博德魯姆市區不大，大部分景點步行可達。市區裡雖有共乘小巴(Dolmuş)但是經常塞車。

## 住宿

　博德魯姆是土耳其熱門的度假勝地，市中心有許多平價民宿，高級度假飯店則多位於市郊，比起土耳其

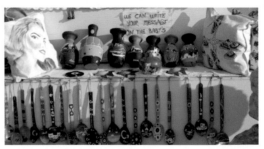

其他城市平均價位要高。

## 旅遊諮詢
### ◎遊客服務中心

◗ 週一至週五8:00-12:00、13:00-17:00 ⊗週六、日
⌂Barış Meydanı No.43，位於博德魯姆城堡外的廣場上
☏0252 316 1091
🌐www.enjoy-bodrum.com/bodrum-tourist-information.html

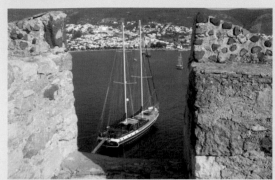

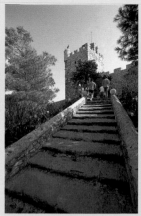

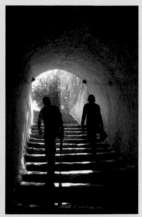

博德魯姆市區

**MAP ▶ P.201B3**

# 博德魯姆城堡

MOOK Choice

**Bodrum Kalesi**

## 見證博德魯姆歷史發展軌跡

ⓘ Çarşı Mahallesi, Kale Caddesi, No: 36(位於博德魯姆港口邊) ☎0252 316 2516 ◷8:30~17:30 Ⓢ150TL ⓜmuze.gov.tr/muze-detay?SectionId=BSA01&DistId=MRK

博德魯姆城堡(又稱聖彼得城堡)可以說是博德魯姆最顯著的地標，也是這座港灣城鎮最主要的歷史見證物。

1402年，中亞梟雄帖木兒(Tamerlane)入侵安納托利亞之後，造成當時仍處於發展階段的鄂圖曼帝國在部分地區失去優勢，於是十字軍之一的聖約翰騎士團(Knights of St John)趁虛而入，他們以羅德島(Rhodes，今日屬希臘領地，與博德魯姆隔著愛琴海，島上也有一座由騎士團興建的城堡)為基地，一舉奪下博德魯姆，並從1406年開始，拆卸莫索洛斯陵墓的石材興建這座聖彼得城堡，城堡主要5座塔分別代表當時居於此的西班牙、法蘭西、義大利、德意志和英格蘭5國國籍的居民，城堡建設工程持續了一個世紀之久，最高的法蘭西塔可以俯瞰博德魯姆全城和愛琴海。

一個世紀後，當蘇雷曼大帝(Süleyman the Magnificent)於1523年攻克羅德島，隔海相望的兩座城堡同時回歸鄂圖曼統治。

直到第一次世界大戰結束，聖彼得城堡一直扮演著守護博德魯姆的任務。20世紀之後，城堡的角色漸漸轉變，由於鄰近採集海綿的潛水員不斷從海底打撈出許多古物，城堡成為一座以收藏海底考古文物為主的博物館。

## 銅器時代沉船展示廳
## Bronze Age Shipwrecks

這間展廳位於英格蘭塔(English Tower)，主要是展示古代人類的航海與海上貿易生活，透過一艘西元前14世紀、沉在喀煦港(Kaş)外海的烏魯布倫沉船(Uluburun Shipwreck)展現。這艘應該是目前為止，全世界所發現最古老的船隻，當年沉船時，裡面載滿了20噸重的銅、錫、玻璃、黑檀木、象牙、鴕鳥蛋殼等，顯然是一艘國際貿易的商船，船上還發現亞述(Assyrian)和巴比倫的印章、迦南(Canaanite)的黃金珠寶和武器、塞浦路斯(Cypriot)的陶器和銅器、埃及的聖甲蟲，還有義大利的劍、波羅的海的琥珀等。

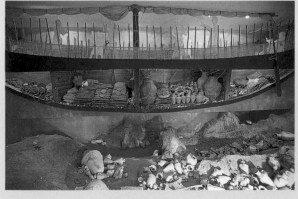

## 雙耳細頸陶罐Amphorae

　　雙耳細頸陶罐大約是西元前3000年前銅器時代早期從特洛伊開始發展的，到了西元前2000年海上貿易漸漸傳到地中海東岸，這些陶罐幾乎都是從土耳其西南水域的海底撈上來的，年代可溯及西元前15世紀，隨著時代演進，不同地域發展出不同樣式的陶罐，從牆上展示可一目了然。

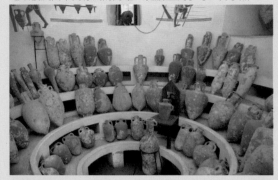

## 東羅馬沉船殘骸與禮拜堂
## Chapel & Eastern Roman Shipwreck

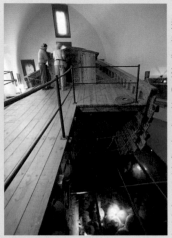

　　這間沉船殘骸展廳過去是一間禮拜堂，鄂圖曼時期改成清真寺。裡面擺放的沉船殘骸是從亞西阿達島(Yassıada)的南部水域、水深三十餘公尺處打撈上來，依據船上的錢幣判斷，應屬7世紀的東羅馬船隻，船身長19公尺、寬5.22公尺，經過復原後，船的甲板下擺放不少雙耳細頸陶罐作為裝飾。

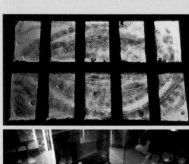

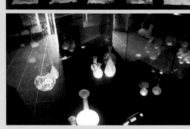

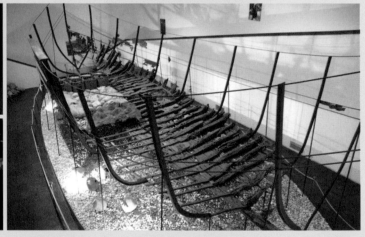

## 沉船與玻璃器皿展示廳
## Glass-Shipwreck Hall

　　這艘沉船於1973年由採集海綿的潛水員所發現，船沉的年代約在1025年，長16公尺、寬5公尺，龍骨為鋼鐵所打造。打撈沉船的同時，也起出三噸重的玻璃器皿，顯示這艘商船主要貿易於黑海的拜占庭和敘利亞法密德王朝(Fatimid)之間。

　　在沉船展示廳附近，還有一間玻璃器皿展示廳，收藏從西元前15世紀的麥錫尼(Mycaenean)到11世紀的敘利亞法密德王朝玻璃器皿，透過燈光投射呈現出五顏六色的炫目光澤。

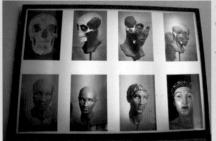

## 卡利安公主廳
## Carian Princess Hall

　　位於法蘭西塔(French Tower)，裡面安放著卡利安公主(Carian Princess)的骸骨，1989年，土耳其考古學家在一座墳墓的石棺裡，發現這具死於西元前360年到325年之間、約四十歲的女性骸骨，頭戴黃金后冠、項鍊、手鐲、戒指，以及一圈製作精美的黃金桃金孃葉，據考證，她應該就是莫索洛斯(Mausolus)國王的女兒，考古學者還根據這具骸骨復原出她生前的模樣。

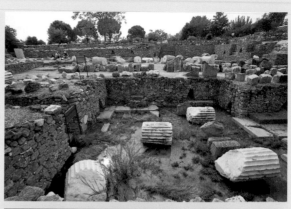

博德魯姆市區

**MAP ▶ P.201B2**

# 莫索洛斯陵墓

**MOOK Choice**

Mausoleium of Halicarnassus

## 古代世界七大奇蹟之一

🏠Tepecik Mahallesi ⏰4~9月8:30-19:00，冬季至17:30 💲25TL

掃地圖

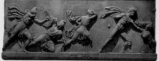

　　與其他希臘時期的世界七大奇蹟一樣，莫索洛斯陵墓只剩下殘敗遺跡供後人憑弔，所不同的是它還遺留大量的浮雕及雕塑，目前存放在大英博物館。

　　這座陵墓是為卡里亞王國(Caria)統治者莫索洛斯(Mausolus，BC376-BC353)而建的。莫索洛斯生前統治小亞細亞西南沿岸的大片土地，把都城遷到哈里卡納蘇斯(Halicarnassus，即今天的博德魯姆)之後，國勢愈來愈富裕強大。他病逝過後，王位由他的妻子阿特米西亞(Artemisia)繼承，為了感念夫妻情深，於是照著莫索洛斯生前所規劃的圖樣，從希臘各地請來許多著名的建築師和雕刻家，打造出這座空前的偉大建築。

　　陵墓奠基在一個長寬38與32公尺的墩座上，本身像是一座氣魄宏偉的神廟，四面環繞著愛奧尼克式柱廊，柱廊頂著一座24階金字塔構成的屋頂。陵墓上的浮雕及雕塑也堪稱藝術史上的傑作，據說希臘世界中最優秀的雕刻家，有5位參與了陵墓的裝修，其中有兩尊雕像被認定是莫索洛斯和阿特米西亞夫婦，目前也存放在大英博物館裡。

　　然而陵墓究竟是怎麼傾毀的？地震，還是戰火，仍然眾說紛紜。不過可以確信的是，15世紀聖約翰騎士軍團(Knights of St John)從斷垣殘壁中帶走許多大理石，用來修築不遠處的博德魯姆城堡，關於這座陵墓的重要資訊也就從此消失。

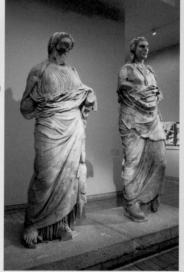

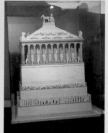

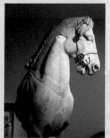

## 西方詞彙中的「陵墓」與這座陵墓有關？

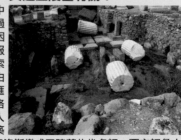

　　儘管過程中歷經女王過世、財物困頓，終究克服萬難建成莫索洛斯陵墓，由於建築本身匯集了各種風格流派，被後人譽為陵墓建築的典範，莫索洛斯變成了陵墓的代名詞，西方詞彙中的「Mausoleum」(陵墓)一詞，即源於此。

## 酒吧夜生活

博德魯姆可以說是整個土耳其環愛琴海和地中海區域中，夜生活最多采多姿的城市了，所有的商店、酒吧、餐廳、迪斯可俱樂部都集中在共和大道(Cumhuriyet)這條濱海大道上。

在一整天的古蹟、出海巡禮後，傍晚時分，人潮便開始往濱海大道移動，點杯雞尾酒，吹拂涼爽海風等待落日，同時在港邊餐廳享用一頓豐盛晚餐。

吃過晚餐之後，博德魯姆的夜生活才真正開始，整條共和大道樹影婆娑，五彩燈光映著黝黑海水，海浪拍岸聲、觥籌交錯聲、迪斯可音樂聲，混混沌沌融成一片，一直持續到天亮。

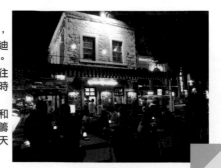

博德魯姆外海

**MAP ▶ P.201B3**

# 藍色巡航
## Blue Cruise

**MOOK Choice**

### 逍遙出海一日遊

🏠Neyzen Tevfik Caddesi ⏱夏季期間，早上10:00或11:30出發，17:30或18:00返航 💲停留數個小島的一日遊，每人約25~65歐元，許多遊船公司提供不同行程，建議現場多比較。

掃地圖

在博德魯姆港灣西邊最熱鬧的Neyzen Tevfik濱海大道上，停泊著上百艘風帆遊艇，提供博德魯姆近海一日遊行程。

最典型的行程是遊艇沿著聖彼得城堡外緣出海，直接航向卡拉達島(Karaada，意為黑色島嶼)，換小船後登島，這裡有著名的海底溫泉和紅泥浴。黑色島嶼的北側海岸有一大洞穴，洞穴

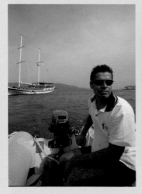

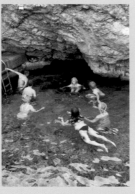

### 連埃及豔后也著迷的紅泥浴

卡拉達島北側海岸冒出海底溫泉的洞穴又被稱為「美人洞」，地方傳說古代埃及豔后克利歐佩特拉(Cleopatra)在凱撒遇刺身亡後逃離了羅馬，之後在愛琴海待了3年，當時她沉迷於此地的泥巴浴，泥巴是從海底挖掘出來的，呈紅土色澤，用來敷臉和身體美容養顏。

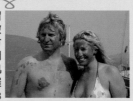

向裡延伸約兩百公尺，海底溫泉就從洞穴汩汩冒出，海底溫泉的溫度只有32°C，富含鎂、鈉、鉀等礦物質。

結束卡拉達島，船會轉往下一站歐塔肯特海灣(Ortakent Bay)，這個宜人的小海灣擁有一彎礫石海灘，海邊有簡單的屋舍、餐廳及露營區。

最後船會駛向「水族館」(Aquarium)，此處其實是海灣圍繞起來的平靜海域，遊艇停泊在海面上，讓遊客自在地下水浮潛、戲水，與魚群共游。幾個點玩下來，就耗去一天時間，因為幾乎都是下水行程，一定要備好泳衣，否則光待在船上或岸邊，就失去出海的意義。

博德魯姆的各家遊艇公司還提供不同的出海行程，其中包括夜間航行，可以根據自己需求和船公司討論、預定出海行程。

# 費提耶及周邊
# Fethiye & Around Area

土耳其這片廣袤的土地上，曾經出現的古文明何其多，除了西台帝國、希臘文化、波斯帝國、羅馬帝國之外，還有一支古代民族稱為「呂西亞」(Lycia)，為安納托利亞民族的一支，在土耳其的地中海岸西部地區留下不少遺址，文化深受希臘、波斯及羅馬影響。

其中襄多斯(Xanthos)是當時的首都之一，也是最宏偉的城市，擁有一座羅馬劇場，以及許多石柱上刻著呂西亞碑文的墳墓，到了羅馬帝國時代，呂西亞則成為羅馬帝國其中一省。

今天呂西亞人遺留給後代的，大多數都是那些雕刻在岩壁上的墳墓和石棺。聯合國教科文組織就於1988年，把襄多斯至雷圖恩(Letoön)一路延伸下來的呂西亞人遺址列為世界遺產保護範圍，其中費提耶是這個區域的出入門戶及文化重鎮，包括保護呂西亞文化遺產的博物館在內。

費提耶是一座古老的城市，古稱「泰爾梅索斯」(Telmessos)，不過，經過1856年和1958年的大地震，沒有太多古代建築留存下來，只有呂西亞人的崖壁墓塚和博物館的文物供後人憑弔。

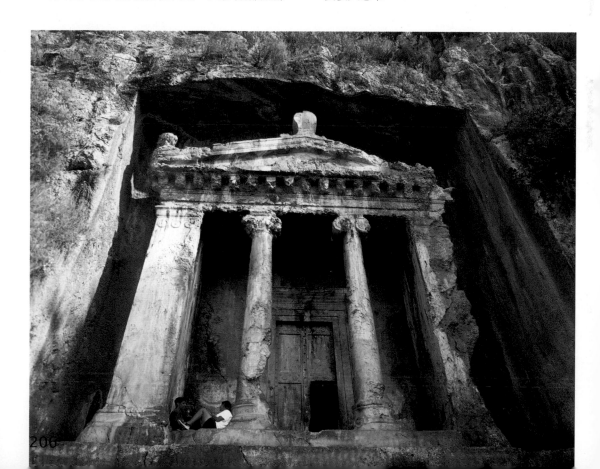

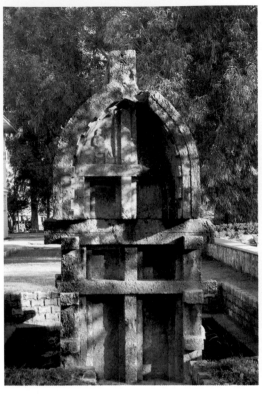

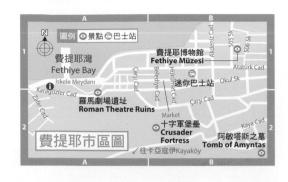

費提耶市區圖

| 圖例 | 景點 | 巴士站 |

- 費提耶灣 Fethiye Bay
- İskele Meydanı
- Karagözler Cad
- 羅馬劇場遺址 Roman Theatre Ruins
- 費提耶博物館 Fethiye Müzesi
- 迷你巴士站
- Market
- 十字軍堡壘 Crusader Fortress
- 阿敏塔斯之墓 Tomb of Amyntas
- 往卡亞寇伊Kayaköy

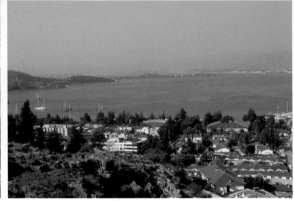

# INFO

## 基本資訊

人口：約8.5人　區域號碼：0252

## 如何前往

### ◎長途巴士

費提耶的長途巴士總站位於市中心東邊2.5公里。與安塔利亞(Antalya)距離285公里，車程約3.5小時；與喀煦(Kaş)距離107公里，車程約2小時。

從博德魯姆(Bodrum)和馬爾馬利斯(Marmaris)出發，搭乘迷你巴士Dolmuş比較方便，車程分別為約4.5小時和2小時。

從長途巴士總站進入市中心，必須出站後到對面搭共乘小巴(Dolmuş)，車程約10分鐘。

## 市區交通

如果要前往郊區及周邊景點必須在市中心東邊一公里處的迷你巴士總站(Dolmuş Garaj)搭乘，目的地包括卡亞寇伊(Kayaköy)、歐履德尼茲(Ölüdeniz)、沙克里坎特(Saklıkent)、前往襄多斯(Xanthos)與雷圖恩(Letoön)遺址也是在此搭乘。

在市區內，沿著主幹道Atatürk Caddesi、Çarşı Caddesi，再到長途巴士站，以及Fevzi Çakmak Caddesi到Karagözler之間，都有單行的迷你巴士通行。

## 住宿

市中心多為中、平價旅館，郊外景區則有一些小型度假飯店。

## 旅遊諮詢

### ◎旅客服務中心

🏠 Karagözler Mahallesi, Fevzi Çakmak Cd., Fethiye／Muğla

🕐 週一~週五10:00~16:00

📞 0252 614 1527

❗ 受疫情影響，開放時間隨時會調整。

費提耶市區

**MAP ▶ P.207B1**

# 費提耶博物館
## Fethiye Müzesi
### 收藏呂西亞文明

🏠 Kesikkapı Mahallesi 505 Sokak No:4
0252 614 1150 ⏰ 4~9月8:30-19:30；10~3
月8:30-17:30 💲10TL 🌐 muze.gov.tr/muze-
detay?SectionId=MFM01&DistId=MRK ❗受疫情影響，開
放時間及票價隨時會調整，請上網或去電查詢。

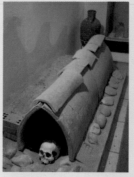
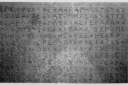
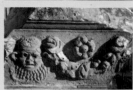

掃地圖

　　經過費提耶這一帶，一路上會在崖壁上看到不少岩窟墓地，或是散落在海邊的石棺，想更深入瞭解當時呂西亞人的文化就須到博物館，費提耶博物館就是箇中翹楚，特別是雷圖恩(Letoön)被水淹去大半後，所遺留下來的文物都收藏在這裡。

　　呂西亞最重要的文物就屬各式各樣的石碑

(Stele)，一種是放在墳墓上、刻有死者與親友人像的石碑，一種是「應許石碑」(Promise of Stele)，把對神明許願的承諾刻在石碑上。此外，還有一塊最重要的石碑，上面刻有呂西亞語、希臘語、阿拉米語(Armaic，古敘利亞語)三種文字的石碑，靠著這塊石碑，破解了呂西亞文字，石碑大致的意思是考諾斯國王(King Kaunos)花錢做善事來榮耀神明。

　　博物館還有一室專門收藏鄂圖曼時期的文物，不過相較於呂西亞文明，歷史價值略遜一籌。

---

費提耶市區

**MAP ▶ P.207B2**

# 阿敏塔斯之墓
## Fethiye Amintas Kaya Mezarı
### 兩千多年前崖壁古墓

🚩 位於費提耶鎮東南面的崖壁上，距離港口步行約20分鐘
🏠 Kesikkapı Mahallesi, 117. Sk. No:3 ⏰ 4~10月8:30-
19:30；11~3月8:30-17:30 💲20TL 🌐 muze.gov.tr/
muze-detay?SectionId=MFA01&DistId=MRK ❗受疫情影
響，開放時間及票價隨時會調整，請上網或去電查詢。

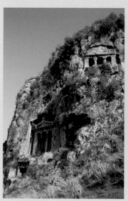
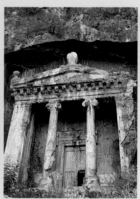

掃地圖

　　費提耶是一座群山環抱的小港灣，小鎮的東南面盡是陡峭的岩壁，有些地方甚至呈垂直90度，這裡就有幾座典型的呂西亞崖壁墳墓，其中最著名的就是阿敏塔斯之墓，時代可追溯到西元前350年，半露方柱之間是兩根愛奧尼亞式(Ionic)立柱，呈現出非常典雅的神廟式立面。雖然沒有明

顯證據，一般認為阿敏塔斯應該是一位國王，或是泰爾梅索斯(Telmessos，費提耶這區的古地名)的行政首長。

　　墳墓只有立面具可看性，若非存著好奇心，實在不需特別爬上岩壁一探究竟，若登上岩壁可享絕佳的視野景觀，可俯瞰整座費提耶港灣，傍晚時分尤其是看夕陽的好地方。

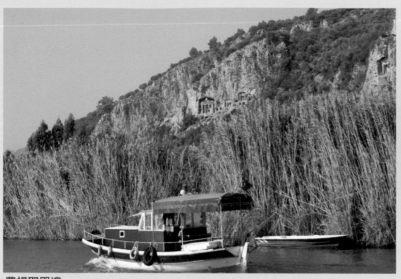

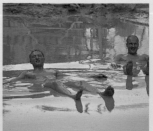

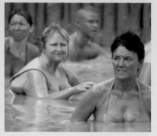

費提耶周邊

MAP ▶ P.6B4

# 達里揚與
# 蘇丹尼耶溫泉

**MOOK Choice**

## Dalyan & Sultaniye Kaplıcaları

### 搭船遊河泡溫泉

🚗位於博得魯姆前往費提耶的路上，與費提耶之間約1個小時車程。費提耶和達里揚之間沒有直接的交通，必須搭迷你巴士到Ortaca(約75分鐘)的長途巴士站，再轉乘巴士進達里揚，不過每年5~10月可從費提耶搭乘共乘小巴直接前往。

**蘇丹尼耶溫泉**

🕐9:00~19:00 💲15TL 🚌鄰近溫泉的小鎮位置偏僻，交通不易，建議於當地尋找套裝行程，達里揚鎮上沿著河邊有好幾家提供遊程的旅行業者，可以自行比較各家價格和本身需求，其中Kardak Tourism提供還不錯的服務(網址：www.dalyancity.com) ❗受疫情影響，開放時間及票價隨時會調整。

掃地圖

達里揚原本只是一個河流經過的小漁村，因為鄰近有呂西亞人的岩窟墓穴以及十分有趣的泥巴浴，逐漸發展成一座觀光小鎮。

一進這個小鎮，會看到兩頭堆疊一起的海龜雕像，每年5月到9月之間，綠蠵龜及赤蠵龜都會來到附近的伊足蘇海灘(İztuzu Beach)上岸產卵，也因此海龜成了這座小鎮的精神象徵及吸引遊客的觀光資源。

整座小鎮被達里揚河所切穿，河上泊滿專門載觀光客遊覽的平底船，平底船沿著平穩的達里揚河航行，一邊是遊船和小鎮，一邊是陡峭山壁及蘆葦，幾近垂直90度的山壁上，鑿出一個個五角形的呂西亞人墓穴，十分壯觀。

最主要的目的地是前往蘇丹尼耶溫泉(Sultaniye Kaplıcaları)享受特殊的泥巴浴，溫泉溫度終年維持在39˚C，泉質富含鈣、硫磺、鐵、鉀及其他礦鹽，有益於皮膚和風濕。

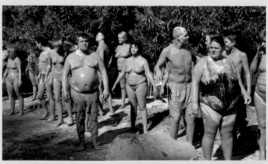

### 一字排開曬泥人

對到處都有溫泉的台灣來說，這池溫泉沒有太特殊之處，倒是一旁的泥巴池十分有趣，每個人先浮沉在泥巴池裡，裹上厚厚黑黑的泥巴之後，紛紛轉戰到陽光底下，不論男女老少，一個個泥人一字排開站在大太陽下曝曬，畫面十分滑稽。等曬乾了，再到蓮蓬頭下沖刷乾淨，沖掉一身黑泥，換上一層嶄新的皮膚。

# 卡亞寇伊

## Kayaköy

**廢棄的希臘村**

🚗 位於費提耶西南方8公里處，從費提耶迷你巴士站出發車程約20分鐘 💲20TL ⏱受疫情影響，票價隨時會調整。

這座山城又被稱為「死城」，盤據在整個山頭的廢棄空屋達兩千多間。過去在這裡居住多半是鄂圖曼時代的希臘裔居民，第一次世界大戰結束、土耳其獨立之後，國際聯盟(League of Nations)主導了土耳其和希臘之間一項大規模的移民計畫，把希臘境內的穆斯林遷到土耳其，然後把土耳其境

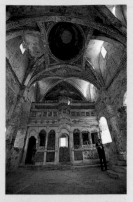

內的基督徒移到希臘。卡亞寇伊在一次世界大戰之前稱為「雷維西」(Levissi)，居民幾乎都信奉東正教，於是被迫搬遷到希臘雅典的郊區。改名為卡亞寇伊之後的山城小鎮因此變成一座廢墟，只有少數的土耳其穆斯林留在當地。

1980年代，土耳其觀光業起飛之後，曾有開發公司要重修這座山城改建成度假村，後來一些藝術家和建築師呼籲保留這個難得的文化遺產，土耳其文化部才介入，讓這座山城得以保留原貌至今，其中包括兩座教堂在內。

---

# 歐履德尼茲 (死海)

MOOK Choice

## Ölüdeniz

**土耳其最美海灘**

🚗 費提耶東南邊15公里處，從費提耶迷你巴士站出發車程約40分鐘。

此處可以說是土耳其地中海沿岸最知名的海灘，整個海灣被群山包圍，形成一座平靜無波的潟湖，Ölüdeniz土耳其語就是「死海」的意思。從高處俯瞰，亮白沙灘、晶藍海水、戲水人潮，在蒼松枝葉間若隱若現的畫面，成了今天土耳其推廣旅遊的風景照之一，又被稱為「藍潟湖」(Blue Lagoon)。

舉凡日光浴、戲水、划船、拖曳傘、飛行傘，都離不開這座潟湖和沙灘，對歐洲人來說，這才是他們休閒度假的方式，最熱門的就是高崖跳傘滑翔(Paragliding)，從海拔1,900公尺的巴巴山

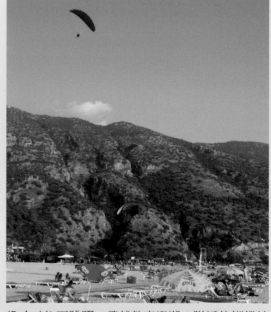

(Baba)往下跳躍，飛越整座潟湖、附近的蝴蝶峽谷，如果天氣晴朗，還可以看到外海的羅德島。這種飛行傘可搭載雙人，由後面的教練引領前面的初學者，如果沒有勇氣嘗試，欣賞飛行傘的飛行英姿，也別有一番樂趣。

## 費提耶周邊

**MAP ▶ P.6B4**

# 沙克里坎特峽谷

## Saklıkent Gorge

**享受山谷裡的清涼**

🚌 從費提耶迷你巴士站出發，車程約1小時　🕘 9:00~17:00
💲 門票：30TL　❗ 受疫情影響，開放時間及票價隨時會調整。

掃地圖

　　沙克里坎特峽谷位於費提耶的東南方，迥異於這一帶的海岸風光，艾伸河(Eşen Çayı)切穿Akdağlar山脈，形成一條長達18公里的幽僻峽谷，山高、谷深，兩旁盡是垂直陡峭的山壁，水勢湍急，土耳其語的Saklıkent意為「隱密山谷」，如今也是費提耶附近一處極受歡迎的國家公園。

　　由於山谷極狹，太陽照射不進來，即便夏天河水依然十分冰冷，也成了土耳其人夏日消暑的最佳去處。峽谷前段的溪水上鋪有木棧道和餐飲平

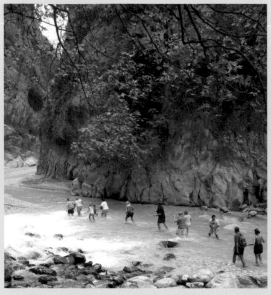

台，可以一邊享受片刻清涼，一邊享用溪裡釣上來的鱒魚。如果還要繼續往上游走，有些河床水深及膝，得換裝溯溪。

---

## 費提耶周邊

**MAP ▶ P.6B4**

# 襄多斯與雷圖恩遺址

## Xanthos & Letoön Örenyeri

**呂西亞人的城市遺跡**

🚌 襄多斯位於Kınık，距離費提耶63公里，從費提耶迷你巴士站出發前往喀煦(Kaş)的公車，車程約1小時，在Kınık下車後，到襄多斯遺址大約要步行1.5公里。到雷圖恩則得搭乘前往Kumluova的巴士，在雷圖恩指標的路口下車，再步行1公里　🕘 襄多斯8:00~17:00；雷圖恩8:30~17:30　💲 襄多斯25TL；雷圖恩25TL　🔗 襄多斯muze.gov.tr/muze-detay?DistId=MRK&SectionId=XAN01；雷圖恩muze.gov.tr/muze-detay?SectionId=LET01&DistId=MRK　❗ 受疫情影響，開放時間及票價隨時會調整，請上網或去電查詢。

掃地圖

　　在費提耶這一帶一路看了不少呂西亞人所遺留的石棺、崖窟墳墓，總希望能夠見識當時繁華的首都究竟還殘存多少，而這麼多的呂西亞遺跡中，只有襄多斯與雷圖恩被登錄為世界遺產，足見其意義非凡。

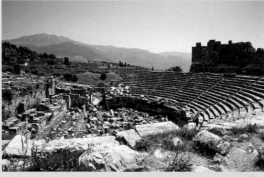

　　不過，今天要在這兩個遺址找到與呂西亞文化相關的蛛絲馬跡，其實已經不容易了，好比襄多斯的羅馬劇場、雷圖恩的圓形劇場和三座神殿(阿波羅、阿特米斯、勒托神殿)，這些建築其實都是後來羅馬時代的產物，只有從那高聳的石棺和墳墓可以約略看出呂西亞文化的面貌。

　　考古出土的大量珍貴文物，目前大多數都收藏在英國的大英博物館以及伊斯坦堡考古博物館中。

愛琴海&地中海⋯⋯ **費** 提耶及周邊 Fethiye & Around Area

211

# 喀煦及周邊
# Kaş & Around Area

從博德魯姆(Bodrum)一路迤邐向東到安塔利亞(Antalya)的地中海沿岸，除了兩端這兩座大城市，其餘都是宜人的地中海小鎮，喀煦就是除了馬爾馬利斯(Marmaris)、達里揚、費提耶、喀爾坎(Kalkan)之外，另一個遊客會停下腳步的小港灣。

　　原本是座小漁港的喀煦，今天不但是地中海藍色巡航路線停靠的港灣之一，也成為高崖跳傘、潛水、健行等運動的主要基地。儘管城裡有零星的呂西亞古文明遺址，但喀煦很少以此作為訴求，從這裡向東往安塔利亞的方向走，卡雷(Kale)、米拉(Myra)、奧林匹斯(Olympos)可以滿足更多的歷史迷。

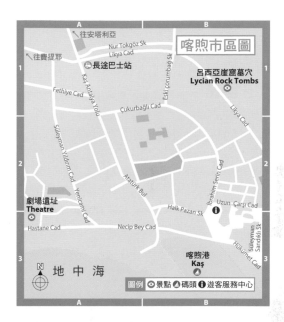

## INFO

### 基本資訊

**人口**：約七千人　　**區域號碼**：0242

### 如何前往

#### ◎長途巴士

　　喀煦的長途巴士總站位於Atatürk大道上，大約在市中心北邊350公尺的地方。

　　喀煦位於費提耶東南方107公里，長途巴士Pamukkale、Fethiye Seyahat經營這條路線，車程約2小時，單程70TL，也有夜車往來伊茲米爾(8.5小時)和安卡拉(9小時)。巴士Batı Antalya從費提耶到喀煦，車程約2小時，單程70TL。

　　疫情期間，各家公司班次和票價變動幅度較大，相關資訊請洽各大公司或上網查詢。

**Pamukkale**

🌐www.pamukkale.com.tr

**Fethiye Seyahat**

🌐www.fethiyeseyahat.com.tr

**Batı Antalya**

🌐www.batiantalyatur.com.tr

### 市區交通

　　喀煦市區範圍不大，港邊、市中心都咫尺之遙，是個可以悠閒散步的小鎮。

### 住宿

　　沿著港灣的巷子裡有不少民宿、旅館，其中不少順著山勢而建，居高臨下視野極佳，不過得扛著行李爬上階梯。

### 旅遊諮詢

#### ◎旅客服務中心

#### TOURISM INFORMATION OFFICE-KAŞ

🏠Cumhuriyet Meydanı　📞0242 836 1238

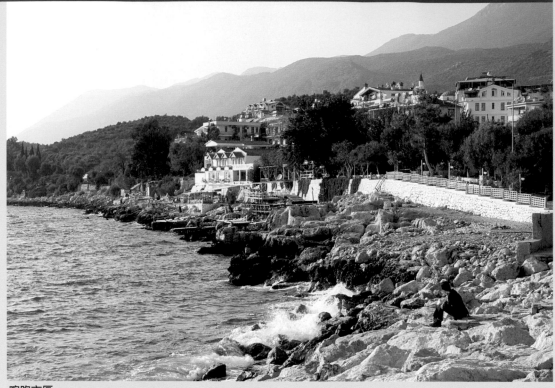

愛琴海＆地中海…：喀煦及周邊 Kaş & Around Area

喀煦市區

**MAP ▶ P.212B3**

# 喀煦港

**MOOK Choice**

Kaş

## 自在悠閒的小港灣

🚶 從喀煦市中心往海邊走

掃地圖

　　喀煦建立在一座狹長半島的古城安提菲洛斯(Antiphellos)上,如果厭煩大城市的喧囂及遊客擁擠的一級景點,這座小港灣是很好的選擇。

　　「Kaş」在土耳其語是「眉毛」的意思,指的是那一彎像眉毛般的港灣,在港灣後方,橫亙著一道近乎垂直、海拔500公尺的峭崖,岩壁上鏤刻著呂西亞人的墓穴。

　　1980年代觀光業起步之前,喀煦還只是地中海岸一座沉靜的小漁港,也因為環境使然,喀煦充滿安閒自在的度假氛圍。相較於棉堡或博德魯姆,這裡少了摩肩擦踵的遊客,但與鄰近城鎮相比,又提供更舒適方便的設施,民宿、餐廳、酒吧,樣樣不少。又因為高崖跳傘者、潛水客、健行背包客常落腳於此,因而喀煦也自詡為「地中海上的探險首都」。

　　這裡沒有歐洲人喜愛的海灘,但擁有一座優閒的小海港,漁夫們滿載著魚獲進港,旅行玩家則由此前進附近海域的潛水點。環繞著港灣,第一排是商店、餐館、小酒吧,然後依著山勢,民宿、旅館一層層往高處堆疊上去。也因為民宿依山勢排列,幾乎家家都擁有極佳視野,日出、海景、夕陽、夜景,全部都可以在民宿的陽台上一眼覽盡。

　　入夜之後,喀煦更為可愛了,環繞港灣的小酒吧、餐廳陸續點燈、播放土耳其流行樂音,比起博德魯姆的夜生活,少點喧鬧,多份自在。

**MAP ▶ P.6B4**

# 卡雷(德姆雷)

## Kale(Demre)

**聖誕老人的故鄉**

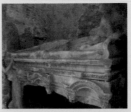
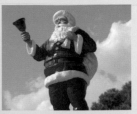

🚌卡雷位於喀煦東邊45公里，卡雷和喀煦之間有迷你巴士，每半小時一班，車程約1小時；從安塔利亞出發，車程約2.5小時

**聖尼古拉教堂**

🏠Gökyazı Mahallesi Müze Caddesi Demre/Antalya ⏰4~10月8:30-19:00；11~2月8:30-17:30 💲125TL，適用博物館卡 🌐muze.gov.tr/muze-detay?SectionId=STN01&DistId=STN ❗受疫情影響，開放時間及票價隨時會調整，請上網查詢。

掃地圖

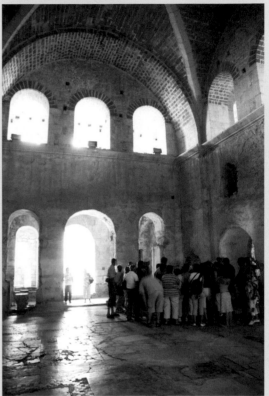

從喀煦港沿著地中海往東走，一路在山路間盤繞，穿出山岳岡陵後進入一片肥沃平坦的河口小鎮，小鎮的官方名稱叫卡雷(Kale)，一般還是以古名德姆雷(Demre)稱呼。小鎮的中心廣場豎立一尊紅衣紅帽、白鬚白眉的聖誕老人雕像，就連紀念品商店，十之八九也都是販售聖誕老人的各式玩偶。

一般人總以為聖誕老人來自北歐芬蘭的極圈國度，但土耳其人堅稱，歷史上的聖誕老人其實是土耳其人，而且就在德姆雷當地，爭議關鍵就在聖尼古拉(St Nicholas)這個人。

今天，德姆雷的觀光重心就是這座聖尼古拉教堂(Aya Nikola Kilisesi)，教堂興建於3世紀，並成為後來聖尼古拉於西元343年死後遺骨埋葬所在地，1043年，教堂翻修成一座拜占廷式教堂，1087年，義大利商人於撬開了聖尼古拉的石棺，並將骨骸運到義大利南部的巴里(Bari)，今天巴里古城內就有一座宏偉的仿羅馬式教堂，地窖便埋葬著聖尼古拉的聖骸。

如果先前已經看過伊斯坦堡聖索菲亞的鑲嵌畫及卡里耶教堂的濕壁畫，則毋需抱持太大期望，同為拜占廷教堂，聖尼古拉所賦予的意義更甚於建築本身，聆聽聖誕老人的故事更能滿足想像，倒是有一些聖尼古拉的聖物目前存放在安塔利亞考古博物館裡。

### 無私行善的聖尼古拉才是聖誕老公公？

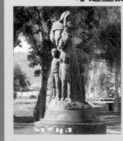

在諸多關於聖誕老人的傳說中，聖尼古拉可說是最知名的，西元4世紀，尼古拉是德姆雷這個地區的主教，並終老於此，一般認為他就是聖誕老人傳說的起源，民間一直流傳他從煙囪丟下金幣幫助三個姊妹的故事，小鎮上也立著他的雕像。

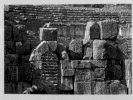
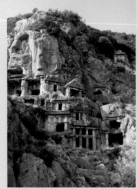
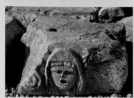

# 米拉遺址

## Myra

### 呂西亞的首都

從卡雷市中心往內陸(北)走1.5公里　4~10月8:00-19:00；11~3月8:00-17:00　90TL，適用博物館卡　muze.gov.tr/muze-detay?sectionId=MYR01&distId=MYR　受疫情影響，開放時間及票價隨時會調整，請上網或去電查詢。

西元前5世紀，米拉便已建立，因當地人從事港口貿易，並供應君士坦丁堡及埃及香精而致富，崇拜女神阿特米斯。

如果先前已經參觀過費提耶(Fethiye)、達里揚(Dalyan)、襄多斯(Xanthos)、雷圖恩(Letoön)等地的呂西亞人遺址，必定對米拉遺址不陌生，這裡山頭同樣滿是岩窟墓地的鑿痕，場面十分壯觀，不過有所不同的是，這裡還留下更多希臘羅馬遺跡，包括一座劇場在內，但相較於土耳其其他地方的希臘羅馬古蹟來說，這裡維護狀況並不好。

---

# 奧林匹斯與凱米拉遺址

## Olympos & Chimaera

### 崇拜吐火獸之城

介於喀煦和安塔利亞之間，在卡雷東北方65公里，來往費提耶和安塔利亞的巴士Batı Antalya Dolmuş 會在此停靠　4~10月8:00-19:00；11~3月8:00-17:00　90TL，適用博物館卡　muze.gov.tr/muze-detay?sectionId=OLY01&distId=OLY　受疫情影響，開放時間及票價隨時會調整，請上網或去電查詢。

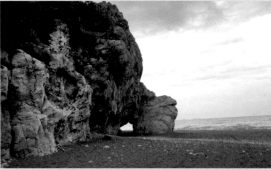

奧林匹斯也是一座廢棄的呂西亞城市，不過稍顯不同的是它隱沒在一片叢林中，小溪流穿越而過，並有林間小徑可以通往海邊。

西元前2世紀，這是呂西亞人的重要城市之一，他們崇拜火神赫菲斯托斯(Hephaestus)，在眾多希臘化城市中，以火神為主神的城市並不多見，其主要原因，應該來自7公里外的凱米拉(Chimaera，意即吐火獸)，這是附近奧林匹斯山山腳下一處因地底瓦斯而噴出火焰，終年不熄。

和其他呂西亞城市一樣，西元前1世紀奧林匹斯漸漸走向衰頹命運，後來羅馬人來曾經讓此地起死回生，但3世紀遭受海盜攻擊後，便從此一蹶不振，廢棄至今。

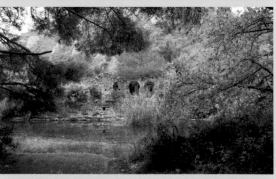

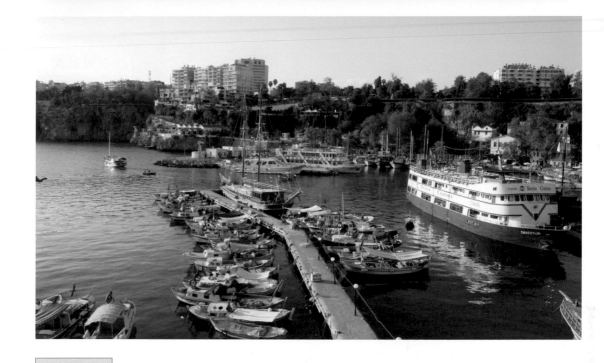

# 安塔利亞及周邊
## Antalya and Around Area

過去，安塔利亞是土耳其地中海岸的主要出入門戶，今天，它靠著自身的魅力，吸引八方而來的遊客。

身為土耳其南部的交通樞紐，安塔利亞卻不似伊斯坦堡擁擠，伊斯坦堡幾乎淹沒在一片圓頂、高樓和人群中，而在這裡，地中海的涼意在圓弧的港灣中迴旋，舒適宜人。

論建城歷史，安塔利亞不如其他古都顯赫，來自佩加蒙(Pergamum)的阿塔盧斯二世(Attalus II)在西元前1世紀來此造城，在隨後兩千多年的歲月裡，羅馬、拜占庭、塞爾柱土耳其、鄂圖曼、義大利輪番入主安塔利亞，各派人馬爭相改造，使得安塔利亞擁有獨特的混血魅力。

大城市該有的，這裡一點也不缺，博物館、餐廳、酒吧、俱樂部，質量均佳，更難得的是這裡還保留著一片迷人的老城區，曲折的石板路在殘存的城牆間穿梭，每處轉彎都充滿無法預期的驚喜。

傍著舊城西側的港灣有著另一番的風情，靜坐在港邊，看著交錯的船桅、往返的遊艇、錯落的白屋、專心釣魚的孩童交織成一幅絕美的風景。

當然，這裡也是前進佩爾格(Perge)、阿斯班多斯(Aspendos)、席德(Side)等土耳其南部重要古蹟的基地。

安塔利亞

# INFO

## 基本資訊

**人口**：約120萬人
**面積**：1417平方公里
**區域號碼**：0242

## 如何前往

### ◎航空

土耳其境內與安塔利亞有航班直飛的城市主要有伊斯坦堡、安卡拉及土耳其東部城市，也有歐洲主要城市直飛過來，到伊斯坦堡飛行時間為1小時15分，到安卡拉1小時5分鐘。

安塔利亞機場(Antalay Airport)位於市中心東北邊10公里，前往市中心最方便的是搭乘電車AntRay，從機場站(Havalimanı)搭乘「Havalimanı-Meydan-Fatih」路線進入市區，車程約40分鐘。

### 安塔利亞機場

🌐www.antalya-airport.aero

### ◎長途巴士

喀煦和安塔利亞之間，在夏季有頻繁的長途巴士通行，車程約3.5小時，每半小時一班次；到棉堡車程約4小時，每小時1班次；到伊茲米爾約8小時，每小時1班次；到安卡拉約8小時；到卡帕多起亞的Göreme約9~10小時，有夜車行駛。

長途巴士總站位於市中心北邊4公里，巴士總站有兩個候車站，一個是長途巴士停靠的城際巴士站(Şehirlerarası Terminalı)，一個是來往於近郊的地區巴士站(İlçeler Terminalı)，例如Side。從巴士總站進入市區最便利的方式搭乘地面電車AntRay，到舊城邊緣的İsmet Paşa站約20分鐘。

請注意，受疫情影響，各家公司班次和班表、票價變動幅度較大，相關資訊請洽各大公司或上網查詢。

## 市區交通

### ◎單軌古董電車Antik Tramvay

安塔利亞市中心原本就有一條簡單的單軌古董電車線，長6公里，沿著Cumhuriyet、Atatürk、Fevzi Çakmak等主要大道，從安塔利亞博物館的Müze站到Zerdalilik站，共有11站，串聯市區主要景點，7:30~23:00之間每小時一班次。

### ◎雙軌電車AntRay Tram

2009年開通的電車線，從市區北邊的內陸向舊城海岸前進，之後往東轉向機場。對遊客來說，最方便的是連接長途巴士站Otogar、機場Havalimanı和

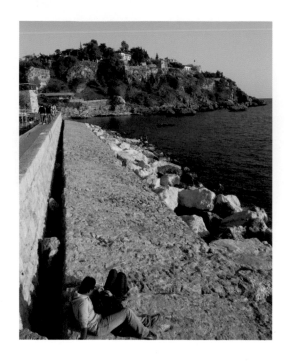

Aksu(前往佩爾格)。

兩條電車線沒有相連，但AntRay的İsmet Paşa站和Antik Tramvay的Kale Kapısı站僅幾步之遙。

🌐www.antalyaulasim.com.tr

### ◎巴士

用到巴士的機會不大。

### ◎交通卡Antalyakart

安塔利亞的交通卡是儲值式的IC卡，通用於巴士、Antik Tramvay和AntRay，可以在巴士總站、機場等電車站或書報攤購得。除了AntRay必須用交通卡之外，其他都可以付現。第一次購卡為15TL，搭乘一趟8TL。

🌐www.antalyakart.com.tr/kartlar

## 住宿

舊城區裡多半為民宿及小旅館，大型度假飯店多半位於市區外圍以及海灘沿岸。

## 旅遊諮詢

### ◎Antalya Provincial Directorate of Culture and Tourism

🏠Kızıltoprak District Aspendos Bulvarı No:45
📞0242 280 2300
🌐www.antalyakulturturizm.gov.tr

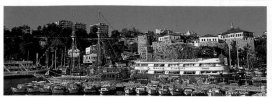
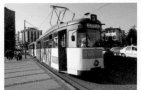
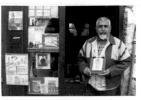

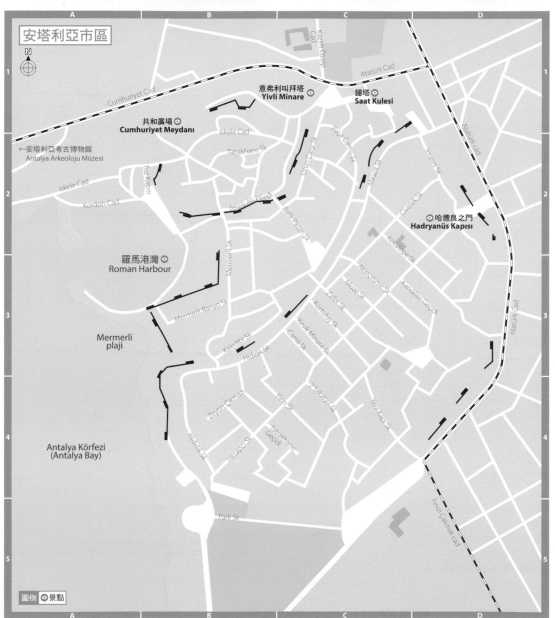

安塔利亞市區

N

共和廣場 ⊙
**Cumhuriyet Meydanı**

意弗利叫拜塔 ⊙
**Yivli Minare**

鐘塔 ⊙
**Saat Kulesi**

Cumhuriyet Cad

Atatürk Cad

Kazım Özalp Cad

Atatürk Cad

←安塔利亞考古博物館
Antalya Arkeoloju Müzesi

İskele Cad

Tabakhane Sk

İskele Cad

Kordon Cad

Tuz Kapısı

İzmirli Ali Efendi

Balık Pazarı Sk

Uzun Çarşı Sk

Paşa Camii Sk

Mescid Sk

İmaret Sk

Civelek Sk

哈德良之門 ⊙
**Hadryanüs Kapısı**

Kocatepe Sk

羅馬港灣 ⊙
**Roman Harbour**

Mermerli Sk

Akarçeşme Sk

Kandiller Geçidi

Muza Sk

Zafer Sk

Kurtuluş Sk

Mermerli Banyo Sk

Mermerli
plaji

Kaledibi Sk

Hıdırlık Sk

Kesik Minare Sk

Camii Sk

Atatürk Cad

Zeytin Çıkmazı

Fırın Sk

2 Sokanı Sk

Yeni Kapı Sk

Antalya Körfezi
(Antalya Bay)

Hıdırlık Sk

Hesapçı Sk

Tabakhane
Geçidi

Fevzi Çıkmak cad

Park Sk

圖例 ⊙景點

安塔利亞市區

**MAP ▶ P.218A2**

**MOOK Choice**

# 安塔利亞博物館
## Antalya Müzesi
### 羅馬大理石雕像上乘之作

位於市中心西邊2公里，搭乘古董電車在Müze站下車　Konyaaltı Caddesi No.88　0242 238 5688　4~10月8:30-18:30；11~3月8:30-17:30　90TL　muze.gov.tr/muze-detay?SectionId=ANT01&DistId=ANT　受疫情影響，開放時間及費用隨時會調整，請上網或去電查詢。

掃地圖

安塔利亞博物館依照年代分廳展示鄰近地區出土的雕像、石棺、陶器、聖畫像，展品質量均豐，堪稱伊斯坦堡考古博物館、安卡拉的安納托利亞博物館之外，最能傲視土耳其的博物館。

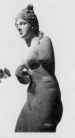
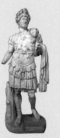
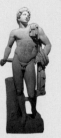

## 羅馬大理石雕像Roman Marble Sculpture

所展示的幾乎都是出土自佩爾格(Perge)、西元2世紀的羅馬大理石雕像，也是整座博物館的精華所在。

放置在展廳中央的《舞者》(Dancer)及《荷米斯》(Hermes)雕像是矚目的焦點，雕工、體態的平衡都是羅馬時期的上乘之作。除此，亞歷山大帝、羅馬皇帝哈德良(Hardian)、圖拉真(Traian)、眾神之王宙斯(Zeus)、眾神之后赫拉(Hera)、太陽神阿波羅(Apollo)、智慧女神雅典娜(Athena)、愛情女神阿芙洛迪特(Aphrodite)、豐饒女神阿特米斯(Artemis)、命運之神提基(Tykhe)等，所有希臘羅馬重要神祇幾乎全數到位，就算在伊斯坦堡考古博物館也難得一見。

2011年，美國波士頓美術館把同樣出土自佩爾格的《休息中的海克力士》上半身歸還給土耳其，讓原本斷裂成兩截的雕像合體。

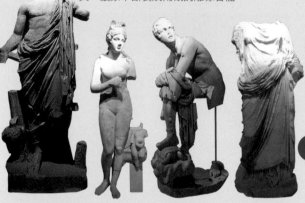

## 聖誕老公公的骨骸藏在這裡？

昏暗的燈光下，基督聖物室(Christian Artworks)裡陳列著拜占庭早期留下來的黃金畫作、銀器等，其中最名貴的展品，就屬「聖誕老人」起源的聖尼古拉(St Nicholas)的骨骸最引人矚目，西元11世紀，位於德姆雷(Demre)聖尼古拉教堂裡的石棺被義大利人敲開並運到義大利去，在這其中，有幾片骸骨、牙齒及聖物留下來，今天就在聖物室裡展示。

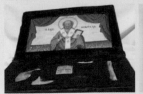

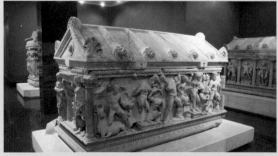

## 石棺廳The Hall of Sarcophagus

石棺廳裡的石棺也都是從佩爾格出土、西元2世紀的作品，其中以《夫妻石棺》以及《海克力士石棺》最為驚人，石棺浮雕上生動雕刻著海克力士完成國王交付12件任務、升格為神的故事，樣式屬於「小亞細亞柱式」石棺。不妨搜尋角落一座不起眼的小石棺，那是為小狗所打造的石棺。

# 卡雷齊老城區

**MOOK Choice**

Kaleiçi

**展現舊時代的風華**

🚋古董電車的Kale Kapısı站下車，即為共和廣場 🏠Atatürk和Cumhuriyet大道所環繞的老舊區域

掃地圖

安塔利亞的老城區有個名稱叫做卡雷齊(Kaleiçi)，過去是卡雷齊城堡所在，部分城牆拆掉之後，被Atatürk和Cumhuriyet兩條大道所環繞，大道上通行便捷的古董電車，大道所圍起來的老城巷弄間，沒有車馬喧囂，只有安步當車的閒適旅人。

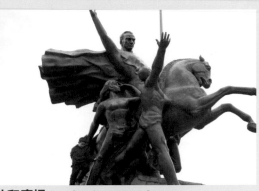

## 共和廣場Cumhuriyet Meydanı

這座廣場位於新舊城交界，豎立著一尊凱末爾騎馬雕像，因為居高臨下，附近又有電車站，是最理想的老城散步起點。從這裡極目望去，遠方的安塔利亞港灣舟帆點點，雙腳底下則是縱橫交錯的老屋、老樹，紅色屋瓦、濃綠樹葉，斑駁陸離。

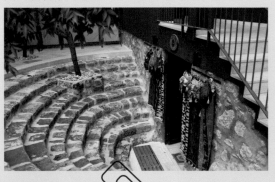

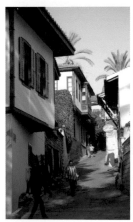

### 找找看鄂圖曼老屋藏在哪？

風韻迷人的老城區保有許多鄂圖曼式老屋(Ottoman Houses)，這些鄂圖曼老屋很難說得準分布在哪個角落，當遊客在巷弄間穿梭，一定會發現一幢幢鄂圖曼式宅邸，有的仍保有古老樣貌，有的則被整修成旅店、民宿、餐廳、咖啡館、手工藝品店，以及博物館等，這是把古蹟活化的最佳範例。

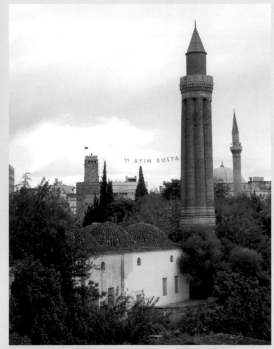

## 意弗利叫拜塔Yivli Minare

一片低矮老屋中，意弗利叫拜塔高高拔起，「Yivli」土耳其語意思是「笛子」，高38公尺，由塞爾柱王朝蘇丹Kayqubad一世所建，磚紅塔身飾著藍色磁磚，這座13世紀的塞爾柱式建築，是安塔利亞舊城區的地標之一，一旁就是意弗利清真寺。

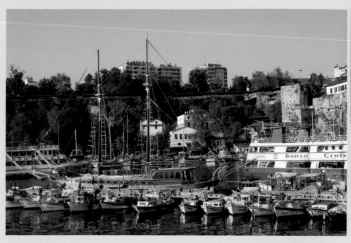

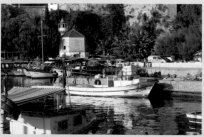

### 羅馬港灣Roman Harbour
　　傍著舊城西側的港灣從西元前2世紀起就是安塔利亞的生命線，直到1990年代，安塔利亞在西邊10公里的地方建造了新的港口，這處舊海港轉作觀光用途的遊艇碼頭以及供近海短程渡輪使用。

### 鐘塔Saat Kulesi
　　鐘塔是老城上區的地標，從其斑駁的外表可以看出建築物本身屬於古城牆的一部分，塔身呈五角形，從羅馬時期、塞爾柱時期，到鄂圖曼時期，每個時代這座牆塔都有不同用途，19世紀之後，成為一座貨真價實的鐘塔。

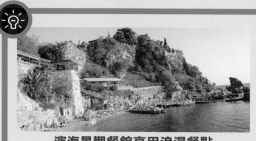

### 濱海景觀餐館享用浪漫餐點
　　港口邊的城牆依舊保存完好，許多餐館、露天咖啡座巧妙地利用城牆與碼頭高高低低的落差，讓遊客可以邊吃餐點，邊欣賞美麗海景。從外海望回來，城牆與碼頭之間，構成一道道完美的線條。

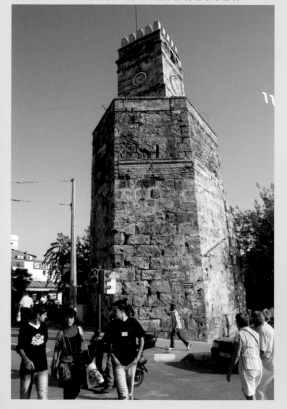

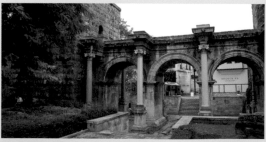

### 哈德良之門Hadryanüs Kapısı
　　羅馬皇帝哈德良曾於西元130年造訪此地，留下這道白色大理石構造的三重拱門，並飾有4根科林斯式(Corinthian)石柱，城門造型與羅馬凱旋門相仿，過去應該有哈德良的雕像立於城門上方，如今已不復見。城門兩邊各有一座高塔，分屬羅馬及塞爾柱不同時期建造。走出這道門，便也出了老城區。

`MAP ▶ P.6C4`

# 佩爾格
## Perge
### 女藝術家設計的庭院造景

位於安塔利亞東北邊15公里，搭乘AntRay電車至Aksu下車，下車後向北步行約2公里可抵達古蹟區。或在安塔利亞參加佩爾格和阿斯班多斯的一日套裝行程 ⌂ Barbaros Mahallesi Perge Caddesi Aksu/Antalya ☎ 0242 426 2748 ◷ 4~10月8:00-19:00；11~3月8:00-17:00 ⑤100TL ✉ muze.gov.tr/muze-detay?SectionId=PRG01&DistId=PRG ❗受疫情影響，開放時間及費用隨時會調整，請上網或去電查詢。

掃地圖

佩爾格是著稱的希臘、羅馬古遺跡，現存的兩座希臘城門圓塔是其最知名的地標。佩爾格在歷史上有三個重要年代：希臘、羅馬、基督教文明(5、6世紀)。希臘城門是希臘時代的例證；羅馬時代擴大了遺址面積，從運動場、浴場、劇院、市集的增設可知一二；接下來的基督教文明，也在佩爾格留下不少教堂建築。

如同安納托利亞一些古城，佩爾格人信仰女神阿特米斯，不過佩爾格的城市名卻和希臘或羅馬人影響一點關聯也沒有，史學家相信Perge是道地安納托利亞的地名。

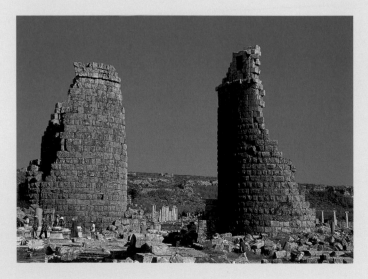

### 希臘城門

進入遺址，首先是羅馬時代遺留下來的羅馬城門。過了羅馬城門，首先看見的便是希臘城門(Hellenistic Gate)，是兩座半毀的圓塔式城門。塔門建於西元前3世紀，塔約4層高，3樓處並有窗戶。門後方是一座橢圓形的庭院，庭院兩側各設計了6個神龕。2世紀初時，身為藝術家的比西尼亞(Bithnia)總督女兒普蘭奇亞瑪娜(Plancia Magna)，以哈德良帝王之名負責設計了這個庭院，她在兩端各增加一個神龕，放入神話人物和城市建造者的雕像，並將神龕加高一層樓，總計神像達到28座。接下來在庭院後構築一面兩層樓、三道拱門式的建築，稱為勝利之門，並將它獻給哈德良。這個舉動讓佩爾格人非常敬愛她，甚至到了與阿特米斯齊名的程度，在20世紀古物出土時就挖到了兩座她的雕像。

### 噴泉

從羅馬大門進入，左面不遠處即是一個石塊頹圮的噴泉(Nynphaeum)，這種建築在北側也有一座。這處噴泉的水池仍清晰可辨，池水後面原來是兩層樓高的牆面，牆上設計著神龕與雕像，主建設的三角牆上刻著阿特米斯、阿芙洛迪特、葛萊西斯，而當時皇帝塞弗里斯(Septimius Serverus)和王后多娜(Julia Donna)也在雕像之列，使得這處噴泉更形重要，這些雕刻目前都存放於安塔利亞考古博物館中。

### 羅馬浴場

續往前幾步，來到羅馬人最愛的浴場。羅馬人建城首重地下水系統，從這座多功能廳的浴場可窺知一二。在零落的石室中，經過更衣室，依序是冷水池、溫水池、熱水池，交誼空間則與冷水池連在一起。

### 運動場與劇院

由浴場往西南方向走是運動場(Stadium)和劇院(Theatre)。劇院的保存尚稱完整，約可容納一萬三千人，座位區由一條走道隔開分成上下兩區。這是個希臘、羅馬混合式的建築，首先它是依山而建，不過在觀眾席與舞台中間又有一個半圓形場地供樂團演出，屬於羅馬式的風格。

### 石柱大道

經過市集，東北側有兩排等長圓柱狀建築的石柱大道(Colonnaded Avenue)，大道長300公尺，石柱柱頭為科林斯式，兩排柱子後頭分別是商店，道路中央有一個兩公尺寬的水道，因此這條大道可說是生命之路，尤其夏季時，供水對居民格外重要。

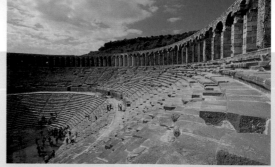

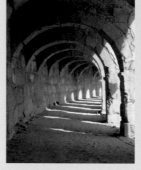

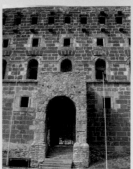

## 安塔利亞周邊

MAP ▶ P.6C4

# 阿斯班多斯

**MOOK Choice**

## Aspendos

**小亞細亞規模最大、保存最完整的劇院**

📍位於安塔利亞東邊47公里，在安塔利亞的長途巴士站搭乘前往鄰近城市Serik的巴士，車程約1小時10分，然後從這裡轉搭迷你巴士前往古蹟區，車程20分鐘。或在安塔利亞參加佩爾格與阿斯班多斯的一日套裝行程 ☎0242 892 1325 ⏰4~10月 8:00-18:00；11~3月8:00-17:00 💲100TL 🌐muze.gov. tr/muze-detay?SectionId=ASP01&DistId=ASP ⚠️受疫情影響，開放時間及費用隨時會調整，請上網或去電查詢。

掃地圖

　　阿斯班多斯古城以它保存完美如昔的劇院聞名。建於西元2世紀後半，號稱是全小亞細亞規模最大、保存最完整的一座劇院。

　　就結構而言，觀眾席上、下兩區座位由中央走道區隔出，走道上設有通道可以疏散觀眾；劇院觀眾席下方兩側洞孔是動物專區，每當有鬥獸表演，動物群即從兩側放出來；觀眾席前面的半圓形部分為樂隊席，再前方則是舞台、佈景區。

　　觀眾看台依山丘而建，如同半圓形扇葉造型，並以一條中央走道區隔成上、下兩區。上面21排、下面20排座位，石灰岩基座堅固耐用。座位與座位的間隔梯道設計比座位高度還低，方便觀

眾腳步的移動。最上方有59個拱型門，內有通道也可供人走動，裡外造型美侖美奐，據說還有防雨功能。

### 座位席次的安排

　　座位席上刻著名字的少數座位是當時的貴賓席；兩側包廂則保留給皇室家族、牧師、官員精英等人；第一排座位是議員、法官、大使專屬，第二排則留給軍隊高級長官。當時如果女人要看表演，只能坐在最上方，靠近拱廊那幾排，其餘座位則開放給一般市民。整個劇院的容納量約為15,000到20,000人之間。

### 樂隊席與舞台

　　位於看台和舞台中間的半圓形區域是樂隊席(Orchestra)，劇院經常上演的內容包括希臘悲劇、羅馬喜劇和笑鬧劇、音樂會等節目，也有鬥獸表演秀。

　　舞台就在樂隊席前方，舞台後側是一道兩層樓高的牆面，高度與觀眾席等高。一樓有5個門可以連接舞台與場外，中央的門為主門，其次兩門為客人進出的門，最靠兩邊的小門則是野獸進出的洞孔。兩翼的塔樓是塞爾柱土耳其人後來另外增建，當作夏宮使用。

### 牆面廊柱

　　值得細看的是那道牆面，兩層樓原有40根石柱，一樓廊柱柱頭為愛奧尼亞式，二樓為科林斯式，柱與柱之間均有神龕與神像裝飾，可惜這些神像已不知去向。二樓廊柱上方形成三角牆，正中央雕著酒神與劇院之神戴奧尼索斯(Dionysus)，被女人圍繞著。

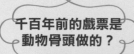
**千百年前的戲票是動物骨頭做的？**

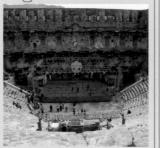

　　據史料指出，當時平民百姓若要在此劇院演出，不須場地費，不過，必須支付一筆費用充作市府的年歲收，而且有趣的是，當時所用的戲票並非紙張，而是用金屬、象牙或動物骨頭，雕成蟲、魚、花、鳥形狀，以區別不同的座位排號。

愛琴海&地中海…**安** 塔利亞及周邊 Antalya and Around Area

**MAP ▶ P.6C4**

# 杜頓瀑布
## Düden Şelalesi

**飛濺銀瀑森林浴**

🚌 安塔利亞北邊10公里處。在市區從100.Yıl Bul.搭乘VC30號公車前往

　　安塔利亞郊區的石灰岩地形分布著幾處水勢盛大的瀑布，例如Manavgat瀑布、Kurşunla瀑布、Düden瀑布等，由於環境優美，可以暫別安塔利亞的繁忙，因而成為安塔利亞當地居民假日的休閒去處，這幾處瀑布，以杜頓瀑布最值得花半天時間前往。

　　瀑布分為上下兩區，上瀑布在安塔利亞東北方切出一條14公里長的美麗峽谷，順著瀑布地勢串聯出許多自然步道，步道忽高、忽低，有時則鑽

### 這才是正港的「流水席」！

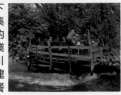

　　在瀑布區下方，瀑布匯集成水勢湍急的河流，餐廳業者沿著河邊引流造景，搭建出許多特色餐廳及露天座椅，邊吃飯邊欣賞水景，水聲轟鳴，彷彿人就置身在水中。

進山洞裡，不同角度、每個轉彎都能呈現出瀑布萬馬奔騰的氣勢。

　　河水繼續往下游流，形成下瀑布，注入安塔利亞灣，從安塔利亞舊港碼頭有提供海上行程前往觀賞。

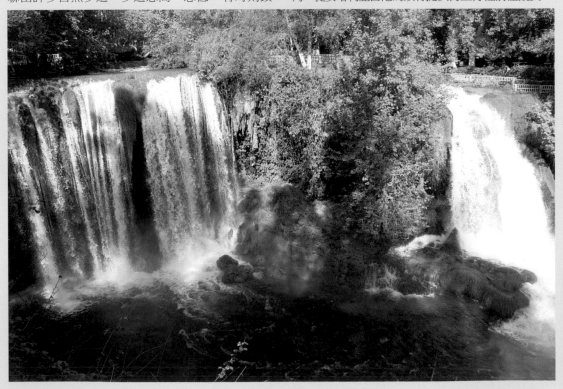

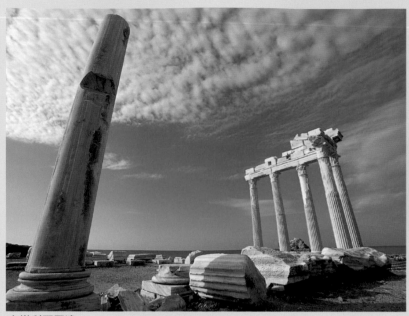
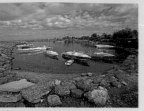
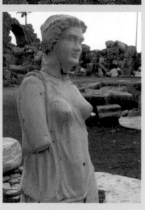

安塔利亞周邊

# 席德

## Side

### 大海旁的古蹟

🚌 安塔利亞東北邊70公里，在安塔利亞長途巴士站車至Manavgat(車程約1.5小時)，然後再轉乘接駁車或共乘小巴前往席德的巴士站(約30分鐘)，下車後再步行10分鐘至古蹟區。 ☎ 劇院0242 753 1542，博物館0242 753 1006 ⏰劇院4~10月8:00-19:00；11~3月8:00-17:00、博物館4~10月8:30-19:30；11~3月8:30-17:30 💲劇院90TL，博物館50TL 🌐劇院muze.gov.tr/muze-detay?SectionId=SDO01&DistId=SDO，博物館muze.gov.tr/muze-detay?SectionId=SDM01&DistId=SDO ❗受疫情影響，開放時間及費用隨時會調整，請上網或去電查詢。

掃地圖

由於緊臨著地中海，席德結合了港灣、海灘、羅馬古蹟、度假中心及購物中心於一身，在土耳其，這樣的旅遊氣氛是比較少見的。

西元前2世紀，因為海盜在此交易奴隸獲得不少利益，席德因而發展起來，羅馬人來了之後，這裡仍然扮演奴隸交易市場的重要角色，不過7世紀時，整座城市被阿拉伯人焚燬，直到塞爾柱時期，席德才從廢墟走出來，很多原本傾倒的古

蹟，靠著塞爾柱人才得以完整保留下來。

因為古蹟維護狀態尚可，又靠著海岸，當土耳其致力觀光業之後，購物中心就從小鎮中心發展起來，土耳其皮件、珠寶、手工藝紀念品都是商店訴求的重點。

### 阿波羅與雅典娜神殿

土耳其境內的希臘羅馬古蹟能與大海為伴大概只有這裡了，從城鎮中心向南走到海岸，阿波羅與雅典娜神殿(Temples of Apollo and Athena)挺立在一片傾倒的石塊之中，儘管只剩下5根柱子，門楣帶狀裝飾上的梅杜莎(Medusa)頭像依然清晰可辨，最難得的是神殿背後就是大海，彷彿身在希臘愛琴海小島間。近年古蹟修復工程不斷進行，除了阿波羅與雅典娜神殿之外，圓形的提基(Tyche)神殿也復原完畢。

### 大劇院

席德還有另一處重要古蹟，便是大劇院，這也是安納托利亞幾座現存的大型劇院之一，可以容納15,000名觀眾，劇院最早建於希臘化時期，到羅馬時期又擴大規模。

### 博物館

西元2世紀的古羅馬浴室和市集如今改建為博物館，展出希臘、羅馬和拜占庭時期的工藝品，大多為席德出土的雕塑、人像、石棺、刻著希臘文和席德文的石碑、雙耳細頸陶罐及建築物的山牆、樑柱等。

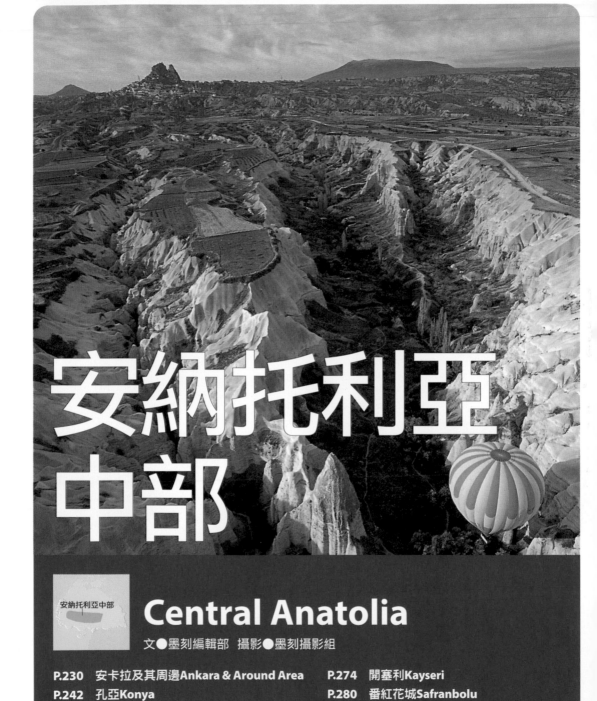

# 安納托利亞中部

![安納托利亞中部]

# Central Anatolia

文●墨刻編輯部　攝影●墨刻攝影組

**1923**年，土耳其國父凱末爾選擇位於安納托利亞高原中部的安卡拉作為首都，有其更深沈的理由。歷史往前推移，幾個知名的古老文明，例如西台帝國、弗里吉亞王國都於此發光發熱；再加上這裡始終是古絲路必經通道，東、西方文化在這裡迸出精彩火花。

安納托利亞這個心臟地帶，的確是土耳其人尋求慰藉的心靈故鄉。地大物博的安納托利亞是土耳其的大糧倉，大麥、小麥、馬鈴薯、洋蔥……產量之豐，甚至足以供應歐洲和中東地區。其中以奇岩美景聞名於世的卡帕多起亞堪稱典型代表，那裡不僅有造物主在地表上留下的雄奇，更有人類文明幾千年來在岩石底下雕鑿出的傳奇。

# 安納托利亞中部之最
# Top Highlights of Central Anatolia

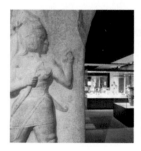

### 安納托利亞文明博物館
### Anadolu Medeniyetleri Müzesi
這座博物館的重要性幾乎與伊斯坦堡的考古博物館等量齊觀，收藏品多半以安納托利亞這塊土地上的古代歷史為主軸，完全呈現古代土耳其本土的意象。(P.234)

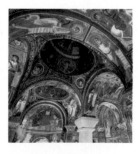

### 居勒梅戶外博物館
### Göreme Açık Hava Müzesi
戶外博物館的教堂約莫有三十座，全是9世紀後，躲避阿拉伯的基督徒鑿開硬岩，以十字架形式、圓拱蓋教堂，牆上、天花板的彩繪濕壁畫更是宗教藝術傑作。(P.252)

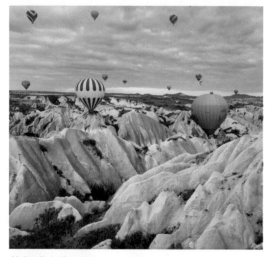

### 熱氣球之旅Air Ballooning in Cappadicia
來到卡帕多起亞一定不能錯過這種終身難忘的體驗，雖然所費不貲，但比起世界其他地方已是相對便宜，況且有卡帕多起亞特殊地貌的加持，再貴都值得。(P.258)

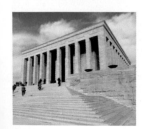

### 凱末爾陵寢Anit Kabır
這裡是土耳其國父凱末爾長眠之地，陵墓坐落在安卡拉西郊的一座小丘上，整個區域包含公園、廣場、陵墓、兩座塔及陳列凱末爾遺物的博物館。(P.238)

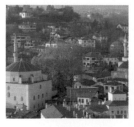

### 鄂圖曼宅邸
### Ottoman Houses
這些運用磚、木打造的鄂圖曼宅邸，通過歲月、天候的考驗留存至今，成為番紅花城最搶眼的特色，並於1994年躋身世界遺產之林。(P.282)

# How to Explore Central Anatolia
# 如何玩安納托利亞中部

時間有限下，該怎麼安排行程，本單元以地圖說明各區精華，幫你秒抓重點。

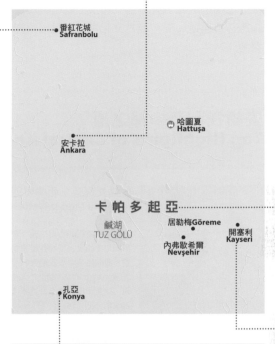

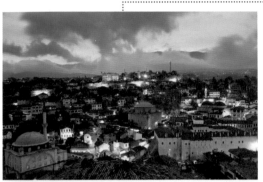

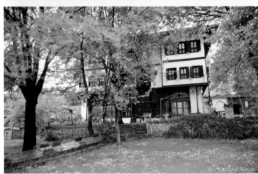

地圖標示：
- 番紅花城 Safranbolu
- 哈圖夏 Hattuşa
- 安卡拉 Ankara
- 卡帕多起亞
- 鹹湖 TUZ GÖLÜ
- 居勒梅 Göreme
- 開塞利 Kayseri
- 內弗歇希爾 Nevşehir
- 孔亞 Konya

## 番紅花城 Safranbolu

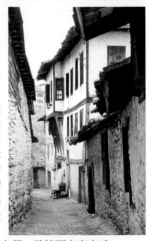

鄂圖曼宅邸像可愛的樂高積木，層層疊疊，依著山谷地勢堆疊，一整片紅瓦白牆黑窗櫺，襯托清真寺高聳的宣禮塔和圓頂，而俊吉驛站(Cinci Hanı)醒目厚實的石牆數百年來依然訴說商旅往來的故事。番紅花城沒有什麼特別的大景點，隨意散步，每個轉角、每條街弄都是風景。

●代表性景點：鄂圖曼宅邸、希德爾立克山丘

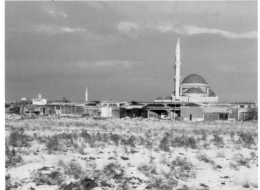

## 孔亞Konya

什麼樣的地方或背景，會誕生出像旋轉舞這樣的宗教儀式？孔亞就是答案。這裡是伊斯蘭蘇菲教派的精神導師梅芙拉納(Mevlâna)終老之所，每年總有超過百萬穆斯林前來他的陵墓朝聖。

●代表性景點：梅芙拉納博物館

228

## 安卡拉及其周邊Ankara & Around Area

凱末爾建立共和國後，為了揮別鄂圖曼時代的迂腐，遷都安卡拉，並重新打造這座城市。安卡拉有土耳其最具都會樣貌的市區，對遊客而言，也許不太有吸引力，但安納托利亞文明博物館中的西亞文明珍寶，卻是全土耳其之冠，參觀凱末爾陵寢則可以見識到土耳其人的愛國情操。

●**代表性景點**：安納托利亞文明博物館、凱末爾陵寢、哈圖夏遺址

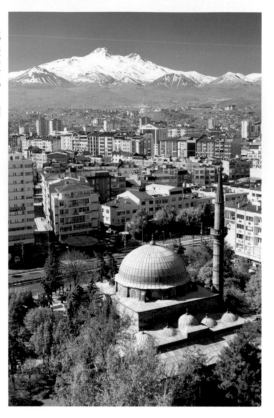

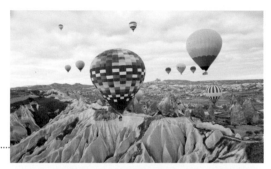

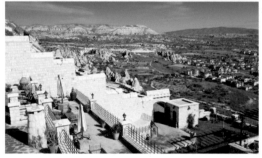

## 卡帕多起亞Kapadokya

黃褐大地綿延無際，奇形怪狀的石頭兀地挺立，恍惚間以為進入星際大戰中路克天行者所居住的塔圖因星球。看似毫無生機的不毛之地，細察岩石上大大小小的洞口，竟蘊藏千年的瑰麗文化、藝術與生活，是絲綢之路上的重鎮，也是基督徒的避難所。

●**代表性景點**：居勒梅戶外博物館、烏奇沙、帕夏貝、德林古優地下城

## 開塞利Kayseri

這座百萬人口大城自古以來就扮演了重要的商業角色，城市天際線由清真寺尖塔、塞爾柱城牆、伊斯蘭宗教學院構成，背景是埃爾吉耶斯山的白色雪峰。別錯過有頂市集品嚐開塞利最有名的醃肉香腸。

●**代表性景點**：有頂市集、呼納特哈同清真寺建築群

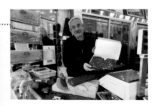

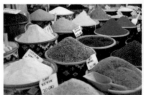

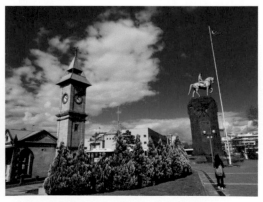

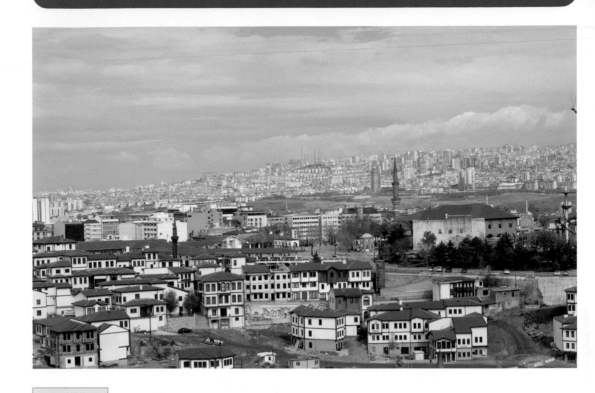

![安卡拉 哈圖夏]

# 安卡拉及周邊
# Ankara and Around Area

西元1923年，土耳其國父凱末爾從伊斯坦堡遷都到安卡拉的同時，也轉過身背對著博斯普魯斯海峽的托普卡匹皇宮和鄂圖曼清真寺，這意味著他宣示土耳其從此告別腐敗的鄂圖曼帝國，一個新的共和國就此在安卡拉重新出發。九十幾個年頭過去，安卡拉已經迅速從一個三萬人口、塵土飛揚的小城鎮，飛漲成人口四百多萬、大廈林立的大城市。

安卡拉原本稱為「安哥拉」(Angora)，因貿易世界聞名的安哥拉羊毛而得名，今天安卡拉雖然不像伊斯坦堡那麼多采多姿，也沒有豐富的觀光資源，旅客來到這裡多半只為了辦簽證、與政府機構接洽，或是做為長途旅程的中繼站，不過，安卡拉仍然具有政府強勢拉抬的優勢。好比安納托利亞文明博物館，其重要性直追伊斯坦堡考古博物館；還有為土耳其「民族救星」凱末爾所打造的陵墓，更是走遍土耳其也看不到的宏偉工程。

此外，安卡拉地理位置正好位於安納托利亞高原中心，更是前往探訪安納托利亞古代文明的最佳根據地，例如西台帝國(Hittite)首都哈圖夏(Hattuşa)，弗里吉亞王國(Phrygia)首都戈爾第昂(Gordion)。

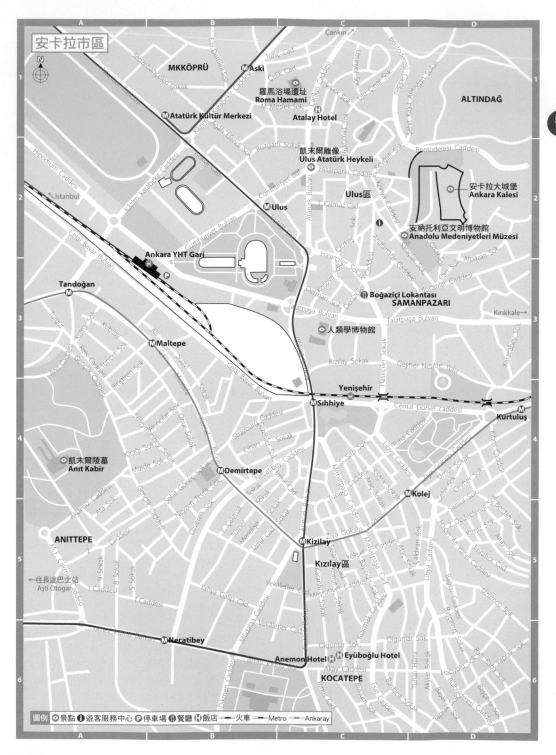

安卡拉市區

N

MKKÖPRÜ

Ⓜ Aski

羅馬浴場遺址
Roma Hamami

Ⓜ Atatürk Kültür Merkezi

Atalay Hotel

凱末爾雕像
Ulus Atatürk Heykeli

Ⓜ Ulus

Ulus區

ALTINDAĞ

安卡拉大城堡
Ankara Kalesi

安納托利亞文明博物館
Anadolu Medeniyetleri Müzesi

Ankara YHT Gari

P

Tandoğan

Ⓜ

Ⓗ Boğaziçi Lokantası
SAMANPAZARI

Kırıkkale→

人類學博物館

Ⓜ Maltepe

Yenişehir

Ⓜ Sıhhiye

Kurtuluş

凱末爾陵墓
Anıt Kabir

Ⓜ Demirtepe

Ⓜ Kolej

ANITTEPE

Ⓜ Kızılay

Kızılay區

←往長途巴士站
Aşti Otogar

Ⓜ Necatibey

Anemon Hotel Ⓗ Ⓗ Eyüboğlu Hotel

KOCATEPE

圖例 ◉景點 ❶遊客服務中心 ❷停車場 ❸餐廳 Ⓗ飯店 ━━火車 ━━ Metro ━━ Ankaray

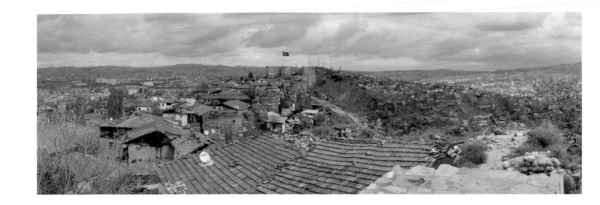

# INFO

## 基本資訊

**人口**：市區458萬，大安卡拉544.5萬
**面積**：大安卡拉24,521平方公里
**區域號碼**：0312

## 如何前往

### ◎航空

安卡拉Esenboğa國際機場(代碼ESB)位於市中心北邊33公里，幾乎所有土耳其國內航線都會在此交會，到伊斯坦堡航程約1小時，伊茲米爾1小時15分。

從機場前往市區，可搭乘機場巴士(Havaş)至長途巴士總站(AŞTİ)，車程約45分鐘，票價37TL，巴士配合飛機抵達時間發車，機場巴士的搭乘處位於國內線機場的入境大廳外。請注意，受疫情影響，航空公司及巴士的班次和班表、票價變動幅度較大，相關資訊請上網或去電查詢。

**Esenboğa機場**
🌐 www.esenbogaairport.com

**機場巴士Havaş**
🌐 www.havas.net

### ◎長途巴士

因為是首都，而且位於國土中心，幾乎所有具一定規模的城市都有長途巴士通往安卡拉，到伊斯坦堡車程6小時，到伊茲米爾8小時，到安塔利亞8小時，到卡帕多起亞的Göreme約5小時(長途巴士終點停靠在Nevşehir，再轉搭巴士公車的免費接駁小巴至Göreme)。

公車總站AŞTİ(Ankara Şehirlerarası Terminali İşletmesi)位於市區西邊，距離市中心科澤雷

(Kızılay)4.5公里，車站地面樓有行李寄放處(Emanet)，必須出示護照。公車總站就位於地鐵Ankaray線的終點站，搭乘地鐵可避免交通壅塞，另外也有接駁巴士前往市中心，只要找到Kızılay-Sıhhiye-Ulus的立牌即可。

### ◎火車

安卡拉火車站(Ankara Gar)就在市中心，大約在烏魯斯廣場(Ulus Meydanı)西南方1公里、科澤雷(Kızılay)西北方2公里，有頻繁的共乘巴士(Dolmuş)與這兩地相連。距離火車站最近的地鐵為Ankaray線的Maltepe站，經地下道徒步約10分鐘。由於安卡拉是土耳其國土中部的交通樞紐，許多城市與安卡拉有火車軌道相連。

**TCDD國鐵**
🌐 www.tcdd.gov.tr

## 市區交通

### ◎地鐵

安卡拉的地鐵共有3條線：綠色Ankaray線從巴士總站AŞTİ發車，經Maltepe(火車站)、Kızılay往東到Dikimevi；原本的M1、M2、M3合併稱為M(紅線)，與Ankaray線交會於Kızılay，經Ulus向西北方至OSB Törekent；M4與M相交於Atatürk，向北至Şehitler，遊客較少利用。

🌐 www.ego.gov.tr

### ◎巴士

安卡拉的巴士四通八達，加上共乘巴士(Dolmuş)、迷你巴士(Mini Bus)，幾乎所有重要景點及巴士總站、火車站都能串連。可能看公車上的地名標示比看路線要來得好辨識，例如看到Ulus、AŞTİ、Gar、Çankaya就知道公車要前往的地方。

### ◎安卡拉卡Ankarakart

如果短暫數日，會使用多次大眾交通工具，可購

圖例：
- 郊區火車
- 地鐵
- 興建中的地鐵
- ∞ 轉乗站
- Ⓜ OSB ⟷ Koru
- Ⓜ Atatürk ⟷ Sehitler
- Ⓐ Aşti ⟷ Dikimevi

地鐵站名（部分）：
Şehitler、Dutluk、Kuyubasi、Mecidiye、Belediye、Meteroloji、Diskapi、kayaş、B、Topkaya、köstence、Bağderesi、Üreğil、Aski、Saimekadın、Mamak、Atatürk Kültür Merkezi、Demirlibahçe、Gülveren、Ulus、Ankara Garı、Yenişehir、Cebeci、Sıhhiye、Dikimevi、A、Kurtuluş、Kolej、Kızılay、Necatibey

Gop、Organize Sanayi Bölgesi Törekent、Fatih、Devlet Mahallesi、Eryaman V、Eryaman I-II、İstanbul Yolu、Botanik、Mesa、Batı Merkez、Sincan、Lale、Batıkent、Macunköy、Demetevler、Ivedik、Akköprü、Eryaman、Emirler、Ostim、Hastane、Yenimahalle、Güneş、Subayevleri、Havadurağı、Yıldırım、Behiçbey、Hipodrom、Beşevler、Anadolu Anıtkabir、Marşandiz、Gazi、Mötör Fabrikası、Çiftlik、Gazi Mahallesi、Emek、Bahçelievler、Maltepe、Demirtepe、Ümitköy、köy Hizmetleri、Orta Doğu Tenhik Üniversitesi、Çayyolu、Beytepe、Bilkent、Maden Teknil ve Arama、Soğuksu、Milli Kütüphane、Aşti、Koru Ⓜ

**安卡拉地鐵圖**

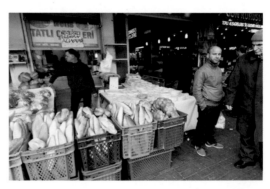

買儲值式的安卡拉卡(Tam Anakarakart)，購卡費9.5TL，每段地鐵或公車票價均為3.5TL。卡片及車票可於地鐵站的櫃檯或自動販售機購買。

### 旅遊諮詢
**◎旅客服務中心Ankara Provincial Directorate of Culture and Tourism**

🏠Anafartalar Caddesi No:65/67 Ulus/ANKARA
☎0312 310 04 46、0312 415 48 00
🌐ankara.ktb.gov.tr

# 城市概略City Outline

安卡拉的城市規模相當大，但一般遊客會造訪的地方相當侷限。整個城市大致以Ankaray和M線地鐵交會的科澤雷區(Kızılay)為中心，這裡也是安卡拉最現代、熱鬧的商圈，購物中心、商店、餐廳林立，Atatürk大道南北縱向貫穿而過。而隔著Atatürk大道，其西南側

是土耳其政府機構集中區域，因有洽公需求，所以科澤雷區南邊也是中高價位旅館的聚集地。

從科澤雷區搭地鐵向北走兩站，就是烏魯斯區(Ulus)，安納托利亞文明博物館和安卡拉大城堡都位於此區域，這裡有市場、大眾食堂，平價旅館也都集中在這一區。

位於科澤雷區南邊的Gazi Osman Paşa是各國大使館集中區，因此世界大型連鎖旅館、時尚餐廳多集中在這一帶，交通較不便，但周遭環境較安靜。

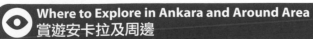

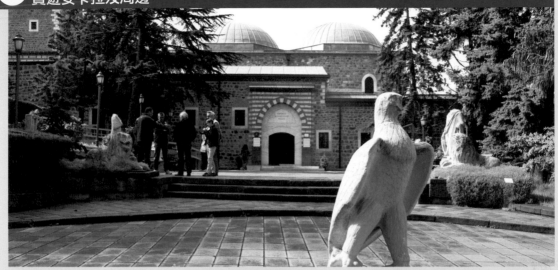

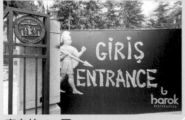

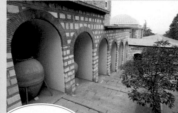

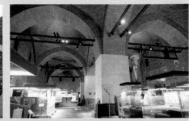

安卡拉Ulus區

**MOOK Choice**

**MAP ▶ P.231C2**

# 安納托利亞文明博物館

## Anadolu Medeniyetleri Müzesi

### 收藏安納托利亞百萬年歷史

🚇地鐵Ulus站，再步行約22分鐘 🏠Gözcü Sokak 2 ☎0312 324 3160 ⏰4~10月8:30-19:00；11~3月8:30-17:30 💰75TL，適用博物館卡 🌐muze.gov.tr/muze-detay?SectionId=AMM01&DistId=AMM ❗受疫情影響，開放時間及票價隨時會調整，請上網或去電查詢。

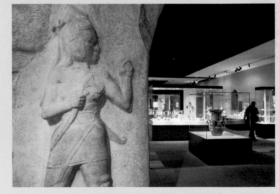

掃地圖

　　這座博物館的重要性幾乎與伊斯坦堡的考古博物館等量齊觀，取名為安納托利亞，意味著收藏品多半以安納托利亞這塊土地上的古代歷史為主軸，呈現古代土耳其本土的意象。

　　博物館本身的建築是一座15世紀的有頂市集(Bedesten)，屋頂上面有10個圓頂。從展廳右側進入，大致從舊石器時代、新石器時代、石器銅器並用時代、銅器時代、亞述帝國(Assyrian)、弗里吉亞(Phrygian)、烏拉爾圖(Urartian)、里底亞(Lydian)，其中曾經在安納托利亞歷史上扮演極重要角色的西台帝國(Hittite)文物，占據展廳正中心的主要空間，至於希臘羅馬時期的雕像則被安置在地下樓層。

### 舊石器時代Palaeolithic，一百萬年BC ~11,000BC

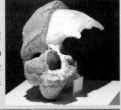

主要展品出土自安塔利亞西北27公里的卡拉恩洞穴(Karain Cave)，約25,000BC的遺跡，當時的人們過著狩獵生活，留下許多石器和骨器。

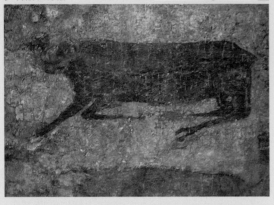

### 新石器時代Neolithic，11,000BC~5,500BC

人們開始在村落定居，種植作物、畜養牲畜，並製作貯藏和炊煮器皿。最重要的考古遺址為孔亞(Konya)東南方50公里的恰塔霍育克(Çatalhöyük)，目前已被列為世界遺產。代表性文物是一尊《坐在豹頭王座上的女神》的大地之母泥塑，年代約5750BC，女神有對大乳房，象徵多產，雙腿之間似乎一個小男孩正要出生。此外，還有彩繪在牆上的《紅牛》壁畫，描繪狩獵情景，年代約為6000BC。

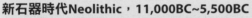

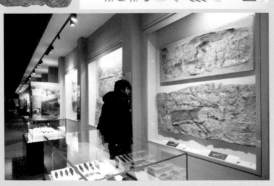

### 石器銅器並用時代 Chalcolithic，5,500BC ~3,000BC

從石器漸漸進入銅器的時代交替期，人們的房舍已蓋在石頭基座上，並以太陽曬乾的泥磚為建材，主要工藝品包括精緻的陶器、繪有圖案的雕像，多數都是從哈吉拉(Hacılar)出土，地點接近帕慕卡雷(Pamukkale)，因為出土多半是彩繪的陶器，也可說是彩陶文化。

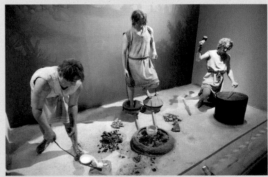

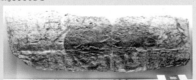

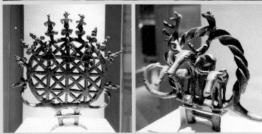

### 銅器時代Bronze Age，3,000BC ~1,950BC

多數銅器時代的工藝品發現於阿拉加霍育克(Alacahöyük)的墓穴裡，其工藝技術已臻完美，具宗教象徵意涵的各式太陽盤(Sun Disc)是矚目焦點，其中《三頭鹿太陽盤》已成為安卡拉的城市象徵，墓穴同時也發現了金、銀、合金、琥珀、瑪瑙、水晶等飾品。

## 亞述殖民貿易時期Assyrian Trade Colonies，2,000BC

大約與安納托利亞早期銅器時代的同一時間，亞述商人來到安納托利亞進行貿易，同時代來了他們從蘇美人學到的楔形文字，這也是安納托利亞歷史上最早出現的文字紀錄。

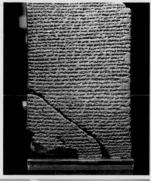

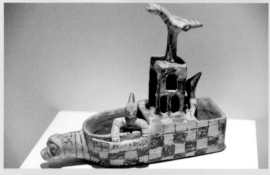

## 西台帝國Hittite，1,750~1,200BC

曾經與埃及並駕齊驅，三千年多前在安納托利亞高原顯赫一時的西台帝國，其帝國遺物(主要從首都哈圖夏出土)多半存放在伊斯坦堡和安卡拉兩地，其中又以安納托利亞文明博物館的收藏最為完整，不但把中央的主力展區騰出來，更按照帝國不同時期陳列著名的半獅半鷲獸、雷神浮雕、獅身人面像、獅子門等石雕作品，質量均佳。

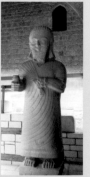

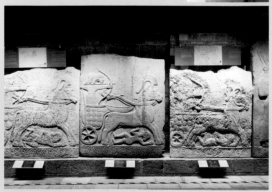

## 弗里吉亞Phrygian，1,200BC

弗里吉亞王國位於安納托利亞高原中西部，領土原屬西台帝國，首都為戈爾第昂(Gordion)，西元前8世紀後半是國勢最強盛的時候，展品中最不可思議的是一件可折疊的木製桌子。

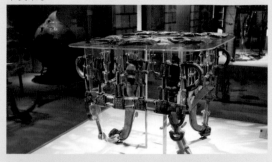

## 烏拉爾圖文化Urartu，900~600BC

位於安納托利亞東部一帶，其文化成就主要表現在建築和冶金技術，建築方面包括了神殿、多柱式的宮殿、水壩、灌溉渠道、水塘、及道路等，留給後世的文物有象牙雕塑、銀針和銅針、寶石項鍊等。

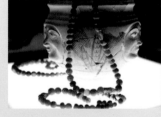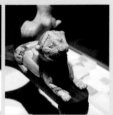

## 希臘羅馬時代

展廳有地中海和愛琴海常見的大理石雕、銅雕、陶罐等，這類文物在全土耳其數量很多，在考古價值上不若前面的展區，館方因而陳列在地下室，從這區的門往外走，就是戶外庭院，擺放不少殘破的陶缸、陶罐和大理石柱。

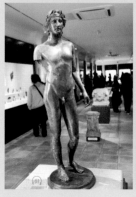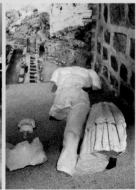

安卡拉Ulus區

**MAP ▶ P.231D2**

# 安卡拉大城堡

## Ankara Kalesi

**保留古代安卡拉原貌**

🚌公車Hisar站，或地鐵Ulus站徒步25分鐘，從安納托利亞文明博物館後方往山上走 🏛Hisarparkı Caddesi 💲免費

掃地圖

大城堡位於安納托利亞文明博物館旁的山丘上，由於地勢高，從制高點可以俯瞰整個安卡拉市中心。

安卡拉是一座迅速發展的城市，而這一區依然保留著古老樣貌。西元622年，安卡拉被波斯人占領，838年又被阿拉伯人攻陷，防守軍隊只好在高處興建防禦城堡，整座城堡分成內外牆，外牆建於9世紀時拜占廷皇帝米迦勒三世(Michael Ⅲ)，內牆建造時間則可追溯到7世紀，這兩段城堡興建年代正好對應兩次被侵略的歷史，而興建堡壘所使用的建材，都是取材自羅馬時代所留下來的城牆石塊。而今天所見到的整體外貌，則是在塞爾柱和鄂圖曼時代陸續重修。城堡最高點是位於最北側的白色堡壘(Ak Kale)，可以從這裡俯瞰全城。

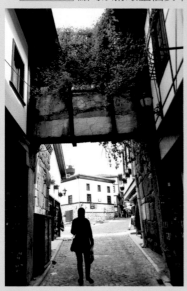

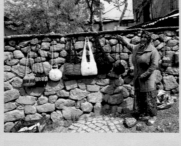

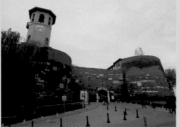

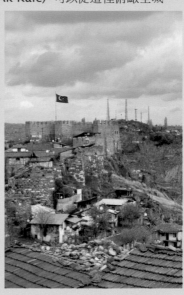

### 藏在城堡下的時光隧道

由於大城堡就位於老社區烏魯斯區(Ulus)，順著山丘爬上城堡之前，穿梭在巷弄間，會發現一些老舊的房舍、狹窄的巷弄、幽暗的光線，彷彿一座現代大城市裡的鄉下小村落，在這裡，人們還過著傳統生活，婦人們坐在自家門前或倚著城牆邊整理毛線、編織手工藝。

當然不少老房子也經過整建又重現生命，變成視野極佳的咖啡屋、茶店、餐廳及紀念品店，而近年不少藝術家陸續進駐，有些老屋也成為陳列藝術品的工作室。而不少商店販售著羊皮、羊毛，提醒著人們，這裡就是以安哥拉羊毛聞名的古城安哥拉(Angora，安卡拉舊名)。

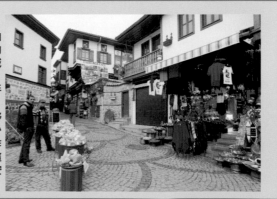

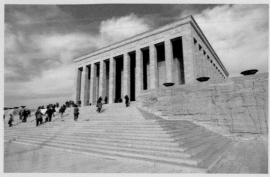

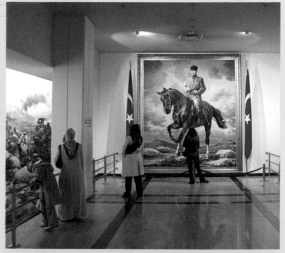

安卡拉Çankaya

MAP ▶ P.231A4

# 凱末爾陵寢

MOOK
Choice

Anıt Kabir

**土耳其國父長眠之地**

🚇Ankaray地鐵線的Tandoğan站，出站後步行5分鐘可達Gençlik街的入口檢查哨 🏠Anıt Cd., Çankaya ☎0312 231 2805 🕐2~5月中9:00-16:30；5月中~10月9:00-17:00，11~1月9:00~16:00 💲免費 ❶1.入場有安全檢查，並需寄放大型行李。博物館內禁止攝影。2.受疫情影響，開放時間及票價隨時會調整，請上網或去電查詢。

掃地圖

凱末爾陵寢有個土耳其名稱「阿尼特卡比」(Anıt Kabir)，是現代土耳其國父穆斯塔法‧凱末爾‧阿塔圖克(Mustafa Kemal Atatürk)長眠之地。此地占地遼闊，不但是當地居民遊憩空間，各級學校指定的校外教學地點，更是外地遊客不能錯過的景點。多年來，土耳其人始終死心塌地的崇拜凱末爾這位「不朽偉人」。

1938年11月10日，凱末爾病逝伊斯坦堡，隨後遺體送回安卡拉並暫時安置在人類學博物館大廳。為了紀念這位國家民族的偉人，當局特別成立一個委員會籌蓋一座宏偉的陵寢，1944年動工，並在1953年凱末爾逝世紀念日當天，也就是他死後15年，遺體長眠在陵寢的地底下。

陵寢坐落在安卡拉西郊的一座小丘上，可以將整個安卡拉市盡收眼底。整個區域包含公園、廣場、陵寢、兩座塔及陳列凱末爾遺物的博物館，建築式樣莊重簡單，但細節中融合許多土耳其歷史、民族特色及對凱末爾的崇敬。

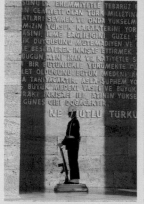

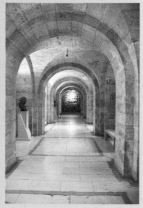

### 自由塔與獨立塔Hurriyet Kulesi & İstiklal Kulesi

正式進入陵寢前，左右有兩座低塔，左邊「自由塔」內陳列陵寢建築的資訊及凱末爾喪禮的照片，塔前三男雕像代表著各行各業的土耳其人；右邊是「獨立塔」圖解整個陵寢區，塔前的三女雕像表達對凱莫爾逝世的悲痛，兩位婦女手持穀物花圈，象徵國家富足。

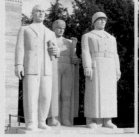

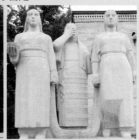

## 石獅大道Aslanlı

雙塔前方是一條寬敞筆直的石獅大道，長262公尺，由24隻西台帝國的石獅形象構成，在西台帝國時代，獅子象徵著權勢和力量，用以凸顯凱末爾的權力威望。走過石獅大道，便進入陵寢主體。

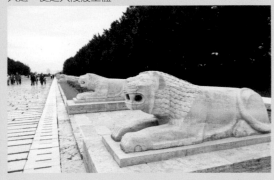

### 衛兵交接與謁陵

整個莊嚴肅穆的陵寢區，不能缺少守陵的衛兵，他們一個個釘子似地站在各自的崗位上，

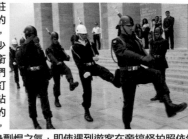

透出一身剽悍之氣，即使遇到遊客在旁搞怪拍照依然不動如山。在衛兵交接或者有貴賓前來謁陵，衛兵進行操槍表演，遊客就能一飽眼福。

## 儀式廣場Tören Meydan

整個陵寢建築群由東西南北四條列柱迴廊圍出一個四方形廣場，地板彩色大理石磚鋪成幾何圖形，如同一張大型土耳其地毯，正面是「榮耀大廳」，也就是凱末爾陵所在。

四面迴廊是阿塔圖克與獨立戰爭博物館（Atatürk ve Kurtuluş Savaşı Müzesi）博物館，除了展示獨立戰爭的過程，並陳列著與凱末爾的遺物、畫像、公文、制服、所讀的書、與他國元首往來文件(包括當年中國的委員長蔣中正)、坐車、喪禮的靈柩車，甚至把他養的狗製成標本，同時還不斷播放他生前的演講錄音。

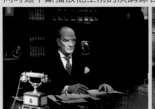
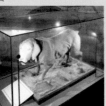

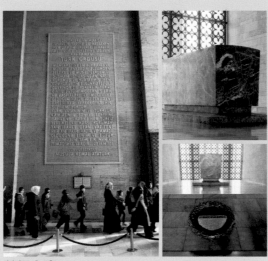

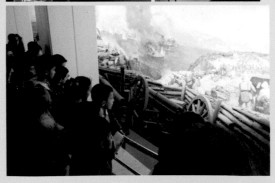

### 榮耀大廳Şeref Holü

「榮耀大廳」是整個建築群的重點，順著階梯拾級而上，來到柱廊下，大門左右兩側浮貼著塗上金粉的銘文，銘文會定時更換，都是凱末爾的「嘉言錄」。脫下帽子穿過巨大銅門，高挑空濛的廳堂盡頭就是凱末爾的石棺，石棺由一整塊特殊的彩色大理石製成，但他的遺體並沒有安放在石棺裡，而是埋在地底下。參觀地下室時會經過墓室，可以透過監視器螢幕看到墓室內的實況，墓室採用塞爾柱風格的八邊形設計，棺木四周圍繞81個黃銅罐子，罐內裝著土耳其81個省份的土讓。

除了凱末爾本人的陵寢，在榮耀大廳正對面的迴廊下，還有土耳其第二任總統伊斯麥特・伊諾努(İsmet İnönü)的石棺，他也是凱末爾當年的革命伙伴。

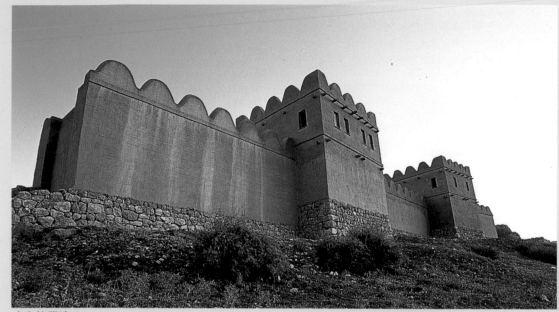

安卡拉周邊

MAP ▶ P.6D2

# 哈圖夏遺址

## Hattuşa

### 古西台帝國首都

📍位於首都安卡拉東方208公里，必須先從安卡拉搭乘長途巴士至Sungurlu，再轉接駁巴士至波阿茲卡雷(Boğazkale)，遺址就在村外1公里。走遺址一圈大致要5公里。亞茲里卡亞(Yazılıkaya)則在哈圖夏遺址下方3公里，可順遊。 ⏰4~9月8:30-18:00；10~3月8:30-16:30 💲20TL 🌐muze.gov.tr/muze-detay?sectionId=BGO01&distId=MRK ❗受疫情影響，開放時間及票價隨時會調整，請上網或去電查詢。

掃地圖

只要對古代西台帝國有興趣的人，一定得來到哈圖夏朝聖。

西台在早期的安納托利亞歷史裡扮演著極重要的角色，足堪與古埃及匹敵，雙方曾兵戎多年，當時的西台國王哈圖西里三世(Hattusili Ⅲ)和埃及法老王拉姆西斯二世(Ramses Ⅱ)曾簽訂喀迪煦(Kadesh)和平條約。

哈圖夏是當年西台帝國的首都，如今被畫入世界遺產範圍的，除了哈圖夏城牆遺址之外，還包括附近亞茲里卡亞(Yazılıkaya)這個宗教聖地的岩石雕刻。

哈圖夏曾經是一座非常迷人的城市，城牆綿延達7公里，今天的遺址裡，最引人矚目的就是面向西南方的獅子門，門兩邊刻著兩頭獅子，用來保衛整座城，並象徵著遠離災厄。此外，一般人總以為獅身人面像只存在於古埃及，其實西台帝國也有不同樣貌的獅身人面像，如今存放在伊斯坦堡考古博物館裡，其他較完整的石雕和出土文物也是珍藏在伊斯坦堡或安納托利亞文明博物館內。

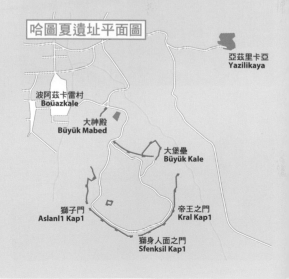

哈圖夏遺址平面圖

亞茲里卡亞
Yazilikaya

波阿茲卡雷村
Boüazkale

大神殿
Büyük Mabed

大堡壘
Büyük Kale

獅子門
Aslanl1 Kap1

帝王之門
Kral Kap1

獅身人面之門
Sfenksil Kap1

## 大神殿Büyük Mabed

一走進遺址，右手邊的這片石堆是原本的大神殿，建於西元前14世紀，毀於西元前12世紀，用來祭祀雷神提舒伯(Teshub)和太陽女神赫帕圖(Hepatu)，神殿長165公尺、寬130公尺，裡面有儀式廳、行政區，還有貯藏室，雖作看之下像是一堆亂石，但它已是整個遺址保存最好的西台神殿，至於它的原貌是何等規模，得發揮一點想像力。

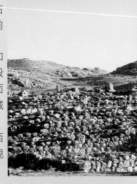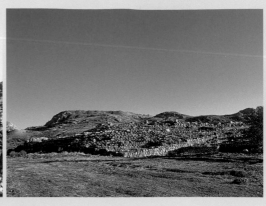

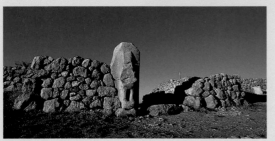

## 獅身人面之門Sfenksil Kapı

從獅子門再往前走約600公尺，來到獅身人面之門，外表已毀損，原應有兩座石灰岩雕的獅身人面像，兩座真品目前分別存放在伊斯坦堡考古博物館及德國柏林博物館，有趣的是，獅身人面的人頭樣貌其靈感來自埃及女神哈特(Hathor)。

## 獅子門Aslanlı Kapı

逆時鐘方向沿著步道往山丘上走約750公尺，來到西台遺址最有名的獅子門，西台人咸信獅子可把惡靈擋在城外，兩頭獅子雕像護衛的大門清晰可辨，面對西南，建於西元前13世紀。整座哈圖夏城共有6座城門，這是其中之一，獅子門是目前保存得最完整的一段，如果還原城牆原貌，城門應該是一座拱門，但上半部現已損毀。

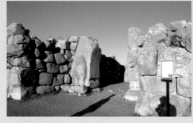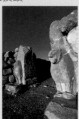

## 大堡壘Büyük Kale

大堡壘就是當年西台王國的皇宮所在地，主要分成3座庭院，其中一區是皇室日常生活的區域。當年考古隊從這裡挖掘出2,500件古物，其中包括西台國王哈圖西里三世(Hattusili III)和埃及國王拉姆西斯二世(Ramses II)所簽訂的喀迪煦(Kadesh)和平條約，那是以楔形文字刻在一片泥版上，也是人類歷史上最早的一份和平條約，這塊泥版和約目前收藏在伊斯坦堡考古博物館裡。

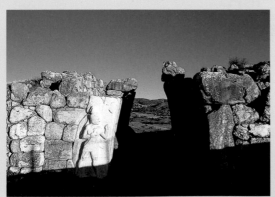

## 帝王之門Kral Kapı

帝王之門面對東方，雖然名為帝王之門，其實這兩尊「門神」是西台的「戰神」，右手持斧、腰帶有一支劍，用來保護這座城池，現在看到的浮雕是複製品，真品擺在安卡拉的安納托利亞文明博物館。

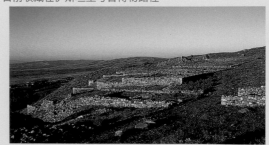

241

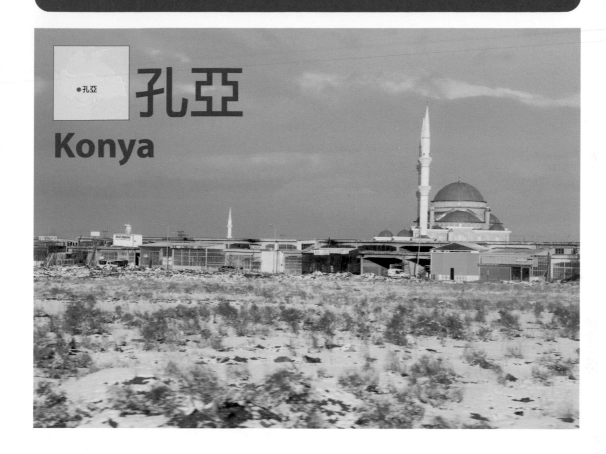

# 孔亞
# Konya

　　孔亞並不是一般遊客常造訪的地方，不過，如果已經在伊斯坦堡或其他地方見識過旋轉舞表演，一定會好奇，究竟是什麼樣的地方或什麼樣的背景，會誕生旋轉舞這樣的宗教儀式？而孔亞就是答案所在。

　　位於安納托利亞高原中央的孔亞，一直是穆斯林的朝聖之地，因為這裡是他們的精神導師梅芙拉納(Mevlâna)終老之所，他也是旋轉舞修行方式的創始者，每年總有超過150萬人前來他的陵墓朝聖。

　　近年來，愈來愈多的遊客也會在從卡帕多起亞至棉堡的途中停留於此，一方面更深入了解這種伊斯蘭蘇菲教派(Sufi)神秘主義的修行方式，一方面也順道探訪這個於1071年到1308年曾為塞爾柱帝國的首都，至今仍遺留不少古樸的塞爾柱式建築。

## INFO

### 基本資訊
**人口**：216萬
**面積**：38,873平方公里
**區域號碼**：0332

### 如何前往
#### ◎航空
　　孔亞的機場(代號KYA)位於市中心東北方13公里，伊斯坦堡、安卡拉及各大城市都有班機飛往孔亞。機場巴士(Havaş)搭配航班行駛於機場和市中心的體育館之間，車程約45分鐘，票價47TL。請注意，受疫情影響，航空公司及巴士的班次和班表、票價變動幅度較大，相關資訊請上網或去電查詢。
**孔亞機場**
🚍 www.konyahavalimani.com

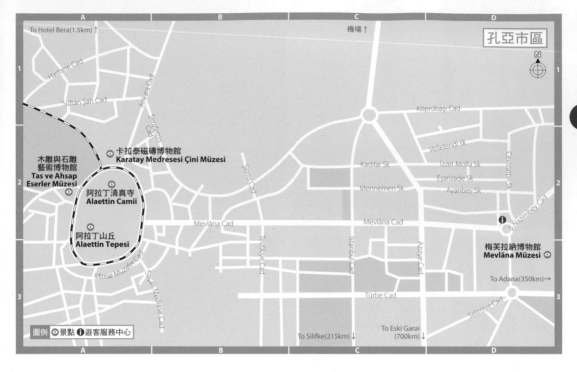

**機場巴士Havaş**
🌐www.havas.net

**◎長途巴士**

孔亞的長途巴士總站位於市中心以北7公里處，搭地面電車(Tramvay)前往市中心的阿拉丁山丘(Alaaddin Tepesi)，車程約30分鐘，必須付兩段票的錢；也可以轉搭迷你巴士到Mevlâna Caddesi(阿拉丁山丘下方)。土耳其各大城市幾乎都有長途巴士通往孔亞，如到安塔利亞6小時；到安卡拉約4小時；到卡帕多起亞的居勒梅(Göreme)約4小時；到凱瑟利(Kayseri)5小時；到伊斯坦堡約11小時。請注意，受疫情影響，班次和班表、票價變動幅度較大。

**◎火車**

孔亞的火車站位於市中心西南3公里處，與安卡拉及伊斯坦堡和之間都有高速鐵路通行。從安卡拉出發，一天約8班，車程1小時45分；伊斯坦堡出發，一天2班次，車程4小時20分。從火車站到市中心可以搭乘迷你巴士，每半小時發車。請注意，受疫情影響，班次和班表、票價變動幅度較大。

**TCDD國鐵**
🌐www.tcdd.gov.tr

## 市區交通

市中心幾乎所有景點步行可達。孔亞的公共交通包含了電車、巴士和迷你巴士，電車有兩條路線，分別可從長途巴士站至阿拉丁山丘，以及從阿拉丁山丘至梅芙拉納博物館。

搭乘之前必須在電車站附近的票亭購買交通儲值卡Konyakart，空卡為5TL，需預先儲值，每段票扣4.5TL。請注意，受疫情影響，班次和班表、票價變動幅度較大。

🌐atus.konya.bel.tr

## 住宿

孔亞的旅館主要分佈在阿拉丁山丘到梅芙拉納博物館之間的Mevlâna沿路上。

## 旅遊諮詢

**◎旅客服務中心Konya Provincial Directorate of Culture and Tourism**

🏠Aziziye Mahallesi Mevlana Caddesi No:73 42030 Karatay / KONYA
☎0332 280 1700
🌐www.konyakultur.gov.tr

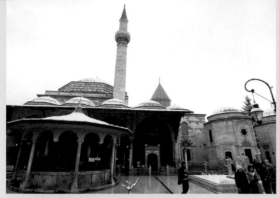

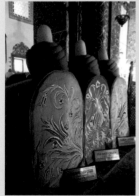

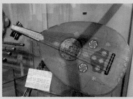

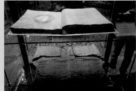

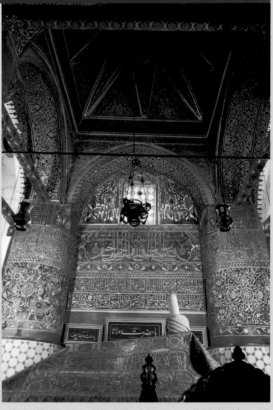

**MAP ▶ P.243D3**

# 梅芙拉納
# 博物館

**MOOK Choice**

**Mevlâna Müzesi**

**蘇菲旋轉舞起源之地**

🚋地面電車Mevlâna Kültür Müzesi站下車 🏠 Aziziye Mahallesi Müze Alanı Caddesi No:1 ☎0332 351 1215 🕓4~9月9:00~19:00；10~3月9:00~17:00 ⓦwww.mevlana.gov.tr、muze.gov.tr/muze-detay?SectionId=MEV01&DistId=MEV ❶1.如同清真寺一樣，進入博物館也要脫下鞋子，女性得包頭巾。這裡也提供塑膠鞋套。2.受疫情影響，開放時間隨時會調整，請上網或去電查詢。

掃地圖

梅芙拉納博物館是孔亞的一級景點，許多穆斯林不遠千里而來，就為了進入博物館朝聖，並一睹伊斯蘭的珍貴聖物。

博物館前身是伊斯蘭蘇菲教派旋轉苦行僧侶修行的場所，然而稱這裡是一座博物館，毋寧說它一所聖殿，因為創始人傑拉雷丁·魯米(Celaleddin Rumi，或稱為梅芙拉納Mevlâna)就埋葬在裡面。對穆斯林而言，這裡是非常神聖的地方，每年至少150萬人造訪此地，大多數是土耳其人。

博物館的外觀十分顯眼，遠遠就可以見到那笛子般的尖塔及塔身所覆蓋的藍綠色磁磚。進入博物館區，中庭的水池過去供苦行僧侶淨身，今天也可讓前來朝聖的信徒使用。中庭兩側分成兩個主要展區，一邊是梅芙拉納的陵墓及伊斯蘭聖器，另一邊則展出旋轉僧侶的苦行生活。

順著擁擠人潮進入陵墓，注意入口左手邊有一個偌大的銅碗，稱作「四月的碗」(Nisan tası)，裡面放著4月春天的雨水並浸著梅芙拉納的頭巾，據說具有療效。

## 石棺室

繼續往前走,視覺焦點就是那一座座大大小小的石棺,梅芙拉納在死之前曾指示:「墳墓不管怎麼蓋,只要不要比藍色蒼穹更為華麗就可以了。」後人便蓋了這座擁有天空藍色的尖塔,他的石棺就安置在正下方。最大的那座是梅芙拉納,旁邊還有他的父親以及其他地位較高的苦行僧,梅芙拉納石棺上纏著巨大頭巾,象徵其無上的精神權威。

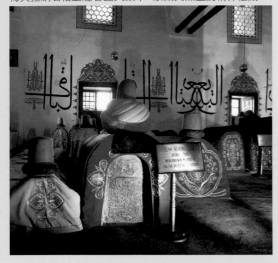

## 儀式廳及珍珠貝寶盒

陵墓旁邊是「儀式廳」(Semahane),過去苦行僧跳旋轉舞時,便在這裡進行,如今則陳列了儀式進行所演奏的樂器、僧侶配戴的念珠、法器等。

再逆著時針走,仍然展出塞爾柱到鄂圖曼時期伊斯蘭教的重要收藏,包括各式各樣的可蘭經、土耳其地毯、吊燈、木雕的麥加朝向壁龕等,而最重要的是一只珍珠貝寶盒,據說裡面放著穆罕默德的鬍鬚。

走出陵墓,水池對面的展區則以許多僧侶模型,還原當時在道場的苦行生活。

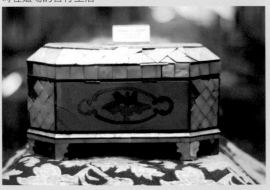

## 梅芙拉納與旋轉苦行僧侶
## Mevlâna & Whirling Dervishes

傑拉雷丁·魯米被他的追隨者尊稱為梅芙拉納(Mevlâna,在阿拉伯語是「我們的導師」的意思),其詩集和宗教著作在伊斯蘭世界享有崇高地位,是蘇菲教派神祕主義非常重要的思想家,並發展出心靈合一與宇宙大愛的哲學思想。

魯米於1207年出生在今天阿富汗的巴爾克(Balkh),因蒙古人入侵,舉家遷往麥加(Mecca),1228年來到當時由塞爾柱蘇丹統治的孔亞,期間他也曾遊學敘利亞的大馬士革(Damascus)和阿勒坡(Aleppo),最後在1273年12月17日終老於孔亞,他的追隨者稱這天為「梅芙拉納與阿拉的結婚之夜」。也因此,每年12月的孔亞會特別熱鬧,舉行所謂的「旋轉苦行僧梅芙拉納慶典」,12月17日往前推10天,就是梅芙拉納紀念週,有盛大的旋轉舞儀式,可以在遊客中心購票,或上網購買(ebilet.konyakultur.gov.tr)。

梅芙拉納的著作共6大卷、25,000首詩歌,這些詩歌經過翻譯後,深刻地打動人心。梅芙拉納所創的旋轉苦行修行,主要是透過歌謠和旋轉舞尋找和阿拉之間的神祕結合,他們以「愛」為最高教義精神,宣揚容忍、諒解,透過修行,便能從日常生活的痛苦與焦慮中解脫。

一般人對於梅芙拉納的高深教義不易理解,遊客在觀賞旋轉舞儀式(Sema)時,大致可以把握幾層意義:旋轉僧侶所戴的帽子代表墓石,身上所罩的外袍代表墓穴,裙子則代表喪禮上覆蓋的布。進行旋轉舞時,每個步驟也都有不同象徵意義,脫去外袍,象徵解開束縛,脫離墓穴;右手掌朝上,左手掌朝下,象徵阿拉把愛傳給每個人。

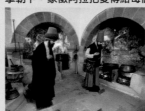

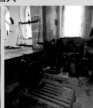

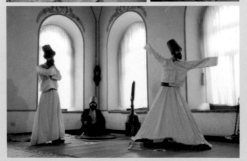

# 阿拉丁山丘
## Alaaddin Tepesi

**塞爾柱時代建築精華**

🚋 地面電車Alaaddin Tepesi站

阿拉丁山丘是位於孔亞市中心的一片高高的大土堆，林木茂密，彷彿一座民眾休憩的公園，電車環著山丘腳下運行，它真正的成因是幾個世紀以來聚落不斷發展、往上一層層堆疊，成為今天所見到的小山丘。在山丘頂上，可以俯瞰孔亞市容，而除了梅芙拉納博物館之外的重要景點幾乎都圍繞在周遭，閒適散步便可一次逛完。

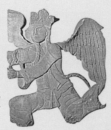

## 木雕與石雕藝術博物館
### Tas ve Ahsap Eserler Müzesi

🏠Hamidiye Mahallesi Alaadin Bulvarı No:15　📞0332 351 3204
🕐4~9月9:00~19:00；10~3月9:00~17:00　💲20TL，適用博物館卡　ⓤmuze.gov.tr/muze-detay?SectionId=KIM01&DistId=MRK
❗受疫情影響，開放時間及票價隨時會調整，請上網或去電查詢。

建築時間稍晚，原本也是一所伊斯蘭宗教學院，從外觀看，叫拜塔最為特別，簡練而優雅，因此它又有一個名稱「細長叫拜塔的宗教學院」(İnce Minare Medresesi)。

從館內收藏可以發現，雖然塞爾柱人信奉伊斯蘭教，卻沒有禁絕他們的藝術創作出現人或動物圖案，所以這些雕刻作品不斷出現鳥、人、獅子、豹，以及塞爾柱的雙頭鷹。

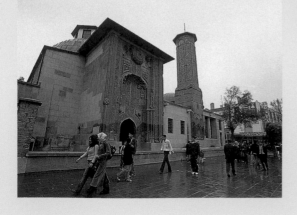

## 阿拉丁清真寺Alaaddin Camii
🕐日出~日落

隱身在山丘頂上的樹林中，建築本身是1221年一位大馬士革的建築師以阿拉伯樣式完成的，幾個世紀以來，清真寺有整建、重新美化，已是一座結合多重風格的綜合體。

清真寺外觀平淡無奇，但裡面像是一片石柱森林，那一根根大理石柱是從羅馬時代的古蹟拆下來的，但柱頭卻是十足的拜占廷風格，而麥加朝向壁龕又是塞爾柱時代的產物。

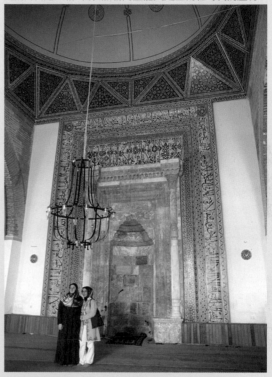

## 卡拉泰磁磚博物館
### Karatay Medresesi Çini Müzesi

🏠Ferhuniye Mahallesi　📞0332 351 1914　🕐9:00~17:00　💲20TL，適用博物館卡　ⓤmuze.gov.tr/muze-detay?SectionId=KRT01&DistId=MRK　❗受疫情影響，開放時間及票價隨時會調整，請上網或去電查詢。

卡拉泰博物館的建築本身建於1251年，在塞爾柱時代是一座宗教學院，門口那座驚人的大理石大門上頭裝飾著塞爾柱樣式的美麗浮雕，博物館裡則收藏了許多塞爾柱時期的藍綠色磁磚，都是出自大師之作。

至於大廳的圓頂也是一景，環繞圓頂所雕的銘文是《可蘭經》的第一章，下面一組組三角形圖案，每5個成一組，到了正中間則變成正24角形，而這些三角形圖案上頭則有伊斯蘭教各個先知的名字。

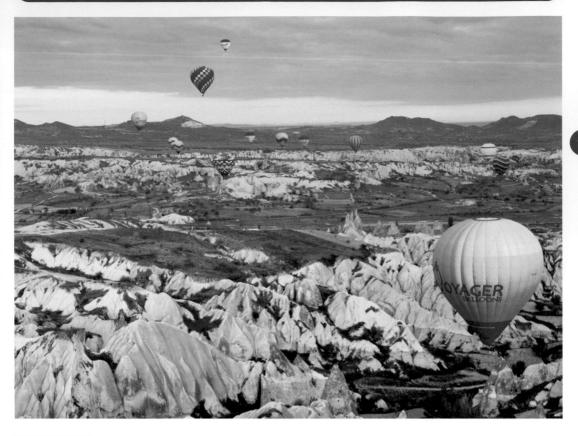

卡帕多起亞

# 卡帕多起亞
# Kapadokya/Cappadocia

六千萬年前，位於卡帕多起亞東西方兩座逾三千公尺的埃爾吉耶斯(Erciyes)及哈山(Hasan)火山大爆發，岩漿四溢，火山灰淹沒了整片卡帕多起亞；千萬年來，持續不斷的風化及雨水的沖刷，在大地刻劃出線條，軟土泥沙流逝，堅硬的玄武岩及石灰岩突兀地挺立，或形成山谷；或磨出平滑潔白的石頭波浪，更留下奇妙的駱駝岩、香菇頭及精靈煙囪。

考古顯示，從西元前1200年起，西台人、弗里吉亞人、波斯人、希臘人、阿拉伯人、突厥人，在岩石上、在地底下，鑿出一段一段的歷史，東西文明在此衝擊，不同的文化深化彼此，這種成就和自然的力量同樣神奇。

那順著地勢開鑿、數量驚人的洞穴基督教堂和壁畫，是卡帕多起亞的驚奇之一。基督教從萌芽起，卡帕多起亞是最虔誠之地，不但有多位聖徒聖者出身此地，教堂、修道院、隱士修行所布滿整個區域，先知聖約翰等人更在此留下足跡。

247

在基督教被視為異教的羅馬帝國時代，卡帕多起亞的地下洞穴是躲避遭受迫害的最佳庇護所，其中又以居勒梅(Göreme)這個地方在基督教歷史上的地位最為崇高。居勒梅地區的教堂約莫有30座，由於是鑿開硬岩，大致只能以簡單的十字結構、圓拱建築形式蓋教堂，而岩壁上的濕壁畫不僅記錄了一段段歷史，更是藝術上的傑作。如今居勒梅規畫成一座戶外博物館，並納入世界遺產保護之列。

表面光禿、怪石嶙峋的卡帕多起亞，肥沃火山灰使此處綠草特別肥美，專產良駒，波斯人將它取名為Cappadocia，意思就是「美麗的馬鄉」；基督徒也利用這裡特殊的土壤種植葡萄、釀出美酒，成了土耳其最著名的酒鄉。不只如此，卡帕多起亞所在的安納托利亞地區盛產安哥拉羊毛，再加上位於絲路要衝，於是以蠶絲、羊毛織成的土耳其地毯也是卡帕多起亞的特產之一；此外，土耳其最長的內陸河紅河(Kızılırmak)切過卡帕多起亞北部，帶來適合製陶的紅土，因而造就阿凡諾斯(Avanos)這個陶瓷小鎮，從古西台時期就開始製陶，鄂圖曼時代更供應皇室經典的伊茲尼藍磁。

1980年代之後，旅遊業竄起，卡帕多起亞進入新紀元，不僅自然奇景，所有的人文地貌、工藝特產都轉化成觀光資源，洞穴窖藏的葡萄美酒、耗費工時的土耳其毯、繪工精細的陶瓷

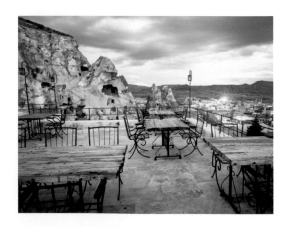

## 深達15層宛如螞蟻巢穴的地下城！

在基督教還被視為異教的羅馬帝國時代，基督門徒聖保羅在居勒梅設立神學院，在4至9世紀間居勒梅成了小亞細亞的信仰中心。地下城(Yeraltı Şehri)最令人嘆為觀止，為了躲避迫害，基督徒鑿開硬岩建立地下城，所有地上的活動，包括豢養牲畜、釀酒、生活、教育全轉進地下，目前發現的地下城達36座，最深挖掘至地下15層，達地底35~40公尺，可容納至少一萬五千人避難於此。

製品，還有那一處處的千年洞穴，紛紛改建成旅館、民宿、餐廳和茶館。

在洞穴旅館裡，很難找到長得一模一樣的房間，這些空間過去可能是貯藏葡萄、水果，也可能是製酒、養羊，經過改裝，再搭配火爐、老式土耳其家具、擺個水煙、鋪個土耳其地毯、裝上古董吊燈，甚至改裝成土耳其浴室，非常具有土耳其風格。在洞穴餐廳裡，石桌、石椅、石圓頂，一邊吃著陶甕悶煮的豆子羊肉、鹹優格、麵包沾葡萄糖漿，一邊欣賞肚皮舞、旋轉舞或傳統民族舞的表演，來一趟卡帕多起亞，等於就體驗了半個土耳其。

# INFO

## 基本資訊

**人口**：10萬
**面積**：兩萬平方公里
**區域號碼**：0384

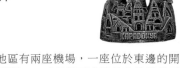

## 如何前往

### ◎航空

卡帕多起亞地區有兩座機場，一座位於東邊的開塞利(Kayseri)郊外，一座位於西北邊的內弗歇希爾(Nevşehir)，從伊斯坦堡、伊茲米爾、安卡拉、安塔利亞等城市都有飛機直達。

內弗歇希爾機場(Nevsehir Kapadokya Airport，

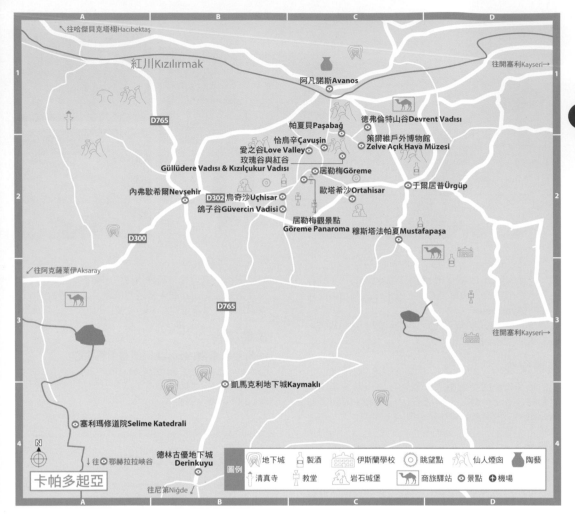

圖中主要地名：
往哈傑貝克塔栩Hacıbektaş
紅川Kızılırmak
往開塞利Kayseri→
阿凡諾斯Avanos
D765
德弗倫特山谷Devrent Vadısı
帕夏貝Paşabağ
策爾維戶外博物館 Zelve Açık Hava Müzesi
恰烏辛Çavuşin
愛之谷Love Valley
玫瑰谷與紅谷 Güllüdere Vadısı & Kızılçukur Vadısı
居勒梅Göreme
內弗歇希爾Nevşehir
D302烏奇沙Uçhisar
歐塔希沙Ortahisar
于爾居普Ürgüp
鴿子谷Güvercin Vadisi
居勒梅觀景點 Göreme Panaroma
穆斯塔法帕夏Mustafapaşa
D300
往阿克薩萊伊Aksaray
D765
往開塞利Kayseri→
凱馬克利地下城Kaymaklı
塞利瑪修道院Selime Katedrali
德林古優地下城 Derinkuyu
往耶赫拉拉峽谷
卡帕多起亞
往尼第Niğde

圖例：
地下城　製酒　伊斯蘭學校　眺望點　仙人煙囱　陶藝
清真寺　教堂　岩石城堡　商旅驛站　景點　機場

代號NAV)有接駁巴士到內弗歇希爾市區，依飛機班次調整時間。如果從開塞利機場(Kayseri Erkilet Airport，代號ASR)下機，則必須先搭計程車至開塞利巴士總站，再轉搭巴士前往卡帕多起亞的于爾居普(Ürgüp)。

　　建議請旅館安排接駁，或是預定巴士公司Helios Transfer或Cappadicia Express的接送服務，可直達內弗歇希爾(Nevşehir)、居勒梅(Göreme)、于爾居普(Ürgüp)、阿凡諾斯(Avanos)等，必須在前一天預約。

　　唯因疫情期間，各家公司班次和班表變動幅度較大，相關資訊請洽各大公司或上網查詢。

**Helios Transfer**
www.heliostransfer.com
**Cappadicia Express**
www.cappadociatransport.com

◎**長途巴士**

　　搭長途巴士前往卡帕多起亞，從伊斯坦堡出發的直達車約11.5小時，安卡拉5小時，安塔利亞10小時，棉堡9小時，塞爾丘克12小時，孔亞3小時。一般而言，車程8個小時以上的巴士，以搭乘夜間巴士較為省時。

　　長途巴士總站位於內弗歇希爾(Nevşehir)市中心西南方5公里，從這裡再轉搭免費接駁巴士到目的地城

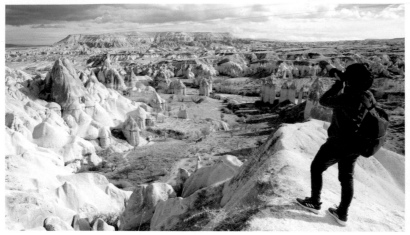
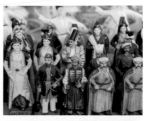
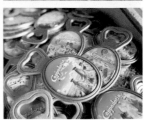

鎮，前往Göreme大約20分鐘。有的巴士公司在停靠內弗歇希爾之後，會繼續前往居勒梅(Göreme)或阿凡諾斯(Avanos)。

購票時務必確認票面上的目的地城鎮，並向售票人員確認是否需要換車。

## 區域交通

卡帕多起亞的區域很大，景點分散，遊客多半以居勒梅(Göreme)、于爾居普(Ürgüp)、阿凡諾斯(Avanos)、內弗歇希爾(Nevşehir)這幾個地方為主要基地。

### ◎巴士

巴士是聯繫各城鎮及景區的主要公共交通工具，夏天旺季時班次尚稱頻繁，要前往其他卡帕多起亞重要景點也很方便。其中最常運用到的路線是行駛於于爾居普和阿凡諾斯之間，中間會經過歐塔希沙(Ortahisar)、居勒梅戶外博物館(Göreme Açık Hava Müzesi)、居勒梅(Göreme)、恰烏辛(Çavuşin)、帕夏貝(Paşabağ)、策爾維戶外博物館(Zelve Açık Hava Müzesi)，但巴士不太準時。

### ◎租車

卡帕多起亞是非常適合租車自駕的地方，也最為方便，不必受限巴士班次和固定路線。除了前往居勒梅戶外博物館的路稍陡峭顛簸之外，這裡路況尚稱良好，停車位也堪稱充足。租車手續簡便，最好事先上網預定，並記得出國前備好國際駕照。國際連鎖租車公司如Avis、Hertz、Europcar、Sixt rent a car等，在主要城鎮都設有據點，尤其是于爾居普(Ürgüp)。

若只是在居勒梅、于爾居普和阿凡諾斯這三個區域活動，租機車也是一項好選擇，居勒梅巴士站對面有幾家租車公司可比較，需注意的是，非主要道路常常遇到沙地，建議選性能及胎紋較好的機車。

### 旅遊諮詢
### ◎內弗歇希爾(Nevşehir)旅客服務中心
◐Yeni Kayseri Caddesi Atatürk Bulvarı No:15 – NEVŞEHİR
☎0384 212 9573

# 城市概略City Outline

位於安納托利亞高原中央的卡帕多起亞，廣義範圍東到開塞利(Kayseri)、西到阿克薩來(Aksaray)、南到尼第(Niğde)、北到哈傑貝克塔栩(Hacıbektaş)，面積廣達二萬平方公里。區域內有兩座大山，東側是埃爾吉耶斯(Erciyes)火山，海拔3916公尺，西側是哈山(Hasan)火山，海拔3268公尺，分別是安納托利亞中部地區第一和第二高峰。

就觀光價值來說，以居勒梅(Göreme)為中心，西邊內弗歇希爾(Nevşehir)、北邊阿凡諾斯(Avanos)、東邊于爾居普(Ürgüp)所構成的三角地帶，是卡帕多起亞的精華區，也就是一般所認知的卡帕多起亞的範圍。而遊客也會造訪的地下城市，則遠遠在這個範圍之外。

其中內弗歇希爾雖然本身沒什麼景點，但因為是區域的首府，不論交通、住宿、餐飲都非常便利。

# Where to Explore in Cappadocia
## 賞遊卡帕多起亞

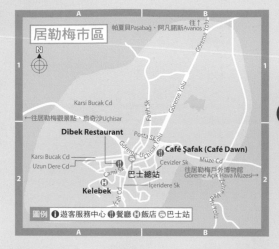

**MAP ▶ P.249C2**

# 居勒梅
## Göreme

### 看不見的城鎮

📍 位於卡帕多起亞精華區的中心點，巴士總站就位於城鎮中心

**居勒梅旅客服務中心**
**Goreme Tourism Society Information Office**
🏠 Teminal Meydani 50180 – Goreme / Nevsehir ☎ 0384
271 1111 🌐 www.goreme.org

掃地圖

居勒梅可以說是卡帕多起亞地區最具代表性的小村落，它方圓不過一公里，但是論地形景觀、論洞穴社區、論壁畫，都是最豐富而且密集，可見到香菇岩、精靈煙囪、情人石等各種不同形狀的岩石，以及各式各樣的洞穴旅館、民宿、洞穴餐廳，一樣也不少。往村莊外圍走，周邊山谷間一整片的奇岩怪石，更有「居勒梅奇觀」之稱。

「居勒梅」的意思是「讓你看不到」(You cannot see here)，基督徒躲在洞穴中讓阿拉伯人看不到，靠的是在巨石中挖出教堂、住居和牲口豢養的洞穴社區，形成共居、共同生活的文化。

由於居勒梅是遊歷卡帕多起亞最重要的起點之一，不算大的市區，以巴士總站為核心，沿著運河畔，周邊聚集了商店、餐館、旅行社、熱氣球公司、租車公司、土耳其浴室，可謂五臟俱全，以洞穴為號召的旅館則集中在市區的西邊及南邊。

### 想眺美景就往村外走

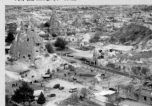
沿著主要大道Adnan Menderes向西南方前行，距離村落約3分鐘車程(步行約20分)，在路邊有處觀景台O Ağacın Altı，可以從高處俯瞰石林包圍的居勒梅和一望無際的黃褐大地。

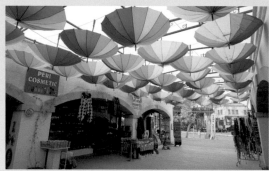

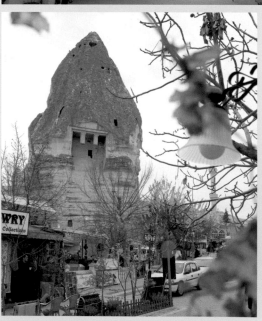

# 居勒梅
# 戶外博物館

## Göreme Açık Hava Müzesi

**拜占庭時代上乘的洞穴藝術畫作**

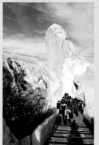
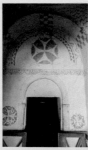
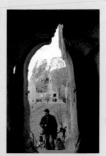

🚗 位於居勒梅村外，從市中心順著指標往山丘走約1公里 🏠Gaferli Mah. Müze Caddesi Göreme Açıkhava Müzesi Bilet Gişesi Göreme/NEVŞEHİR ☎0384 271 2167 🕐4~9月8:00-19:00；10~3月8:00-17:00 💲居勒梅戶外博物館150TL，進入黑暗教堂要再付50TL，適用博物館卡 🌐muze.gov.tr/muze-detay?SectionId=GRM01&DistId=GRM ❗受疫情影響，開放時間及票價隨時會調整，請上網或去電查詢。

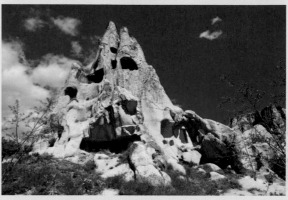

掃地圖

　　名列世界遺產的居勒梅戶外博物館，其洞穴教堂保全了完整的宗教壁畫。戶外博物館的教堂約莫有30座，全是9世紀後，躲避阿拉伯的基督徒鑿開硬岩，以十字架形式、圓拱蓋教堂，牆上、天花板的壁畫更是藝術傑作。

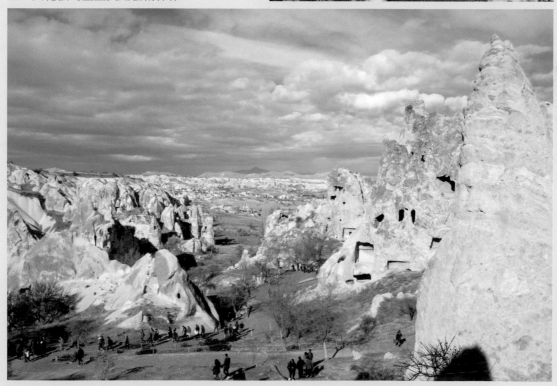

### 聖巴西里禮拜堂Aziz Basil Şapeli

位在入口處的聖巴西里禮拜堂，年代可回溯到11世紀，在主半圓壁龕上有耶穌像，旁邊則是聖母子畫像。北側的牆壁有聖希歐多爾(St. Theodore)畫像，南面壁畫則是聖喬治(St George)騎著馬的畫像，壁畫殘破不全。

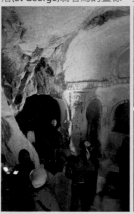
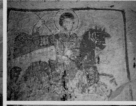
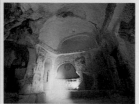

### 聖芭芭拉禮拜堂Azize Barbara Şapeli

與蘋果教堂一樣，部分為725年~842年以赭紅色顏料畫上線條及幾何象徵圖案，今天看來，簡單就是美。至於《基督少年時》、《聖潔的瑪麗亞與聖芭芭拉》濕壁畫，都是後來畫上去的。

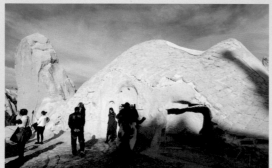
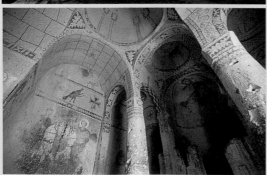

### 蘋果教堂Elmalı Kilise

進入蘋果教堂必須先穿過一道洞穴隧道，教堂裡有4根柱子、8個小圓頂、1個大圓頂及3個半圓壁龕。命名為「蘋果」，有一說是指中間圓頂上的天使加百列畫像，也有一說是教堂門口的蘋果樹。教堂裡有幾處壁畫僅僅是以赭紅色線條及幾何圖案崇敬上帝，這是725年~842年禁絕偶像崇拜時期所留下來的。

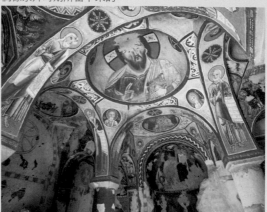

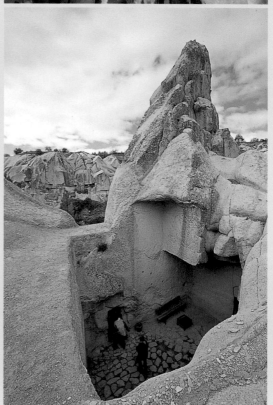

## 蛇教堂Yılanlı Kilise

取名為「蛇教堂」，是因為教堂裡左手邊的壁畫，聖喬治(St George)和聖希歐多爾(St. Theodore)攻擊一條像蛇的「龍」，君士坦丁大帝及母親手握十字架站在一旁。

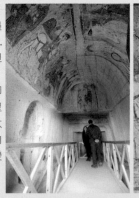
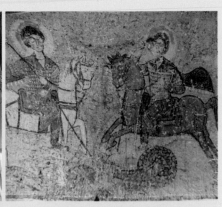

右手邊的壁畫則是一位裸體白鬍老翁，卻有著女性的胸部，原來是傳說中的埃及聖女安諾菲莉歐斯(Onouphrios)，她因長得太美，不斷遭到男人騷擾，為專心修道，她向聖母祈禱，終於神蹟發生，「她」的面容變成了「他」，並因虔誠被晉封為聖，所以，這座教堂又稱為「聖安諾菲莉歐斯教堂」。

## 黑暗教堂Karanlık Kilise

這是博物館裡唯一要另外付費才能進入的教堂，其價值是因為教堂保留著滿滿的濕壁畫。黑暗教堂得名於窗戶少，裡面光線昏暗，也因為如此，壁畫的色彩得以鮮豔如昔。這些壁畫幾乎全數是舊約《聖經》故事，包括《耶穌被釘在十字架上》、《被猶大背叛》、《祈禱圖》、《天使報佳音》、《進入伯利恆》、《基督誕生》、《基督少年時》、《最後晚餐》⋯⋯都屬耳熟能詳的故事。

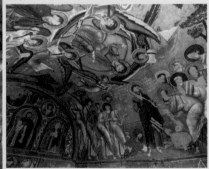

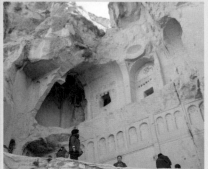

### 儲藏室/餐廳/廚房Kiler/Mutfak/Yemekhane

這一區的洞穴內部沒有畫作，洞外有石階，洞內彼此相連，依序為儲藏室、餐廳和廚房。博物館裡有幾處廚房與餐廳，其中以這處最大，石頭挖出長桌和座位，足以容納40-50位教士，牆壁的壁龕儲藏食物，地上的洞則用來榨葡萄汁製酒。

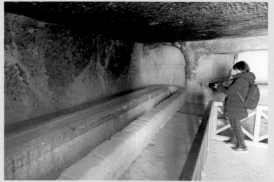

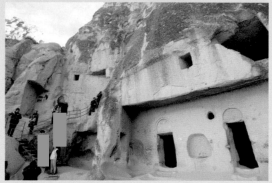

### 拖鞋教堂Çarikli Kilise

拖鞋教堂是因左側石牆《基督升天》壁畫的下方有一個腳印而得名，教堂裡最著名的一幅畫是圓頂中央的《全能的基督》，

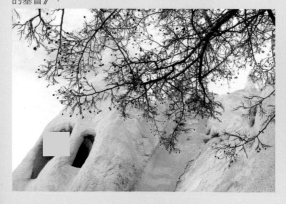

### 聖凱瑟琳禮拜堂Azize Katarina Şapeli

位於黑暗教堂和拖鞋教堂之間，這座小禮拜堂的壁畫描繪聖喬治、聖凱瑟琳，以及聖母瑪麗亞和聖約翰隨侍耶穌基督兩側的《祈禱圖》(Deesis)。

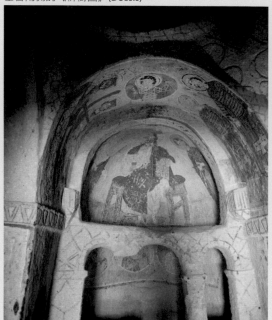

### 鈕釦教堂Tokali Kilise

鈕釦教堂又稱為「托卡利教堂」，它位於戶外博物館外，從博物館門口順著山丘向下走約50公尺，千萬不要錯過。它是博物館內最大的教堂，保有描述基督一生的濕壁畫，藍底紅線條及白色的運用，讓人嘆為觀止。

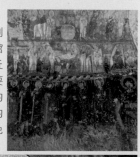

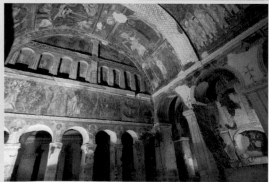

# 烏奇沙

**Uçhisar**

## 圓椎巨岩相連而成的龐大社區

🚗 位於內弗歇希爾(Nevşehir)東邊7公里，居勒梅西南方3公里，開車約10分鐘。Nevşehir和Avanos之間的巴士，以及Nevşehir和Göreme之間的迷你巴士，都會經過烏奇沙

**烏奇沙堡壘**
🕐 8:00~20:00　💲30TL　❗受疫情影響，開放時間及票價隨時會調整，請上網查詢。

掃地圖

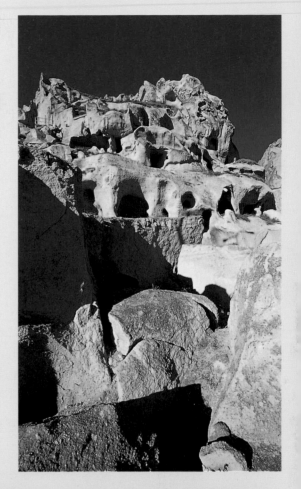

想看最典型的洞穴社區，來烏奇沙看烏奇沙堡壘(Uçhisar Kalesi)最清楚不過了。「烏奇沙」是「第三個堡壘」的意思，另二個則是于爾居普(Ürgüp)及歐塔希沙(Ortahisar)，但以烏奇沙的地勢最險，也是海拔最高的村落。

這個像火山椎一樣的堡壘，挺立在山丘之上，遠遠幾公里外就可以看到，是卡帕多起亞最顯著的地標之一。爬到烏奇沙堡壘的頂端，視野驚人，卡帕多起亞諸多山谷一覽無遺，一邊的高地是現代的新聚落，道路房舍整齊，另一邊是卡帕多奇亞的過去，一個個圓椎形巨岩上順著地勢向下蔓延，每個岩石都有數不清的洞口，相連形成龐大的社區，據說在外敵入侵時，平時就在洞穴社區存水糧的居民可躲上數月不必外出。

---

💡 **精靈煙囪裡喝咖啡**

想知道真正民居的洞穴屋內部長什麼樣子，烏奇沙聚落是最佳選擇，還有幾戶留下來經營洞窟咖啡館。Peri Café Cave Man位於較靠近主要幹道的區域，整座錐形巨岩開鑿成7層，就是從前一家人居住的地方，爬上樓梯走進第二層的入口是整棟最寬闊明亮的區域，現在佈置成喝茶喝咖啡的地方。沒有對外窗戶的第一層是地下室，現在是老闆夏季居住的臥室，即使炎夏也不需冷氣，小空間中有生活的痕跡，有種拜訪山頂洞人的特殊體驗。

**Peri Café Cave Man**

🚗 Göreme往Uçhisar，尚未進入Uçhisar前，馬路左手邊有一區販售紀念品的小攤販，這裡停車往內走　☎ 0545 551 0660　🕐 8:00-20:00，冬季提早關門　❗受疫情影響，開放時間隨時會調整，請去電查詢。

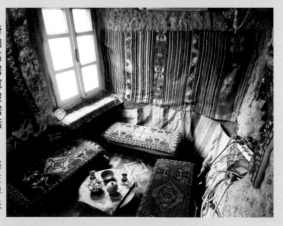

MAP ▶ P.249B2

# 鴿子谷
## Güvercinlik Vadisi
### 飼養鴿子的雪白山谷

🚗 從Göreme往Uçhisar方向，穿越Uçhisar村即達，開車約10分鐘

掃地圖

離烏奇沙不遠的「鴿子谷」也是一個自然奇景。峽谷地兩旁，有數不清的大小鴿子洞，鴿子對卡帕多起亞居穴居居民來說，不但有傳信的意義，也是營養及肥料的來源，所以在洞穴社區內或附近都可發現大量的鴿子洞，但像鴿子谷這樣規模的鴿子洞谷地，是卡帕多起亞地區絕無僅有的。

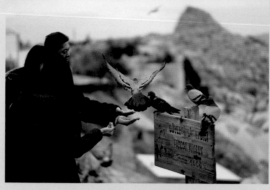

公路旁的鴿子谷觀景台是眺望烏奇沙堡壘和白色鴿子谷的好地方，觀景台旁邊有健行步道可走下鴿子谷，順著山谷可以健行至居勒梅小鎮中心，路程約1小時。

## 卡帕多起亞懶人攻略

卡帕多起亞的美景會隨著光線千萬變化，不同的時間有不同的面貌，所以遊覽卡帕多起亞四天三夜才看得透，最少也得兩天一夜。如果停留時間端，最有輕鬆有效率的旅遊方式是參加當地旅行社辦的一日遊，標準行程一般有兩種，一種是遊覽卡帕多起亞北區，從眺望最高的精靈煙囪歐塔希沙開始，陸續走訪居勒梅露天博物館、陶瓷小鎮阿凡諾斯、精靈煙囪帕夏貝（Paşabağ）、德弗倫特山谷（Devrent）；另一種路線則向南前往較遠的區域，景點變化性大，拉車時間較長，也比較不容易自行到達。從可眺望居勒梅全景的觀景台開始，接著前往德林克尤地下城（Derinkuyu Yeraltı Şehri）、鄂赫拉拉峽谷（Ihlara Vadisi）、塞利瑪修道院（Selime Katedrali）。

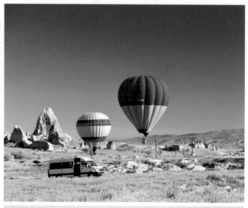

行程的價格一般會包含午餐、門票和旅館接送，往往也會夾帶觀光工廠行程，卡帕多起亞區域會參觀的包含陶瓷工坊、地毯工廠、葡萄酒莊和珠寶工廠。老闆會先奉茶，接著安排一段專業解說與示範，主要目的當然是希望遊客消費，不過別擔心，就算不捧場，隨時都可自行離開回到巴士。

除上述行程，還有許多主題行程可選擇，包括搭熱氣球、奇岩健行、賞鳥泛舟、攝影之旅、騎馬、四輪越野車等。居勒梅和于爾居普有非常多的旅行社，導遊品質良莠不齊，可現場慢慢比較，或是出發前透過中文旅遊平台預定行程，後者可連同機場或長途巴士站的接駁、旅館一併安排。

**土耳其易遊網EztravelTurkey｜Magnificent Travel Agency**

☎ 0212 458 6565　🌐 www.eztravelturkey.com

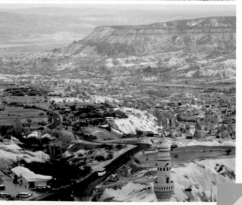

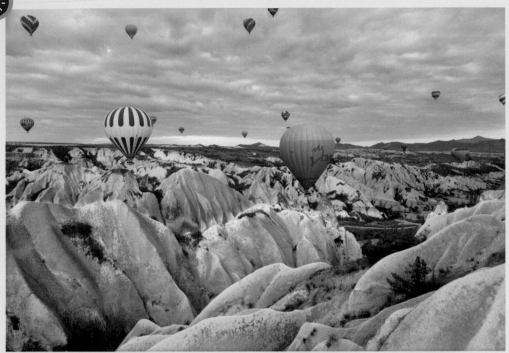

## 此生必體驗的熱氣球之旅

無論你有沒有搭乘過熱氣球,到卡帕多起亞一定不能錯過這種終身難忘的體驗,奇幻地貌加上日出,再貴都值得。

熱氣球只在清晨時刻及天候允許下才能飛行,因為太陽出來後,大地吸收熱氣會造成熱對流,容易起風造成危險。第一批升空的熱氣球可以看到日出的過程,適合自高處往低處飛,可貼近岩石,第二批的熱氣球因太陽已升起,適合自低處往高處飛。土耳其民航局有規定每日可升空的氣球數量,所以旺季(4~5月、9~10月)建議提早報名。

依據載客籃子的大小,熱氣球的搭乘人數約8~28人。經驗豐富的駕駛員能透過加氣、升火及拉動繩索,精確控制氣球的高度和方向,並刻意旋轉讓乘客看到不同方向的景色。站在籃子裡,往往覺得就快要撞上山壁了,卻都能輕巧閃過障礙,以最貼近地表的方式從近距離欣賞地面的一景一物,以及體驗凌空飛翔的快感。

由於熱氣球升空都在一大清早,因而業者會為乘客準備簡單的早餐,經過60~90分鐘的飛行落地之後還會開香檳慶祝並頒發證書。

至於天氣狀況能不能升空,決定權在土耳其民航局,而不是熱氣球公司。建議把熱氣球行程排在到達的第一天,萬一天候因素而取消,還能候補隔一天的行程。

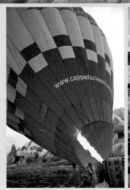

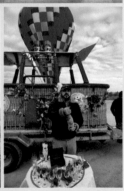

### Cappadocia Voyager Balloons

📞0384 271 3030 🌐www.voyagerballoons.com

飛行員經驗豐富而專業,氣球設備也很新穎,經常被旅遊評論及導覽書推薦的熱氣球公司。

### Kapadokya Balloons

📞0384 271 2442 🌐www.kapadokyaballoons.com

卡帕多起亞最老牌也最大的熱氣球公司。

### Royal Balloon

📞0384 271 3300 🌐www.royalballoon.com

由土耳其和國外經驗豐富的飛行員組成的團隊,以精品服務著稱。

MAP ▶ P.249C2

# 歐塔希沙

## Ortahisar

### 最高的獨立精靈煙囪

🚗 位於居勒梅東南3公里，于爾居普(Ürgüp)西南5公里。從城鎮中央廣場有迷你巴士來往Ürgüp和Nevşehir。如果要到居勒梅，必須走1公里的的路程到主幹道上招手搭車；從居勒梅開車前往約10分鐘。

**歐塔希沙堡壘**
🕘 9:00-18:00　💲 5TL

**歐塔希沙民俗文化博物館**
💲 5TL　🌐 www.culturemuseum.com　❗ 受疫情影響，開放時間及票價隨時會調整，請上網或去電查詢。

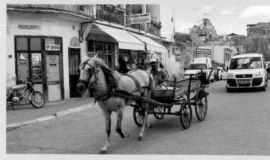

掃地圖

在一片白屋群間，兀自挺立著一塊86公尺高的歐塔希沙堡壘(Ortahisar Kalesi)，此處是卡帕多起亞最高的精靈煙囪，也是一巨型洞穴社區，如同烏奇沙，是基督徒的避難所。

「Ortahisar」意思是「中間的城堡」，這塊平頭式的龐大石塊位於居勒梅和于爾居普之間，由於崩落之故，每一個穴居的開口都已完全洞開，登頂後可以望見遠方海拔3916公尺高的埃爾吉耶斯火山(Erciyes)白色雪峰。

堡壘下的小鎮有多座教堂，歐塔希沙最有名的是所謂的「柑橘洞」，專門用來貯存檸檬、橘子、葡萄柚等柑橘類水果，長久以來，貿易柑橘水果就是小鎮最重要的經濟活動。

鎮上有一座小型的歐塔希沙民俗文化博物館(Ortahisar Kültür Müzesi)，裡面陳列一些模型，介紹卡帕多起亞的穴居生活，以及當地人如何製作著名的葡萄糖漿(Pekmez)、製餅、織地毯、農業耕作等。

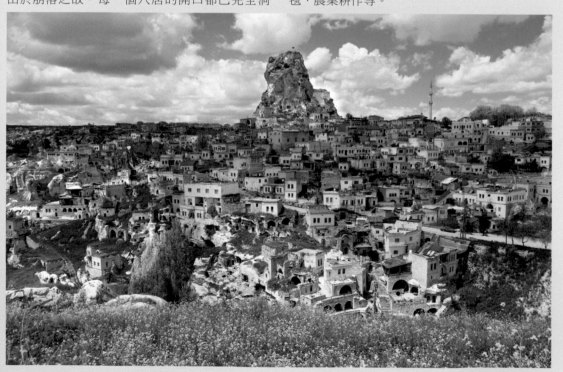

# 于爾居普
## Ürgüp
### 洞穴旅館大本營

位於內弗歇希爾(Nevşehir)東邊23公里，居勒梅東邊9公里，也是卡帕多起亞區域內的交通、住宿重要據點，區域間的巴士非常頻繁。巴士站就在市中心廣場旁邊，周圍有許多餐廳和商店。

掃地圖

位於特曼尼山丘(Temenni Hill)下的于爾居普，舊名叫「阿希亞那」(Asssiana)，早在亞歷山大帝時代就出現在地圖上，除了圍繞的岩石奇景、豐富的特產品帶來絡繹的商旅，于爾居普更在歷任首長的帶領下集體建設，讓卡帕多起亞的美景轉化成觀光資源，而鄂圖曼時代更是大力建設此地，所以，于爾居普現在是卡帕多起亞最富有、也是景觀最豐富的城市之一。

于爾居普原本住了不少的希臘人，自從1923年政策迫使他們大舉遷回希臘之後，很多洞穴住宅因此空下來，現在只有少數貧困的吉普賽人仍住在洞穴中。而位於特曼尼山丘上的富豪住宅遺跡、墓塚仍可見，這裡也是眺望被奇景包圍于爾居普最好的角度。

卡帕多起亞致力發展旅遊業之後，不少洞穴宅邸紛紛被改建成精品旅館，成為招攬觀光一大號召。身為卡帕多起亞觀光勝地的主要門戶之一，于爾居普發展出兩項重要的觀光產業，一是土耳其地毯，一是葡萄酒。

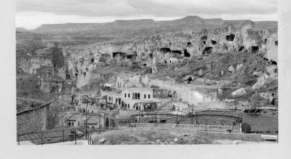

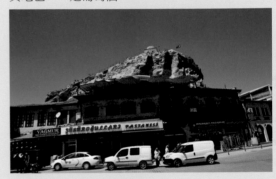

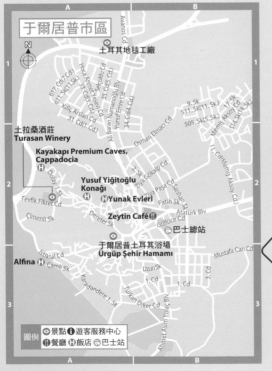

于爾居普市區

土耳其地毯工廠

土拉桑酒莊
Turasan Winery

Kayakapı Premium Caves, Cappadocia

Yusuf Yiğitoğlu Konağı

Yunak Evleri

Zeytin Café

巴士總站

于爾居普土耳其浴場
Ürgüp Şehir Hamamı

Alfina

圖例　◎景點　❶遊客服務中心
　　　❶餐廳　H飯店　■巴士站

### 奇特的精靈煙囪在這裡

于爾居普還有一個知名地標，俗稱「三姊妹岩」(Üç Kız Kardeşler)，就位於鎮外前往內弗歇希爾和居勒梅主要道路的馬路旁，那是猶如孿生姊妹的三個香菇頭精靈煙囪。

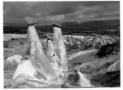

### 于爾居普土耳其浴場Ürgüp Şehir Hamamı

Yeni Cami Mahallesi İstiklal Cad. No:18　10:00-22:00
0545 419 1970　urguphamam.com　受疫情影響，開放時間及價格隨時會調整，請上網或去電查詢。

　　于爾居普土耳其浴場就位於于爾居普主要廣場邊，是卡帕多起亞地區數一數二的老浴場，這棟建於塞爾柱時代的澡堂，維持傳統土耳其浴的特色，搓洗、按摩的功夫都很道地，十分適合來此消除一整天的疲累。唯一美中不足的是這裡的浴場只有一座，男女共用。

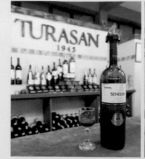

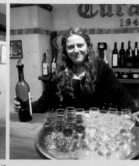

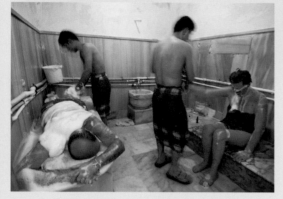

### 土拉桑酒莊Turasan Winery

Tevfik Fikret Caddesi　0384 341 4961　9:00-18:00
www.turasan.com.tr　受疫情影響，開放時間及價格隨時會調整，請上網或去電查詢。

　　卡帕多起亞的土壤十分適合葡萄生長，千多年前就已經有釀酒的紀錄，幾千年來多半是家庭式釀酒。土拉桑酒莊成立於1943年，是卡帕多起亞最知名的品牌，在伊斯坦堡、安卡拉、安塔利亞都有分店，提供十多種不同的酒讓遊客試飲選購，從中價位到媲美歐洲的高檔酒都有，其中也包括受到遊客喜愛的煙囪造型葡萄酒，但真正品質好的葡萄酒建議還是買玻璃瓶裝。

### 土耳其地毯工廠

Ahmet Taner Kışlalı C.ı No:4,Ürgüp　9:00-18:00　受疫情影響，開放時間及價格隨時會調整，請上網或去電查詢。

　　這是一家許多旅行團都會參觀的地毯工廠，工人會示範從煮繭、抽絲、染色，到分辨棉、毛、絲的不同和編織過程，不同展示室裡陳列著大大小小、不同花色的地毯，地毯數量多達兩萬多件，價格也令人咋舌，其中一件絲毯堪稱「鎮廠之寶」，2×3公尺大小，由兩位女性負責編織，耗費兩年半的時間，從不同方向看會呈現出不同顏色，價值高達150,000美元！

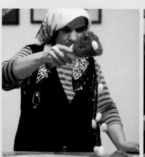

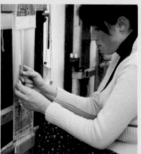

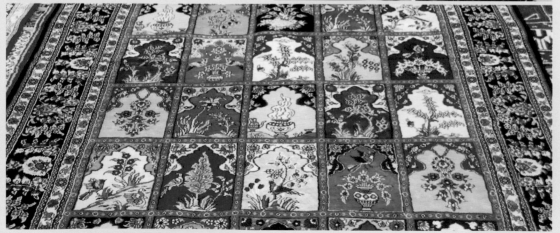

安納托利亞中部…卡帕多起亞 Kapadokya/Cappadocia

261

# 策爾維
# 戶外博物館

**Zelve Açik Hava Müzesi**

## 集卡帕多起亞各種地景之大全

📍 位於居勒梅和阿凡諾斯(Avanos)之間的路上。行駛於Ürgüp和Avanos之間的巴士會在此停留；從居勒梅開車約12分鐘可達 🕐 4~9月8:00-19:00；10~3月8:00-17:00 💲 65TL，適用博物館卡 ⚠️ 受疫情影響，開放時間及票價隨時會調整，請上網或去電查詢。

站在策爾維戶外博物館的怪石谷地中，可親見火山熔岩大地遭風吹雨刷切割出山谷、波浪石及精靈煙囪，大自然進行了上百萬年，現今還再持續。

卡帕多起亞各種不同造型的精靈煙囪、美麗的自然景觀，全都集中在策爾維戶外博物館。有白色、粉紅圓椎形的小頭胖身精靈煙囪，也有戴黑帽、穿黑衣的白臉精靈煙囪，由三個谷地形成的戶外博物館，以綿延數公里的橫斷面，由高而低、由遠而近，讓人如身處岩浪、岩海中。

策爾維在9到13世紀是修道士修行的地方，直到1952年之前都有人住在這裡，因為岩石崩塌

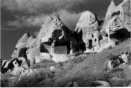

### 耐走運動鞋助你飛簷走壁

策爾維戶外博物館的岩石有的是住家，有的是教堂，更多是基督徒的避難所，在這些洞穴上方還有鴿子洞，是非常完整的卡帕多起亞人的生活縮影。因歷經岩石崩塌，洞窟高低落差常達數百公尺，處處是陡峭斜坡、谷地，記得穿方便行動的服裝及運動鞋，才能俐落得四處穿梭，有些洞窟內較暗，最好帶手電筒。

不適人居，居民才遷村到數公里之外。爬進洞穴教堂，看在禁止偶像崇拜的時代，基督徒如何用幾何圖形代表聖父、聖子、聖靈，也可走進洞穴廚房，看洞穴裡的石磨、儲藏糧食的儲藏穴、火爐及餐廳。其中比較有名的有魚教堂(Balıklı Kilise)、葡萄教堂(Üzümlü Kilise)及鹿教堂(Geyikli Kilise)，都是因為上面的壁畫而得名。

基督徒廢棄的洞穴則由伊斯蘭教徒接手，一處並存著十字架結構教堂及伊斯蘭尖塔清真寺，提醒人們那一段不同種族、宗教和平共存的美好時代。

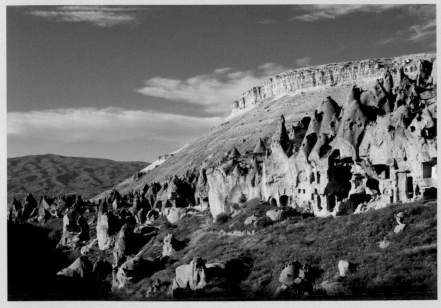

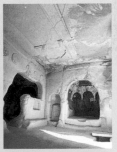

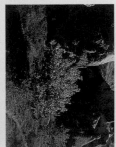

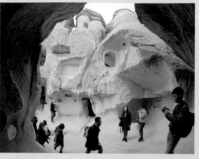
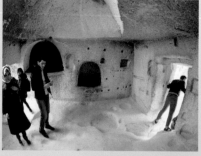
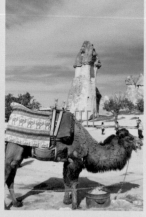
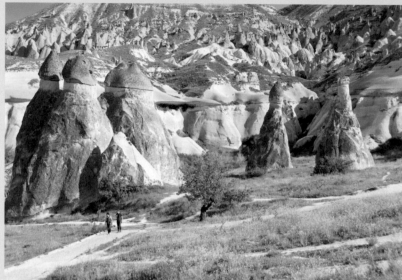
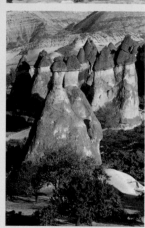
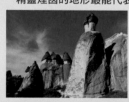

**MAP ▶ P.249C2**

# 帕夏貝

**MOOK Choice**

Paşabağ

**最美的精靈煙囪**

📍位於居勒梅和阿凡諾斯(Avanos)之間的路上。行駛於Ürgüp 和Avanos之間的巴士會在此停留。和策爾維戶外博物館相距 1.5公里；從居勒梅開車約10分鐘可抵達。

掃地圖

　　帕夏貝因曾屬於一位官員(Paşa) 所有而得名，這裡有著全卡帕多起 亞最美的精靈煙囪，圓圓胖胖的白 色圓錐巨石，頂端帶了頂深色尖帽，像極了可愛 的小精靈，又傳說有精靈住在這些煙囪石內，所 以有「精靈煙囪」的名稱，也有人覺得像地表長 出一朵朵大蘑菇，所以又稱為蘑菇谷。

💡

**「香菇頭」是怎麼長出來的？**

精靈煙囪的地形最能代表卡帕多起亞地區的岩石 風化過程，當岩漿噴發 凝固後，位於下層的火 山凝灰岩風化速度快， 逐漸形成角錐狀，而上 層的黑色玄武岩較堅 硬，所以最後就留下了 一顆香菇頭。

　　高聳入天的精靈煙囪裡，一樣曾是住居及教 堂，其中一個三頭式的煙囪，在西元5世紀時， 還曾是隱士聖賽門(St Simeon)的隱修所，至今 還保留得很完整。有趣的是，這裡連警察的守衛 哨(Jandarama)，都位於精靈煙囪裡。

MAP ▶ P.249C1

# 阿凡諾斯

**Avanos**

## 陶藝之鄉

🔖 居勒梅北邊10公里，和Ürgüp、Nevşehir之間有迷你巴士通行。Ürgüp出發，經居勒梅至阿凡諾斯的小巴，每小時1班次；距離居勒梅車程約13分鐘，距離Ürgüp開車約16分鐘

比起卡帕多起亞大部分地區呈現乾燥的岩石景象，阿凡諾斯的景觀特別不一樣，城鎮中央流過紅河(Kızılırmak)，是土耳其最長的內陸河，全長1,335公里，紅河富含鐵質，取出的土壤非常適合做陶器，阿凡諾斯就位於紅河的上游河畔，因而成為知名的陶瓷小鎮。

阿凡諾斯有許多陶瓷工作室，遊客可參觀美術人員描繪花紋、如何利用西台帝國傳承自今的古法製胚，更有龐大的展示間可以讓遊客慢慢採購。看老師傅靈巧拉胚製陶，大約十來分鐘便能拉好一件壺，往往隱含累積了二、三十年以上的功力。

阿凡諾斯有不少工作坊從鄂圖曼時代就供應皇室所需，至今仍是名廠名牌，購買任何作品都會附上證明書。目前所展示的陶瓷製品，上面所繪製的花紋有的是創新風格，有的則複製鄂圖曼時期的伊茲尼磁磚。

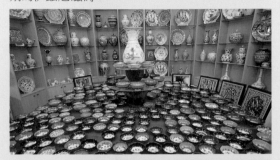

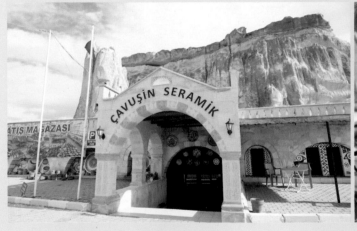

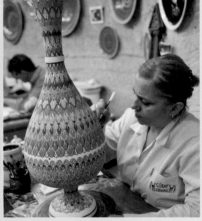

### 陶罐燜肉Testi Kebabı

Avanos小鎮因生產陶器聞名，這道特別的地區風味料理也因應而生。這是一道慢火細燉的美味，傳統做法是將牛肉、雞肉或羊肉連同番茄、洋蔥、鷹嘴豆、馬鈴薯等一起放進寬肚窄口的陶罐，封口後放進大型柴燒窯中燜燒數小時，鎖住原汁原味的鮮美。

用餐過程也是充滿戲劇感，一手拿起陶罐、一手拿著刀子，對準陶罐製作時預留的橫紋輕輕敲幾下，陶罐應聲而裂，衝出濃郁香氣，誘發食慾，而經過長時間慢燉，軟嫩肉塊混合蔬菜的甜味，配飯或蘸麵包都適合。

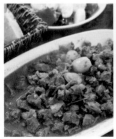

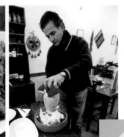

## 居瑞陶瓷博物館Güray Müze

Yeni Mahalle Dereyamanlı Sokak No:44 50500 Avanos/Nevşehir　0384 511 2374　4~10月9:00~19:00；11~3月9:00~18:00　30TL　www.guraymuze.com/en/　受疫情影響，開放時間及票價隨時會調整，請上網或去電查詢。

博物館位於地底下20公尺，展示安納托利亞地區不同年代的陶瓷，主要分成三區。第一區是古代廳，展示安納托利亞各年代的陶瓷器，最早可溯及石器銅器並用年代(Chalcolithic)，也就是彩陶時期，大多為屈塔西亞(Kütahya)出土的彩陶；第二個展廳是20和21世紀土耳其知名陶藝家的作品；第三個展廳則不定期展覽當代的繪畫、雕塑、攝影、陶藝等作品。

博物館本身也是一個陶藝工坊，除了可參觀陶藝工作人員生產製作陶瓷的各個過程，也展售形形色色的陶瓷藝品。

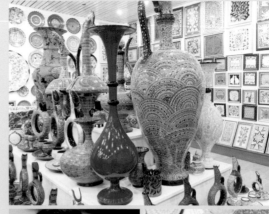

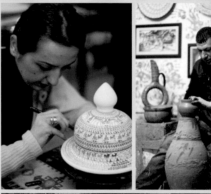

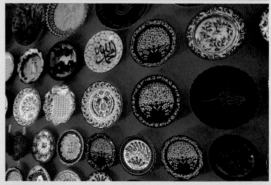

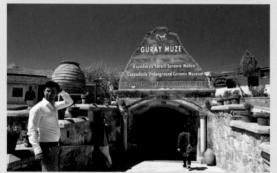

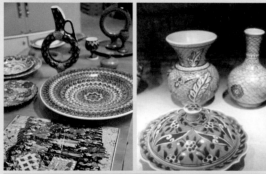

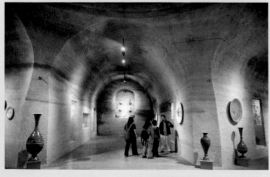

## 陶瓷工坊

阿凡諾斯陶瓷工藝興盛，相關的工廠、工坊林立，不少陶瓷藝品就展示在洞穴裡，遊客除了採購各式各樣的工藝品之外，也可以參觀拉胚、彩繪、上釉的過程，甚至親身體驗拉胚的樂趣，參加卡帕多起亞的當地旅行團幾乎都會選擇一間參觀。

這一類的陶瓷工坊展示著數千件高檔精緻的陶瓷藝品，也有比較平價適合當紀念品的彩繪陶盤、陶碗。如果擔心陶瓷器皿沉重、易碎不方便攜帶，這裡也有包裝寄送服務。

# 恰烏辛

## Çavuşin

### 公路旁的古樸壁畫

📍位於居勒梅到阿凡諾斯(Avanos)的半路上,從Nevşehir到Avanos或Ürgüp到Avanos的迷你巴士,都會經過這裡;從居勒梅開車前往約5分鐘 ⏰恰烏辛教堂8:00-17:00 💲恰烏辛教堂10TL ❗受疫情影響,開放時間及票價隨時會調整,請上網或去電查詢。

掃地圖

由於岩山的崩落,原本是歷史小城的恰烏辛幾乎在數十年前就廢村,移居到現在的公路旁,而在舊村落崖壁的最上頭,有一座約翰受洗教堂,應該是卡帕多起亞最古老的教堂之一。

走回公路邊,恰烏辛教堂(Çavuşin Kilise)遺跡是今天觀光客主要參觀的地方,它的紅、白、綠、褐壁畫色澤仍在,著色細緻而古樸。如果與居勒梅戶外博物館的黑暗教堂相比,因為時代又早了兩個世紀,加上沒有刻意隔絕外面的陽光,不論色澤或是保存狀態都較遜色。

在恰烏辛村落後頭,也有一些香菇頭狀及煙囪形狀的岩石,而這裡也是前往玫瑰谷(Güllüdere Vadısı)的起點。

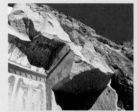

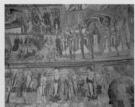

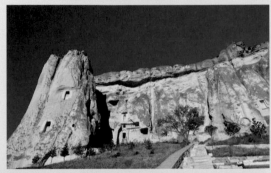

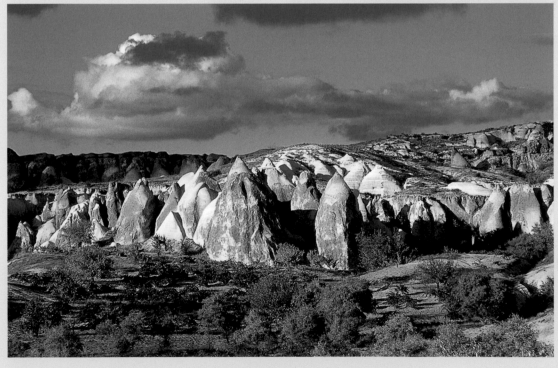

## MAP ▶ P.249B2

# 玫瑰谷與紅谷
## Güllüdere Vadısı & Kızılçukur Vadısı

**夢幻的夕陽絕景**

🚗 位於居勒梅和恰烏辛之間，開車大約10分鐘，沒有公共交通，也可從居勒梅步行前往

掃地圖

　　玫瑰谷與紅谷是位於居勒梅(Göreme)和恰烏辛(Çavuşin)之間的山谷，以其一整片呈現粉紅色澤的岩石聞名，由於沒有道路直達，又有為數不少形狀奇特的精靈煙囪，名列卡帕多起亞最著名的健行路線之一。這裡也是卡帕多起亞觀賞日落最熱門的地點之一，原本粉紅色的岩石，隨著夕照變化，或紅、或橙、或桃、或紫，十分夢幻，也

可參加行程騎馬到此處看日落。

　　此外，這裡的精靈煙囪也隱藏著幾座教堂，像是圓柱教堂(Kolonlu Kilise)、十字教堂(Haçlı Kilise)等。

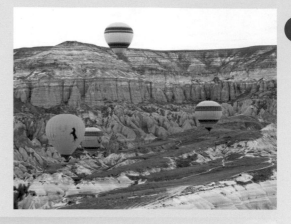

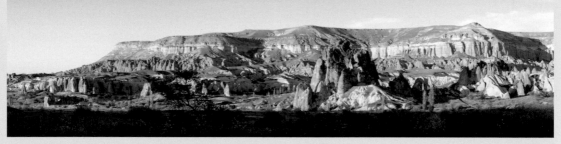

## MAP ▶ P.249C2

# 愛之谷
## Love Valley

**令人害羞臉紅的巨石林**

🚗 從居勒梅開車前往約10分鐘

掃地圖

　　俯瞰藍天下的雪白山谷，一根根巨大煙囪石聳立地表，形成一片獨特石林，筆直朝天的巨石最高可達50公尺，乍看之下又像是男性生殖器官，難怪獲得「愛之谷」之名。

　　愛之谷大約與居勒梅到阿凡諾斯的公路平行，想欣賞這片壯闊石林，開車就可到達觀景台，愛

之谷也是健行愛好者的首選路線之一，從居勒梅出發，沿著Baglidere Vidisi的指示標可進入，來回路程約3小時。

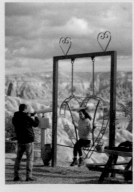

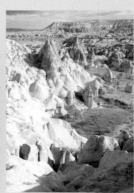

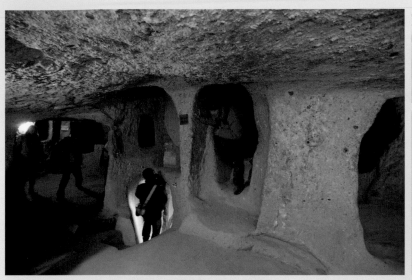

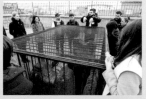

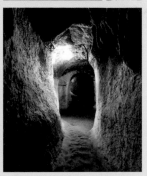

MAP ▶ P.249B4

# 地下城

## Yeraltı Şehri

### 蟻穴地底生活

📍凱馬克利(Kaymaklı)地下城位於內弗歇希爾(Nevşehir)南邊19公里，德林古優(Derinkuyu)地下城又在Kaymaklı的南邊10公里。內弗歇希爾與尼第(Niğde)之間的公車會在這兩座地下城停留 🕐4~9月8:00-19:00；10月~3月8:00-17:00 💲凱馬克利地下城100TL，德林古優地下城100TL，適用博物館卡 🌐凱馬克利地下城https://muze.gov.tr/muze-detay?DistId=KYY&SectionId=KYY01，德林古優地下城https://muze.gov.tr/muze-detay?DistId=DKY&SectionId=DKY01 ❗受疫情影響，開放時間及票價隨時會調整，請上網或去電查詢。

掃地圖

　　卡帕多起亞的地下城不像「穴居」這麼簡單，而是複雜的生活機制，壓低身子爬上爬下，鑽過一條又一條狹窄幽暗的地道，居室、餐廳、教堂、倉庫、羊圈、酒窖等空間錯綜複雜，稍不注意就會迷路。

　　西元7世紀，阿拉伯人迫害襲擊基督徒，平時在地面生活的基督徒，收到警報訊息就攜家帶眷潛入地底，所有地上的活動包括豢養牲畜、釀酒、烹煮、教育、宗教等如常進行，甚至可在不見天日的地底生活長達1~2個月。

　　窄而複雜的通道只容一人進出，基督徒巧妙利用槓桿原理推動的兩噸重大圓石門，使地下城成為堅固的堡壘。空氣循環系統是利用深達70至80公尺的垂直通氣孔，提供地下四萬平方公里，並可讓深達9層的地下城，最底及最上層保持13˚C至15˚C的均溫，因此，地下城很適合釀酒，更不怕惡劣的氣候。

　　地下城在8世紀後就漸漸荒廢，直到20世紀才一一被發現，目前可知的有36座，而每一座可參觀的部分是全城的20%至40%左右而已，其中，凱馬克利(Kaymaklı)地下城範圍最廣，而德林古優(Derinkuyu)地下城最深，共有9層，深達85公尺，最多可容納一萬五千人避難於此。

### 地下城不解之謎

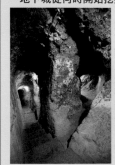

地下城從何時開始挖掘不可考，考古證據只說明自西台文化時期起，地下城就有了雛型，但什麼目的不可知，至今仍有許多未解之謎，包括：建立一座容納五、六千人生活的地下城，是用何種工具及多少人力挖鑿的？挖出來的土堆如何丟棄？如何在不被敵人偵測的情況下烹煮三餐？長期居住的排泄物怎麼處理以避免污染環境引發傳染病？可有能治療病人的醫療設備？

MAP ▶ P.249C1

# 德弗倫特山谷

## Devrent Vadısı

### 考驗想像力之谷

📍 位於阿凡諾斯(Avanos)和于爾居普(Ürgüp)之間主幹道的叉路上，于爾居普開車前往約7分鐘

掃地圖

從策爾維戶外博物館駛往阿凡諾斯(Avanos)或于爾居普(Ürgüp)，車行山谷間，在匯入主幹道之前，環顧四周，有一整片岩石群突出於崖壁上，這一片奇形怪狀的石頭激發出天馬行空的奇想，所以又被暱稱為「想像力山谷」。

在這一群岩石中，又以一塊狀似駱駝的岩石最為有名，其他還有「三個跳舞的人」、「海豚」、「海豹」、「拿破崙的帽子」、「親吻的鳥」、「旋轉舞僧侶」等，該是釋放想像力的時候啦！

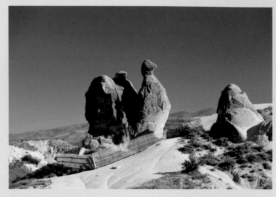

---

卡帕多起亞周邊

MAP ▶ P.6D3

# 蘇丹罕商旅驛站

## Sultanhanı Kervansaray

### 絲路上的休息站

📍 距離卡帕多起亞140公里，離孔亞102公里，都各約1個半小時的車程。從內弗歇希爾(Nevşehir)搭乘前往孔亞的長途巴士，中途在阿克薩來(Aksaray)下車，徒步約3分鐘 🏠Cumhuriyet Mahallesi, Konya Aksaray Yolu, 68000 Sultanhanı Belediyesi/Aksaray Merkez/Aksaray ⏰8:00~18:00 🔗sultanhan.business.site ❗受疫情影響，開放時間及票價隨時會調整，請上網或去電查詢。

掃地圖

安納托利亞高原過去一直是絲路上重要的貿易衢道，過去商旅暫宿的驛站，目前在土耳其境內還保留四十多座，沙里罕商旅驛站(Sarıhan Kervansaray)就是其中之一。

位於卡帕多起亞和孔亞主幹道之間的阿克薩來(Aksaray)西郊，有一座蘇丹罕商旅驛站，不論前往孔亞或卡帕多起亞，多半都會在此休息片刻，也因此成為今天遊客最常造訪的商旅驛站之一。

這座宏偉的驛站建於1229年塞爾柱時期，後來經過一場大火，在1278年重修，成為土耳其境內最大的一座商旅驛站。驛站主要分成兩大部分，開放式的庭院主要用於夏天，有頂的室內則是冬天防寒的庇護所，驛站四周由迴廊所環繞，主要大門面對東方，上頭雕刻得十分華麗，非常典型的塞爾柱樣式。其餘還有清真寺、餐廳、澡堂、房間及繫牲口的地方。

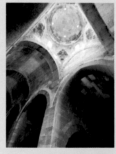

除此，在阿克薩來東北方16公里處，也有一座13世紀的阿茲卡拉罕(Ağzıkara Hanı)驛站，用卡帕多起亞的火山岩打造而成。

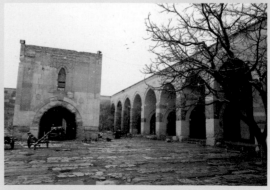

MAP ▶ P.249A4

# 鄂赫拉拉峽谷

**MOOK Choice**

Ihlara Vadisi

**靜謐隱世的河谷健行**

位於Nevşehir西南方69公里，德林古優(Derinkuyu)地下城西南方約50公里，開車約45分鐘；或是參加卡帕多起亞一日遊行程 ◆4～9月8:30-19:00；10月～3月8:30-17:00 ⑤90TL，適用博物館卡 ❗受疫情影響，開放時間及票價隨時會調整，請上網或去電查詢。

掃地圖

鄂赫拉拉峽谷是指鄂赫拉拉村(Ihlara)到塞利瑪村(Selime)之間，由Melendiz河侵蝕而成的狹長河谷。陡峭垂直的山壁之間，清澈溪水潺潺流過，夏季來此，漫步在翠綠白楊木和無花果樹下，舒適愜意。由於地勢險要又隱蔽，在基督教被視為異端的羅馬時代，這裡是基督徒的避難所，曾有約八千人居住於此，沿著河谷有一百多個鑿山壁而建的教堂，至今山洞中仍然留有許多彩色濕壁畫。

鄂赫拉拉峽谷全長14公里，有四個出入口，分別是南邊的鄂赫拉拉村、Ihlara Vadısı Turistik Tesisleri、Belisırma和北邊的塞利瑪修道院。參加一日遊行程大多會在Turistik Tesisleri下車，循三百級階梯進入峽谷，健行至Belisırma的河岸餐廳用餐，再搭車離開，全程約3.5公里。

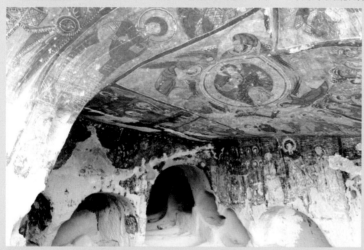

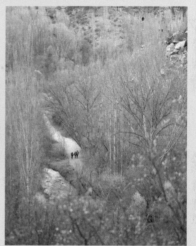

## 如同星際大戰中的異世界

卡帕多起亞西側的阿克薩來省(Aksaray)是基督教發展初期重要的宗教中心，所以鄰近地區有許多岩石教堂，其中，位於鄂赫拉拉峽谷終點的塞利瑪修道院(Selime Katedrali)規模最大，然而，讓它出名的原因卻是差點成為星際大戰電影的取景地。

塞利瑪修道院的歷史可追溯至西元前8～9世紀，10～11世紀左右成為絲路上商旅的休息站，16世紀被遺棄。和卡帕多起亞的其他岩石教堂一樣，這裡也有教堂、僧侶住所、廚房、餐廳和儲藏室，宗教及生活機能俱全，不同的是，這裡更接近自然原貌，沒有妥善鋪設的步道，在裸露乾脊的岩石間爬上爬下，在迷宮般相連的山洞間穿梭，趣味性十足。

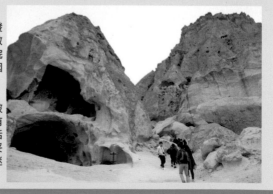

## Where to Eat & Stay in Cappadocia
### 吃住在卡帕多起亞

### 于爾居普Ürgüp
**MAP ▶ P.260A2** **Yunak Evleri**

🚌從Ürgüp巴士站步行約10分鐘 🏠Yunak Mahalles, Ürgüp ☎0384 341 6920 🌐www.yunak.com ❗受疫情影響，營業日期及房價隨時會調整，請上網或去電查詢。

掃地圖

Yunak Evleri坐擁于爾居普西北方一整片峭壁，九〇年代初期，企業家Yusuf Gorurgoz 買下7間洞窟民宅和山壁前優雅的19世紀希臘式宅邸，花了四年時間打造精品旅館Yunak Evleri，在自然原始的粗獷中注入鄂圖曼時期的貴族氣息。

洞穴低調隱藏淡黃岩壁中，鍛鐵欄杆蜿蜒而上，石砌階梯通往高低錯落的山洞，每扇木門後都是一個神秘世界。溫暖黃光照亮石壁一刀一斧的刻痕，地板上，價值不菲的羊毛地毯是畫龍點睛的繽紛；黃銅鏤空床架上，暗紅織布繡上金色鬱金香紋飾，細說鄂圖曼風華。

洞窟順著岩壁開鑿，每個房間格局皆不相同，古樸典雅的洞穴內，現代化設備一樣也沒少，軟硬適中的加大床墊、液晶電視、無線網路、電暖器、iPhone音響等都是標準配備。打開浴室的門，雪花大理石打造明亮空間，瞬間進入黑與白的時尚領域，套房房型中甚至有豪華按摩浴缸或專屬土耳其浴室，傳統與當代在山洞裡相遇，充滿超現實的奇幻感。

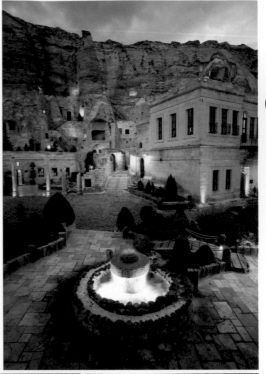

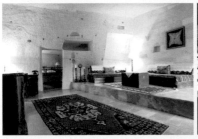

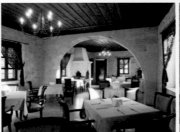

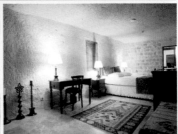

### 于爾居普Ürgüp
**MAP ▶ P.260A2** **Yusuf Yiğitoğlu Konağı**

🚌從Ürgüp巴士站步行約10分鐘 🏠Yunak Mahallesi, Tevfik Fikret Caddesi No.34, Ürgüp ☎0384 341 7400 🌐www.yusufyk.com ❗受疫情影響，營業日期及房價隨時會調整，請上網或去電查詢。

掃地圖

這間四星級的洞穴旅館建築本身有150年歷史，是鄂圖曼時代的房子，過去是希臘人居住以及製紅酒的地方。經過改裝之後，共有18間標準房、10間豪華房、2間套房、2間家庭房以及1間蜜月套房，每個房間的裝潢、擺設完全不一樣，都有獨立的熱水、現代衛浴、電視、高速無線上網、中央空調等現代旅館必有的設施。

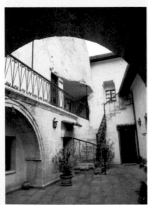

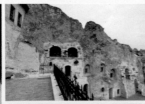

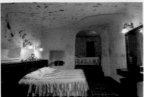

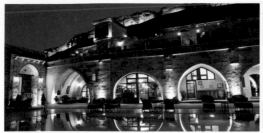

于爾居普Ürgüp

**MAP ▶ P.260A2 Kayakapı Premium Caves**

📍位於于爾居普城鎮外圍，沒有公共交通工具直達，必須自行開車或搭計程車前往 🏠kayakapı Mahallesi, Kuşcular Sokak No.43, Ürgüp 📞384 341 8877 🌐www.kayakapi.com ❗受疫情影響，營業日期及房價隨時會調整，請上網或去電查詢。

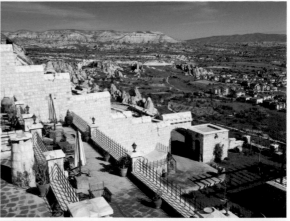

Kayakapı Premium Caves高踞在于爾居普市中心東北側的艾斯貝立岩(Esbelli Rock)之上，18、19世紀的鄂圖曼時代，這一帶的洞穴是地主富豪們的豪宅，此外還有教堂、清真寺、浴場、一般民居等功能性的洞穴。

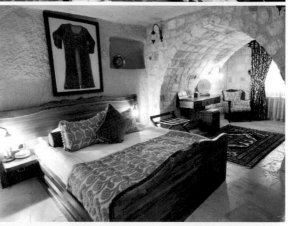

由於Kayakapı是根據原本的洞穴所改建，每個房間的格局大不相同。玻璃馬賽克磁磚所打造的游泳池，是整座洞穴旅館的視覺中心，辦好入住手續後，高球車負責載送客人到坐落在山崖間的客房，每個房間的大露台都能飽覽卡帕多起亞的奇岩美景。裝飾古樸典雅的洞穴裡，現代化設備一樣也不少，包括膠囊咖啡機、LED電視、高速無線網路。浴室裡更鋪設了會發熱的大理石，在房間裡也可以享受土耳其浴。

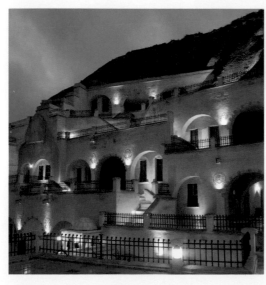

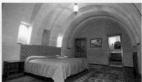

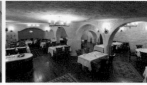

于爾居普Ürgüp

**MAP ▶ P.260A3 Hotel Alfina**

📍從Ürgüp巴士站步行約15分鐘 🏠İstiklal Caddesi No.89, Ürgüp 📞0384 341 4822 🌐www.hotelalfina.com ❗受疫情影響，營業日期及房價隨時會調整，請上網或去電查詢。

Alfina算是比較大型的洞穴旅館，遠遠看彷彿一座岩石山，旅館前有一個大型露台以及一座大型花園。旅館總共有26間標準房、5間豪華房、10間套房，有的房間已有三百年的歷史。經過改裝之後，現代化旅館設施該有的這裡一樣都不缺，房間也比一般洞穴旅館大。至於附設餐廳從洞穴、花園到露台，都有不同選擇。

### 居勒梅Göreme

**MAP ▶ P.251B2 Café Şafak (Café Dawn)**

🚌居勒梅巴士站旁邊，往露天博物館的路
上 🏠Müze Caddesi No.28, Göreme
📞0384 271 2597 ⏰9:00~22:00
❗受疫情影響，營業時間及價格隨時會調
整，請去電查詢。

　　Şafak就位於居勒梅公車總站旁最熱鬧的商店街上，如果
逛累了想找個地方休息或吃點輕食，這間簡餐咖啡廳是個
好選擇。店內規模不大，家庭式經營，由老闆的母親親自
掌廚，最有名的是拿鐵咖啡、扁豆湯，還有特製的包餡煎
餅(Gözleme)、烤肉丸等，前菜拼盤也非常豐盛。

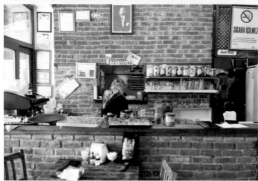

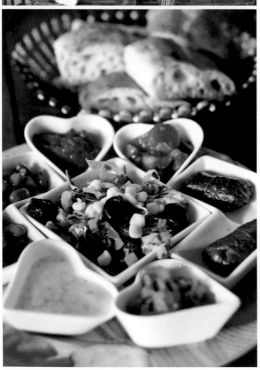

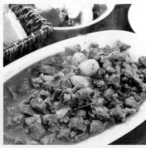

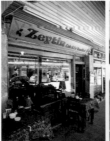

### 于爾居普Ürgüp

**MAP ▶ P.260B2 Zeytin Cafe Ev Yemekleri**

🚌Ürgüp巴士站斜對面 🏠Cumhuriyet
mahallesi, Atatürk Blv. No:31, Ürgüp/
Nevşehir 📞0530 761 6290 ⏰9:00~
22:00 ❗受疫情影響，營業時間及價格隨
時會調整，請去電查詢。

　　Zeytin Cafe Ev Yemekleri就位於于爾居普最熱鬧的大街
上，小小的家庭式餐館，提供各種美味的土耳其料理，
親切友善又愛聊天的老闆，為餐點加分不少。推薦卡帕
多起亞的道地風味陶罐燜肉，軟嫩入味又不死鹹，適合
連同醬汁蘸著麵包享用。

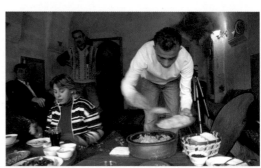

### 居勒梅Göreme

**MAP ▶ P.251A2 Dibek Restaurant**

🚌居勒梅巴士站後方巷子 🏠Hakkipaşa
Meydanı No.1, Göreme 📞0384
271 2209 ⏰10:00~23:00 🌐www.
dibektraditionalcook.com ❗受疫情影
響，營業時間及價格隨時會調整，請上網或去
電查詢。

　　位於居勒梅鎮上的Dibek小餐館，建築是一間將近五百
年歷史的石屋，屋裡一個個空間，有的過去是養雞舍，
有的貯藏蔬果，有的是酒窖，也有起居室，如今鋪上地
毯、放個坐墊，就可以在矮桌上用餐。這裡提供的餐
點是傳統的卡帕多起亞家庭式料理，加麥片的湯、麥片
飯、放在陶甕燜煮的豆子羊肉、鹹優格，還有麵包蘸葡
萄糖漿，這是卡帕多起亞名產，風味十足。

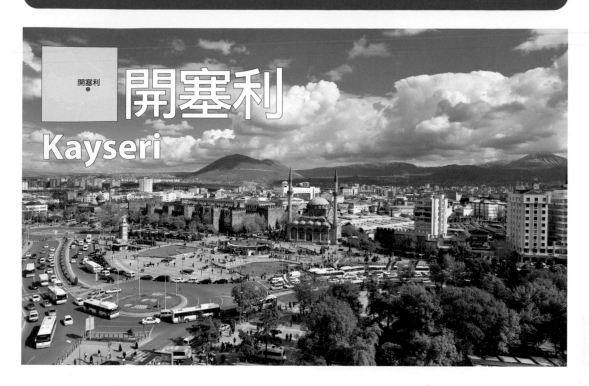

開塞利

# Kayseri

海拔3916公尺的埃爾吉耶斯山(Erciyes Dağı)山腳下，坐落開塞利這座百萬人口大城，在以清真寺尖塔、塞爾柱城牆、墳陵、伊斯蘭宗教學院為主要天際線的市區裡，遠處高掛著白色雪峰，把繁忙的街道襯托得具有詩意。

位於安納托利亞中部交通要道上的開塞利，自古以來就扮演了重要的商業角色，而「Kayseri」這個地名的由來，據說是羅馬皇帝提伯留斯(Tiberius)非常喜歡這裡，而以凱薩大帝之名取為Caeserea，意思是「凱薩大帝的城市」。為這座城市立下雛形的，是11–13世紀的塞爾柱帝國時期；如今城裡清真寺、伊斯蘭宗教學院林立，在安納托利亞中部的城市中，其伊斯蘭信仰的虔誠度排名僅次於孔亞。

很少遊客會專程來到開塞利，一般而言，從開塞利機場下機後，十之八九都直奔卡帕多起亞，沿途只看到開塞利郊區那一座座工廠，卻錯過市中心那一座座古樸而美麗的塞爾柱和鄂圖曼建築，以及充滿安納托利亞地區興味的開塞利市集。

# INFO

## 基本資訊
**人口**：132萬
**區域號碼**：0352
**海拔**：1050公尺

## 如何前往
### ◎航空
開塞利機場(Kayseri Erkilet Havalimanı，代號ASR)位於市中心北邊5公里處，航班往來伊斯坦堡、安卡拉、伊茲米爾等國內主要城市，也是卡帕多起亞主要出入門戶之一。遊客可搭市區巴士到市中心，搭計程車前往市中心車程約20分鐘。

唯因疫情期間，各家公司班次和班表變動幅度較大，相關資訊請洽各大公司或上網查詢。

### ◎長途巴士
開塞利的長途巴士總站位於市區西邊9公里，距離安卡拉約5.5小時；距離卡帕多起亞的Göreme約1小時，除了Metro的少數班次以外，大多需在Nevşehir轉乘小巴；距離東部的Malatya約5小時。

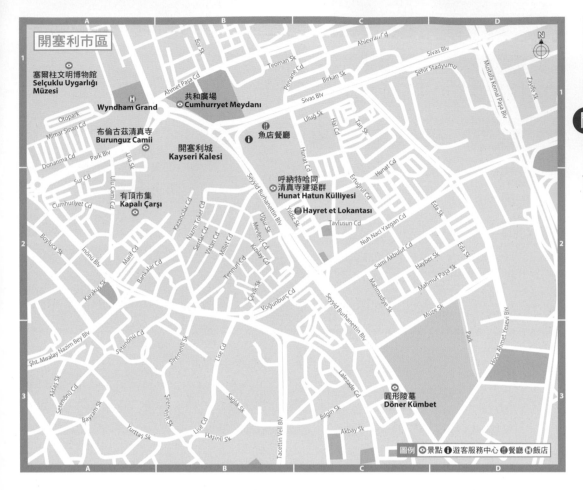

幾乎所有巴士公司都有提供免費接駁巴士到市中心，也可搭市區巴士進入市中心；或是步行約10分鐘至電車Selimiye站，搭乘電車至共和廣場，約25分鐘。長途巴士總站旁邊有另一座比較小的候車室，那裡有迷你巴士開往卡帕多起亞的于爾居普(Ürgüp)，車程約1個小時。唯因疫情期間，各家公司班次和班表變動幅度較大

## ◎火車

開塞利與安卡拉之間有火車相連，火車站位於市中心北側，如果要到市中心，出了車站過大馬路，搭乘任何開往共和廣場(Cumhurryet Meydanı)的市區巴士，都可以進入市中心。

## 市區交通

開塞利有2條地面電車，旅客比較可能利用穿過

整個市中心的T1線，行駛時間為6:00~翌日凌晨2:00，可連接共和廣場和長途巴士站(Kayseri Şehir Terminali)。

市區巴士十分發達，大多會經過共和廣場(Cumhurryet Meydanı)。前往長途巴士站，只要看巴士前或公車站牌寫Terminal的路線即可招手上車。車票在站牌旁的票亭購買。開塞利的主要景點多半集中在共和廣場(Cumhurryet Meydanı)周邊，步行即可。

## 旅遊諮詢
### ◎旅客服務中心

🏠Cumhuriyet Meydanı, Zeynel Abidin Türbesi Yanı Melikgazi(共和廣場對面)
📞0352 222 3903
🌐www.kayserikulturturizm.gov.tr

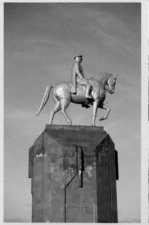
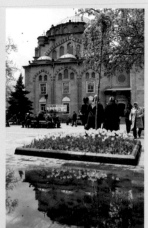

**MAP ▶ P.275B1**

# 共和廣場與開塞利城
## Cumhurryet Meydanı & Kayseri Kalesi
### 市中心經典地標

🚇 位於開塞利市區的正中心，包括電車、幾乎所有路線的巴士都會經過這裡 🏠Sahabiye Mah. Sivas Bulvarı No:1 Kocasinan

　　開塞利市中心是一個大圓環，南來北往的車流都在此交會，圓環旁是座宜人的廣場公園(Meydan Parkı)，有一座鐘塔(Saat Kulesi)及土耳其國父凱末爾的騎馬金色雕像，統稱為Meydan。

　　廣場公園旁就是一座看來固若金湯的開塞利城，也是開塞利的代表性地標，以黑色玄武岩所打造。此城最早的興建年代可溯及羅馬皇帝戈爾迪三世(Gordian Ⅲ)，並於三百年後的拜占庭查士丁尼大帝(Justinian)時重建。目前所見到的城牆模樣，是13世紀時塞爾柱帝國的阿拉丁蘇丹(Alaatin Keykubat)所興建。

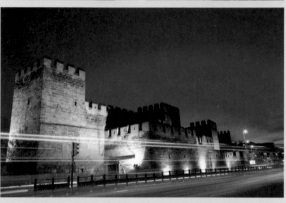

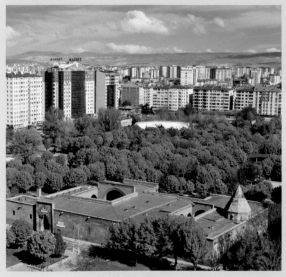

**MAP ▶ P.275A1**

# 塞爾柱文明博物館
## Selçuklu Uygarlığı Müzesi
### 人類歷史上最早的醫學院

🚇 共和廣場步行約5分鐘 🏠Gevher Nesibe Mah. Tekin Sok. no:1 38010 Kocasinan ☎0352 221 1150 🕐 週二至週日9:00~17:00，6~9月9:00~19:00，週一及宗教節日首日休 💲4TL 🌐www.selcuklumuzesi.com

　　這座坐落在錫南公園(Sinan Parkı)齊夫特伊斯蘭宗教學院(Çifte medrese)，據稱是人類歷史上最早的醫學院之一。目前這座建築已改建為塞爾柱文明博物館，裡面展示了塞爾柱時代的文化、歷史和各種藝術品。

MAP ▶ P.275A2

# 有頂市集

## Kapalı Çarşı

**土耳其第三大市集**

♪ 位於共和廣場旁

掃地圖

清真寺(Burunguz Camii)，後有大清真寺(Ulu Camii)。在這裡，你仍然可以感受到開塞利自古以來位於東西方貿易十字路口、商賈往來熱絡的古城餘韻，尤其是建於1497年的貝德斯坦(Bedesten)，黝黑的石造大圓頂特別有味道，最早的時候，這裡也是絲綢的交易中心，如今則專售土耳其地毯，如果有興趣，可以買到質料好、相對便宜的土耳其手工地毯。

隨意遊逛有頂市集，除了民生必需品外，可以嘗到開塞利遠近馳名的特產醃肉香腸(Pastırma)，還有蜂蜜、無花果、各式各樣的香料等伴手禮。

開塞利的有頂市集名列土耳其第三大，僅次於伊斯坦堡和布爾薩，然而相較於伊斯坦堡的全面觀光化，布爾薩對遊客賣絲綢，這裡的市集則幾乎百分之百面對土耳其本土的消費大眾。

有頂市集與開塞利城連成一氣，前有布倫古茲

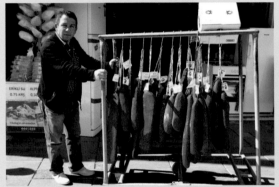

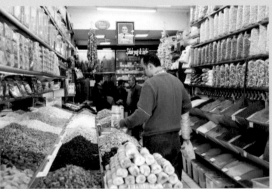

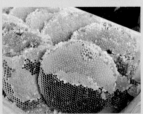

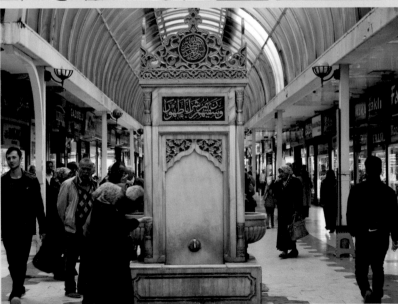

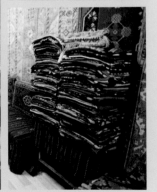

# 呼納特哈同
# 清真寺建築群
## Hunat Hatun Külliyesi
### 最完整的塞爾柱時代建築

🚶 共和廣場步行約3分鐘　🏠 Seyyid Burhanettin Blv. No:1

掃地圖

　　這是塞爾柱時代所遺留下來最完整、也最美麗的紀念性建築，這一系列的建築群建於13世紀的阿拉丁蘇丹(Alaatin Keykubat)時代，包括了清真寺、陵墓、伊斯蘭學院和土耳其浴場。

　　呼納特哈同(Hunat Hatun)是阿拉丁蘇丹妻子的名字，整個建築群都是蘇丹為其妻所打造，包括有美麗圖案的陵墓在內，呼納特哈同就永眠在陵墓的石棺內。

　　目前清真寺以及土耳其浴場仍然在運作中，清真寺裡的石造麥加朝拜壁龕及木造明巴講道壇，都是傑出的伊斯蘭藝術品。至於伊斯蘭學院的中庭已經改建為露天咖啡座，在這裡坐下來喝口茶、啜口咖啡，別具歷史風味。

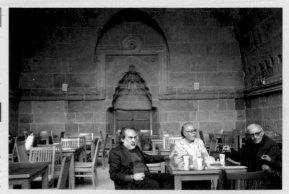

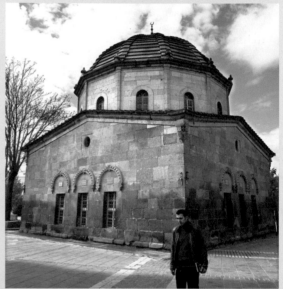

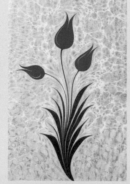

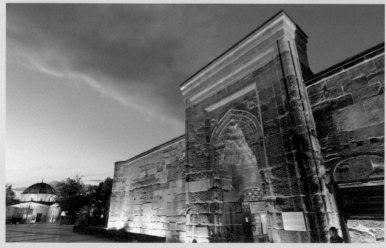

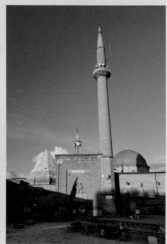

# Where to Eat & Stay in Kayseri
## 吃住在開塞利

MAP ▶ P.275A1 **Wyndham Grand Kayseri**

⌂Gevher Nesibe Mah Tekin sok. No:2 Kocasinan, Kayseri ☎0352 207 5000 ⓦwww.wyndhamhotels.com ❶受疫情影響，營業日期及房價隨時會調整，請上網或去電查詢。

在開塞利市中心，再也找不到像Wyndham Grand Kayseri這樣占盡地利之便的大型旅店，它就位在共和廣場旁，隔著大馬路與開塞利城、有頂大市集遙遙相望。從飯店房間把視野往遠處拉，埃爾吉耶斯山(Erciyes)的白色雪峰就聳立在天際線上。五星級飯店所提供的高檔設施，游泳池、健身房、芳療館、餐廳等，這裡一樣也不缺。頂樓餐廳提供360度無限寬廣的山景視野，更是美味、視覺與健康兼顧。

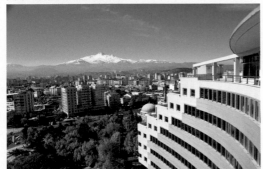

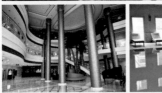

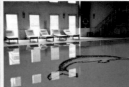

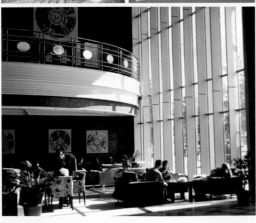

## 醃肉香腸與餃子
## Pastırma & Mantı

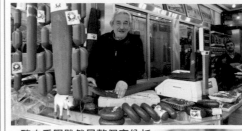

醃肉香腸雖然是整個安納托利亞的特產，但以開塞利最為有名，這是用鹽醃製風乾的牛肉加了蒜頭、紅辣椒粉、葫蘆巴(Çemen)、香芹等香料，再曬乾做成香腸模樣，吃的時候再切成薄片。

至於餃子，全土耳其都看得到，開塞利的餃子食譜千變萬化，最普遍的是一顆顆指甲般大小包了肉的小餃子浸泡在番茄湯裡，吃的時候再淋優格、灑薄荷粉。

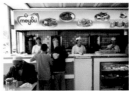

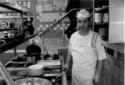

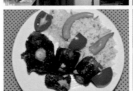

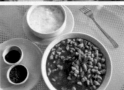

MAP ▶ P.275C2 **Hayret et Lokantası**

♫在呼納特哈同清真寺建築群附近的巷子裡 ⌂Hunat Mah. Hunat Caddesi No:4, Melikgazi Kayseri ☎0352 231 1661 ❶受疫情影響，營業時間及價格隨時會調整，請去電查詢。

這間位於呼納特哈同清真寺附近的大眾食堂，總是食客盈門，供應的是道地的安納托利亞和開塞利地方菜。除了安納托利亞的烤肉之外，開塞利最有名的餃子、加了醃肉香腸的Pide麵包，在這裡都能吃得到。此外陶盅雜燉(Güveç)、牛尾(Pöç)、牛腿燉湯(Dil Paça)也都具有濃厚的鄉土味道。

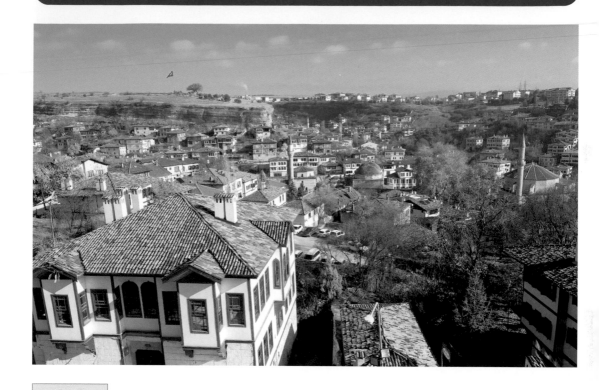

# 番紅花城
## Safranbolu

早自13世紀開始，番紅花城就是東、西方貿易商旅必經的驛站，當時是以製作馬鞍和皮鞋為主的商城，到了17世紀時，黑海地區繁盛的商賈貿易使得番紅花城邁入顛峰期，富豪廣建華宅，這些運用磚、木打造的鄂圖曼宅邸，通過歲月、天候的考驗留存至今，成為番紅花城最搶眼的特色，並於1994年躋身世界遺產之林，目前已有約1500棟房子列入被保護的宅邸。

番紅花城是個不靠海的小山城，不過距離黑海海岸只有50公里。因為過去這個區域盛產番紅花，因而以此特產命名，現在老城區內也有很多商家販售這個高貴香料（要小心假貨）。

番紅花城的精華全藏在窄街巷弄間，穿梭在番紅花城恰爾什(Çarşı)區的巷弄裡，不需要地圖，也不必在意哪棟建築有什麼特殊之處，隨意散步，每個轉角、每條街弄、每棟建築，隨處都是風景。

走著走著，就算對某棟特殊建築特別好奇，多半會有告示牌，介紹建築名稱及簡單歷史，彷彿一座城市博物館。至於販售紀念品的商店，也不似伊斯坦堡大市集那樣到處充斥著拉客和叫賣聲，遊客更可放鬆心情，隨意選購，而傳統甜點土耳其軟糖(Lokum)更是名聞遐邇。

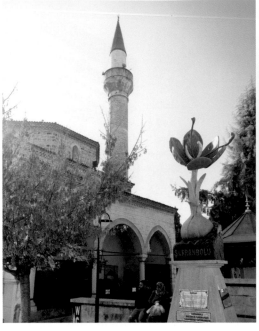

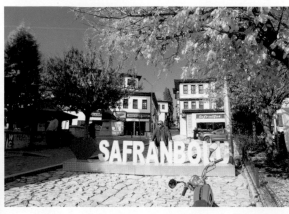

**番紅花城市區**

圖例 ◎景點 ⓣ購物 ⑪餐廳 Ⓗ飯店

番紅花城歷史博物館
Safranbolu Kent Tarihi Müzesi

主廣場(小巴發車站)

俊吉土耳其澡堂 Cinci Hamanı

阿拉斯塔市集 Arasta Pazarı

Atis Butik Restaurant

俊吉驛站 Cinci Han

伊戴特帕夏清真寺 Izzet Paşa Cami

鄂圖曼住宅博物館 Kaymakamlar Gezi Evi

Yemenici

Arasta Kahvesi

希德爾立克山丘 Hidirlik Tepesi

Kazan Ocağı EV Yemekleri

Safranbolu Seyir Konak Otel

科普魯律‧麥何密特‧帕夏清真寺 Köprülü Mehmet Paşa Camii

鐵器市集 Demirciler Çarşısı

# INFO

## 基本資訊

**人口**：5.5萬
**面積**：1,000平方公里
**區域號碼**：0370

## 如何前往

### ◎長途巴士

安卡拉和番紅花城之間有Metro長途巴士，相距230公里，車程約2.5~3小時，票價130~150TL；與伊斯坦堡相距390公里，efe tur和Metro每日有數班次，車程約5.5~6.5小時，票價370TL，也有夜車服務。

當長途巴士進入番紅花區域之後，會先停靠在工業區的Karabük站，但切記不要在此下錯車，巴士最後會停靠在Kıranköy的巴士總站，也就是所謂的上番紅花城區，距離遊客聚集的Çarşı舊城區還有1公里距離。大部份巴士公司會提供免費接駁巴士進入Kıranköy中心，再自行轉搭共乘小巴至Çarşı。如果徒步沿斜坡往下走，大約要走45分鐘。

疫情期間，各家公司班次和班表、票價變動幅度較大，相關資訊請洽各大公司或上網查詢。

**Metro**

🚌 www.metroturizm.com.tr

**efe tur**

🚌 www.efetur.com.tr

## 旅遊諮詢

### ◎旅客服務中心

🏠 Çavuş Mahallesi, Kayadibi Sokak No:1(主廣場旁邊)

📞 0370 712 3863

🚌 www.safranboluturizmdanismaburosu.gov.tr

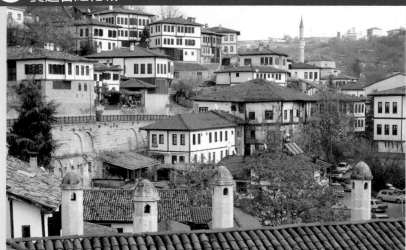

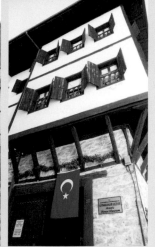

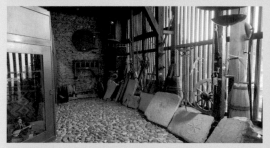

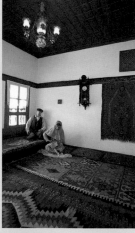

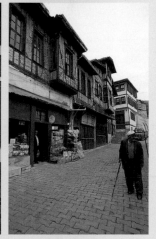

**MAP ▶ P.281A2, B2**

# 鄂圖曼宅邸

*MOOK Choice*

## Ottoman Houses

### 番紅花城的精華

鄂圖曼住宅博物館**Kaymakamlar Müze Evi**

🏠Hıdırlık Yokuşu Sokak No.6 💲15TL ❗受疫情影響，開放時間及票價隨時會調整。

掃地圖

　　番紅花城大致可以分成三大區，一是位於城鎮中心的舊城區Çarşı，一是3公里外的Bağlar區，另一個則是介於這兩地中間的Kıranköy。

　　土耳其是個急著要告別舊時代的國家，因此，走遍土耳其大小城鎮，到處充斥著新造的磚屋、水泥房，就算保留些許鄂圖曼時代的房子也很零星，唯有番紅花城算是以一個完整聚落保存了下來。

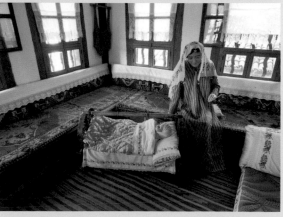

## 鄂圖曼宅邸建築元素

想要了解典型的鄂圖曼宅邸有哪些建築元素？參觀希德爾立克山丘下的鄂圖曼住宅博物館(19世紀的中校宅邸)就能解開疑惑。基本上，房子的結構是木造的，一般有2層或3層樓，樓層之間以樑托結合，上層的樓面比地面樓寬大。木結構架好之後再填塞泥磚，最後再塗上乾草、泥巴混合的灰泥。有些房子到此階段就算完成，但愈是位於城鎮中心的房子，最後一定會在外面再粉刷上一層白灰。當然愈有錢人家，房子外觀就裝修得愈漂亮。

一棟房子裡約有10到12個房間，並劃分成男區(Selamlık)和女區(Haremlık)，房間最大的特色就是沒有可分離的家具，壁龕、櫥櫃、壁爐都能嵌入牆壁，有的天花板裝飾得非常繁複，甚至還用木頭做出吊燈的模樣。房子最重要的空間是Pergola，ㄇ字型木製長椅緊貼三面牆壁，中間配置暖爐或圓桌，兼顧客廳、餐廳、娛樂、宗教儀式的功能。

一般來說，番紅花地區的鄂圖曼房子的格局還包括一座庭院(Hayat)，是飼養牲畜和儲放工具的地方；一座可以旋轉的櫥櫃，這樣可以同時在廚房裡準備食物，並方便傳遞食物到另一個房間；浴室隱藏在櫥櫃裡面；一座大火爐，控制整個屋子的空調。

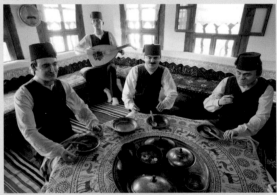

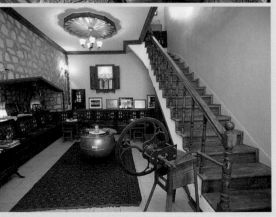

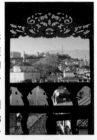

### 好羨慕啊！人人都是有殼蝸牛

在鄂圖曼時代，生活富裕的番紅花城居民都擁有兩棟房子，一棟位於城鎮中心的Çarşı區，此處位於三條山谷交會處，冬天防風又防寒；等天氣暖和了，居民搬到位於Bağlar區的夏屋。1938年，郊區城鎮Karabük建起一座鋼鐵廠，Bağlar區蓋起了現代化的房舍，保留古老風貌的Çarşı區因而成為熱門遊覽區。

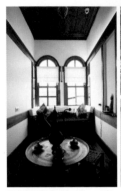

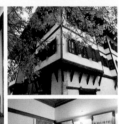

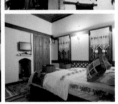

### 鄂圖曼老宅住一晚

番紅花城的韻味藏在鄂圖曼老宅的木梁衍架間，住進古色古香的宅邸，腳下踩著吱吱嘎嘎作響的木頭地板，抬起串上木棍的手工蕾絲窗簾，緩緩吃一頓主人精心準備的土耳其全套早餐，才能感受那骨子裡的歷史情懷。

番紅花城裡較具規模的鄂圖曼房子，大多都改裝成旅館民宿或博物館，有些是擁有私人院落的19世紀大宅門生活，有些是山丘上的中產階級民宅，不管哪一種等級，都是難忘的住宿體驗。

**Imren Lokum Konak**

⌂Kayyim Ali Sokak ☎0370 725 2324 ⓦwww.imrenkonak.com

**Gülevi**

⌂Hükümet Sokak 46 ☎0370 725 4645 ⓦwww.canbulat.com.tr

**Çeşmeli Konak**

⌂Çeşme Mahallesi Mescit Sokak No:1 ☎0370 725 4455 ⓦwww.cesmelikonak.com.tr

**Seyir Konak Otel**

⌂Hıdırlık arkası sokak no:3 ☎0370 433 1712 ⓦseyirkonakotel.com

# 番紅花城歷史博物館
## Safranbolu Kent Tarıhı Müzesi
### 收藏番紅花城居民生活史

🏠 Çeşme Kale Meydanı Sokak, Safranbolu 76800, Türkiye
📞 0370 712 1314　⏰ 週二至週日9:00～17:00，週一休　💲 5TL
🌐 www.safranbolu.gov.tr　❶ 受疫情影響，開放時間及票價隨時會調整。

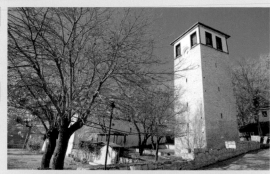

掃地圖

　　番紅花城歷史博物館坐落在恰爾什(Çarşı)區西北側的山丘上，視野極佳，可以俯瞰整個老城，建築外觀呈鮮豔的芥末黃色，它的前身是舊行政官署(Eski Hükümet Konağı)，1907年由省長興建，後來遭逢祝融而棄置，直到2007年才改建為一座博物館。

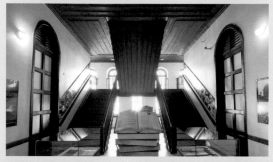

　　博物館收藏的主題圍繞在番紅花城的文化、歷史、社會和經濟各個層面，因此成為周邊學校校外教學的重要場所，經常擠滿了學童。展區主要分成三層，入口處的地面樓陳列了番紅花城的歷史、地圖及概況介紹；二樓則展示鄂圖曼時代的家具、服裝和以前的省長辦公室，還有老照片呈現番紅花城過去的面貌。

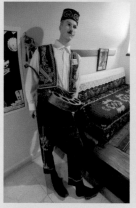

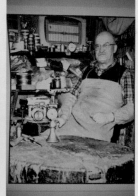

　　出了門口往下層走，則是還原番紅花城的生活史，特別是過去因為貿易而興盛的年代以及傳統工藝，包括打鐵店、手工皮鞋店、藥店、甜點店、香料店、錫器銅器店等。直到現在，當你漫步在老城區的巷弄間，你還會發現一些日漸凋零的古老行業面貌。

### 服役了兩百多年的老鐘
　　博物館後方的老鐘塔是鄂圖曼時期的首相 zzet Mehmet Pa a送給番紅花城的禮物，建於1797年，為土耳其年代最久而依然服役中的鐘塔，可爬上鐘塔內部參觀，庭園內還放置許多安納托利亞的老鐘塔縮小模型。

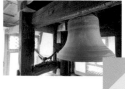

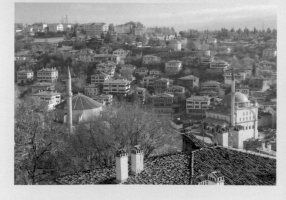

**MAP ▶ P.281A2**

# 俊吉
# 土耳其浴場

**MOOK Choice**

Cinci Hamamı

**番紅花城中心區地標**

🏠 Kazdağlıoğlu Meydanı　☎ 0543 212 5860、0370 712 2103　🕐 9:00-22:00　💲 洗澡外加搓洗按摩190TL　❗ 受疫情及裝修影響，開放時間及費用隨時會調整。

掃地圖

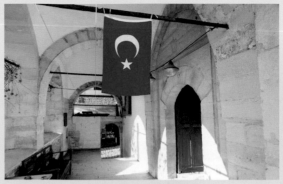

俊吉土耳其浴場就坐落在舊城中心，覆著紅磚的半圓形屋頂非常顯眼，建於1645年，與俊吉商旅客棧（Cinci Hanı）同一個時期，這座澡堂至今如常運作，男女浴室分開，入口也不同。

雖然名氣比不上伊斯坦堡的千貝利塔栩（Çemberlitaş Hamamı）等歷史土耳其浴場，不過這是一間被列入世界遺產的土耳其浴場，內部充滿陳舊的歷史感，庶民歷史那一種，而且多半服務當地居民，少了遊客人聲雜沓，洗澡時更能感受古老浴室的每個細節，重點是價格也實惠許多。

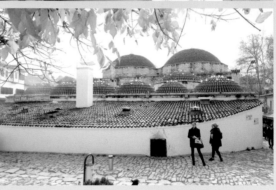

## 洗個脫胎換骨的土耳其浴

土耳其浴的歷史可以追溯至羅馬時代，以前浴室不普及，伊斯蘭教又特別重視身體的清潔，所以會到公共浴場洗澡、消除疲勞、聊天交誼，17世紀的君士坦丁堡就有168處土耳其浴室。

土耳其浴室稱為Hamam，一般分為男女浴室，若是規模太小也有男女共用，分不同時段或是男女混浴。走進浴場，換上拖鞋，負責幫你洗澡的服務員先引領到小房間，裡面有一張休息床和暖氣設備，在這裡脫掉衣物（可留下內褲或是穿泳衣），圍上流蘇巾（hamam peştemal），鎖上門出來，服務人員就會帶你進入浴場。

浴場以設置在大圓頂下的大理石多角形平台為中心，周圍延伸數個小圓頂浴室，蒸氣氤氳，地板濕滑。全套的按摩加洗浴步驟如下：

沖熱水讓毛細孔張開：大理石水槽的兩個水龍頭分別是冷熱水出口，

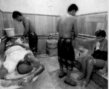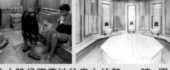

拿旁邊的小臉盆不停地往身上沖熱水，不需使用清潔用品。

搓澡去角質：躺在一塊大理石平台上，服務人員拿搓澡布（kese）使勁地進行全身去角質，此時就算身上有穿比基尼，身上的污垢也會被搓掉，最後拉你坐起來，冷不防淋幾桶冷水，大功告成。若感服務人員的力道過猛，記得要反應。

泡泡洗澡：提一整桶綿密細緻的泡泡開始洗澡，這個步驟溫柔多了，一樣是背面洗完翻身洗正面。

泡泡按摩：趁著身上還有泡泡，直接開始按摩，因為身上塗滿泡泡，雖然服務人員的力道足卻不好施力，按摩過程大約10分鐘，正當感覺舒服

時，用一盆水澆醒你，宣告結束。

洗頭與沖澡：開始幫你洗頭並稍微按摩臉部周圍。洗完後拉你坐起來，從頭頂倒水幫你簡單沖掉肥皂，接著就是到旁邊自己沖乾淨，服務人員就先離開了。

休息：接下來就是自由時間，可以學土耳其人攤開流蘇巾，躺在大理石平台上享受蒸氣，打個盹或是和朋友聊天，也可以回到自己的小房間保養，或是圍條浴巾到中央休息大廳喝茶。不會有人催促你，休息夠了再換衣服出來付錢。

提醒一下，浴場會提供拖鞋、流蘇巾和洗完擦身體的大浴巾，其他保養品要自行準備。

MAP ▶ P.281A2

# 科普魯律・穆罕默德帕夏清真寺&伊戴特帕夏清真寺

## Köprülü Mehmet Paşa Camii & İzzet Paşa Camii

**老城區信仰中心**

**科普魯律・穆罕默德帕夏清真寺**
⌂ Çeşme Mahallesi, Celal Bayar Cd. No:19
**伊戴特帕夏清真寺**
⌂ Çeşme Mahallesi, Celal Bayar Cd. No:12

掃地圖

　　鄂圖曼時期的城市規劃是以清真寺為中心，宗教學校、商店、醫院和土耳其浴室包圍四周，番紅花城的信仰中心就是這兩座清真寺。科普魯律・穆罕默德帕夏清真寺由鄂圖曼時代蘇丹下令建造，1661年建造，小巧精緻，庭園綠樹成蔭，庭院前有一座19世紀才增建的日晷非常特別，為番紅花城的代表性建築之一。

　　不遠處的伊戴特帕夏清真寺，規模大得多，建於1796年，也是由當時的首相İzzet Mehmet Paşa下令興建，因為番紅花城是他的家鄉，建築風格明顯受到歐洲的影響。

　　伊戴特帕夏清真寺的下方有一條打鐵街，店鋪一家又一家相連，除了販售常見的咖啡杯組、浮雕圓盤，還有仿鄂圖曼時期紋飾的門環、鑰匙，以及沈甸甸的刀劍和盔甲，時間彷彿停滯在數百年前。

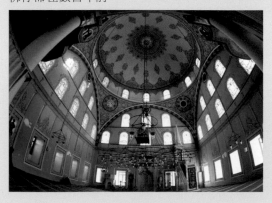

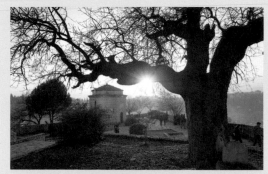

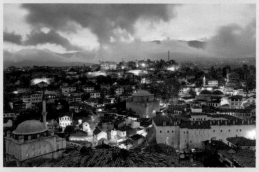

MAP ▶ P.281B2

# 希德爾立克山丘

## Hidirlik Tepesi

**收攬番紅花城全景**

🚶 老城南方的山丘上

掃地圖

　　踩著鵝卵石小路，穿越番紅花城的鄂圖曼宅邸，慢慢朝南邊山丘前進，報酬是番紅花城最迷人的全景。鄂圖曼宅邸像可愛的樂高積木，層層疊疊，依著山谷地勢堆疊，一整片紅瓦白牆黑窗櫺，襯托清真寺高聳的宣禮塔和圓頂，而俊吉驛站(Cinci Hanı)醒目厚實的石牆數百年來依然訴說商旅往來的故事。

　　最好傍晚抵達，夕陽為老宅刷上金光、染上玫瑰紅暈，夜幕低垂之際，家家戶戶開始炊煮，白煙冉冉，溫暖黃燈一盞一盞點亮。希德爾立克山丘的觀景台也是當地年輕男女談情說愛的地點，這裡有一間咖啡館，視野無敵，但價格較城內貴了許多。

安
納
托
利
亞
中
部

番
紅花城 Safranbolu

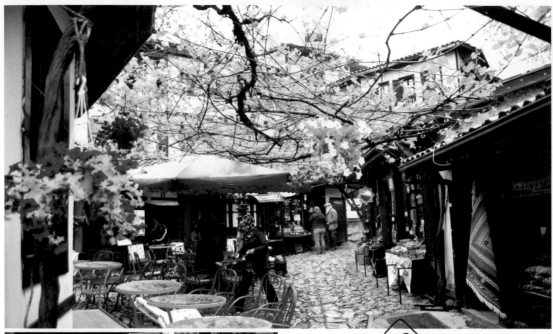

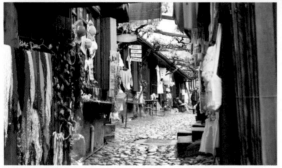

**MAP ▶ P.281A2** 阿拉斯塔市集Arasta Pazarı

🏠Arasta Arkası Sokak　❗受疫情影響，營業日及價格隨時會調整，請上網或去電查詢。

　　阿拉斯塔市集位於科普魯律‧麥何密特帕夏清真寺(Köprülü Mehmet Paşa Camii)的後方，昔日的名稱叫做Yemeniciler Arastası，意思是「鞋匠市集」，過去這裡聚集了約48間手工製鞋業的工作室，但這行業日漸沒落之後，鞋匠一個個凋零，這裡也隨之荒廢。

　　近年重新經過整修翻新後，變身為一處集合了手工藝品店、咖啡廳、製鞋店、旅店、浴場的特色市集，葡萄藤沿著老厝隨意爬行，地方不大，但很有味道。

掃地圖

### Yemenici手工製鞋店

　　在阿拉斯塔市集裡有一家製鞋店，這是番紅花城少數還存在的手工製鞋店，兩位老師傅掛著老花眼鏡，雙手一刻不得閒，或穿針織縫、或敲打釘槌，手工耗時，平均一兩天才能做好一雙鞋子。

　　雖然款式簡單，但都是傳統經典款，鞋輕皮軟，堅固耐穿，你可以從架上直接挑選，若在番紅花城待的時間夠久，還可以依你的腳形及樣式量身訂做。

🏠Arasta Çarşışı No.3

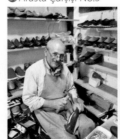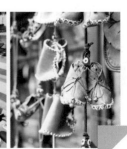

MAP ▶ P.281A2 **Arasta Kahvesi 1661**

🏠 Çeşme Mahallesi, Celal Bayar Cd.
📞 0370 725 3333 ❗受疫情影響，營業
時間及價格隨時會調整，請去電查詢。

掃地圖

　　就位於阿拉斯塔市集的正中央，是從
1661年就開始營業的老店，露天咖啡座漆
成亮麗的土耳其藍，頭頂上綠色葡萄藤遮掩大片陰涼，
炭火燒煮的土耳其咖啡，香味溢滿整個中庭，是一處可
以坐下來悠閒喝杯咖啡或茶的地方。晚上偶有現場音樂
演奏或演唱，昏黃燈光下，現場聽悠揚的土耳其民族風
歌謠演唱，心靈也得到滿足。

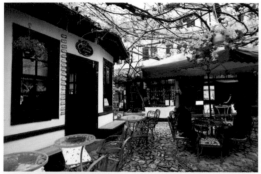

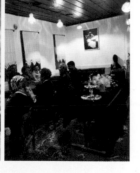

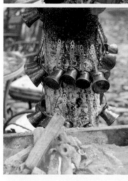

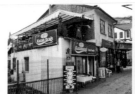

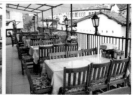

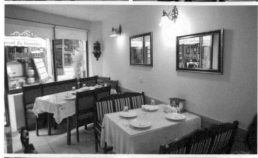

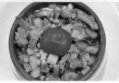

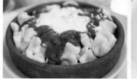

MAP ▶ P.281A2 **Kazan Ocağı EV Yemekleri**

🏠 Kasaplar Sok. No:10　📞 0370 712
5960　🕐 8:30-19:00 ❗受疫情影響，
營業時間及價格隨時會調整，請上網或去
電查詢。

掃地圖

　　這間餐廳位於Akçasu溪水邊，供應具地
方特色的家常菜，由女主人掌廚，服務親切，曾被土耳
其媒體評為土耳其十大最美味的家庭料理之一。

　　最有名的菜色包括葡萄葉包肉(etli yaprak dolması)、巴
克拉瓦(Baklava)、森林烤肉(Orman Kebabı)、番紅花城餃
子(Safranbolu mantısı)等，菜單有圖片對照，不必擔心不
知如何點餐。

💡 **土耳其軟糖Lokum**

　　全土耳其都吃得到、也買得到土耳其軟糖，但以
番紅花城最為有名，因為這裡的水富含礦物質，做
出來的軟糖質地更輕盈且不會過甜。

　　土耳其軟糖是一種加了開心果、榛果、核桃等各
種堅果的軟糖，糖的調味可能加了玫瑰水、檸檬
等，最外層再裹上糖粉、椰絲，更高貴一點的則有
添加玫瑰花瓣、番紅花等。

　　走在番紅花城老城區，到處都有在販售Lokum，
店家不時叫賣試吃，每家配料大同小異，這是理想
的伴手禮，記得試吃過再買，選購最喜歡的口味。

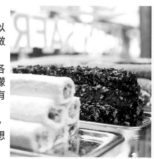

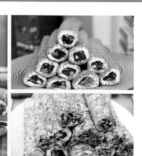

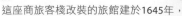

## MAP ▶ P.281A2 俊吉驛站Cinci Han

📍Çeşme, Cinci Han Sk. No:10, Safranbolu/Karabük
📞0370 712 0690、0542 809 2245
🌐www.cincihan.com ❗受疫情影響，營業日期及票價隨時會調整，請上網或去電查詢。

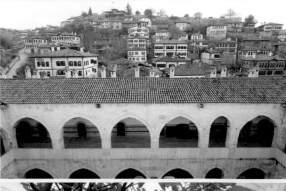

　　這座商旅客棧改裝的旅館建於1645年，已經有三百七十多年的歷史了，樣貌完全不同於鄂圖曼式建築，也是城區裡占地最廣的建築物，當年來往東、西方貿易商旅必在此暫歇腳步，如今此地已改成供遊客住宿的旅館，內部空間和過去沒有太大改變。就算不住在這裡，也值得進來喝杯土耳其咖啡，感受絲路上商旅驛站的曾經風華。

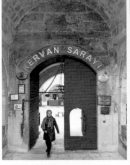
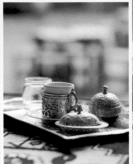
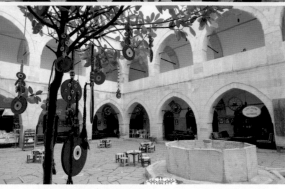

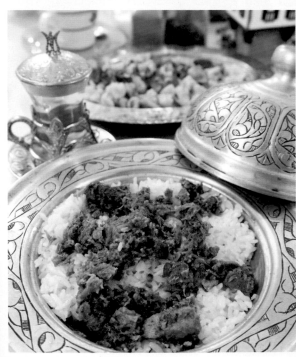

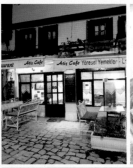
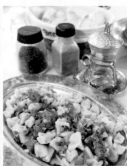

## MAP ▶ P.281B2 Atiş Butik Restaurant

📍Çeşme Mahallesi, Naip Tarlası Sk. No:1 Han Arkası Sokak No: 34 Eski Çarşı, Safranbolu 📞0536 201 2800 ❗受疫情影響，營業時間及價格隨時會調整，請去電查詢。

　　Atisş Butik Restaurant不只在知名旅遊網站上名列番紅花城第一名的餐廳，也是本地人的口袋名單。這家餐廳的土耳其餃(Rum Mantı)不是以番茄糊為基底加優格醬，而是以醬油清炒再撒香菜，味道類似中餐的炒麵疙瘩，吃膩了傳統的土耳其菜可試試這道料理，此外，燉羊肉佐番紅花飯也是本地的特色料理。

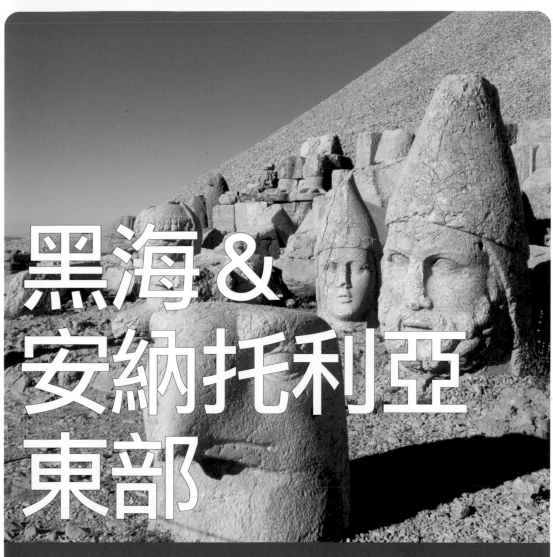

# 黑海&安納托利亞東部

黑海&
安納托利亞東部

# Karadeniz &
# Eastern Anatolia

文●墨刻編輯部‧張子午
攝影●墨刻攝影組‧張子午

土耳其幅員遼闊，遙遠的黑海和東部地區因為地處偏遠，城市與城市之間的陸上交通往往得耗上十多個小時，因此都不是傳統的旅遊路線，遊客不多，這些地方也因而留存了土耳其純樸的原汁原味。

一直到1920年代之前，黑海沿岸地區仍深深受希臘文化的影響，主要城市之一的特拉布宗(Trabzon)一度是拜占庭帝國其中一省的首府，威尼斯人和熱內亞人在這區曾經也相當活躍，從遺留的古堡便可以看出端倪。

對宗教和歷史有興趣的遊客，可來這裡體驗拜占庭和十字軍的遺風；對愛好大自然的人也極具吸引力，這裡被譽為土耳其的花園，茶園、榛果樹、原始森林，到處充滿綠意，除了綿延千餘公里海岸線所孕育的豐富漁產，茶葉、煙草、榛果、櫻桃是最大宗的農產品。

土地遼闊的東安納托利亞是以高原的型態呈現，海拔5137公尺的亞拉拉特火山(Mt Ararat，Ağrı Dağı)穩坐東方邊境，是土耳其第一高峰，皚皚雪峰直上天際。山腳下，面積3,713平方公里的凡湖(Van Gölü)是土耳其第一大湖，平均海拔1646公尺，平靜湛藍的湖面映著周圍雪峰。

再往東南方走，綿延山峰過了國境之後陡降，兩條世界知名大河底格里斯河(Tigris)和幼發拉底河(Euphrates)穿過山脈，形成人類文明史上的重要文明發詳地美索不達米亞平原(Mesopotamia)。就是這般壯闊的大山大水，使得東安納托利亞始終散發著一種迷人的豪放野性之美。

而糾結複雜的歷史，也使得邊境地區彷彿一塊文化調色盤，信奉基督教的亞美尼亞人和敘利亞人與東正教的希臘人混居一起，然後是阿拉伯人、土耳其人，至於庫德族人則長期佔據高地。

# 黑海 & 安納托利亞東部之最
# Top Highlights of Karadeniz & Eastern Anatolia

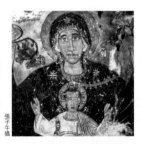

### 蘇美萊修道院
### Sümela Monastery

蘇美萊修道院就像一座神秘堅固的堡壘，挺立在渺遠空靈的自然環境中。從裡到外都繪滿《聖經》故事場景及無數的聖像畫，雖然許多部分都被破壞得十分嚴重，仍舊閃現著動人的氣勢。(P.293)

張子午攝

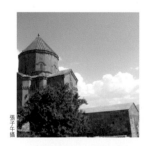

### 阿卡達瑪島Akdamar Adası

這座位於凡湖西南方的小島，是不可錯過的景點，花木扶疏的島上有著一座亞美尼亞建築精華「聖十字教堂」。倘佯在湖光山色所包夾的小島上，宛若來到一處世外桃源。(P.297)

張子午攝

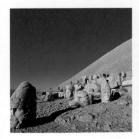

### 尼姆魯特山國家公園
### Nemrut Dağı Milli Parkı

坐落在安納托利亞高原東南側的尼姆魯特，以矗立在峰頂的人頭巨像著稱，這是西元前1世紀科馬吉尼王國(Commagene Kingdom)國王安條克一世(Antiochus I)所建的陵寢以及神殿。(P.294)

張子午攝

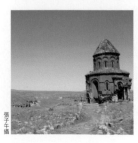

### 阿尼古城Ani

阿尼古城位在土耳其與亞美尼亞的邊界，一片地勢險峻的開闊平地，三邊都被深長的山谷與溝壑包圍，易守難攻。它在9世紀時成為亞美尼亞王國的首都，被稱為「一千零一座教堂之城」。(P.299)

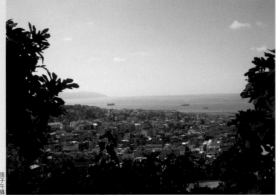

張子午攝

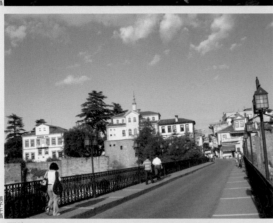

張子午攝

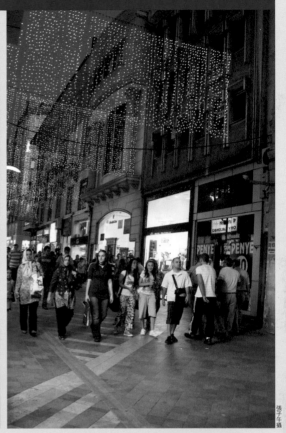

張子午攝

黑海Karadeniz

**MAP ▶ P.7F1**

# 特拉布宗

**MOOK Choice**

## Trabzon

### 土耳其最希臘化的城市

與伊斯坦堡、安卡拉、伊茲米爾均有飛機往返，機場距離市區6公里，有接駁小巴往返。長途巴士站位在市區東南方約3公里處，與市中心有接駁小巴，到伊斯坦堡要18小時，到安卡拉12小時。市區主街道Atatürk Alanı及Trabzon Meydan Parkı廣場是市內交通的中心，由此有各種共乘巴士可前往主要景點。

掃地圖

土耳其黑海沿岸的大城特拉布宗雖地理位置偏遠，位在最東北方的邊緣，卻是它得天獨厚的優勢，緊鄰外高加索、俄羅斯，一路到伊朗，從戰略、貿易，到文化交流，自古以來都是最重要的樞紐，整座城市的活力令人十分驚豔，可說是黑海及土東一帶最繁榮的城市。它的地理位置就

曾經短暫存在的特拉布宗王國(Empire of Trebizond)，是最後一個被鄂圖曼土耳其攻占下來的基督教政權，因此這座城市被「土耳其化」的歷史，相對是比較晚的。而今與俄羅斯頻繁的交流下，人們的穿著、打扮、習慣都比較開放，使這座城市與土東其他地方有著完全不同的面貌，彷彿百年前各色人種、宗教多元並存的景象，再度重現在這建在山坡上的港口城市。

除了重要的拜占庭教堂及修道院，隨著當地人輕鬆地走在大街與海港旁，是特拉布宗最吸引人的地方。每當華燈初上，人行步道上總是人來人往，而站在高處望著一艘艘貨輪點綴在海面上，更是不能錯過的景象。

## 聖索菲亞博物館清真寺Ayasofya Müzesi ve Camii

位在市中心西邊4公里處，從Meydan Parkı南邊有多班迷你巴士可達，車程約5~10分鐘 Fatih Mahallesi, Zübeyde Hanım Cd., Ortahisar/Trabzon

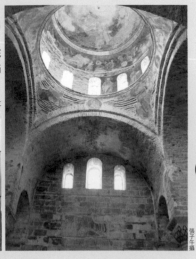

建於13世紀中期特拉布宗王國時，它是整個土耳其東部及黑海一帶保存最完整的教堂，以其色彩鮮艷的壁畫及馬賽克裝飾聞名，尤以教堂地板的中央鑲滿多彩的馬賽克裝飾最值得留意。

這座教堂是晚期拜占庭風格很重要的建築，以四根柱子支撐高聳的穹頂，是以伊斯坦堡的聖索菲亞為範本，只不過規模較小。教堂內的壁畫大都描繪《聖經》新約場景，特別的是，教堂外牆的石頭浮雕主題，卻是跟本地的伊斯蘭民間傳統藝術相關，或是關於水手的生活，見證著文化的流動與交會。2013年，因為宗教因素，當地政府又將之改為清真寺及博物館。

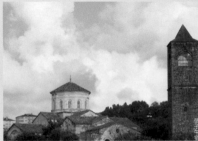

張子午攝

黑
黑 海&安納托利亞東部 Karadeniz & Eastern Anatolia

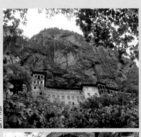

張子午攝

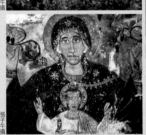

張子午攝

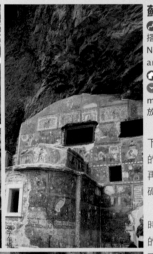

張子午攝

## 蘇美萊修道院Sümela Monastery

距特拉布宗市區46公里。可在特拉布宗的Çömlekçi Caddesi附近搭共乘小巴前往Maçka(約20分鐘)，從Maçka搭小巴前往Altindere National Park，再步行約30分鐘上山；或是搭乘Ali Osman Ulusoy and Metro公司的直達巴士；或是參加特拉布宗出發的當地旅遊團 Altındere Mahallesi, Altındere Vadisi, 61750 Maçka/Trabzon 4~10月9:00-18:00；11~3月8:00-17:00 10TL muze.gov.tr/muze-detay?SectionId=SML01&DistId=MRK 1.受疫情影響，開放時間及票價隨時會調整，請上網或去電查詢。2.部分封閉

高高聳峙在險峻的山壁上，在底下的溪流與森林的環抱下，蘇美萊修道院就像一座神秘堅固的堡壘，挺立在空靈的自然環境中。沿著在山壁間開鑿的蜿蜒棧道步行而上，再慢慢下降至山壁凹處的一大片空間，一棟棟緊鄰的紅瓦磚造建築漸次出現。

傳說在西元4世紀末羅馬皇帝狄奧多西一世(Theodosius I)時期，有兩位修士無意間在山裡的洞穴中發現聖母瑪利亞的聖像，便開始在這個遺世獨立之境建起修道院。接著數百年經過荒廢與重建，在13世紀特拉布宗王國時，得到皇室的全力支持，達到最興盛的高峰。雖然後來此地被鄂圖曼土耳其帝國占領，但直到19世紀以前，歷任蘇丹都給予修道院特許的權利，使這裡依然是希臘東正教重要的朝聖之地。可惜到了20世紀土耳其共和國成立後，大批的希臘裔居民被遷走，修道院被嚴重破壞完全荒廢，破壞的痕跡到現在依然非常明顯，重修工作到近年仍持續著。

整個修道院區沿著斜坡走道，散布著修士居住的狹小宿舍及接待朝聖旅客的住所，大部分都建於19世紀，從山下仰望山壁所看見懸在山脊上的就是這些房舍。而下方中央開鑿進山壁的，就是整個修道院區的核心建築岩石教堂，從裡到外都繪滿《聖經》故事場景及無數的聖像畫，雖然許多部分都被破壞得十分嚴重，仍舊閃現著動人的氣勢。

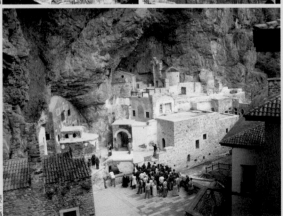

張子午攝

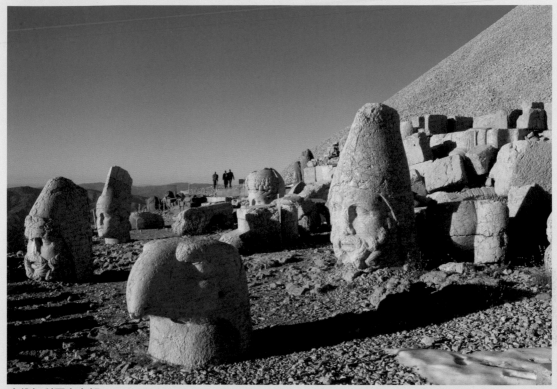

安納托利亞東南部Southeastern Anatolia

**MAP ▶ P.7F3**

# 尼姆魯特山
# 國家公園

**MOOK
Choice**

## Nemrut Dağı Milli Parkı

### 高山上失落的古文明

🚗 距離國家公園最近的3座城市分別是西北邊的Malatya，車程約3小時，以及西南邊的Adıyaman和Kahta，都有旅行社安排前往尼姆魯特山的行程，從安卡拉可搭乘飛機前往Malatya。從Adıyaman可以搭乘迷你巴士到山腳下的Kahta，上山車程約30分鐘，可以直接包計程車上山。在卡帕多起亞也有旅行社安排尼姆魯特山國家公園的行程，一般為2-3天 ⏱ 8:00~17:00，冬季下雪道路封閉 💲50TL 🌐 muze.gov.tr/muze-detay?DistId=MRK&SectionId=ADN01 ⚠ 1.受疫情影響，開放時間及票價隨時會調整，請上網或去電查詢。2.冬季常因天候條件差而關閉，請事先查詢。

坐落在安納托利亞高原東南側的尼姆魯特，以矗立在峰頂的人頭巨像著稱，由於位置偏僻，又得攀爬2,150公尺的高山，有機會見識這處奇景的遊客並不多。

尼姆魯特是西元前1世紀科馬吉尼王國(Commagene Kingdom)國王安提奧克一世(Antiochus I)所建的陵寢以及神殿。遺址坐落在海拔2150公尺的山上，今天只要開車上山，從停車場再順著階梯爬上高600公尺的小山，便可見到這個頂峰上的奇景。

當初安條克一世所下令建造的，是一處結合了陵墓和神殿的聖地，中間以碎石堆建高50公尺的錐形小山，就是安條克一世的墳丘，東、西、北三側闢出平台，各有一座神殿，三神殿型制一模一樣，自左至右的巨石像分別是獅子、老鷹、安提奧克一世、命運女神提基(Tyche)、眾神之王宙斯(Zeus)、太陽神阿波羅(Apollo)、大力神海克力士(Hercules)，然後再各一座老鷹、獅子，每一座頭像都高兩公尺，頭像下的台階則是一整排的浮雕，上面刻著希臘和波斯的神祇。

然而兩千年來，歷經多次地震摧殘，頭像早已

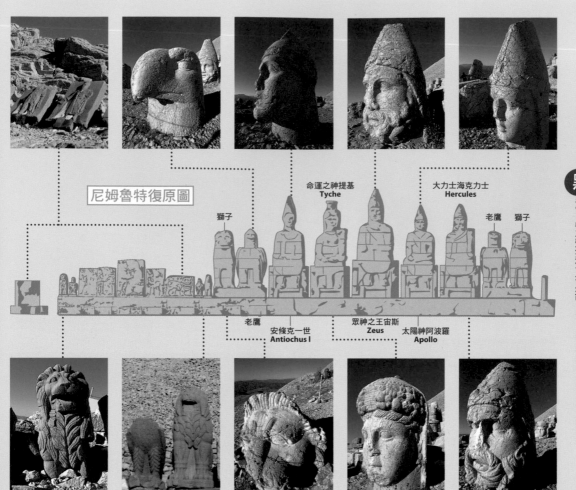

尼姆魯特復原圖

命運之神提基
Tyche

大力士海克力士
Hercules

獅子

老鷹 獅子

老鷹

安條克一世
Antiochus I

眾神之王宙斯
Zeus

太陽神阿波羅
Apollo

散落一地，北側更是幾乎摧毀。經過復原，東側
神殿的平台大致完好，頭像依序排列在地面上，
西側神殿除了把頭像立起來，石塊仍然四散錯
落。每逢日出或夕陽時分，橙黃光芒打在風化
龜裂的頭像上，加上身處孤高的峰稜，更顯古
文明的神祕感，山腳下，遠方一彎河水蜿蜒流
過，那是美索不達米亞古文明發源地幼發拉底河
(Euphrates)的上游。

在這裡，我們又再次見證到處於東西要衝的土
耳其，所呈獻出的東西文化融合現象，看那一堆
人頭像，其實是結合了古代希臘和波斯的神祇形
象。

### 滅國之君的遺世偉業

科馬吉尼王國勢力微薄，夾在賽留卡斯(Seleucid)
帝國和帕底亞(Parthians)王國之間尋求生存的空間，
但安條克一世沉溺在自比天神的妄想中，還支持帕
底亞反抗羅馬，最終招致羅馬大軍壓陣滅國，徒留
尼姆魯特這片宏偉的建築。這處古蹟被世人遺忘了

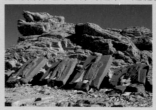

兩千年，直到一
位德國工程師受
鄂圖曼之託、探
勘安納托利亞東
部的交通，才於
1881年在山頂上
發現了這處驚人
的古蹟。

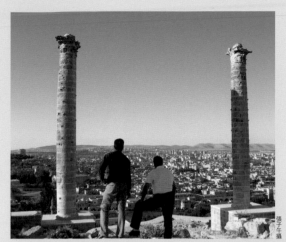

安納托利亞東南部Southeastern Anatolia

**MAP ▶ P.7F4**

# 珊樂烏爾法

## Şanlıurfa

### 亞伯拉罕出生地

🚌巴士站距市中心北側約5公里,有通往土東各城市的班車,距離加濟安提普約2小時,班次頻繁;距離Malatay約4小時,距離凡城約9小時。唯因疫情期間,各家公司班次和班表變動幅度較大。

掃地圖

　　烏爾法(Şanlı是後來才冠上的稱號,本地人仍慣稱做烏爾法)可以說是全土耳其最傳統及保守的城市之一,同時也是個重要的朝聖之地,相傳伊斯蘭教的先知伊布拉辛(Ibrahim,基督教稱亞伯拉罕)就是在此地出生。在規劃完善的Golbasi公園裡,有許多重要的清真寺聚集於園內。

　　在一旁的山丘底下的洞穴,即是傳說中先知伊布拉辛的出生地,排隊走進裡面可飲用神聖的泉水,吸引各地的信徒來此朝聖。走上山坡上則是古城堡的殘跡,兩根柱頭帶著蜷曲植物裝飾,為羅馬時代的遺跡,此處還是一絕佳的觀景平台,可眺望底下的城市全景。

　　離敘利亞邊境僅約60公里,此地一直都受到阿拉伯文化強烈影響,走在舊城區可以聽見許多人講阿拉伯語、婦女著黑色罩袍,還有市集裡多種聲音、氣味都洋溢著濃濃的阿拉伯情調。

## 哈蘭Harran

🚌從珊樂烏爾法巴士站下層的迷你巴士站發車,車程約1小時

　　距烏爾法南方的50公里的哈蘭,位在一片乾旱的廣大荒漠中,如今看來是個寸草不生的貧窮村落,但在過去千年以來卻有著輝煌的歷史,是古代美索不達米亞平原地區重要的商業、文化及宗教中心之一,不過由於自然環境變遷及文明的消長更易,所有的輝煌終長埋在沙塵之中。

　　8世紀時,伊斯蘭世界的第一所大學就是在此成立,將希臘時代的天文、哲學、自然科學、醫學等知識轉譯成阿拉伯文,使重要的西方經典得以保存、延續,促使許多重要的思想發明在伊斯蘭世界進一步完成。現在這座大學只剩幾座牆垣、柱頭及滿地的瓦礫,而哈蘭鎮上可見造型獨特的「蜂窩」型民居,由泥、乾糞及簡單的支架堆造,這種原始的造屋技術已有千年歷史,具陰涼及散熱效果,使居民得以度過夏日高達50℃的酷熱天候。

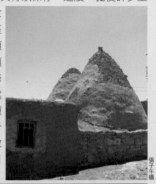

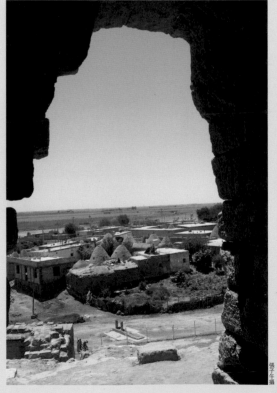

# 凡城

Van

## 土耳其最大湖泊

📷與伊斯坦堡、安卡拉均有班機往返，前者飛行時間2小時10分鐘，後者約1個半小時；搭長途巴士到珊樂烏爾法約10小時，到Malatya約11小時，到安卡拉約19小時，有接駁巴士可到市中心。城內有巴士可達東部各大城，並有渡輪可越過凡湖到對岸的塔特凡(Tatvan)，但速度較慢，約需4到5小時。唯因疫情期間，各家公司班次和班表變動幅度較大。

位在土耳其最大的湖泊凡湖東岸的凡城，外表現代、機能便利，蘊藏深厚且層層交織的文明痕跡。西元前9世紀時，此地就是烏拉爾圖王國(Urartu)的根據地，西元1世紀之後，則為信仰基督宗教的亞美尼亞王國的領土。鄂圖曼土耳其帝國征服了小亞細亞，這仍是一座屬於亞美尼亞人的城市。直到20世紀初，亞美尼亞人的生活痕跡與文化終被土耳其政府連根拔起。

城市西側3公里的湖岸邊，有一座綿延的土丘，土丘上有座古老的城堡殘跡，千年以來不同文化、政權皆在其上留下修葺的痕跡，登上城堡高處，近旁碧藍的凡湖一覽無遺，無比廣大，這才體會何以當地人都稱它為「海」。

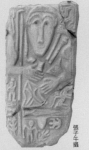

張子午攝

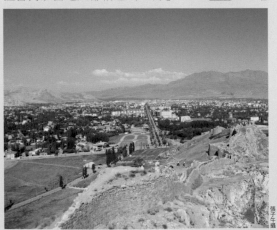

張子午攝

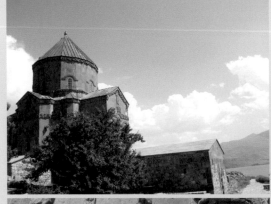

張子午攝

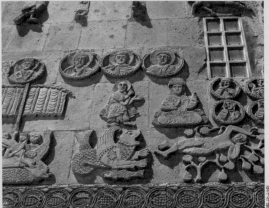

張子午攝

## 阿卡達瑪島Akdamar Adası

📷從凡城市區Cumhuriyet Caddesi搭乘往西南方小鎮紀瓦希(Gevaş)的迷你巴士，巴士會直接停靠在鎮外的碼頭，碼頭邊有專門的渡輪可抵達小島。

這座位於凡湖西南方的小島，是來土耳其東部不可錯過的景點，花木扶疏的島上有著一座亞美尼亞建築「聖十字教堂」，教堂建於10世紀，在19世紀以前都是亞美尼亞東正教的主教所在地，經過長期棄置，土耳其政府於2005年投入大筆經費整修，現為一間博物館。

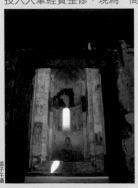

倘佯在這個被湖光山色的小島，仿若來到一處世外桃源，教堂也因遠僻，得以躲過大規模的破壞，保存完整的樣貌。教堂最令人驚艷的，莫過於圍繞外牆的浮雕及帶狀裝飾紋樣。亞美尼亞人用一種稚拙的風格刻畫《聖經》場景、帝王皇后、動植物的圖像，充滿了質樸感。

# 卡爾斯

**MOOK Choice**

Kars

## 土耳其的小俄羅斯

🚌 機場位於城市南邊6公里處，每日有班機往返伊斯坦堡和安卡拉，抵達後可搭乘Servis Otobüs接駁巴士前往市中心；每日有固定班次的巴士往來艾爾茲倫(3小時)，連接多烏拜亞濟特則無直接往來班車，須先坐到Iğdır再轉車，巴士公司在市區Faikbey Caddesi街附近有售票辦公室，並提供免費接駁小巴至長途巴士站。唯因疫情期間，各家公司班次和班表變動幅度較大。市區不大，以方格狀棋盤式規劃，步行起來十分輕鬆。

掃地圖

卡爾斯位在國境邊陲，是一個與土耳其大多數地方迥異的城市，一直到晚近才歸為土耳其。塑造這座城市獨特風貌的，主要有兩個因素：第一是10世紀在此立國的亞美尼亞巴格拉蒂王朝(Bagratids)，此後鄰近區域的信仰及文化，都在亞美尼亞強烈影響下；第二個因素是俄羅斯，19世紀俄土戰爭時，此地被俄羅斯攻下，一直掌控

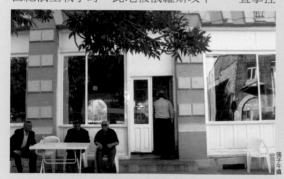
張子午攝

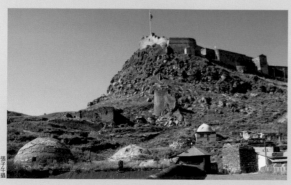
張子午攝

到20世紀初，整座城市的規劃、房屋的興建，全是在這段期間進行，至今街上仍四處可見顏色淡雅的磚造平房、精緻的窗格及欄杆，充滿濃濃的異國氛圍，被稱為土耳其的「小俄羅斯」。

相較於保存完整的俄羅斯建築，城中大部分的亞美尼亞教堂及建築都被破壞，就像是距卡爾斯不遠的阿尼古城，靜靜躺臥在寂靜中，見證曾有的繁榮與滄桑。

此地的蜂蜜(bal)與起士(peynir)則是全土耳其最佳，大街小巷都有賣，有機會別忘了一嚐。

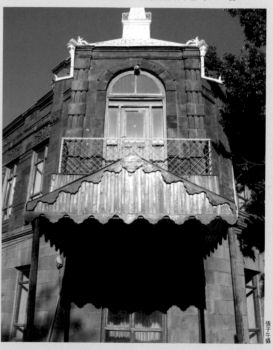
張子午攝

### 卡爾斯城堡Kars Kalesi

🕘 週一至週五9:00-18:00，請注意受疫情影響，開放時間隨時會調整。

隔著一條河岸，這座城堡盤踞在城市上方，最早從巴格拉蒂王朝開始興建，牆上飾有許多亞美尼亞十字架紋飾(Khachkar)及銘文，到了鄂圖曼帝國時代又再增建，爬上城堡，整座城市便一覽無遺盡收眼底。

城堡下方的區域過去曾經風華一時，有座橫跨河岸的百年石橋，兩岸各有一座土耳其公共浴池，還有一排豪華宅邸及亞美尼亞教堂，可惜都已荒廢，只剩下斷垣殘壁，透出一股寧靜而哀傷的氛圍。

## 庫姆貝特清真寺Kümbet Camii

⏱9:00~17:00 ❗受疫情影響，開放時間隨時會調整。

　　坐落在城堡下方不遠處，是唯一保存完整的亞美尼亞古教堂，原名神聖使徒教堂(Holy Apostles Church)，始建於10世紀，十字型的中心四周各有半圓的壁龕，圓拱上是尖頂，圍繞著尖頂下的牆面有《聖經》12使徒的淺浮雕，造型樸拙有力。

　　在卡爾斯漫長複雜的歷史中，這座教堂也隨之變遷，16世紀被鄂圖曼土耳其改建為清真寺，19世紀又被俄人改為東正教教堂，現在又成為一座清真寺。可喜的是，經過維修及重整，並未失去教堂原貌，保存亞美尼亞文化曾經存在的痕跡。

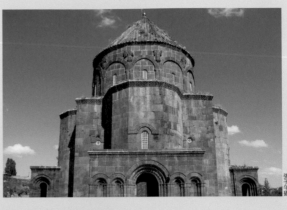
張子午攝

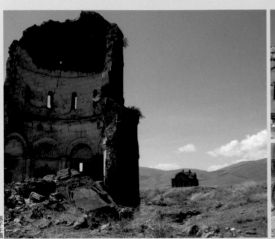
張子午攝

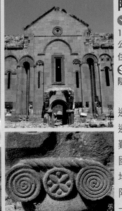
張子午攝

## 阿尼古城Ani

⏱4~9月9:00~19:00；10~3月9:00~17:00 🚗阿尼位在卡爾斯的東邊，距離45公里，並無公共交通工具可達，通常可請所住的旅館或旅客服務中心安排包車導覽。💲50TL ❗受疫情影響，開放時間及票價隨時會調整。

　　阿尼古城位在土耳其與亞美尼亞的邊界，一片地勢險峻的開闊平地，三邊都被深長的山谷與溝壑包圍，易守難攻。它在9世紀時成為亞美尼亞王國的首都，因為處於戰略及貿易重地，迅速發展起來，到了11世紀，阿尼已經成為世界上最繁華的都城之一，美麗的教堂、修院、宮殿、城堡一座接一座，巔峰時期城裡有二十萬居民，可媲美當時的君士坦丁堡、巴格達、開羅等國際大城，被稱為「一千零一座教堂之城」，2016年被列入世界文化遺產。

　　而今放眼望去，只有野草、滿地瓦礫，經過蒙古、波斯、鄂圖曼帝國的劫掠、占領，以及近代土耳其與亞美尼亞的衝突與爭議，這座城市幾乎已被夷為平地。考古及維修工作也進行的非常粗糙，許多重建都使原貌盡失。

　　雖然如此，少數幾座留存的教堂仍能看到完美的等邊六角形、尖頂三角椎、盾形的廊簷格局、明暗相間的石牆堆砌、精緻的幾何雕刻等，展現亞美尼亞典型的建築風格，在蒼茫的大地中，想像曾經存在的偉大文明。

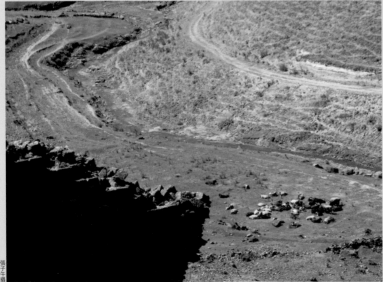
張子午攝

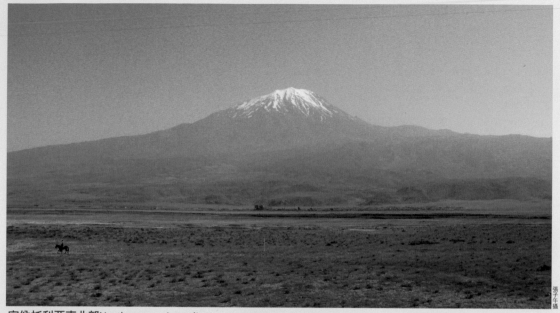

安納托利亞東北部Northeastern Anatolia

MAP ▶ P.7H2

# 多烏拜亞濟特

## Doğubayazıt

**遠眺土耳其最高峰**

🚌長途巴士站位於市中心西方3公里，前往艾爾茲倫約4小時，主要大街上有多家客運公司，可買往來土耳其各大城的車票。市中心的Ağrı Caddesi另有小巴開往阿格德(Iğdır)，車程45分鐘，可由此轉往卡爾斯)，或是開往凡城(3小時)。鎮上主要街道為Dr.İsmail Beşikçi Caddesi，步行即可 ❶1.因疫情期間，各家公司班次和班表變動幅度較大。2.主街上有幾家民營旅行社，可代為安排到亞拉拉特山附近健行、登山等活動。

掃地圖

位在土耳其的極東之境，這個與伊朗交界的小鎮生活機能完備，此地的居民以庫德族居多，由於位於邊境，軍人的身影也無所不在。大部分旅人來此地的原因，除了跨越邊境到伊朗，就是為了一睹土耳其最高峰亞拉拉特山(Mt Ararat)。據《聖經》記載，上帝讓大洪水淹沒地球，只有挪亞方舟滿載生物，最後停靠在亞拉拉特山峰上。只要稍微離開鎮上，往伊朗邊境的方向走，一眼就能看見高達5137公尺、終年積雪的山峰占據天際，壯觀無比。

## 以撒帕夏宮殿İshak Paşa Sarayı

這座宮殿距鎮中心東方6公里的山丘上，鎮上有小巴可以直達，也可慢慢徒步上山。建在三面都是懸崖的陡峭山丘上，多烏拜亞濟特及遠方連綿的山嶺開展在底下，壯闊而渺遠，宮殿則氣勢磅礴的雄踞一方。

以撒帕夏宮殿建於17到18世紀之間，是當時統治鄰近區域王國的皇室所在地，集住居、軍事、行政、宗教、學術、後宮等功能於一身，融合了各個不同時期、文明的建築風格，包括塞爾柱、鄂圖曼、喬治亞、波斯、亞美尼亞，從細節到整體，像華麗的萬花筒令人目不暇給，在土耳其歷朝各代的建築中有非常獨特的地位。

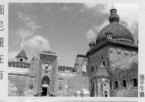

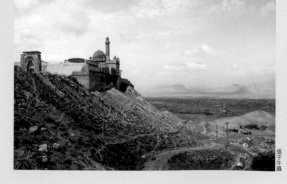

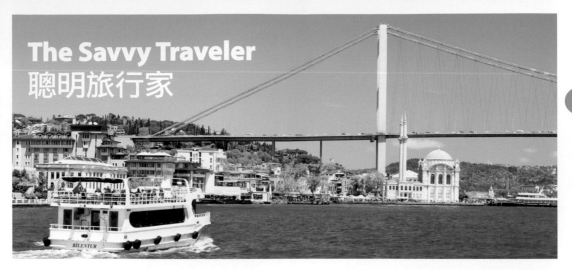

# The Savvy Traveler
# 聰明旅行家

## 基本資訊

◎正式國名
　土耳其共和國Republic of Türkiye

◎地理位置
　位居歐、亞大陸交界，三面環海(愛琴海、地中海、黑海)，東北與高加索諸國(亞美尼亞、喬治亞)接壤，西北與東歐(保加利亞、希臘)相接，東部及東南部與中東(伊朗、伊拉克、敘利亞)為鄰。境內亞洲部分稱為安納托利亞(Anatolia)或俗稱的小亞細亞(Minor Asia)，約占總面積97%；歐洲部分稱為色雷斯(Thrace)，安納托利亞與色雷斯之間有博斯普魯斯海峽、馬爾馬拉海、達達尼爾海峽連接黑海和愛琴海。

◎面積
　783,356平方公里

◎人口
　約8,468萬人

◎首都
　安卡拉Ankara

◎宗教
　無官方國教的世俗國家。83%信奉伊斯蘭教，多數屬於遜尼教派(Sunni)，13%無宗教信仰，僅有少數2%的基督徒，以及為數更少的猶太教徒。

◎種族
　絕大多數的土耳其人是從蒙古中亞一帶來的突厥人(Turks)，不過經過數千年的融合，早已混血東西方各色人種。此外，庫德族人(Kurds)有1,400萬人，其中約一半生活在安納托利亞東部，還有少數的阿拉伯人、亞美尼亞人、希臘人及猶太人。

◎語言
　以土耳其語為主，屬烏拉爾阿爾泰語系(Ural-Altaic)，用拉丁文字書寫。

## 簽證辦理

### 短期觀光簽證

　因觀光前往土耳其，得憑6個月以上、且停留土國期限截止日起算至少尚餘60天效期之普通護照，事先上網申辦半年內多次入境、每次停留期限30天之電子停留簽證，由該國陸、海、空邊境口岸入境，沒有特殊問題，送出申請後即可收到電子簽證。

🌐www.evisa.gov.tr

💲免費申請

　如果申請多次入境簽證，或因就學、工作等事由，則仍須預先向土耳其駐台北貿易辦事處或土耳其駐外使領館申辦適當簽證後，始能入境。

　特別注意申請電子簽證時所填資料必須與護照登載內容相符，否則該電子簽證將被視為無效而無法入境，入境時需提供列印出的電子簽證。土國嚴禁攜帶違禁品及毒品入出境，列為管制之古物亦禁止攜帶出境。

◎駐台北土耳其貿易辦事處
**Turkish Trade Office in Taipei**
🏠台北市基隆路一段333號19樓1905室
📞(02)2757-7318

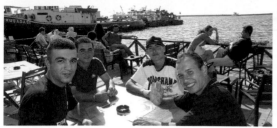

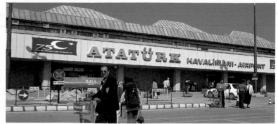

## 旅遊諮詢

◎土耳其文化及旅遊局
**Türkiye Ministry of Culture and Tourism**
🌐www.turizm.gov.tr、www.goturkey.com
◎駐土耳其安卡拉台北經濟文化代表處
🏠Resit Galip Cad. Rabat Sok. No. 16 G.O.P.
06700 Ankara, Türkiye
☎+90 (0) 312 436 7255~6，緊急聯絡：電話行動電
話+90 (0) 532 322 7162
🕐週一至週五9:00－17:00
🌐www.roc-taiwan.org/TR

## 飛航資訊

　除了土耳其航空、長榮航空外，其他航空公司都必
須轉機，半夜才抵達伊斯坦堡的狀況很多，而回程班
機也大多是早班機；在選擇航空公司、購買機票時，
要依照自己的旅行計畫慎選航班才能享受愉快的旅
程。從台北到伊斯坦堡，通常都得經過1~2個轉機航
點，想要節省時間的話，可選擇轉機航點少，順向飛
行航點的航班，例如亞洲籍航空公司航班。
　唯因疫情期間，各家航空公司班次和班表變動幅度
較大，相關資訊請洽各大航空公司或上網查詢。
◎台灣飛航土耳其主要航空公司
**長榮航空** 🌐www.evaair.com/zh-tw/index.html
**土耳其航空** 🌐www.turkishairlines.com
**中華航空** 🌐www.china-airlines.com
**新加坡航空** 🌐www.singaporeair.com.tw
**馬來西亞航空** 🌐www.malaysiaairlines.com
**阿聯酋航空** 🌐www.emirates.com/tw/chinese/
**韓亞航空** 🌐flyasiana.com/C/HK/ZH/index

## 當地旅遊

### 時差
　雖然土耳其國土東西很寬，但統一成一個時區，台
灣時間減5小時為土耳其當地時間。

### 貨幣及匯率
　土耳其幣稱為土耳其里拉(TL，Türk Lirası)，
符號為₺，比里拉更小的輔幣為Kr(Kuruş)，
1TL=100Kr。紙鈔幣值有5TL、10TL、20TL、
50TL、100TL、200TL，硬幣則有1Kr、5Kr、
10Kr、25Kr、50Kr、1TL。
　遊客可在機場、大型飯店、銀行及街頭兌幣所兌換
土耳其里拉，上述兌幣處的匯率有所差距，建議經過
匯率比較再擇優兌幣。

### 電壓
　220V，採雙圓頭插座。

### 國際電話
**台灣直撥土耳其：** 002－90－城市區域號碼去0－電
話號碼
**土耳其直撥台灣：** 00－886－城市區域號碼去0－電
話號碼

### 小費
　土耳其沒有給小費習慣，但飯店的行李員、床頭小
費、土耳其浴場搓洗服務人員等，仍建議給小費。若
是到高級餐廳用餐，拿到帳單時可先確認是否有把服
務費(servis ücreti)列入，若不含服務費，可根據服
務品質給予總金額5~10%的小費。

### 飲水
　自來水不可生飲，以買礦泉水或飯店的自來水煮開
為宜。

## 廁所

土耳其的男廁為**Bay**，女廁為**Bayan**，公共廁所大多要收費用，巴士總站公廁也不例外，而土耳其的蹲式廁所不會備有衛生紙，只有裝水的水桶供如廁後淨身用；至於坐式馬桶則多半有如免治馬桶般的沖水設施，但須手動打開水龍頭。

## 網路

### ◎無線網路

土耳其是個無線網路普及的國家，咖啡館、餐廳、旅館、民宿、長途巴士甚至公園大多有免費的無線網路可使用，但是旅館或民宿的網路連線品質不一，常出現找得到訊號卻無法連線，或是只能在大廳使用的狀況。

### ◎行動上網

手機開通國際網路漫遊是一種方式，不過費用相當高，建議使用當地電信公司發行的上網卡，或是在國內上網購買土耳其sim卡或歐洲跨國sim卡，抵達土耳其後隨插即用。

土耳其的三大電信公司為 TURK CELL、Vodafone、Türk Telekom(國營電信)，三家公司都有推出可通話、傳簡訊、上網的預付儲值卡或固定流量套裝方案，機場大廳就設有櫃台，可詢問比較。購買時須出示護照，建議現場請門市人員協助開通，試用沒問題再離開。

### ◎WIFI分享器

若2人以上一起出遊，在台灣租借WIFI分享是比較好的方法，上網預訂、機場出境前取貨。缺點是要多帶一台機器，此外，若是到比較偏僻的地方，訊號可能不太好。

## 博物館卡

土耳其文化觀光部在各區推出博物館卡，持卡可在限定天數內自由參觀指定博物館一次，天數的算法由進入第一間博物館開始計算。若有計畫參觀許多博物館或考古遺址景點，購買博物館卡可省下不少旅費，而且，旺季時可避開排隊購票入館的人潮。

最方便、最超值的是「伊斯坦堡博物館卡Museum Pass İstanbul」，此外，還有適用於以弗所、佩加蒙等遺址的「愛琴海博物館卡Museum Pass Aegean」、適用安塔利亞附近遺址的「地中海博物館卡Museum Pass the Mediterranean」、以及「卡帕多起亞博物館卡Museum Pass Cappadocia」。終極版是「土耳其博物館卡Museum Pass Turkey」，15天1,000TL讓你走遍全土耳其，不過，如果要購買此卡，記得要將漫長交通時間考慮進去。

博物館卡可上官網購買，或在各大博物館售票處購買。

🌐 muze.gov.tr

---

### 預定當地行程

土耳其地域廣大，伊斯坦堡以外的區域，景點分散又常遠離市區，自助旅行者在行程安排上相對困難，到達定點還常要現場比價參加當地的旅行團。若不想費心做功課，又要享受自由行的彈性，可於出發前透過土耳其易遊網安排客製化的半自助行程，一口氣解決巴士站、景點、機場、飯店接駁及在地行程安排等問題。

土耳其易遊網Eztravelturkey是位於伊斯坦堡當地旅行社Magnificent Travel的中文網站平台，在安排土耳其旅遊已有超過二十年的專業經驗，旅行的過程中也有中文服務人員可隨時提供服務，解決各項疑難雜症，就像帶著線上小管家一起旅行。除此之外也有希臘、約旦、埃及和摩洛哥單國與跨國旅遊行程。

**土耳其易遊網**

**EztravelTurkey | Magnificent Travel Agency**

☏+90 212 458 6565　🌐 www.eztravelturkey.com、FB粉絲專頁追蹤「土耳其易遊網」

---

# 訂房資訊

旅館的土耳其語為Otel，民宿則為Pansiyon。廉價旅館的單人房一般為40~100TL左右，如果是公共衛浴，價格會便宜一點。中級旅館(三、四星)則在180TL以上，大部分都提供自助式早餐。至於五星級飯店，雖然有公定€200以上的價格，但一般而言，土耳其的五星級飯店比歐洲大部分地區來得便宜，尤其淡季、透過旅行社或訂房網站都會比較便宜。

需注意的是，土耳其的星級標準可能和一般認知有點落差，尤其是中部和東部，有些號稱五星飯店，但服務和設備可能不如預期。遊客可透過國際大型住宿搜尋網站比較訂房，要注意有些民宿只接受以土耳其里拉現金支付。

# 土耳其 Türkiye

**MOOK NEWAction** no.68

作者
朱月華‧墨刻編輯部

攝影
墨刻攝影部

編輯
朱月華

美術設計
呂昀禾

地圖繪製
Nina‧墨刻編輯部

出版公司
墨刻出版股份有限公司
地址：台北市南港區昆陽街16號7樓
電話：886-2-2500-7008
傳真：886-2-2500-7796
E-mail：mook_service@cph.com.tw
讀者服務：readerservice@cph.com.tw
墨刻官網：www.mook.com.tw

發行公司
英屬蓋曼群島商家庭傳媒股份有限公司城邦分公司
地址：台北市南港區昆陽街16號8樓
電話：886-2-2500-7718　886-2-2500-7719
傳真：886-2-2500-1990　886-2-2500-1991
城邦讀書花園：www.cite.com.tw
劃撥：19863813
戶名：書虫股份有限公司

香港發行所
城邦(香港)出版集團有限公司
地址：香港灣仔駱克道193號東超商業中心1樓
電話：852-2508-6231
傳真：852-2578-9337

馬新發行所
城邦(馬新)出版集團 Cite (M) Sdn Bhd
地址：41, Jalan Radin Anum, Bandar Baru Sri Petaling,
57000 Kuala Lumpur, Malaysia.
電話：(603)90563833
傳真：(603)90576622
E-mail：services@cite.my

製版‧印刷
凱林彩印股份有限公司

經銷商
聯合發行股份有限公司（電話：886-2-29178022）
誠品股份有限公司
金世盟實業股份有限公司

城邦書號
KV3068

定價
480元

ISBN
978-986-289-845-1‧978-986-289-848-2（EPUB）
2023年5月初版
2024年4月2刷

首席執行長　Chief Executive Officer
何飛鵬　Feipong Ho

生活旅遊事業總經理暨墨刻出版社長　PCH Group President & Mook Managing Director
李淑霞　Kelly Lee

總編輯　Editor in Chief
汪雨菁　Eugenia Uang
資深主編　Senior Managing Editor
呂宛霖　Donna Lu
編輯　Editor
趙思語‧唐德容‧陳楷琪
Yuyu Chew, Tejung Tang, Cathy Chen
資深美術設計主任　Senior Chief Designer
羅婕云　Jie-Yun Luo
資深美術設計　Senior Designer
李英娟　Rebecca Lee
影音企劃執行　Digital Planning Executive
邱茗晨　Mingchen Chiu

業務經理　Advertising Manager
詹顏嘉　Jessie Jan
業務副理　Associate Advertising Manager
劉玫玟　Karen Liu
業務專員　Advertising Specialist
程麒　Teresa Cheng
行銷企畫經理　Marketing Manager
呂妙君　Cloud Lu
行銷企畫專員　Marketing Specialist
許立心　Sandra Hsu
業務行政專員　Marketing & Advertising Specialist
呂瑜珊　Cindy Lu

印務部經理　Printing Dept. Manager
王竟為　Jing Wei Wan

U0021400

國家圖書館出版品預行編目資料

土耳其/朱月華, 墨刻編輯部作. -- 初版. -- 臺北市：墨刻出版股份有
限公司出版：英屬蓋曼群島商家庭傳媒股份有限公司城邦分公司發
行, 2023.05
304面；16.8×23公分. -- (New action ; 68)
ISBN 978-986-289-845-1(平裝)
1.CST: 旅遊 2.CST: 土耳其
735.19                          112001700